企业内部控制

梁睿升　张占军——著

制度设计与解析

有规可依 + 有章可循 + 有制可参 + 有度可量

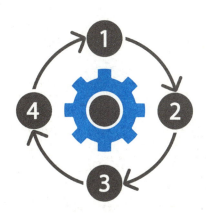

電子工業出版社.
Publishing House of Electronics Industry
北京·BEIJING

内容简介

本书依据《企业内部控制应用指引》编写，致力于构建全方位的内部控制制度管理体系。用制度规范、约束和指导企业各项经营管理业务活动的开展，防范企业经营管理风险，增强企业核心竞争力，促进企业高质量发展。

本书提供了142个制度，用一系列精细化的制度营造完善的内部控制环境、提供极具针对性的控制手段，以"人人参控，人人受控"为原则，助力企业实现内部控制目标——保证企业经营管理合法合规，保障资产安全，确保财务报告及相关信息真实、完整，提高经营效率和效果，推动企业发展战略的实施。

本书还对部分计划、体系、方案、预案、报告等设置了二维码，这极大地丰富了本书的内容，真正做到让读者一扫即参、一扫即改、一扫即用，全面助力企业提升内部控制的能力，将内部控制体系的"强基固本"作用最大化。

本书适合企业各级经营管理人员、内部控制制度体系设计人员、内部控制培训机构及各大院校相关专业的师生阅读、参考，也可作为企业实施内部控制管理的培训教材。

图书在版编目（CIP）数据

企业内部控制制度设计与解析 / 梁睿升，张占军著. — 北京：电子工业出版社，2023.6
（弗布克企业内部控制三部曲）

ISBN 978-7-121-45774-6

Ⅰ. ①企… Ⅱ. ①梁… ②张… Ⅲ. ①企业内部管理 Ⅳ. ①F272.3

中国国家版本馆CIP数据核字（2023）第106352号

责任编辑：张　毅
印　　刷：三河市兴达印务有限公司
装　　订：三河市兴达印务有限公司
出版发行：电子工业出版社
　　　　　北京市海淀区万寿路173信箱　　邮编：100036
开　　本：787×1092　1/16　印张：23.75　字数：621千字
版　　次：2023 年 6 月第 1 版
印　　次：2023 年 6 月第 1 次印刷
定　　价：89.00元

序

内控、风险、合规管理体系，是企业持续健康发展的三驾马车。由于市场竞争环境的不断变化，企业所面临的风险出现了多样性和复杂性的特点，内部控制是企业实现基本目标，防范、管控各类经营风险的重要手段。

为了帮助企业维护财产和资源的安全、完整，促进高质量经营发展，增强应对各类风险的综合实力，全面助力企业提升内控风险防控能力，将内控体系的"强基固本"作用最大化，弗布克邀请了咨询师、会计师、律师和有内控管理经验的企业人士一起编著了这套企业内部控制三部曲。

这三部曲由《企业内部控制风险点识别与管控规范》《企业内部控制流程设计与运营》《企业内部控制制度设计与解析》组成。这套三部曲是企业建立内部控制体系的参考书，是企业内部控制工作人员的工作手册，将大大提高内部控制建设工作人员的工作效率。

《企业内部控制制度设计与解析》提供了142个制度，以及企业通用的内部控制制度设计方法，并附加了制度设计的解析和说明。我们之所以附加了制度设计的解析和说明，就是为了便于制度设计者了解制度设计的依据以及这样设计的原因，便于各企业的内控管理人员根据自己所在行业和业务的特点，设计出符合自己实际的内控制度。

　　《企业内部控制制度设计与解析》涵盖了组织架构、发展战略、人力资源、社会责任、企业文化、资金活动、采购业务、资产管理、销售业务、研究与开发、工程项目、担保业务、业务外包、财务报告、全面预算、合同管理、内部信息传递、信息系统共18大类内部控制制度设计，设计了142个内部控制制度，为企业内部控制工作者提供了制度设计整体解决方案，是企业内部控制管理人员、内部控制工作人员开展内部控制制度设计的参考书、指导手册，是企业内部控制体系建设的参照范本。

　　《企业内部控制制度设计与解析》还对部分计划、体系、方案、预案、报告等设置了二维码，这极大地丰富了本书的内容，真正做到让读者一扫即参、一扫即改、一扫即用。

　　希望本书能够为各位读者提供满意的企业内部控制体系建设解决方案，能够对从事内部控制工作的广大读者在推进企业内部控制体系建设的工作中起到一定的助推作用。

　　本书在创作中难免有疏漏与不足之处，恳请广大读者批评指正，以便于我们在改版的时候予以补充、更正。

弗布克

目　　录

03　第3章
人力资源

04　第4章
社会责任

05　第5章
企业文化

06　第6章
资金活动

第 7 章
采购业务

**第 8 章
资产管理**

**第 9 章
销售业务**

第10章
研究与开发

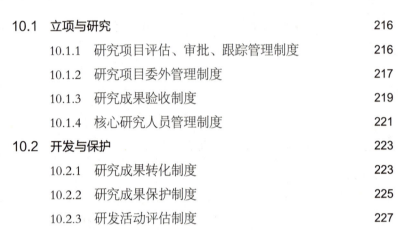

第11章
工程项目

12

第 12 章
担保业务

13

第 13 章
业务外包

**第 14 章
财务报告**

**第 15 章
全面预算**

第 16 章
合同管理

第 17 章
内部信息传递

18

第 18 章
信息系统

第 1 章

组织架构

1.1　组织架构的设计管理制度

　　企业在设计组织架构时，必须考虑内部控制的要求，合理确定治理层及各部门之间的权力和责任并建立恰当的汇报关系，既要保证企业高效运营，又要适应因内部控制环境需求而产生的调整与变革。

1.1.1　董事会、监事会和经理层产生合规管理制度

制度名称	董事会、监事会和经理层产生合规管理制度	编　号	
		受控状态	

第1章　总　则

第1条　为了明确董事会、监事会和经理层的职责权限，规定人员构成及能力素质要求，确保三者的产生程序合法、合规，根据《中华人民共和国公司法》《企业内部控制应用指引第1号——组织架构》及其他法律、法规，结合企业实际情况，特制定本制度。

第2条　本制度适用于董事会、监事会和经理层产生合规管理制度的工作。

第2章　职责权限

第3条　董事会的职责权限。

1．召集股东会会议，并向股东会报告工作。

2．执行股东会的决议。

3．决定企业的经营计划和投资方案。

4．制定企业的年度财务预算方案、决算方案。

5．制定企业的利润分配方案和亏损弥补方案。

6．制定企业增加或者减少注册资本以及发行企业债券的方案。

7．制定企业合并、分立、解散或者变更企业形式的方案。

8．决定企业内部管理机构的设置。

9．决定企业经理的聘任或者解聘及其报酬事项，并根据企业经理的提名决定企业副经理、财务负责人的聘任或者解聘及其报酬事项。

10．制定企业的基本管理制度。

11．企业章程规定的其他职权。

第4条　监事会的职责权限。

1．检查企业财务。

2．对董事、高级管理人员执行岗位职责的行为进行监督，对违反法律、行政法规、企业章程或者股东会决议的董事、高级管理人员提出罢免的建议。

3．当董事、高级管理人员的行为损害企业的利益时，要求董事、高级管理人员予以纠正。

4．提议召开临时股东会会议，在董事会不履行《中华人民共和国公司法》规定的召集和主持股东会会议职责时召集和主持股东会会议。

5．向股东会会议提出提案。

6．依照《中华人民共和国公司法》第一百五十一条的规定，对董事、高级管理人员提起诉讼。

7．企业章程规定的其他职权。

第5条　经理层的职责权限。

1．主持企业的生产经营管理工作，组织实施董事会决议。

2．组织实施企业年度经营计划和投资方案。

3．拟订企业内部管理机构设置方案。

4．拟订企业的基本管理制度。

5．制定企业的具体规章。

6．提请聘任或者解聘企业副经理、财务负责人。

7．决定聘任或者解聘除应由董事会决定聘任或者解聘外的管理人员。

8．履行董事会授予的其他职权。企业章程对经理职权另有规定的，从其规定。经理列席董事会会议。

【解析】制度的执行对企业尤为重要，在执行制度时要实现董事会、监事会和经理层的协同管理效应，达到互相监督、相互协调，董事会、监事会和经理层之间不应相互兼职、职权交叉，而应各司其职、各负其责。

第3章　人员构成及选举方式

第6条　董事会的人员构成及选举方式。

1．董事会设董事长1人，可以设副董事长。董事长和副董事长由董事会以全体董事的过半数通过选举产生。

2．董事会成员一般为10人，董事会成员中可以有企业职工代表，企业职工代表由企业职工通过职工代表大会、职工大会或者其他形式民主选举产生。

【解析】有限责任公司的董事会由3~13名董事组成，股东人数较少或者规模较小的有限责任公司，可以设1名执行董事，不设董事会，执行董事的职权由公司章程规定。股份有限公司的董事会由5~19名董事组成。

第7条　监事会的人员构成及选举方式。

1．监事会可设副主席，由全体监事过半数通过选举产生。

2．监事会成员一般不得少于3人，监事会应包括股东代表和适当比例的企业职工代表，其中企业职工代表的比例不得低于1/3，具体比例由企业章程规定。监事会中的企业职工代表由企业职工通过职工代表大会、职工大会或者其他形式民主选举产生。

3．董事、高级管理人员不得兼任监事。

第8条　经理层的人员构成及选举方式。

1．企业经理层，指高级管理人员，包括企业的经理、副经理、财务负责人，上市企业的董事会秘书和企业章程规定的其他人员。

2．经理由董事会决定聘任或者解聘，副经理由经理提请董事会决定聘任或者解聘。

3．财务负责人是指由经理提请董事会决定聘任或者解聘的财务负责人员。

4．上市企业的董事会秘书是法律规定的上市企业必设的机构。

第4章　不具备任职资格的情况及禁止规定

第9条　不具备任职资格的人员情况。

1．无民事行为能力或者限制民事行为能力。

2．因贪污、贿赂、侵占财产、挪用财产或者破坏社会主义市场经济秩序，被判处刑罚，执行期满未逾五年，或者因犯罪被剥夺政治权利，执行期满未逾五年。

3．担任破产清算的公司、企业的董事或者厂长、经理，对该公司、企业的破产负有个人责任的，自该公司、企业破产清算完结之日起未逾三年。

4．担任因违法被吊销营业执照、责令关闭的公司、企业的法定代表人，并负有个人责任的，自该公司、企业被吊销营业执照之日起未逾三年。

5．个人所负数额较大的债务到期未清偿。

第10条　禁止规定。

1．挪用企业资金。

2．将企业资金以其个人名义或者以其他个人名义开立账户存储。

3．违反企业章程的规定，未经股东会、股东大会或者董事会同意，将企业资金借贷给他人或者以企业财产为他人提供担保。

4．违反企业章程的规定或者未经股东会、股东大会同意，与本企业订立合同或者进行交易。

5．未经股东会或者股东大会同意，利用职务便利为自己或者他人谋取属于企业的商业机会，自营或为他人经营与所任职企业同类的业务。

6．将他人与企业交易的佣金归为己有。

7．擅自披露企业秘密。

8．违反对企业忠实义务的其他行为。

第5章　议事规则及工作程序

第11条　董事会的议事规则及工作程序。

1．董事会会议由董事长召集和主持；董事长不能履行职务或者不履行职务的，由副董事长召集和主持；副董事长不能履行职务或者不履行职务的，由半数以上董事共同推举一名董事召集和主持。

2．董事会的议事方式和表决程序，除《中华人民共和国公司法》有规定的外，由企业章程规定。董事会应当对所议事项的决定形成会议记录，出席会议的董事应当在会议记录上签名。董事会决议的表决，实行一人一票。

第12条　监事会的议事规则及工作程序。

1．监事可以列席董事会会议，并对董事会决议事项提出质询或者建议。监事会、不设监事会的企业的监事若发现企业经营情况异常，可以进行调查；必要时，可以聘请会计师事务所等协助其工作，费用由企业承担。

2．监事会每年度至少召开一次会议，监事可以提议召开临时监事会会议。监事会的议事方式和表决程序，除《中华人民共和国公司法》有规定的外，由企业章程规定。监事会决议应经半数以上监事通过。监事会应当对所议事项的决定形成会议记录，出席会议的监事应在会议记录上签名。

第13条 经理层的议事规则及工作程序。

经理层由董事会决定聘任或解聘，对董事会负责。一般而言，经理层负起企业例行公务的种种责任，也拥有来自董事会或主要股东所授予的特定的执行权力。

第6章 注意事项

第14条 董事、监事、高级管理人员执行企业职务时违反法律、行政法规或者企业章程的规定，给企业造成损失的，应当承担赔偿责任。

第15条 董事、高级管理人员违反法律、行政法规或者企业章程的规定，损害股东利益的，股东可以向人民法院提起诉讼。

第7章 附 则

第16条 本制度由总经办负责编制、解释和修订。

第17条 本制度自××××年××月××日起生效。

编修部门/日期		审核部门/日期		执行部门/日期	

1.1.2 三重一大联签制度

制度名称	三重一大联签制度	编 号	
		受控状态	

第1章 总 则

第1条 为了规范管理层决策行为，严格决策程序，强化对企业重大决策、重大事项、重要人事任免及大额资金运作事项的监督和管理，根据《企业内部控制应用指引第1号——组织架构》及相关法律、法规，结合企业实际情况，特制定本制度。

第2条 本制度适用于企业三重一大的联签工作的管理。

【解析】"三重一大"使用联签制度有以下两个原因：①监督任何个人不得存在单独进行决策或者擅自改变管理层决策意见的行为，这样可以有效避免"一言堂""一支笔"现象；②"三重一大"事项实行联签制度有利于促使企业完善治理结构和健全现代企业制度。

第2章 三重一大的制定标准

第3条 重大决策的制定标准。重大决策事项主要包括但不限于以下所列项目。

1. 企业发展战略和方向、经营方针、中长期发展规划等重大战略管理事项。

2. 企业年度生产经营计划、工作报告、财务计划等重大生产经营管理事项。

3. 企业改制、兼并、破产或者变更、投资参股、产权转让等重大资本运营管理事项。

4. 企业资产损失核销、资产处置（资产出售、出借、出租、顶账等）、产权变动、利润分配和亏损弥补、国家税费缴纳等重大资产（产权）管理事项。

5. 企业重大安全、质量等事故及突发性事件的调查处理。

6. 企业文化建设工作等重要事项。

第4条 重大事项的制定标准。重大事项主要包括但不限于以下所列项目。

1. 企业投资计划、年度大中修计划、基建技改计划和融资、担保等项目。

2．企业计划外追加的20万元及以上基建、技改、检修项目。

3．企业计划外追加的10万元及以上重大关键性设备引进和重要物资设备购置等需要招标的项目。

4．企业重大销售、采购合同的签订，新产品开发，产品定价等项目。

5．企业重大工程承发包项目。

6．企业重大科研、环保、安全等项目。

第5条　重要人事任免的制定标准。重要人事任免事项主要包括但不限于以下所列项目。

1．企业后备干部的推荐、管理。

2．企业部门经理级以上管理人员（包括重大项目负责人）的任免、奖惩等。

3．企业专业技术人员、技能人才的考核、推荐、晋级、聘用（解聘）、奖惩等。

4．企业对重要管理岗位人员的调整。

第6条　大额资金运作事项的制定标准。大额资金运作事项主要包括但不限于以下所列项目。

1．企业年（月）度计划的大额资金的使用。

2．企业担保、抵押、信用证、贷款等资金的使用。

3．企业重大支援、捐赠、赞助（款、物）等的支出。

4．企业科研经费、环保经费、安全基金等专项资金的使用。

5．企业非生产性资金及其他大额资金的使用等。

第3章　联签人员组成及职责

第7条　两级联签制。

1．重大决策、重大事项、大额资金运作事项活动的一级联签人员为相关部门总监（含财务总监）、总经理和董事长，二级联签人员为相关部门总监（含财务总监）和总经理。

2．重要人事任免工作的一级联签人员为人力资源总监、总经理和董事长，二级联签人员为人力资源总监和总经理。

【解析】联签分为两级的原因如下，企业涉及"三重一大"的决策事项分轻重缓急的程度，重要紧急、重要不紧急的事项应有董事长的审批，不重要紧急、不重要不紧急的事项由相关部门总监和总经理审批即可。

第8条　重大决策的联签人员。

1．涉及企业发展战略和方向、经营方针、中长期发展规划等重大战略管理事项的决策，采用一级联签。一级联签人员为相关部门总监（含财务总监）、总经理和董事长。

2．涉及企业年度生产经营计划、工作报告、财务计划等重大生产经营管理事项的决策，采用一级联签。一级联签人员为相关部门总监（含财务总监）、总经理和董事长。

3．涉及企业改制、兼并、破产或者变更、投资参股、产权转让等重大资本运营管理事项的决策，采用一级联签。一级联签人员为相关部门总监（含财务总监）、总经理和董事长。

4．涉及企业资产损失核销、资产处置（资产出售、出借、出租、顶账等）、产权变动、利润分配和亏损弥补、国家税费缴纳等重大资产（产权）管理事项的决策，采用一级联签。一级联签人员为相关部门总监（含财务总监）、总经理和董事长。

5．涉及企业重大安全、质量等事故及突发性事件的调查处理的决策，采用二级联签。二级联签人员为相关部门总监（含财务总监）和总经理。

6．涉及企业文化建设工作等重要问题的决策，采用二级联签。二级联签人员为相关部门总监（含财务总监）和总经理。

第9条　重大事项的联签人员。

1．企业投资计划、年度大中修计划、基建技改计划和融资、担保等项目，采用一级联签。一级联签人员为相关部门总监（含财务总监）、总经理和董事长。

2．企业计划外追加的20万元及以上基建、技改、检修项目，采用一级联签。一级联签人员为相关部门总监（含财务总监）、总经理和董事长。

3．企业计划外追加的10万元及以上重大关键性设备引进和重要物资设备购置等需要招标的项目，采用一级联签。一级联签人员为相关部门总监（含财务总监）、总经理和董事长。

4．企业重大销售、采购合同的签订，新产品开发，产品定价等项目，采用一级联签。一级联签人员为相关部门总监（含财务总监）、总经理和董事长。

5．企业重大工程承发包项目，采用一级联签。一级联签人员为相关部门总监（含财务总监）、总经理和董事长。

6．企业重大科研、环保、安全等项目，采用一级联签。一级联签人员为相关部门总监（含财务总监）、总经理和董事长。

第10条　重要人事任免的联签人员。

1．涉及企业后备干部的推荐、管理事项，采用一级联签。一级联签人员为人力资源总监、总经理和董事长。

2．涉及企业部门经理级以上管理人员（包括重大项目负责人）的任免、奖惩等，采用一级联签。一级联签人员为人力资源总监、总经理和董事长。

3．涉及对企业专业技术人员、技能人才的考核、推荐、晋级、聘用（解聘）、奖惩等，采用一级联签。一级联签人员为人力资源总监、总经理和董事长。

4．企业对重要管理岗位人员的调整，采用一级联签。一级联签人员为人力资源总监、总经理和董事长。

第11条　大额资金运作事项的联签人员。

1．企业年（月）度计划的大额度资金使用活动，采用一级联签。一级联签人员为财务总监、总经理和董事长。

2．由企业担保、抵押所得资金及企业信用证、贷款等资金的使用活动，采用一级联签。一级联签人员为财务总监、总经理和董事长。

3．企业重大支援、捐赠、赞助（款、物）等的支出，采用一级联签。一级联签人员为财务总监、总经理和董事长。

4．企业科研经费、环保经费、安全基金等专项资金的使用，采用一级联签。一级联签人员为财务总监、总经理和董事长。

5．企业非生产性资金及其他大额度资金的使用，采用二级联签。二级联签人员为财务总监和总经理。

第12条　联签人员的职责权限。

1．联签人员对相关人员递交的联签资料的合法性、合规性进行审核，对"三重一大"涉及的决策与方案拟订的全过程进行监督。

2．联签人员对于联签事项享有充分知情权，有关部门对联签人员提出的建议和意见，应以书面形式向其反馈意见。

3.联签事项违反国家法律法规、企业章程、企业财务管理制度的，财务总监有权拒绝签字，并向总经理报告，由总经理组织追究违规部门或人员的相关责任。

第13条　做好整个联签程序的时间控制和保密控制工作，若联签人员未按规定时间签字造成重大投资决策事故，应该负直接责任。

【解析】部分"三重一大"涉及的决策事项有时间和保密限制，比如与政府的合作项目，一旦联签超出时限或者决策事项被泄露，企业会面临法律风险。

第4章　联签程序及注意事项

第14条　联签程序依次为相关部门总监（如人力资源总监、财务总监）、总经理、董事长。

第15条　董事长签字当日即为重大决策生效时间，决策生效后，各部门应迅速着手相关方案、计划的制订。

第16条　董事长、总经理、财务总监或人力资源总监因公外出，一般应暂缓签署上述事项。因特殊情况急需办理的，可通过邮件、电话等方式联系，并由指定人员代为签签，事后再补签。

第17条　为保障联签制度的严肃性，凡属本联签范围内的事项，企业有关部门处理业务或请求付款时，在有关部门及人员签字后必须按程序进行联签，不得逃避或抵制联签。

第5章　附　则

第18条　本制度由总经办负责编制、解释和修订。

第19条　本制度自××××年××月××日起生效。

编修部门/日期		审核部门/日期		执行部门/日期	

1.1.3　企业内部职能设计、分解与权限指引制度

制度名称	企业内部职能设计、分解与权限指引制度	编　号	
		受控状态	

第1章　总　则

第1条　为了使员工掌握企业内部职能与权责情况，规范权限指引与层级分配，根据《企业内部控制应用指引第1号——组织架构》及相关法律、法规，结合企业实际情况，特制定本制度。

第2条　本制度适用于规范企业内部职能设计、分解与权限指引的工作。

第2章　企业内部职能设计

第3条　职能设计的内容。

1.职能分析。通过职能分析，能够总体了解本企业职能结构的性质和特点；确定本企业应该具备的基本职能与关键职能；确定与本企业经营战略和核心业务流程相关的特殊职能；合理规划企业内部纵向各层次、横向各部门如何分工承担各职能。

2.职能整理。通过调查企业现有的管理业务活动和分工，识别职能结构的现状，发现问题，明确改进方向，提出具体改进方案。

第4条　企业关键职能。关键职能是对实现企业目标与完成企业任务起关键性作用的职能，如研究开发、市场营销、安全生产等常常被作为企业的关键职能。

【解析】为保证对关键职能分析的正确性，要从以下三个方面考虑。

①能较好地体现企业宗旨的具有重要价值的活动有哪些？

②为达到企业战略目标，哪些职能必须是全力以赴履行的？

③哪些职能履行不佳时会对企业造成严重影响，使企业遭受巨大损失？

这三个问题是在提示，某项职能是否应列为关键职能，不在于它需要多少人员和资金才能维持运转，决定性的依据是它在完成企业战略任务和实现企业目标的过程中具有的关键作用。

第5条　企业基本职能是围绕关键职能而设、起辅助作用的职能，一般有人事、财务、审计、法务等。

第6条　企业特殊职能。根据不同企业核心业务设立不同特殊职能，如以专业技术为长的企业，可以设立专家委员会职能。

第7条　职能机构划分。

1．决策性职能机构。股东会、董事会、总经办、战略规划部、专家委员会等。

2．执行性职能机构。市场营销部、销售管理部、技术开发部、生产计划部、投资部、运营部等。

3．监督保证性职能机构。行政管理部、客户服务部、法律事务部、人力资源部、财务部、审计部、信息管理部、品质管理部等。

第3章　企业内部部门职能分解

第8条　在进行职能分解的过程中，必须遵循以下5点要求。

1．以流程为中心，必须有清晰的工作流程和业务流程。部门职能不是对组织架构的描述，而是对流程内业务的描述，即对事不对岗。

2．分清职能的层级，不能相混淆。

3．职能的描述能够概括部门岗位的说明书所描述的职责。

4．应遵循标准化原则，统一模板，对部门三级职能的描述要尽量明细并有要求标准。

5．文字表达要有一定概括性，简单易懂，且应是一个"动作"，让管理者和刚入职的人员都能看明白。

第9条　职能分解的目标。

1．列出职能清单。先将部门的全部作业归纳为由不同的管理岗位承担的工作项目，再将工作项目归纳为部门职能。凡是实现企业战略与部门发展所必需的职能，都要列出。同时，职能的分列应注重逻辑上的严谨性，不能交错重复。

2．明确各种职能之间的关系。联系紧密的职能应置于同一个管理模块内；相互制约的职能不能由同一个管理模块承担，否则不利于监督控制。

3．分清职能的层级。按职能在部门业务与管理活动中的重要性划分，可以分为一级职能、二级职能、三级职能。

4．规定各种职能的对应岗位。对与不同职能相对应的岗位作出详细规定，进行不相容设计。

第10条　职能分解的步骤。

1．企业在进行职能分解之前应先研究企业战略目标与组织结构，分析组织结构的特点，同时结合企业的中长期战略目标，对组织内各部门的职能范围进行初步界定。

2．编制职能分解表并设定好各部门职能，按照企业职能分解的层次，以表格的形式对各部门职能进行正式编制，以使各部门职能清晰，便于查看和使用。

3．职能分解表编制完成后，企业还应对各部门的职能分解表进行仔细核对，检查是否有重复或遗漏之处，以及是否具备独立性和可操作性，确保职能分解的科学性、合理性。

4．编制完成的职能分解表，相关人员要上报企业决策层，进行逐层审批，最终由企业的最高管理者审批确定。若在此过程中发现职能分解表中存在问题，还可及时进行修订。

第4章　权限指引

第11条　权限分配原则。

1．权不独占原则。严禁所授权限由一人独占，避免权限过大。

2．按需授权原则。根据实际需要进行授权，避免所授权限闲置、无用、被滥用。

3．权责对应原则。授权者授权时，要注意所授权限应与被授权者的所负责任一致。

4．权不利己原则。授权者或权力所有者不可利用职权为自己谋福利，假公济私。

5．授权有限原则。授权者授权时，不可将重大职权或自身不具备授权资格的职权授予下级。

第12条　权限说明。

1．业务活动。权限指引的业务活动的依据为《企业内部控制应用指引》中强调的各大类下的重要业务。

2．权限。权限指引中的权限为该项业务的审核权、审议权、审定权和审批权。职能部门负责人、分管领导、总经理、总经办、董事长、董事会、股东大会拥有对提案部门的提案中所述事项的审核权、审议权、审定权和审批权。

3．职能部门负责人权限。职能部门负责人享有对其负责的下属部门提出的提案的大量审核权和少量审批权，职能部门负责人负责对提案作初步研究（审核），确定有必要提请上级部门审批的，提请上级部门审批。职能部门负责人的具体权限包含但不限于以下内容。

（1）财务部负责人可审批企业银行账户的开户、变更、撤销工作，审批财务评估报告的备案。

（2）财务部负责人可审核月度财务预算、年度财务预算、月度预算指标批复、年度预算指标批复、预算外事项、年度预算调整等业务。

（3）采购部负责人可审批系统内供应商网络资格审查和系统外/境外供应商网络准入业务。

（4）国际业务部负责人可审核项目年度工作计划、企业主要负责人及副职级人员出国事项、企业中层及一般人员出国事项。

（5）技术部负责人可审核年度技术开发项目计划的内容。

（6）安全部负责人可审核安保基金年度收支计划、自然灾害及事故损失赔偿等事项。

（7）在中标项目合同签约前评审的业务中，市场部负责人可审核合同额不高于_____元的总承包项目、合同额不高于_____元的设计项目、合同额不高于_____元的施工项目以及融资担保类工程项目。

（8）人力资源部负责人可审核以下业务。

①人力资源需求规划和人力资源需求规划分解方案。

②增补用工计划和增补用工计划分解方案。

③年度用工总量计划和年度用工总量计划分解方案。

④企业激励性年金方案。

⑤企业的年金及补充医疗实施方案。

4．分管领导权限。分管领导可在总经办会议上参与对总经办提出的部分提案的审议。分管领导对下属职能部门提出的提案进行审核，审核不通过则打回提案，审核通过后根据相关制度所载程序，报请上级召开会议审批。分管领导的具体权限包含但不仅限于以下内容。

（1）分管财务的领导可审批以下业务。

①转让账面净资产不高于_____元的标的物的经济行为。

②单笔计提坏账减值准备不高于_____元的个别认定事项。

③单笔金额不高于_____美元的境外投标保函。

④单笔金额不高于_____美元的除境外投标保函外的其他境外保函。

（2）分管人力的领导可审核人力资源需求规划、企业年度用工总量计划、企业增补用工需求计划、企业年度毕业生引进计划。

（3）分管人力的领导可审批人力资源需求规划分解方案、企业年度用工总量计划分解方案、企业增补用工需求计划分解方案、企业年度毕业生引进计划分解方案。

5．总经理权限。总经理对上报董事会的财务决算报告和盈利预测报告有审批权，对企业年度总的质量、生产、经营、方针、目标有审批权，有权决定企业内部组织结构的设置，并对基本管理制度的制定有审批权。总经理的具体权限包含但不限于以下内容。

（1）总经理可审核以下业务。

①企业年度生产经营目标任务、工作计划。

②企业总部境外分支机构设置，子公司境外分支机构设置。

③企业总部单项或单笔净值不高于_____元的事项。

④子（分）公司单项或单笔核销不高于_____元的事项；企业总部单项或单笔核销不高于_____元的事项。

（2）总经理可审批以下业务。

①子（分）公司不高于_____元的单项或单笔资产计提减值准备。

②企业总部不高于_____元的单项或单笔资产计提坏账减值准备。

③账面净资产_____元（含）至_____元标的物的转让。

④_____元（含）至_____元的费用性预算外支出。

⑤资本运作项目初步计划。

6．总经办权限。总经办的权限多表现为对具体业务的审议权和审定权，总经办的具体权限包含但不限于以下内容。

（1）总经办审议企业年度生产经营目标任务、工作计划、投资计划、决算方案，审议对外担保事项，审议利润分配和亏损弥补方案，审议单笔不低于_____元的对外捐赠业务。

（2）总经办可审定单笔不高于_____元的对外捐赠业务以及资本运作项目的初步方案。

（3）总经办的绩效考核领导小组可审定以下业务。

①子（分）公司考核目标建议值及考核方案，子（分）公司年度绩效考核结果。

②企业总部部门考核方案和年度考核结果。

7．董事长的具体权限包含但不限于以下内容。

（1）在年度投资计划调整业务中可审批8%（含）至15%的计划调整业务（调增规模占年初董事会审定规模的比例）。

（2）审批关联交易价格调整年度影响金额不低于_____元的业务。

（3）授权总经理审批董事会办公室的临时性报告披露。

（4）审批财务部的预算调整方案。

（5）审批金额不低于_____元的资本性预算外支出。

（6）审批金额不低于_____元的费用性预算外支出。

（7）审批短期综合授信额度协议及授信额度内单笔金额不低于_____元的短期贷款合同。

（8）审批财务部提交的长期投资处置损失核销业务中单项或单笔核销不低于_____元的业务。

8．董事会的具体权限包含但不限于以下内容。

（1）审议年度投资计划、年度财务报表、年度决算方案并报股东大会批准。

（2）审议企业利润分配和亏损弥补方案并报股东大会审批。

（3）审批经薪酬委员会审议通过的企业薪酬体系方案。

（4）审批审计委员会审定后的风险管理及内控审计评价报告。

（5）审批企业财务部重大会计政策的制定与变更以及重大会计事项的核算业务。

（6）审批企业财务部半年度报表。

9．股东大会的具体权限包含但不限于以下内容。

（1）审批企业年度投资计划，审批企业年度投资计划调整方案（调增规模占年初董事会审定规模20%及以上的计划调整业务）。

（2）审批财务部的年度报表、年度财务预算、年度筹资计划和年度决算方案。

（3）审批企业利润分配和亏损弥补方案。

（4）审批重大合同的订立（以企业名义订立的投资类、融资类、担保类、知识产权类、不动产类合同以及其他可能对企业的资产、负债、权益和经营成果产生重大影响的合同）。

（5）审批当年长期融资计划以及计划内单笔金额不低于企业净资产25%的长期贷款合同。

（6）审批财务部和董事会办公室联合制订的股票、债券发行计划，改变募集资金用途计划。

第13条　权限指引一般以表格的形式描述，由横向、纵向两个指标体系构成。

第14条　权限指引表设计。

1．制定权限指引表的目的是落实分级授权机制和重大事项集体决策机制，其主要由横向、纵向两个指标体系构成，权限项目按照业务流程和控制点编号的顺序依次单列而成，一一对应。

2．权限指引表的横向指标体系主要由权限级别、业务执行部门、业务会签部门或复核岗位、权限设定依据组成。

3．权限指引表的纵向指标体系主要由业务流程编号与设置权限的各类型业务组成，每个业务类型与业务流程编号一一对应。

4．权限指引表的设计采用"顶层设计、基层设计、上下结合"的原则，设计程序如下。

（1）制度归口管理部门根据企业实际情况，科学设计权限指引表，涵盖流程名称、业务活动、提案部门、权限审批等板块。

（2）各部门负责人统计本部门现有业务流程后，按照要求填写权限指引表。

（3）制度归口管理部门汇总各部门权限指引表，对照相关法律法规及规章制度、部门职责、岗位说明书等，评估现有流程是否存在不合规、不合理的情况。

第15条　权限指引表由制度归口管理部门进行初审，总经办进行复审，董事会和股东大会联合进行终审，审核批准后由总经理公布，并组织各层级管理人员学习。

【解析】设置权限指引表的主要目的在于：①便于企业各级员工办事时能找到关键人员，提高办事效率；②为高管、新人等提供清晰、明了的权限审批流程，方便他们了解企业的审批机制。

第5章　附　则

第16条　本制度由总经办负责编制、解释和修订。

第17条　本制度自××××年××月××日起生效。

编修部门/日期		审核部门/日期		执行部门/日期	

1.2　组织架构的运行管理制度

在完成组织架构的设计后，必须让组织架构按照预先的设想有效地运转，从而实现组织的目标。不断健全企业法人治理结构，持续优化内部机构设置，定期对组织架构的运行效率与效果进行综合评价，才能在企业发展的过程中做好风险管理。

1.2.1　企业治理结构和内部机构设置梳理制度

制度名称	企业治理结构和内部机构设置梳理制度	编　号	
		受控状态	

第1章　总　则

第1条　为了确保企业治理结构和内部机构设置的合理性与运行的高效性，根据《中华人民共和国公司法》《企业内部控制应用指引第1号——组织架构》及相关法律、法规，结合企业实际运营情况，特制定本制度。

第2条　本制度适用于企业治理结构和内部机构设置的梳理工作。

【解析】企业进行治理结构和内部机构设置梳理工作的目的在于：①防范企业治理结构不合理导致企业缺乏良性决策运行机制的风险；②规避内部机构设计不科学、权责分配不合理导致各职能部门之间出现推诿、效率低下等问题。

第2章　企业治理结构梳理

第3条　董事的任职资格与履职情况审查。

1. 任职资格。

（1）董事在任职期间有以下情形之一的，将被取消董事资格。

①无民事行为能力或者限制民事行为能力。

②因贪污、贿赂、侵占财产、挪用财产或者破坏社会主义市场经济秩序，被判处刑罚，执行期满未逾五年，或者因犯罪被剥夺政治权利，执行期满未逾五年。

③担任破产清算的公司、企业的董事或者厂长、经理，对该公司、企业的破产负有个人责任的，自该公司、企业破产清算完结之日起未逾三年。

④担任因违法被吊销营业执照、责令关闭的公司、企业的法定代表人，并负有个人责任的，自该公司、企业被吊销营业执照之日起未逾三年。

⑤个人所负数额较大的债务到期未清偿。

（2）董事必须以企业的利益为先，并按照相关规定行使权力，不能利用职位为自己谋取权益。

（3）董事负责企业的日常工作和管理工作，在办理业务时如有疏忽，必须就疏忽引起的损害对企业负责。

（4）董事会成员由股东会选举产生，也由股东会决议解聘。如果股东会选举出不符合董事任职资格的董事，则该选举是无效的，股东可以申请撤销该决议。

2. 履职情况。

（1）董事是否严格按照企业规定行使权力。

（2）董事是否按照岗位职责履行工作及完成业绩。

（3）董事是否履行忠实、勤勉义务。

第4条　董事会的运行效果评估。

1. 董事会是否按时召集股东会并向股东会报告。

2. 董事会是否严格地执行了股东会的所有决议。

3. 董事会是否合理地聘任或解聘经理及其他管理人员。

第5条　董事会应独立于经理层和大股东，董事会及其审计委员会应有适当数量的独立董事存在且能有效地发挥作用。

第6条　董事会应能够保证企业建立并实施有效的内部控制，审批企业发展战略和重大决策并定期检查、评价其执行情况，明确企业可接受的风险承受度，并督促经理层对内部控制的有效性进行监督和评价。

第7条　监事的任职资格与履职情况审查。

1. 任职资格。

（1）监事在任职期间出现本制度第3条所列举情形的，将被取消监事资格。

（2）监事应具有法律、会计等方面的专业知识或工作经验。监事会的人员结构应确保监事会能够独立、有效地行使对董事、经理层等高级管理人员及企业财务的监督、检查。

（3）监事会成员一般由企业职工民主选任或者由企业的职工大会组织选任。

2．履职情况。

（1）监事是否严格按照企业规定行使权力。

（2）监事是否按照岗位职责履行各项监督、检查任务。

（3）监事是否履行忠实、勤勉义务。

第8条 监事会的运行效果评估。

1．监事会是否按照规定对董事、高级管理人员行为进行督查。

2．监事会在发现相关人员违反相关法律法规或损害企业利益时，是否能够对其提出罢免提议或制止、纠正其行为等。

第9条 监事会的构成应能够保证其独立性，监事能力也应与相关领域相匹配。

第10条 监事会应规范、有效地运行，监督董事会、经理层职责履行情况并纠正损害企业利益的行为。

第11条 经理及其他管理人员的任职资格与履职情况审查。

1．任职资格。

（1）经理及其他管理人员在任职期间出现本制度第3条所列举情形的，将被取消任职资格。

（2）经理及其他管理人员负责各职能机构的管理运行工作。

（3）经理由董事会决定聘任或者解聘，副经理由经理提请董事会决定聘任或者解聘，其他管理人员的聘任或解聘按照企业相关规定执行。

2．履职情况。

（1）经理及其他管理人员是否对董事会下达的任务落实到位。

（2）经理及其他管理人员是否按照部门职能规定行使权力。

（3）经理及其他管理人员是否按照岗位职责完成工作目标。

第12条 经理层的运行效果评估。

1．经理层是否认真、有效地组织实施董事会决议。

2．经理层是否认真、有效地组织实施董事会制订的年度生产经营计划和投资方案。

3．经理层是否能够完成董事会确定的生产经营计划和绩效目标等。

第13条 除了董事会与监事会，对经理层的权力应有由下而上的监督和约束机制。

【解析】从企业的角度来讲，如果权力不受到制约，企业的治理过程中不存在制衡因素，高层决策同样会不受制约，虽然可以较快制定决策，但是一旦决策出现错误，其带来的后果可能是毁灭性的。企业设立存在制衡体系的治理结构，虽然可能在效率上慢一些，把握商机的灵敏度低一些，但可以尽可能地避免过于草率的、致命的决策失误。

第3章 内部机构设置梳理

第14条 内部机构设置的合理性评估。

1．内部机构设置是否适应内外部环境的变化。

2．内部机构设置是否以企业发展目标为导向。

3．内部机构设置是否满足专业化的分工和协作要求，从而有助于企业提高劳动生产率。

4．内部机构设置是否明确界定各机构和岗位的权力和责任，不存在权责交叉重叠，不存在只有权力而没有相对应的责任与义务的情况等。

第15条　内部机构运行的高效性评估。

1．内部机构的职责分工是否能对市场环境的变化作出及时调整，特别是当企业面临重要事件或重大危机时，各机构间应按照职责分工的权限来处理危机。

2．内部机构的权力是否过大并存在监督漏洞、是否被架空，机构内部或各机构之间是否存在权力失衡等。

3．内部机构的运行是否有利于保证信息的及时、顺畅流通，以达到在各机构间快捷沟通的目的。

第4章　附　则

第16条　本制度由总经办负责编制、解释和修订。

第17条　本制度自××××年××月××日起生效。

编修部门/日期		审核部门/日期		执行部门/日期	

1.2.2　子公司投资管控制度

制度名称	子公司投资管控制度	编　号	
		受控状态	

第1章　总　则

第1条　为加强×××股份有限公司（以下简称"母公司"）的投资管理，规范全资子公司和控股子公司（以下统称"子公司"）投资行为，有效控制投资风险，根据《中华人民共和国公司法》《企业内部控制应用指引》及相关法律、法规，结合企业实际情况，特制定本制度。

第2条　本制度适用于母公司对所有子公司的投资行为进行管控。

第3条　母公司对子公司的管控重点在于子公司的对外投资、财务、审计及人事管理等，具体内容如下。

1．母公司战略投资部、运营部、风控部主要监督、管理子公司的对外投资等行为，并予以指导。

2．母公司财务部主要监督子公司财务预算的上报和执行以及财务上是否有重大问题，并予以指导。

3．母公司审计部主要审查子公司审计的合理性以及其过程是否出现问题，并予以指导。

4．母公司人力资源部负责管理及考核派往子公司的管理人员。

【解析】母公司作为子公司资金的出资方，二者的权益是息息相关的，子公司不可违背投资原则，随意投资，也不可违背母公司整体的发展战略，损害母公司的整体利益。必要时可由母公司统一进行投资行为，提高集团整体的经营效益。

第2章　子公司对外投资管理

第4条　子公司必须遵守母公司的投资方针和战略，确保投资行为符合母公司的整体利益，同时母公司有义务为子公司提供更有效的投资建议和指导。

第5条 子公司应按照母公司的要求，制订并实施对外投资计划，确保投资风险在可控范围内。制订对外投资计划时应注意以下事项。

1．明确对外投资的目的，一般投资目的分为增加投资收益、扩大业务规模、占领市场份额3种。

2．明确对外投资方式，一般投资方式分为债权性投资、权益性投资、混合性投资等。

3．预设投资风险，如市场风险、政策风险、法律风险等，并据此制定相应的风险管理措施。

第6条 子公司应建立健全投资决策流程、风险控制机制、投资收益分配机制等，确保对外投资的顺利进行。

第7条 子公司投资部应先进行市场调研，编制"投资建议书"，呈报子公司总经理审核，并报母公司审核、审批。母公司审核、审批通过后，子公司根据母公司审核、审批意见实施投资，并定期向母公司战略投资部、运营部汇报投资运营情况。

第8条 子公司必须建立健全的风险管理和控制体系，包括风险识别、风险评估、风险监测和风险应对等环节。

第3章 子公司财务管理

第9条 子公司应按照母公司要求编制"子公司年度财务预算报告"，呈报子公司总经理、母公司财务部审核、审批。子公司应定期向母公司报告财务预算实施情况，以确保母公司能够了解子公司财务资金的使用情况和效果。

第10条 子公司涉及大额资金的业务应由母公司财务部监督管理。子公司财务部应接受母公司财务部的业务指导、监督。

第11条 子公司向母公司报送的财务报表和相关资料主要包括资产负债报表、利润报表、现金流量报表、财务分析报告、向他人提供资金及提供担保报表等。

第12条 子公司应当妥善保管财务台账及档案，以便子公司总经理及母公司财务部做相关审查，保存年限按国家有关财务会计档案管理规定执行。

第13条 子公司在经营活动中不得隐瞒其收入和利润，私自设立账外账和小金库，若存在违反国家有关法规、母公司和子公司财务制度等情形的，应追究有关当事人的责任，并按国家法规、母公司和子公司相关规定进行处罚。

【解析】对于企业集团而言，理想的财务组织划分应该是集权与分权适度、权责划分明确的多层级管理体系，遵循"统一领导、分级管理"的原则。子公司财务管理部门的设置应在服从母公司财务战略安排的基础上，保留一定的灵活性。

第4章 子公司审计管理

第14条 审计内容主要包括财务审计、重大经济合同审计、业务经营审计、项目审计、内部控制制度的制定及执行情况审计、单位负责人任期经济责任审计和离任经济责任审计等。

第15条 母公司审计部门应当编制"子公司审计计划"，明确审计目的、范围、时间、人员组成和分工等内容。同时，母公司拟定审计通知，下发至被审计子公司。

第16条 子公司在接到审计通知后，应当做好接受审计的准备，并在审计过程中给予主动配合。

第17条 母公司审计人员应当按照审计计划实施审计事项，并对审计证明材料进行审核，将审计工作底稿归集整理，并编制"审计工作底稿清单"。

第18条 审计工作完成后，母公司审计人员应撰写"子公司审计报告"，报告应包括审计目的、审计范围、审计结论、审计建议等内容。

第19条　母公司审计人员应当制定"子公司审计建议书"，以便被审计子公司后期进行整改。

【解析】对于母公司来说，应按照现代内部审计的理念、组织制度和要求确定子公司内部审计职能定位，有效地发挥内审人员的作用。对于子公司来说，内审的顺利开展在于母公司审计工作的重点转向为子公司服务，提高子公司经营管理水平。

第5章　子公司人事管理

第20条　母公司有权向子公司派遣管理人员担任董事、监事及中高级管理人员。非经母公司决定委派的子公司董事、监事和中高级管理人员等重要人事任免事项，子公司应先向母公司申请审批。

第21条　经母公司决定委派的子公司董事、监事和中高级管理人员应定期或不定期地前往母公司进行业务培训。非管理人员可参与母公司线上培训平台的课程培训，或由母公司相关部门组织培训。

第22条　子公司应结合本公司的经济效益，参照本行业的市场薪酬水平制定"子公司薪酬管理制度"，并报母公司审核、审批。子公司应根据对当年经营计划完成情况的考核结果，由控股子公司董事会确定其高级管理人员的薪酬标准。

第23条　子公司人力资源部应按照母公司要求汇总、整理"年度劳动力使用计划""年度人工成本计划"，并定期将执行情况呈报母公司人力资源部。

第24条　母公司向子公司派出的高级管理人员在经营管理中出现重大问题，给公司带来重大损失的，应受到相应处罚。

第25条　母公司应切实落实绩效考核制度，对子公司经营计划的业绩目标完成情况进行考核，并根据考核结果进行奖惩。

【解析】母公司对子公司人力资源管理的主要任务不是去发现人才，而是通过人力资源制度体系的完善去建立一个可以出人才的机制，并维持这个机制健康、持久地运行。

第6章　附　则

第26条　本制度由母公司董事会负责编制、解释和修订。

第27条　本制度自××××年××月××日起生效。

编修部门/日期		审核部门/日期		执行部门/日期	

1.2.3　组织架构设计与运行评估制度

制度名称	组织架构设计与运行评估制度	编　号	
		受控状态	

第1章　总　则

第1条　为了设计具有防范和化解各种舞弊风险能力的组织架构，保证企业各项经营业务高效、顺利地进行，实现企业战略目标和各项经营目标，根据《企业内部控制应用指引第1号——组织架构》及相关法律、法规，结合企业实际情况，特制定本制度。

第2条　本制度适用于规范企业组织架构设计与运行评估的工作。

第2章　组织架构设计的原则、考虑因素

第3条　设计原则。

1．目的性原则。各职能部门的设立要围绕组织目标和任务进行，要确保完成组织的经营活动，实现企业的战略目标。

2．适应性原则。在进行组织架构设计时，考虑内外部环境对组织架构运行的影响与制约，应使组织架构与内外部环境处于"最佳适应状态"。

3．明确性原则。在进行组织架构设计时要清晰界定企业内各层级的报告关系，明确各岗位的具体职责，避免重复管辖和多头领导的情况发生，以利于经营活动的开展和提高企业的运作效率。

4．合理管理幅度原则。在进行组织架构设计时，要为每一位管理人员设计合理的管理幅度。管理幅度过大或过小，都会导致企业运营效率下降的不良后果。

5．分工协作原则。企业应根据自身特点和条件，选择适合自身的组织架构模式，通过分工协作提高工作效率。

6．适度分权原则。在设计组织架构时，应考虑权力的分配模式，要将集权与分权控制在合适的基准上，既不影响企业的运作效率，也不影响管理层和基层员工的工作积极性，使组织具有高度的开放性和协作性。

7．责权对等原则。设计组织架构时，所设计的职能部门应在具备一定职责的同时具备相应的权力。若没有与责任相对等的权力，就无法完成相应的职责。

8．执行与监督分设原则。在设计组织架构时，应将执行部门与监督部门分开设立，这样可以有效防范与化解营私舞弊的风险。

第4条　考虑因素。

1．企业发展战略。

（1）企业发展战略的制定必须考虑企业组织架构的现状。

（2）企业一旦确定了发展战略，应相应调整组织架构，以使其适应发展战略实施的要求。

2．文化理念。企业在设计组织架构时应考虑企业本身的文化理念对其的影响，设计适合的组织架构。

3．外部环境。外部环境对组织架构的影响可以反映在岗位与部门设计、各部门关系、组织总体特征3个层次上。

4．技术。技术以及技术设备的水平，不仅影响组织架构运行的效果和效率，而且会作用于组织活动的内容划分、岗位设置。

5．人力资源。企业必须根据发展战略的需要设计组织架构，并考虑原有的人力资源以将其进行充分利用。发展战略决定组织架构，但人力资源的制约反过来也会影响组织架构的设计。

6．企业规模与企业所处的发展阶段。企业规模往往与企业所处的发展阶段相关，伴随着企业活动内容的日趋复杂，人数也会逐渐增多，活动的规模会越来越大，企业组织架构也须随之调整，以适应变化后的情况。

第3章　组织架构设计的程序

第5条　组织架构设计人员要对企业为达成目标所要完成的事务，做一个全面的梳理，从总量和分量上进行计量，并详细列出。

第6条　界定企业员工相互之间的事务工作关系。

1．界定企业员工相互之间的事务工作关系是选择组织架构的基础。

2．组织架构设计人员应根据企业的规模、企业内部主要事务工作的性质等客观实际，分析、界定企业员工相互之间的事务工作关系，以便最大限度地保证企业运行的效率。员工相互之间的事务工作关系主要有以下3种。

（1）指挥与被指挥、控制与被控制的关系。

（2）相互依存和相互补充的关系。

（3）相互支持和彼此配合的关系。

第7条　人员编制。

1．企业各部门应在每年12月确定次年组织架构及相应人员编制，报人力资源部批准后执行。

2．确定后的组织构架与人员编制计划应在下一年度严格执行，确因业务发展需要调整的，须经人力资源部上报总经理审批通过后方可调整。

第8条　组织架构设计人员根据不同事务工作间的性质，以及不同事务工作量的大小，确定具体承担的单位、部门和岗位。

第9条　组织架构设计人员构画出整个企业的组织架构图，并提交董事会审核。企业组织架构有以下几种类型。

1．直线制组织架构。

企业各级职能机构从上到下实行垂直领导，下属机构只接受一个上级的指令，各级主管负责人对所属机构的一切问题负责。该架构适用于规模不大、职工人数不多、生产和管理工作都比较简单的企业或现场作业管理的小型企业。

2．职能制组织架构。

按照在组织中所承担的职能建立企业的组织结构，组成以生产、营销、财务、人事等职能机构分工为主的架构形式。下级负责人除接受上级主管负责人指挥外，还必须接受上级各职能机构的管理。该架构适用于中小型的、产品品种比较单一、生产技术发展变化较慢、外部环境比较稳定的企业。

3．事业部制组织架构。

按照产品类型、客户类型、地域及流程等不同的业务单位分别成立若干事业部，自主经营，财务上独立核算。各事业部负责人对事业部的经营绩效全面负责，拥有充分的运营决策权力，并直接向总经理报告工作。该架构适用于规模庞大、品种繁多、技术复杂的大型企业。

4．直线职能制组织架构。

实行经理统一指挥与职能机构参谋、指导相结合的组织架构形式。在直线职能制组织架构下，各级主管领导人逐级负责，高度集权。该架构适用于企业规模中等、职能机构不多的企业，我国大多数企业采取此种组织架构。

5．矩阵制组织架构。

事业部制组织架构与职能制组织架构相结合的组织架构形式，是一种非长期固定性的组织架构。矩阵制组织架构适用于一些重大攻关项目，企业可用来完成涉及面广的、临时性的、复杂的重大工程项目或管理改革任务。该架构适用于以开发与实验为主的单位，例如科学研究所，尤其是应用性研究单位等。

6. 扁平式组织架构。

扁平式组织架构是现代企业组织架构形式之一。这种组织架构形式改变了原来层级组织架构中的企业上下级组织和领导者之间的纵向联系方式、平级各机构之间的横向联系方式以及组织与外部各方面的联系方式等。该架构可减少行政管理层次，增加管理幅度。

【解析】组织架构设计是企业的部门职能规划、岗位设置及职责描述等工作的总称。不交叉职能的设计、不相容职责的设计、扁平化、高效化，这些都是组织架构设计的原则。企业应根据自身的战略目标、管理方式来选择相应的组织架构。

第10条　组织架构设计人员在对企业的部门、岗位、职责之间的关系进行界定、梳理的基础上，应该明确各自的职能、定位和角色，明确不同岗位的职责、权限、任职标准和履职条件，从而更好地完成组织架构设计这项工作。

第11条　组织架构设计人员还可以针对本企业的管理流程、工作程序、工作标准和工作规范等，起草企业全体员工的行为、操作规范，从而实现管理的规范化、标准化。

第4章　组织架构的运行评估

第12条　评估重点。

1. 对子公司的监控。

2. 组织架构的评估。

3. 组织架构的调整。

第13条　对子公司的监控。

1. 企业投资管理部负责草拟并颁布子公司投资管控制度，通过合法、有效的形式履行出资人职责并维护出资人权益。

2. 对子公司的发展战略、年度财务预决算、重大投资、重大担保、主要资产处置、派出董事监事及高级管理人员的任免、内部控制体系建设等事项，按相关规定予以严格管控。

第14条　组织架构的评估。

1. 企业应及时梳理治理结构，重点关注董事、监事、经理及其他高级管理人员的任职资格和职务履行情况，以及董事会、监事会和经理层的运行效果。

2. 企业应及时梳理内部机构设置，重点关注内部机构设置的合理性和运行的高效性。内部机构设置和运行中存在职能交叉、缺失或运行效率低下的，应及时解决。

3. 企业应定期对组织架构设计与运行的效果和效率进行全面评估，发现组织架构设计与运行中存在缺陷的，应进行优化调整。

第15条　组织架构的调整。

1. 组织架构调整依据。

（1）各部门、各员工的内部考核结果。

（2）企业经营目标和生产经营变化情况。

（3）组织架构设计中存在的职能交叉、缺失情况。

2. 组织架构调整责任划分。

（1）董事、总经理。

①负责对企业级组织架构调整提出建议并责成相关部门组织相关人员进行讨论。

②负责把企业级组织架构调整上报董事长（董事会）审批。

③负责对职能模块及组织架构调整进行审批。

④负责管理人员、技术人员的增补，负责主管及以上人事变动的审批，负责部门级组织架构调整的审批。

（2）各主管副总经理。

①负责对所管理的职能模块的组织架构调整提出意见并组织相关人员进行讨论。

②负责把职能模块及组织架构调整上报总经理审批。

③负责对所属部门的组织架构调整的审核、审批。

（3）各部门负责人。

①负责对本部门的组织架构调整提出建议并组织相关人员进行讨论。

②负责把本部门的组织架构调整上报主管副总经理和首席运营官（涉及管理人员、技术人员增补及主管级以上人事变动的）审批。

③负责组织架构调整后涉及本部门的相关人事变动的申请流程的履行。

（4）人力资源部。

①负责分析、整理各种调整方案，并提供专业意见。

②对出现的不符合企业发展要求的调整需求有权予以否决。

③负责对职能模块及部门的岗位职责的整合和审核后公布。

④负责相关人事变动手续的办理。

⑤负责对经审批的组织架构及相关资料原件的归档保存。

3．企业组织架构调整分级。

（1）一级组织架构调整主要是指企业级组织架构调整。

（2）二级组织架构调整主要是指企业职能模块及组织架构调整，以各主管副总经理所管理模块区域为单位。

（3）三级组织架构调整主要是指部门内部组织架构调整。

4．企业级组织架构调整程序。

（1）由企业董事会提出企业级组织架构调整建议。

（2）企业人力资源部按照董事会提出的调整建议，拟定企业组织架构调整方案，并明确相关的职责变动、工作分工和人员配置。

（3）企业级组织架构调整方案上报董事长审批。

（4）对企业级组织架构调整中涉及的人事调整问题，参照企业的人事调整相关规定执行。

（5）经批准的新组织架构以及相关人事调整在企业内颁布实施。

5．各主管副总经理所管理的职能模块的组织架构调整程序。

（1）由各主管副总经理提出调整建议。

（2）企业人力资源部按照各主管副总经理所提出的调整意见，整理、汇总出调整方案，并明确相关的职责变动、工作分工和人员配置。

（3）将调整方案上报总经理审批。

（4）对调整过程中涉及的人事调整问题，参照企业的人事调整相关规定执行。

（5）经批准的新组织架构以及相关人事调整在企业内颁布实施。

6．部门级组织架构调整程序。

（1）由各部门负责人提出调整建议。

（2）由各部门内部安排人员，整理、汇总出调整方案，并明确相关的职责变动、工作分工、人员配置。

（3）将调整方案上报人力资源部审核，主管副总经理审批。对调整过程中涉及的管理人员、技术人员的增减及主管级以上人事变动的调整须报总经理审批。

（4）对调整方案中涉及的人事调整问题，参照企业的人事调整相关规定执行。但对于属于部门内部除升职外的人事变动的，须填写"部门内部人事变动审批表"。

（5）对经审批的组织架构调整方案及相关资料原件由人力资源部归档保存。

【解析】组织架构设计人员应重点关注组织架构能否针对市场环境的变化、业务的变化、竞争的变化、战略的变化及时进行调整。特别是当企业面临重要事件或重大危机时，各机构间表现出的职责分工和有效协调性，可以较好地检验内部机构运行的效率以及组织架构设计的合理性。

第5章　附　则

第16条　本制度由总经办负责编制、解释和修订。

第17条　本制度自××××年××月××日起生效。

编修部门/日期		审核部门/日期		执行部门/日期	

第 2 章

发展战略

2.1 发展战略的制定管理制度

发展战略是企业在对现实状况和未来趋势进行综合分析及科学预测的基础上，制定并实施的中长期发展目标与发展规划。企业如果没有明确的发展战略，很难在当今激烈的市场竞争、多变的外部环境和国际化浪潮的冲击下求得长远发展。

2.1.1 企业发展目标与战略规划制定管理制度

制度名称	企业发展目标与战略规划制定管理制度	编　号	
		受控状态	

第1章　总　则

第1条　为了使企业能够明确制定发展目标的要点，编制可以达到发展目标的战略规划，并对战略规划进行管理，根据《企业内部控制应用指引第2号——发展战略》及相关法律、法规，结合企业实际情况，特制定本制度。

第2条　本制度适用于企业对制定发展目标与战略规划时涉及的相关工作进行控制与管理。

第2章　发展目标制定

第3条　发展目标是企业发展战略的核心和基本内容，其主要内容包括盈利能力、生产效率、市场竞争地位、技术领先程度、生产规模、组织架构、人力资源、社会责任等。

第4条　制定发展目标的注意事项。

1．发展目标要突出主业，增强核心竞争力。

2．发展目标不能过于激进，要立足于企业实际，切忌盲目地把市场热点当作发展目标。

3．发展目标不能过于保守，要保持发展动力，不断发现并抓住发展机遇，避免因发展战略过于保守而难以适应激烈的市场竞争环境。

【解析】发展目标不明确、过于激进或保守都会影响企业经营，因此，在编制发展目标时，一定要综合分析企业现实状况并科学预测未来趋势，根据分析、预测的结果来编制符合企业发展实际的发展目标。

第5条　制定发展目标的影响因素。

1．宏观经济政策。

2．国内外市场需求变化。

3．技术发展趋势。

4．行业及竞争对手状况。

5．可利用资源水平。

6．自身优势与劣势。

第3章 战略规划制定

第6条 战略规划是企业为了实现发展目标而制定的具体规划，其主要内容包括企业在每个发展阶段的具体目标、工作任务和实施路径。

【解析】企业要密切关注战略规划实施过程中的各种内外部条件的变化情况，并根据变化情况及时对战略规划进行调整，调整过程中要密切关注战略规划的目标性、阶段性、可实现性。

第7条 企业战略规划方案包括但不限于以下内容：企业经营环境分析、客户分析、供应商分析、企业发展战略规划、品牌规划、财务规划、人力资源规划、营销规划、企业文化规划、社会责任规划、战略实施规划等。

第8条 制定战略规划的依据和基础。

1．已确定的发展目标。

2．对宏观经济政策和经济环境变化情况的分析。

3．对行业环境、市场环境、竞争环境变化情况的分析。

4．对企业现有资源及可利用资源的分析。

5．对企业现有技术能力水平及企业上年度战略规划执行情况的分析等。

第9条 战略规划制定流程。

1．董事会提出战略规划制定要求，并发文编制战略规划草案，各职能部门准备相关调研资料。

2．战略委员会负责对宏观环境、政策环境、行业环境、市场环境和竞争环境进行研究、分析，汇总相关资料与分析结果，制定企业战略规划初稿并提交董事会。

3．董事会对企业战略规划初稿进行研究，并提出相应的指导意见。

4．战略委员会参考董事会提出的意见对企业战略规划初稿进行修改，形成终稿并提交董事会审议。

5．企业战略规划于董事会审议通过后方可实施。

【解析】企业战略规划的制定工作主要由战略委员会完成，董事会要注意在此过程中履行好审议职能，严格审议战略规划各阶段的目标是否能达到，达成目标的手段、措施、方法等是否适用。

第4章 战略规划评价与调整

第10条 战略委员会应定期召开会议讨论发展战略的执行情况，并就发展战略执行过程中出现的问题及时予以纠正。

第11条 战略委员会应组织战略规划年度评价会议，重点检查和总结企业各项战略目标的完成情况、重点战略措施的落实进度以及重大经营决策对企业战略规划产生的影响等内容。

第12条 出现以下情况时，战略规划应随之调整。

1．企业对发展战略进行了重大调整。

2．宏观经济政策和经济环境发生了重大变化。

3．企业所处的行业环境、市场环境、竞争环境发生了重大变化。

4．企业内部现有资源、可利用资源及技术能力水平发生了重大变化。

5．董事会或战略委员会基于对经营形势的判断认为有必要调整战略规划的其他情形。

第13条 战略委员会可根据需要提出战略规划变革和调整方案，企业战略规划调整由企业战略发展委员会讨论通过后实施。

第5章　战略规划的归档保管

第14条　战略规划文档包括企业战略规划文件、企业战略规划调整文件、子公司战略规划文件、子公司战略规划调整文件、企业职能战略规划文件、企业职能战略规划调整文件等。

第15条　战略规划文档统一归档到企业档案室，战略规划工作小组留存副本。

第16条　企业战略规划工作小组根据企业档案管理制度，对战略规划文档进行归类和标识以方便查阅、妥善保存和移交相关文档。

第6章　附　则

第17条　本制度由董事会负责编制、解释和修订。

第18条　本制度自××××年××月××日起生效。

编修部门/日期		审核部门/日期		执行部门/日期	

2.1.2　战略委员会设立与运行管理制度

制度名称	战略委员会设立与运行管理制度	编　号	
		受控状态	

第1章　总　则

第1条　为了对企业设立与运行战略委员会时的各项工作进行管理，满足企业建立与健全发展战略的需求，根据《企业内部控制应用指引第2号——发展战略》及相关法律、法规，结合企业实际情况，特制定本制度。

第2条　本制度适用于企业对战略委员会设立与运行的相关工作进行控制与管理。

第2章　战略委员会设立

第3条　战略委员会成员组成。

1. 战略委员会对董事会负责，董事长任战略委员会主席。

2. 战略委员会委员由董事长、1/2以上的独立董事或者1/3以上的全体董事提名，并由董事会选举产生。

3. 如有必要，可聘请社会专业人士担任咨询顾问。

【解析】战略委员会成员应具备较强的业务管理综合素质及实践经验，如熟悉企业业务的运营特点，具有较强的市场敏感度及综合判断能力，了解国家的宏观经济政策走向及国内外经济行业发展趋势等。

第4条　战略委员会主要职责。

1. 研究企业的发展规划、发展方针、经营目标，并提供相应的建议与指导。

2. 研究企业的产品战略、营销战略、市场战略、研发战略、人力战略等与企业经营相关的战略，并提供相应的建议与指导。

3. 研究企业的重大战略投、融资方案，并提供相应的建议与指导。

4. 研究企业的重大资本运作、资产经营项目，并提供相应的建议与指导。

【解析】为避免战略委员会工作程序不透明的风险，企业应明确约定战略委员会会议的召开程序、表决方式、提案审议、保密要求和会议记录等议事规则，确保战略委员会议事过程透明，决策程序科学、民主。

第5条　战略委员会委员的任职资格与选任程序符合国家有关法律法规和企业章程的规定。

第3章　战略委员会会议召开与通知管理

第6条　会议召开管理。

1. 战略委员会每年至少召开一次会议。遇特殊情况时，战略委员会主席或3名及以上战略委员会委员可要求召开战略委员会临时会议。

2. 定期召开的年度会议的主要内容包括以下几点。

（1）对上一年的发展战略执行情况进行讨论、总结，并决定是否调整现有发展战略。

（2）综合过去一年的发展战略实施情况及对未来的判断，制定滚动的战略规划。

（3）对企业未来的发展规划、发展目标、经营战略、经营方针等关系企业发展方向的重大问题进行讨论和审议。

第7条　会议通知管理。

1. 战略委员会年度会议应于会议召开前7个工作日发出会议通知。

2. 临时会议应于会议召开前10个工作日发出会议通知。

第4章　战略委员会决策管理

第8条　战略委员会应保证有2/3以上的委员出席方可正式举行，企业董事可以列席战略委员会会议，但不算在战略委员会委员内，且对会议议案没有表决权。

第9条　战略委员会委员应亲自出席会议，如遇特殊情况，可通过授权委托书的形式，委托其他委员代为出席会议并行使表决权。战略委员会委员每次只能委托1名其他委员代为行使表决权，独立董事委员不得委托非独立董事委员代为出席。

第10条　战略委员会会议确定的所有议案均要遵循集中审议、依次表决的规则，即各项议案要先由所有与会委员审议，审议完毕后再依照审议顺序由所有与会委员进行逐项表决。

第11条　战略委员会进行表决时，每名委员享有一票表决权，战略委员会对议案的决策必须经全体出席委员投票，过半数通过方为有效。

第12条　战略委员会进行表决时，采取记名投票的方式，委员对其投票表决承担责任。委员的表决意向分为赞成、反对和弃权，与会委员应从上述意向中选择其一，多选或不选均视作弃权。

第13条　与会委员表决完成后，有关工作人员应及时对投票情况进行统计，由会议主持人员宣布表决结果，委员在会议主持人员宣布表决结果后才进行表决的，其表决情况不予统计。

第5章　会议决议与会议记录管理

第14条　每项议案获得规定的有效表决票数后，经会议主持人员宣布即形成战略委员会决议，战略委员会决议经与会委员共同签字后生效。在未依照法律法规、本企业章程及本规定的合法程序执行的情况下，不得对已生效的战略委员会决议作任何修改或变更。

第15条　战略委员会会议应有书面记录，与会委员和会议记录人员均应在会议记录上签名，与会委员有权要求会议记录人员在记录上对其在会议上的发言进行说明性记载。

第16条　经与会委员签字确认的会议记录、决议等，由董事会秘书负责整理保存，战略委员会会议档案的保存期限为15年。

第17条　战略委员会决议若因违反法律法规或者本企业章程，致使企业遭受严重损失，所有参与表决的与会委员须对损失负连带赔偿责任。但经证明在表决时曾表明异议并记载于会议记录的相关委员可以免除连带责任。

第18条　在企业依法定程序将战略委员会决议予以公开之前，与会委员和会议列席人员、相关工作人员须对决议内容严格保密。

第6章　附　则

第19条　本制度由董事会负责编制、解释和修订。

第20条　本制度自××××年××月××日起生效。

发展战略制定、
实施、修订方案

编修部门/日期		审核部门/日期		执行部门/日期	

2.2　发展战略的实施管理制度

发展战略的实施是企业实现宏伟蓝图的关键步骤，企业只有重视和加强发展战略的实施，在所有相关目标领域全力推进，才有可能将发展战略描绘的蓝图转变为现实，铸成核心竞争力。

人力资源部
年度工作计划

2.2.1　年度目标分解

年度目标分解即将年度目标在纵向、横向或时序上分解到各业务单元、各部门以及各产品、各个具体的人，是一个逐级、逐步分解的过程。年度目标分解是明确年度目标责任的前提，也是使总体年度目标得以实现的基础。企业确定年度目标后，可采用"鱼骨图法"对年度目标进行分解。

2.2.1.1　鱼骨图法的操作步骤

鱼骨图法的操作步骤如图2-1所示。

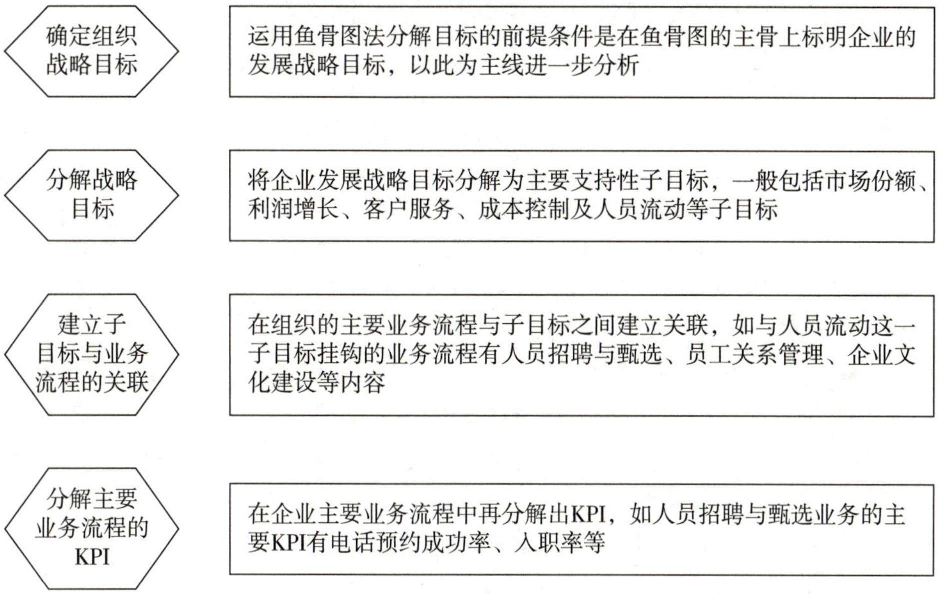

确定组织战略目标
运用鱼骨图法分解目标的前提条件是在鱼骨图的主骨上标明企业的发展战略目标，以此为主线进一步分析
分解战略目标
将企业发展战略目标分解为主要支持性子目标，一般包括市场份额、利润增长、客户服务、成本控制及人员流动等子目标
建立子目标与业务流程的关联
在组织的主要业务流程与子目标之间建立关联，如与人员流动这一子目标挂钩的业务流程有人员招聘与甄选、员工关系管理、企业文化建设等内容
分解主要业务流程的KPI
在企业主要业务流程中再分解出KPI，如人员招聘与甄选业务的主要KPI有电话预约成功率、入职率等

图2-1　鱼骨图法的操作步骤

2.2.1.2　用鱼骨图法分解年度目标的示例

用鱼骨图法分解年度目标的示例如图2-2所示。

成本控制率提升
人力资源管理目标
人员流动率目标
人员管理成本降低
产品生产成本降低
人才激励目标
培训与开发目标
企业发展战略目标
市场扩大
客户保有率提高
产品销售量增加
新客户增加
利润提高
客户拓展目标

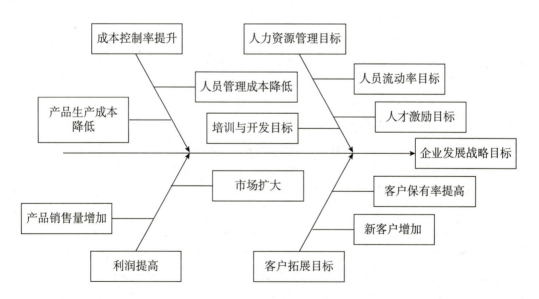

图2-2　鱼骨图法分解年度目标示例

2.2.2 发展战略宣传、监控、评估与调整管理制度

制度名称	发展战略宣传、监控、评估与调整管理制度	编　号	
		受控状态	

第1章　总　则

第1条　为了对发展战略的宣传、监控、评估与调整工作进行管理，确保企业的发展战略可以顺利实施，根据《企业内部控制应用指引第2号——发展战略》及相关法律、法规，结合企业实际情况，特制定本制度。

第2条　本制度适用于企业发展战略宣传、监控、评估与调整的管理工作。

第2章　发展战略的宣传方式

第3条　教育培训。企业确定发展目标与战略规划后，由高级管理人员组织教育培训，以培训的方式将发展目标与战略规划传递给企业全体员工。

第4条　各层级会议。企业确定发展目标与战略规划后，由高级管理人员组织会议向各部门管理人员传达，再由各部门管理人员通过部门会议向各部门员工传达。

第3章　发展战略的监控

第5条　战略委员会负责对发展战略的实施情况进行监控，并加强对相应的监控工作的管理，定期收集、分析相关信息，若发现有明显偏离发展战略的情况，要及时报告董事会。

第6条　为加强企业对内外部环境变化的敏感度和判断力，企业应建立经营绩效监控系统，用以监测发展战略和年度经营计划的实施进程和效果。

第7条　企业的经营绩效监控系统由战略委员会负责管理，主要工作内容如下。

1．确定在企业经营战略和经营计划中起重要作用的关键测量领域、关键测量项目和关键测量指标，并确定相关信息的信息源、传播方式、传播频率，发布经营绩效监测的相关规定。

2．定期收集、筛选、校准、整合各部门提交的进展、效果信息。

3．在编报绩效月报的基础上，编报战略目标和经营计划执行季报。

4．确定战略目标和经营计划的预警指标，适时提出预警信息。

第4章　发展战略评估与调整

第8条　发展战略评估分为短期评估与长期评估。短期评估一年一次，重点关注发展战略实施绩效、发展战略实施障碍及其处理手段。长期评估三年一次，重点关注发展战略成败总结、发展战略环境变化总结与发展战略调整。

第9条　发展战略评估的层次。

1．事前评估，即发展战略分析评估。指为发现最佳机遇，对企业所处现状环境进行的评估。

2．事中评估，即发展战略选择评估。指为了判断发展战略执行的有效性，而及时获取和处理的发展战略执行情况与发展战略目标的差异。

3．事后评估，即发展战略绩效评估。指在发展战略期末时对发展战略目标的完成情况进行的分析、评价和预测。

【解析】企业在评估发展战略时应侧重于事中评估与事后评估，事中评估应结合战略期内每一年度工作计划和经营预算完成情况，对发展战略执行能力和执行效果进行分析评价，事后评估应结合战略期末发展目标实现情况，对发展战略的整体实施效果进行概括性的分析评价，总结经验教训，并为新一轮发展战略的制定提供信息、数据和经验。

第10条　发展战略评估的步骤。

1．战略委员会作出开展发展战略评估的决定，并收集进行发展战略评估需要的信息、数据，确定发展战略评估的主要议题。

2．将发展战略评估的主要议题传达至企业中高层管理人员，收集来自企业中高层管理人员的意见，作为战略评估可参考信息的一部分。

3．战略委员会在前期准备工作完成后，组织开展发展战略评估研讨会。发展战略评估研讨会的参会人员主要是企业中高层管理人员及外部专家。

4．战略委员会对发展战略评估研讨会得出的各项结论进行总结，将发展战略评估的各项结论汇总成《发展战略评估报告》并提交董事会。

第11条　企业在发展战略评估过程中，若存在以下情况之一，可以按规定程序进行发展战略调整，以确保企业的正常发展。

1．发展战略由于经济形势、产业政策、技术进步、行业状况、不可抗力等条件发生重大变化，对企业的经营产生重大影响的。

2．企业内部的经营方向、经营管理条件等发生重大变化，须对发展战略进行调整的。

3．战略委员会认为有必要对发展战略进行调整的其他情况。

第12条　确实需要对发展战略进行调整和修正时，一般性的滚动修正由战略委员会进行，报董事会审批；出现需要对发展战略作出重大调整情况时，除须报董事会审议外，还要报股东大会审批。

第13条　启动发展战略调整程序后，各职能部门负责人与相关人员要积极提出发展战略调整建议。此外，各职能部门负责人应积极鼓励员工参与到发展战略调整中来，提出意见和建议。

第14条　进行发展战略调整时，战略委员会应严格根据经营目标调整发展战略，调整后的发展战略应体现战略期内技术创新、市场占有、盈利能力、资本实力、行业排名和履行社会责任等应达到的程度，确保企业具有长期竞争优势。

第15条　发展战略调整步骤。

1．战略委员会作出调整发展战略的决定，并传达至企业中高层管理人员。

2．战略委员会收集委员及非委员的企业中高层管理人员对于发展战略调整的建议，制定发展战略调整方案并上报董事会。

3．董事会对战略委员会提交的发展战略调整方案进行审核，并提出审核意见。

4．战略委员会根据董事会的审核意见对发展战略调整方案进行修改，并提交董事会审批。

5．发展战略调整方案经董事会审批通过后即可实施。

【解析】发展战略的调整是牵一发而动全身的事情，企业应按照规定的权限和程序进行发展战略调整工作，董事会要严格审议战略委员会提交的发展战略调整方案，若企业章程规定董事会审议通过的方案须报经股东（大）会批准，还应注意履行相应的程序。

第5章 附 则					
第16条 本制度由董事会负责编制、解释和修订。					
第17条 本制度自××××年××月××日起生效。					
编修部门/日期		审核部门/日期		执行部门/日期	

第 3 章

人力资源

3.1　人力资源的引进与开发

　　企业为保证其发展有充足、优质的人力资源作储备，须积极推动人力资源的引进与开发机制。人力资源的引进数量应依据年度人力资源需求计划，引进质量应符合能力框架与专业层次。人力资源的开发也应依据相应的管理要求，培养优秀人才，建设人才梯队。

人力资源
规划方案

年度人力资源
需求计划

人力资源能力
框架体系

3.1.1　人力资源引进制度

制度名称	人力资源引进制度	编　　号	
		受控状态	

第1章　总　则

第1条　为了优化企业人力资源结构，进一步落实企业人才发展战略，增强企业发展后劲，根据《企业内部控制应用指引第3号——人力资源》及相关法律、法规，结合企业实际情况，特制定本制度。

第2条　本制度适用于企业人力资源的引进管理工作。

第2章　人力资源引进的原则及对象

第3条　人力资源引进的原则。

1．按需引进原则。引进符合企业发展和人力资源规划的人才。

2．公开平等原则。公开、平等、竞争、择优，兼顾人才工作的适应性与稳定性。

3．突出重点原则。引进的人才数量和专业应有利于企业人才队伍的建设。

4．人尽其才原则。引进的人才要在最适合、最能放大其优势的岗位上尽职尽责。

第4条　人力资源引进的对象。

1．同行业内经验丰富的高级管理人才、高级技术人才。

2．有一定经验的管理人才、技术人才。

第3章　人力资源引进的风险点

第5条　人力资源招聘过程中的合规风险。

1．企业对人才简历的处理权限。根据《中华人民共和国民法典》和相关法律规定，在未获得个人明确同意前，企业不得转发、置换、售卖、公开个人简历。

2．招聘面试时的歧视问题。避免会引起就业歧视的内容，包含性别歧视、身高歧视、地域歧视等。

3．合作招聘的第三方合规问题。

（1）第三方机构必须具备开展人才服务的资质，同时须签署保密协议。

（2）企业须向第三方机构支付定金，待招聘到的人才到岗后再向第三方机构支付剩余款项。此过程是第三方机构单向收费的过程。

【解析】第三方机构只有具备开展人才服务的资质，才能为企业、候选人进行双向推荐，才能向企业、候选人提供法律上的保证，签署的合同才具有法律效力，企业、候选人的权利才能得到保障。

第6条　入职过程中的合规风险。

1．背景调查的合规问题。

（1）背景调查必须得到应聘者的授权同意。

（2）在法律允许的范围内开展背景调查活动，人力资源部应重点调查拟录用人员授权范围内的事件，不得对其授权范围以外的事件进行调查。

（3）合理、合法使用背景调查报告。不得将拟录用人员的背景调查报告挪作他用，如不能将拟录用人员的背景调查报告卖给资信评估企业等。人力资源部还应做好背景调查报告的保密工作，避免因报告内容的外泄给企业带来法律诉讼和赔偿责任风险。

2．录用通知书发放的合规问题。

（1）因为取消录用通知书存在法律风险，所以人力资源部在发送录用通知书时，应避免随意性，而要有选择地发出录用通知书。对于部分被录用者，可以不采取发录用通知书的做法，以减少风险的发生。

（2）向被录用者发出录用通知书，除了在录用通知书中注明工作岗位、薪资待遇、工作地点、报到时间等内容，还可以在录用通知书中要求被录用者提供原单位离职证明、社保记录、体检记录等材料，只有上述材料符合用人单位的要求，录用通知书方能生效。

（3）人力资源部还可以在录用通知书中列出不予录用或者取消录用通知的权利等条款，包括提供虚假履历，编造虚假履历，存在不良职业道德问题等。

（4）为了规避录用通知书与劳动合同条款不一致可能导致的风险，企业可以对二者的关系做出界定，明确劳动合同签订后，录用通知书自动失效，或明确当二者内容不一致时，以双方签订的劳动合同为准等。

3．合同签订的合规问题。

（1）劳动合同应包括但不限于以下内容：企业名称、地址、法定代表人，劳动者的姓名、住址和居民身份证号，劳动合同期限，工作岗位和工作地点，工作时间和休息休假，劳动报酬，社会保险，劳动保护、劳动条件和职业危害防护等。

（2）甲方企业须盖公章、法人章、骑缝章，乙方被录用者须签字按手印。

第7条　人力资源引进过程中的商业秘密保护与竞业限制风险。

1．人力资源引进中的商业秘密保护。明确保密范围、内容、主体、双方权利义务、保密津贴、违约责任条款、纠纷管辖机构等。

2．雇用有竞业限制义务的员工而产生的风险。

（1）企业雇用可能掌握原企业技术秘密、商业秘密的员工时，应要求其签署协议，承诺对于已掌握的原企业的技术信息、商业秘密等，将继续遵守保密义务，不会在新企业工作中运用。同时新企业也须签署协议，承诺不会有任何逼迫员工运用其他企业技术、商业秘密的行为。

（2）如果属于已解除竞业限制义务的员工，企业应要求其提供竞业限制解除证明，如原企业同意解除竞业限制义务的函件原件或劳动者书面通知原企业的原件。

第8条　薪酬与税务风险。

1．薪酬风险。

（1）未对引进员工的需求及关注点进行深入分析，可能致使薪酬福利目标的设置不能满足员工的要求与期望。

（2）引进员工到岗前，人力资源部以书面形式告知员工薪酬，若只是口头告知，须在员工到岗后以书面形式向员工确认薪酬。

2．税务风险。

（1）及时为员工代扣代缴个人所得税。

（2）若员工从两处及以上取得工资薪金所得，在一个纳税年度内，只能选择一处进行扣除；提醒符合条件的员工及时办理个人所得税年度汇算清缴。

第9条　绩效管理风险。

1．能进不能出的风险。对于新员工，应设置试用期考核，以试用期得分及具体表现决定是否留用；设置业绩淘汰机制。

2．能上不能下的风险。对于升职的员工，应保留半年至1年的试岗期，以试岗期考核结果及具体表现决定该员工是否留用在该岗位。

第4章　人力资源引进的管理

第10条　人力资源引进的渠道。

1．常规引进。社会招聘、校园招聘、内部推荐、退休返聘、人才特聘。

2．特殊引进。

（1）邀请专家前往企业进行研讨交流，实现知识传递。

（2）与外部专家、顾问团队签订特聘协议，约定双方的权利与义务，实现企业相关业务目标并支付聘用费用。

第11条　人力资源引进的用工形式。

1．通过直接建立双方劳动关系的方式引进人才。

直接采用招聘录用等方式，与人才建立长期、稳定的劳动关系。

【解析】一般适用于校招、社招人才，签订具有固定期限的劳动合同，除劳动合同外，还应签订工作所需的保密协议、竞业协议、知识产权协议等。

2．通过柔性、灵活的用工关系方式引进人才。

柔性引进符合企业条件的各类专家、咨询顾问等，通过智力引进、业余兼职、临时聘请、技术合作等方式，灵活、创造性地开展人才引进工作。

第12条　人力资源引进的程序。

1．从内部引进人力资源的程序。

（1）人力资源部根据各部门人才需求，及时更新空缺岗位类别、职责、任职要求等详细信息，并在企业内部公开。

【解析】企业人力资源部整理人才需求时应与各部门进行沟通确认，各岗位所属部门的负责人要充分了解什么样的人适合本部门的空缺岗位。

（2）各部门以部门为单位，通过推荐或自荐的方式收集应聘者翔实的应聘材料，并对应聘者的道德品质、学术水平、业务能力等进行综合评议，提出推荐意见，然后报送人力资源部。

（3）人力资源部将收到的人才信息进行整理，并对各部门推荐的人才进行初步审核，安排面试。

（4）人力资源部经理对上报的人才材料进行审核，提出使用意见，评定其享受的待遇等级，报总经理审批。

（5）经总经理审批同意正式调入或录用的高层次人才，由人力资源部办理相关手续。

2．从外部引进人力资源的程序。

（1）企业根据实际发展计划，制订人才引进计划，编写详细方案，并组织实施。

（2）人力资源部通过各种渠道收集人才信息，发布人才引进信息。

第13条　引进人才的待遇。

1．聘任管理岗位的，薪酬根据所在部门助理级管理岗位薪酬待遇标准执行，若所聘任职务高于助理级职务的，执行所聘任职务待遇。

2．聘任专业技术职务的，薪酬待遇根据国家规定以及业绩结合实际情况执行，并实行聘期管理，期满后根据工作业绩及考核结果升降相关职级。

3．引进的人才，已取得高级专业技术职务任职资格的，不受技术职称岗位职数的限制，可直接聘任相应级别的专业技术职务，享受相应待遇。

4．特殊高层次人才，企业在人事档案、户籍、住房、配偶工作安排和子女上学等方面为其提供便利，并提供良好的工作和发展环境。

第14条　引进人才的考核。

1．按照规定，对引进人才实行试用期考核制，试用期内考核不合格的，解除劳动合同。

2．按照管理权限加强对引进人才的考核，考核以岗位目标责任书为主要内容，考核结果作为奖惩兑现的依据。

3．对于业绩表现较差的引进人才，经企业研究决定后应予以淘汰或转岗。

4．合同期满，根据工作需要和本人意愿，应及时办理终止或续订劳动合同的手续。

第15条　引进人才的激励与培养。

1．企业加大对引进人才的培训与投入力度，提升人员整体专业技能与商业敏锐度。

2．将表现优秀的引进人才纳入后备干部队伍，为其规划职业生涯。

3．企业为引进人才办理年度继续教育等事宜，费用由企业承担。

4．引进高层次人才，代表企业参加国内或行业内各类学术交流活动的，经企业总经理批准后，相关费用可予以报销，并予以一定津贴。

第5章　附　则

第16条　本制度由人力资源部负责编制、解释和修订。

第17条　本制度自××××年××月××日起生效。

编修部门/日期		审核部门/日期		执行部门/日期	

3.1.2   公开招聘与竞争上岗管理制度

制度名称	公开招聘与竞争上岗管理制度	编　号	
		受控状态	

第1章 总　则

第1条 为了健全人才选用机制，确保优秀人选被放在合适的岗位，提高企业人才队伍的素质和战斗力，根据《企业内部控制应用指引第3号——人力资源》及相关法律、法规，结合企业实际情况，特制定本制度。

第2条 本制度适用于企业公开招聘与竞争上岗的管理工作。

第2章 公开招聘

第3条 公开招聘原则。

1．因事设岗原则。公开招聘工作以满足企业发展战略对人才的需求为根本目标。

2．事前计划原则。在开展招聘工作前，制订合理的招聘计划并提出用人申请。

3．以岗选人原则。人岗匹配，为企业提供高质量的人力资源保障。

4．先内后外原则。优先进行企业内部招聘。

第4条 公开招聘风险点。

1．人才测评的风险点。

（1）人才测评的操作不规范，可能导致测评结果不准确，不能为企业招聘到合适的人才。

（2）人才测评过程不合理，可能导致企业不能准确为求职者定位，从而影响求职者个人才能的发挥，造成人才浪费。

【解析】人才测评以现代心理学和行为科学为基础，运用心理学或人格测验、面试、情景模拟等技术手段，对测试者的人格素质、发展潜力、个性特征等进行客观、科学的测量评价。

2．招聘计划的风险点。

（1）招聘计划制订的依据不充分、不合理，可能导致企业盲目招聘，造成冗员。

（2）招聘计划制订得不完善、不合理，可能导致招聘计划无法执行，相关人员在工作中无章可循。

3．招聘费用预算的风险点。

（1）招聘费用预算的编制不合理，将会导致企业资金的浪费。

（2）招聘费用预算编制的内容和标准不明确，审批程序不规范，可能导致招聘费用的严重超支。

4．面试甄选的风险点。

（1）面试甄选标准不合理，可能导致企业难以招聘到合适的人才，各职能部门无法正常开展工作。

（2）面试甄选过程不规范，可能导致招聘到的人员和岗位不匹配，从而影响企业生产经营。

5．员工录用的风险点。

（1）员工录用过程不规范，可能导致招聘到的人员和岗位不匹配。

（2）对录用员工的资料的审查过程不规范，可能导致出现身份不符或证件虚假等情况。

第5条　招聘前准备工作。

1．根据企业发展战略、组织架构及人员编制，由人力资源部对业务部门提报的岗位划分招聘优先级，并拟定、申报年度招聘计划。内容包括但不限于：拟招聘人员的岗位说明书、拟招聘人数、计划到岗时间等。

2．人力资源部根据年度招聘计划按月进行招聘目标分解，结合用人部门空缺岗位的招聘需求，制订月度招聘计划，并组织实施。

第6条　招聘渠道。

1．内部招聘包括员工推荐、内部轮岗、内部竞聘。

2．外部招聘包括招聘网站、猎头、招聘会、新媒体推广、专家外聘。

第7条　招聘实施步骤。

1．简历初筛。人力资源部负责对收到的简历进行整理，并初步筛选，邀约人才测评和面试。

2．人才测评。人力资源部根据业务部门要求，依据候选人岗位类型进行相应的人才测评，测评报告将作为录用依据之一被存档。

3．面试。面试分初试、复试、终试等多个环节，主要考察候选人的价值取向和责任意识。初试由人力资源部主导，复试由所面试岗位的直接上级主导，终试由部门负责人或分管领导主导并决策。

4．背景调查。人力资源部向候选人原工作单位进行调查了解，根据背景调查的情况，确定是否录用该候选人。

【解析】通过背景调查，一方面是掌握候选人的个人信息，核查候选人过去是否有不良记录；另一方面是对候选人诚实性的考察。全面审查候选人所提供的资料，有助于企业挑选出最合适、稳定、有潜力的员工。

5．录用。人力资源部配合各业务部门，对应聘者进行全面综合评价，择优录用。新员工的上岗时间由用人部门确定，人力资源部负责及时通知。

第8条　对招聘实施情况进行年度、月度分析，形成分析报表，分析内容包含但不限于初试率、复试率、终试率、录用率、招聘完成率等。

【解析】招聘效果分析数据有助于人力资源部对招聘工作的组织情况进行有效性评估，持续改进招聘实施过程中的问题。

第3章　竞争上岗

第9条　竞争上岗原则。

1．坚持德才兼备、任人唯贤的原则。

2．坚持"公平、公开、公正、择优"的原则。

第10条　竞争上岗风险点。

1．准备阶段的风险点。

（1）员工可能不接受出现的落选结果。

（2）因缺乏沟通导致员工排斥竞争上岗。

2．实施过程的风险点。

（1）评分指标分配权重欠缺专业性。

（2）评委评分欠缺合理性。

（3）竞争上岗结果未公示引起信任风险。

3．结束后的风险点。落选人员和老员工应被安抚。

第11条　竞争上岗条件。

1．工龄1年及以上的正式员工。

2．年度考核成绩在80分以上，且无违纪和重大过失的员工。

3．具有竞争岗位所必需的专业知识和技能的员工。

第12条　竞争岗位分析。

1．竞争岗位说明书分析。人力资源部对竞争岗位的说明书进行分析，确定竞争岗位的职责、任职资格、工作权限及工作关系。

2．竞争岗位调查。人力资源部对竞争岗位员工的实际工作情况进行分析，确定竞争岗位员工在工作中存在的问题。

第13条　公告制定与发布。

1．人力资源部根据分析结果编制内部竞争上岗公告，公告包括但不限于以下内容。

（1）竞争岗位基本信息。

（2）竞争上岗报名安排。

（3）报名所须提交的证明资料。

（4）竞争上岗实施程序安排。

2．公告制定完成后，3个工作日内，人力资源部应在企业网站公告栏、OA公告处以及企业公告栏同时发布公告，并保留3个工作日。

第14条　报名及资格审查。

1．报名条件。符合竞争上岗条件的，均可参与岗位竞争，但每人最多只能填报两个岗位。

2．资格审查。人力资源部对所有报名人员进行资格核查，不符合报名条件者，不得参与下一步的竞争流程。

第15条　考核采取笔试、无领导小组讨论、演讲答辩（介绍自己的工作简历、竞争优势、工作实绩、对竞争岗位工作的设想等内容，并就考核组提出的有关问题进行答辩）的方式进行。

第16条　人力资源部汇总考核组的意见，决定竞争上岗的人员。人力资源部公布竞争结果，并发放任命通知书。

第4章　附　则

第17条　本制度由人力资源部负责编制、解释和修订。

第18条　本制度自××××年××月××日起生效。

编修部门/日期		审核部门/日期		执行部门/日期	

3.1.3 岗位回避制度

制度名称	岗位回避制度	编　号	
		受控状态	

第1章　总　则

第1条　为了营造企业公平、公正的人员引进与使用氛围，规避员工引进方面的操作风险，根据《企业内部控制应用指引第3号——人力资源》及相关法律、法规，结合企业实际情况，特制定本制度。

第2条　本制度适用于企业选聘过程中的岗位回避管理工作。

【解析】从法理学角度看，举贤避亲是必要的。举贤不避亲容易导致"人事管理权力滥用""公权私用""近亲繁殖""利益链"等腐败和管理问题。

第2章　岗位回避管理

第3条　员工应回避的工作关系。

1．夫妻关系。

2．直系血亲关系（包括父母、子女、孙/外孙子女、祖/外祖父母）。

3．三代以内旁系血亲以及配偶关系（包括兄弟姐妹、伯叔姑舅姨、堂兄弟姐妹、表兄弟姐妹、侄子女、外甥子女以及他们的配偶）。

4．近姻亲关系（包括配偶的父母、兄弟姐妹，儿女的配偶及儿女配偶的父母）。

5．上下级关系。

第4条　回避原则。

1．本制度第3条所列关系的员工之间存在直接指挥、领导、同一部门共事的同事关系时，由级别低的一方回避。

2．个别因工作特殊需要，经主管部门批准，也可由级别高的一方回避。

3．职务级别相同的，由业务部门根据工作需要和当事人的情况决定其中一方回避。

第5条　内部招聘中，凡涉及自己的配偶、亲属或有特殊关系的人员，应主动申请回避。

第6条　内部招聘中，企业各级管理人员不得直接向有关部门推荐自己的配偶、亲属或有特殊关系的人员。

第7条　内部招聘中，竞聘员工的直接上级对直接下级的任用只有建议权或推荐权，而不能直接决定竞聘的结果。竞聘员工的直接上级若与竞聘员工有特殊关系的，在竞聘过程中应主动申请回避。

第8条　企业不允许有上下级关系或夫妻关系、三代以内的亲属关系的人员在同一部门或有权责利益关系的部门机构工作。

第9条　企业不允许各级管理人员的配偶、亲属或有特殊关系的人员在其本人直接或间接管辖的部门工作。

第10条　企业各级管理人员及在职员工不允许将被推荐人直接介绍给负责招聘的工作人员，也不允许要求人力资源部私下安排或协调。被推荐的应聘者应单独通过企业指定的渠道投递简历或到选聘现场进行应聘。

第11条　企业各级管理人员及在职员工与应聘者有本制度第3条所列范围内的关系的，在面试过程中应主动申请回避，由人力资源部和用人部门共同面试确定。

第12条　如企业在职员工推荐的应聘者被企业录用的，推荐人须与企业签订"人员推荐担保书"，明确推荐人的担保责任。

【解析】"人员推荐担保书"应包含以下内容：①被推荐人；②担保人；③推荐单位；④日期；⑤担保书应表明被推荐人品行端正，符合岗位要求，并保证被推荐人违反规章制度时，担保人绝不包庇。

第13条　经企业员工推荐的应聘者被企业录用的，被录用的被推荐人不得在推荐人的同一部门任职。

第3章　违反回避原则的惩处方式及回避纪律

第14条　违反回避原则的惩处方式。

1．人力资源部在岗位选聘过程中应严格把关。人力资源部选聘人员时，若明知竞聘者、应聘者与用人部门的相关管理人员存在亲属或特殊关系，仍招录、任用竞聘者、应聘者，一经查实，对人力资源部相关工作人员进行记过处分。

2．在选聘过程中，应回避的企业员工，如不服从企业的回避安排，或在选聘过程中蓄意隐瞒回避关系的，企业除对相关工作人员进行记过处分外，情节严重的，将依法解除劳动关系，并追究其相应法律责任。

3．在选聘过程中，所涉及的管理人员应主动向部门登记自己的配偶、亲属或有特殊关系的人的所在部门及岗位。如隐瞒不报，一经查实存在上下级关系或权责利益关系的，给予记过处分。

4．在选聘前，如推荐人隐瞒被推荐人的真实情况，一经查实，可辞退所选聘的被推荐人，企业不承担辞退补偿责任，并对相关工作人员进行记过处分。

5．企业各部门各级员工对本制度第3条所列回避关系的情况当行使监督权，若发现应回避而未回避情形，可以直接向人力资源部举报。人力资源部对举报人所举报事项调查属实后给予其200元/次的嘉奖。

第15条　回避纪律。

1．亲属回避工作要公开、公正、公平地进行，任何人不得以任何理由、任何形式阻碍亲属回避工作，不得以职权和工作关系，授意、指使、暗示和托请他人进行干预。

2．各级管理人员要加强宣传教育，做好所属员工和本人亲属的思想工作。

3．所有员工要对亲属回避工作进行监督，发现应回避而未回避的，及时向人力资源部举报。

4．在执行本制度的过程中发生的任何违规、违纪行为，都要追究直接责任人和相关责任人的责任，从严查处。

第4章　附　则

第16条　本制度由人力资源部负责编制、解释和修订。

第17条　本制度自××××年××月××日起生效。

编修部门/日期		审核部门/日期		执行部门/日期	

3.1.4　劳动合同管理制度

制度名称	劳动合同管理制度	编　号	
		受控状态	

第1章　总　则

第1条　为了明确企业与员工的权利与义务，维护双方利益，根据《中华人民共和国劳动法》《中华人民共和国民法典》及其他相关规定，结合企业的实际情况，特制定本制度。

第2条　本制度适用于企业劳动合同的管理工作。

第2章　劳动合同管理的风险点

第3条　劳动合同签订风险。

1．劳动合同签订环节，容易出现未及时订立劳动合同的风险，用人单位自用工之日起超过1个月不满1年未与劳动者订立书面劳动合同的，应向劳动者每月支付2倍的工资。

2．劳动合同签订前，人力资源部应明确劳动者已与前用人单位解除劳动关系，并取得离职证明。

【解析】若劳动者没有与前用人单位解除劳动关系就入职新用人单位，将会影响新用人单位人力资源部缴纳五险一金，增加新用人单位人事管理风险，所以人力资源部在签署劳动合同前一定要确认劳动者已与前用人单位解除劳动关系。

第4条　劳动合同变更风险。

1．变更劳动合同前应签订书面的变更协议，避免因调岗、薪酬变化等产生争议。

2．若劳动合同订立时所依据的客观情况发生重大变化，致使劳动合同无法履行，经企业与劳动者协商，未能就变更内容达成一致，企业应提前30日以书面形式通知劳动者本人并按相关规定支付解约金后与劳动者解除劳动合同。

第5条　劳动合同续订风险。

1．续订劳动合同不应再约定试用期。

2．劳动者选择不续订劳动合同的，人力资源部应明确要求其出具书面辞职报告。用人单位超过1个月不满1年未与劳动者续订书面劳动合同且未办理离职手续，劳动者可选择以每月2倍工资为条件向人民法院提起诉讼。

第6条　劳动合同解除风险。

1．协商解除劳动合同时，应在协商解除协议中明确双方属于协商解除劳动合同，并且应明确是由谁首先提出的。

2．明确劳动合同终止的具体日期，即双方劳动关系解除的具体日期。

3．明确劳动者应完成的工作交接事项以及劳动者除交接工作外不得再以用人单位名义从事任何活动。

4．对于涉及商业秘密、知识产权、竞业限制义务的劳动者，应在协商解除协议中明确规定其在劳动合同解除后须履行的相关义务。

第3章　劳动合同的订立

第7条　劳动合同应具备的条款。

1．企业名称、地址和法定代表人或者主要负责人。

2．员工的姓名、住址和居民身份证或者其他有效身份证件号码。

3．劳动合同期限。

4．工作内容和工作地点。

5．工作时间和休息休假。

6．劳动报酬。

7．社会保险。

8．劳动保护、劳动条件和职业危害防护。

9．法律、法规规定应纳入劳动合同的其他事项。

除前款规定的必备条款外，对于在产品技术、市场、管理等方面掌握或涉及企业关键技术、知识产权、商业秘密或国家机密的工作岗位，企业可以与当事人协商竞业限制协议、保密协议等内容。

第8条　企业在聘用员工时，应要求拟录用员工提供与上一家企业终止、解除劳动关系的证明。

第9条　员工进入企业报到当天，须在人力资源部与企业签订劳动合同，由于特殊因素未签的，须在入职第一周签订劳动合同，员工入职后不同意签订劳动合同的不予录用。

第10条　在签订劳动合同的过程中，员工可先了解、熟悉企业的规章制度、劳动条件、劳动报酬等情况。

第11条　劳动合同一式两份，企业和员工各持一份，劳动合同一经签订，企业和员工双方必须履行劳动合同规定的各项义务，根据劳动合同维护双方合法权益。

【解析】劳动合同通常一式两份，是为了便于双方清楚各自的权利和义务，同时也便于合同涉及的双方都能保留一份具有法律效力的凭证，以在出现劳动纠纷时帮助双方维护各自的合法权益。

第12条　企业劳动合同期限为1~5年，具体期限根据不同岗位和任职资格协商确定，劳动合同期满经双方协商一致可以续签。

第4章　劳动合同的变更、解除、终止、续签

第13条　企业与员工双方在平等自愿的基础上，本着协商一致的原则，可采用书面形式变更/解除/终止/续签劳动合同。

第14条　签订劳动合同所依据的客观情况发生重大变化，致使原劳动合同无法履行，当事人一方要求变更劳动合同内容的，应将变更要求书面送交另一方，另一方应在3日内书面答复。经双方协商一致，可以变更劳动合同相关内容。

第15条　企业变更名称、法定代表人、主要负责人或者投资人等事项，不影响劳动合同的履行。

第16条　企业发生合并或分立等情况，原劳动合同继续有效，劳动合同由承继原企业权利和义务的企业继续履行。

第17条　企业有下列情形之一的，员工可以解除劳动合同。

1．未按照劳动合同约定提供劳动保护或者劳动条件的。

2．未及时足额支付劳动报酬的。

3．未依法为员工缴纳社会保险费的。

4．规章制度违反法律、法规的规定，损害劳动者权益的。

5．法律、行政法规规定员工可以解除劳动合同的其他情形。

第18条　员工有下列情形之一的，企业可以解除劳动合同。

1．在试用期间被证明不符合录用条件的。

2．严重违反企业规章制度的。

3．严重失职，营私舞弊，给企业造成重大损害的。

4．员工同时与其他企业建立劳动关系，对完成企业工作任务造成严重影响，或者经企业提出，拒不改正的。

5．被依法追究刑事责任的。

6．法律法规规定的其他情况。

第19条　企业正式员工提出解除劳动合同的，须提前30日以书面形式通知企业；员工在试用期内提前3日通知部门，可解除劳动合同。

第20条　有下列情形之一的，劳动合同自行终止。

1．劳动合同期满，确定不续签的。

2．员工死亡，或者被人民法院宣告死亡或者宣告失踪的。

3．企业被依法宣告破产的。

4．企业被吊销营业执照、责令关闭、撤销或者企业决定提前解散的。

5．法律、行政法规规定的其他情形。

第21条　劳动合同的续签。

1．劳动合同期满40天前，人力资源部将续签名单发给各部门负责人。不同意续签的，部门负责人应于5日内递交不续签理由及考评记录；同意续签的，由人力资源部在合同期满35天前下发"合同续签通知书"给员工，并由员工本人签收。

2．员工应在收到续签通知书5日内（遇节假日顺延）给予书面答复，否则视为本人不同意续签。

3．同意续签的员工，应在收到续签通知书5日内（遇节假日顺延）递交工作总结，经部门负责人考核，人力资源部审核，总经理批准，方可续签合同。

第5章　相关责任

第22条　员工违反劳动合同约定或企业相关制度规定给企业造成损失的，企业有权依据相关规定追究员工经济或法律责任。

第23条　员工培训服务期未满而与企业解除劳动关系的，按培训协议执行。签订竞业限制协议、保密协议而未按协议执行的，企业有权依据相关规定追究员工经济或法律责任。

第24条　合同未及时签订、续签、变更、解除、终止等导致的劳动纠纷，由企业劳动合同管理人员承担相应责任。

第25条　劳动争议处理不及时给企业带来损失的，由相关责任人担责。

第6章　附　则

第26条　本制度由人力资源部负责编制、解释和修订。

第27条　本制度自××××年××月××日起生效。

岗位保密协议

编修部门/日期		审核部门/日期		执行部门/日期	

3.1.5　试用期管理制度

制度名称	试用期管理制度	编　　号	
		受控状态	

第1章　总　则

第1条　为了规范对试用期员工的管理，创造良好的工作环境，使新员工尽快熟悉工作岗位，促进试用期员工的成长和进步，根据《企业内部控制应用指引第3号——人力资源》及相关法律、法规，结合企业实际情况，特制定本制度。

第2条　本制度适用于企业新员工试用期的管理工作。

第2章　试用期管理原则及试用期限管理

第3条　试用期管理原则。

1．考核择优原则。企业通过完善的考核体系对新员工进行综合考察，为企业选择德才兼备的人才。

2．全程引导原则。企业通过完善的引导人才体系给予新员工充分的指导，全程沟通辅导，帮助新员工快速进步，力图使每一位新员工都能通过试用期考核，成为企业的正式员工。

第4条　企业对新员工原则上均应设定试用期（特聘、特约人员及董事会成员除外）。

第5条　员工试用期限应符合劳动合同法的相关规定，企业有权根据试用期员工的具体表现决定提前或推迟结束试用期，但最长不得超过劳动合同法规定的期限。

第6条　在试用期内，企业将依据员工业绩和各方面的综合表现，由部门负责人决定新员工是否能提前转正、按期转正、延期转正或解除劳动合同（或协议）。

第7条　新员工试用期内确实感到不适应，或由于其他原因而决定离开的，可提出辞职，并按规定办理离职手续。

第8条　新员工试用期的具体工作安排，由该新员工的直属上级负责。

第3章　考核实施与结果处理

第9条　考核标准。

1．对新员工的工作能力、发展潜力、岗位匹配度、职业趋向、人品素养等方面的考察。

2．对新员工的纪律性、团队意识、主动性、积极性等工作态度方面的考察。

第10条　考核流程。

1．新员工入职试用后，企业人力资源部为其指定入职引导人，并向入职引导人发放"新员工试用期表现记录表"。

【解析】人力资源部考核新员工前，应先让新员工了解试用期的任务，同时要求新员工在相关文件上签字确认。

2．入职引导人帮助新员工熟悉工作环境、工作内容、规章制度等，使其迅速进入工作角色。

3．入职引导人根据新员工的工作表现填写"新员工试用期表现记录表"，作为考核依据。

4．人力资源部在规定时间组织新员工完成试用期考核。

5．人力资源部在试用期结束10天前汇总考核结果，并及时通知新员工考核结果。

【解析】通知新员工考核结果的时间应早于试用期结束时间，且须多留时间来准备考核后的面谈以及考核申诉等。

第11条 新员工试用期考核结果分为合格与不合格两个等级。

第12条 企业根据新员工试用期考核结果对新员工作出转正或辞退决定。

1. 试用期考核成绩在70分及以上的，为合格，给予转正录用。

2. 试用期考核成绩达60分不足70分的，在符合劳动法规定的期限内，经双方协商，适当延长试用期。

3. 试用期考核成绩在60分以下的，为不合格，予以辞退。

第4章 试用期面谈及结果申诉

第13条 试用期内，新员工直接上级须全程与新员工保持沟通，与其进行面谈并做好记录。

第14条 考核前面谈。新员工入职1周内，直接上级向新员工了解目前适应情况，再安排试用期工作任务。

第15条 考核中面谈。试用期进行至一半时，直接上级与新员工进行沟通，指明其工作中较好与不足的地方并询问其是否需要帮助等。

第16条 若新员工对绩效考核结果有异议，须在3个工作日内向人力资源部提起申诉，由人力资源部协调处理新员工的申诉，并给予新员工解决的方案。

第5章 附 则

第17条 本制度由人力资源部负责编制、解释和修订。

第18条 本制度自××××年××月××日起生效。

编修部门/日期		审核部门/日期		执行部门/日期	

3.1.6 岗前培训管理制度

制度名称	岗前培训管理制度	编 号	
		受控状态	

第1章 总 则

第1条 为了规范企业岗前培训管理，使员工尽快了解业务及岗位情况，并快速地胜任新的工作，根据《企业内部控制应用指引第3号——人力资源》及相关法律、法规，结合企业实际情况，特制定本制度。

第2条 本制度适用于企业员工上岗前的培训管理工作。

第2章 培训计划

第3条 培训原则。

1. 详细计划原则。每一个培训项目都必须有详细的实施计划，并保证计划顺利实施。

2. 多样性原则。不同的员工通过培训所要获取的知识不同。由于培训内容不同，培训方式也应有所不同。

3. 反馈与强化原则。反馈的作用在于巩固学习技能，及时纠正错误和偏差，强化是结合反馈对接受培训人员进行奖励或惩罚。

第4条 企业新入职员工以及岗位轮换、岗位晋升员工都应参与岗前培训。

第5条 培训大纲。

1．企业的发展历史及现状。

2．企业当前的业务、具体工作流程。

3．企业的组织机构及部门职责。

4．企业的经营理念、文化、规章制度。

5．工作岗位介绍、业务知识及技能和技巧培训。

第6条 培训阶段分为企业培训、部门培训、试用期转正计划。

第7条 企业培训。

1．由企业进行集中培训，培训起始时间为新员工入职后2周内。

2．培训内容。

（1）企业概况：企业的发展历史、经营业务、经营现状、企业使命、企业愿景、行业地位、发展趋势、企业组织机构、各部门的工作职责与业务范围、企业高层管理人员的情况。

（2）相关规章制度：人事规章制度，主要包括薪酬福利制度、培训制度、考核制度、奖惩制度、考勤制度等；财务制度，如费用报销制度等。

（3）其他，如商务礼仪、职业生涯规划等。

3．培训讲师应对受训新员工的优势、劣势做出评价，并提供给该员工未来的部门培训的负责人，以便培训人员针对各个员工的弱点开展有侧重点的培训。

【解析】企业培训是第一次培训，主要让新员工了解企业大致概况、相关规章制度，同时在培训过程中，培训师与相关部门负责人也能了解各新员工的优势、劣势，并为下一次部门培训做好铺垫。如果是生产方面的培训，需要建立培训档案并入档。

第8条 部门培训。

1．企业培训结束后，入职1个月内完成。

2．培训内容。

（1）员工所在部门组织结构、主要职能和责任、规章和制度。

（2）掌握未来工作的岗位职责及具体内容、每天的例行工作及非例行工作。

（3）未来工作可能会用到的技能和技巧。

（4）掌握与其他兄弟部门的协调与配合，培养团队精神。

（5）对工作乐观、积极的态度，对企业、部门充满信心的心态，对客户真诚服务的信念。

3．培训讲师必须是新员工未来的主管和实地培训的负责人，必须具有丰富的工作经验和规范的技术，以免误导新员工。

第9条 试用期转正计划。

1．试用期转正计划和企业培训同时开始，岗前试用期结束即为培训结束。

2．让员工在一位导师的指导下开始承担工作，并由导师与员工共同制订工作计划。

【解析】导师和员工共同参与制订试用期转正计划，双方确认各自在计划中需要充当的角色、要做什么、怎么做，并注意时时沟通、把控进度。

第10条 对于以上三个阶段的培训，可以根据需要和具体情况，酌情灵活运用、交叉安排。

第3章 培训管理

第11条 受训员工在培训期间不得随意请假，如有特殊原因，须经所在部门负责人审批，并将相关证明交至人力资源部，否则，以旷工论处。

第12条 培训期间无故迟到、早退累计时间30~60分钟，以旷工半天论处；超过1小时，以旷工1天处理；情节严重的，记过1次。

第13条 培训考核方式。

1．书面考核。考核试题由各位培训师提供，由人力资源部统一印制考卷。

2．应用考核。通过观察、测试等手段考察受训员工对培训知识或技巧的应用能力、解决问题的能力、承担责任的能力等，由员工所在部门的领导、同事及培训部共同鉴定。

第14条 培训考核结果应用。

1．提前结束试用期：表现特别突出，工作态度和技能都达到精英标准。

2．按时结束试用期：工作态度很好，工作中有些小错误。

3．延长试用期：工作态度好，工作中存在问题，需要观察。

4．试用期不合格：工作态度不好，学习改进趋势不明显。

第15条 人力资源部通过问卷调查法、座谈法、访谈法等方法了解员工培训效果的相关情况，并作为培训工作后续改进的参考依据，进一步提高岗前培训的成效。

第4章 附 则

第16条 本制度由人力资源部负责编制、解释和修订。

第17条 本制度自××××年××月××日起生效。

后备人才
建设方案

编修部门/日期		审核部门/日期		执行部门/日期	

3.2 人力资源的使用与退出

人力资源的使用与退出是企业人力资源管理的重要组成部分。良好的人力资源使用机制可以促使企业员工队伍充满活力，有利于企业实现发展目标。同时，为了使员工队伍保持优化状态，企业应当建立和完善人力资源退出机制，促进企业人力资源系统的良性循环。

业绩考核
指标体系

3.2.1　薪酬管理与业绩考核制度

制度名称	薪酬管理与业绩考核制度	编　号	
		受控状态	

第1章　总　则

第1条　为了规范员工业绩考核和薪酬管理工作，客观、全面、准确地掌握员工的绩效水平，并通过合理、灵活的薪酬管理措施提高员工的积极性，根据《企业内部控制应用指引第3号——人力资源》及相关法律、法规，结合企业实际情况，特制定本制度。

第2条　本制度适用于企业的业绩考核与薪酬管理工作。

第2章　薪酬管理

第3条　薪酬管理要遵循合法原则、公平原则、激励原则、竞争原则、经济原则。

第4条　薪酬管理的风险。

1．薪酬福利目标设置风险。

（1）未对薪酬福利需求进行充分调查，可能导致薪酬福利目标同企业的发展战略不一致。

（2）未对员工的需求及关注点进行深入分析，可能导致薪酬福利目标的设置不能满足员工的要求与期望。

（3）未进行明确、详细的阐述，可能导致相关人员不清楚、不明白薪酬福利目标，致使薪酬福利管理工作无法顺利开展。

2．薪酬福利管理体系设计风险。

（1）薪酬福利管理体系设计不够完善，可能导致体系与执行相脱节。

（2）未以企业的实际情况为依据，可能导致薪酬福利管理体系不具有可操作性。

3．薪酬福利控制风险。

（1）缺乏规范的薪酬福利控制制度，导致在薪酬福利控制过程中无章可循。

（2）监督机制不健全、不完善、不合理，可能导致相关人员进行违规操作时不能及时被查处。

4．薪酬福利培训风险。

（1）未及时对相关人员进行有关薪酬福利内容的培训，导致管理水平低下。

（2）未及时制订薪酬福利培训计划，导致薪酬福利的培训活动混乱无序。

（3）未根据实际情况分层次、有重点地进行培训，致使培训结果不理想。

5．薪酬福利改进风险。

（1）未进行企业内外部调查，导致薪酬福利改进计划缺乏事实依据。

（2）未根据企业的实际生产情况和员工需求进行薪酬福利改进工作，导致薪酬福利改进效果不理想。

第5条　薪资构成。

1．岗位工资。

（1）岗位工资从岗位价值和员工的经验积累方面体现了员工的贡献，岗位工资的额度主要取决于员工的岗位性质和工作内容。

（2）以工作分析与岗位评估的结果为依据，依照"岗位分等、等内分级、一岗多薪"的原则确定员工的岗位工资。

2. 技能工资。技能工资是企业依据员工的学历、职称和工作经验等确定的工资单元。

3. 绩效工资。绩效工资是企业根据员工绩效考核的结果确定的工资单元，其内容主要包括：月绩效奖金、年终奖。

4. 福利。本企业提供的福利主要包括国家强制性社会保险、补充保险和企业为员工提供的出差、住房、交通、食宿等方面的补贴。

第6条 薪酬的确定。

1. 岗位工资的确定。

（1）企业员工岗位工资的计算公式：月岗位工资＝月岗位薪酬基数×岗位系数。

（2）企业员工的月岗位薪酬基数由人力资源部根据企业承受能力和岗位相对价值测算得出，一经确认，无特殊原因当年度内不予调整。

2. 技能工资的确定。

（1）企业员工技能工资的计算公式：月技能工资＝月技能工资基数×岗位系数。

（2）企业各岗位的月技能工资基数由人力资源部根据技能要求测算得出，一经确认，无特殊原因不予调整。

3. 月绩效奖金的确定。

（1）企业员工绩效奖金的计算公式：月绩效奖金＝月奖金基数×岗位系数×员工个人考评系数。

（2）年终奖金的确定

①企业非项目人员年终奖金的计算公式：员工年终奖金＝固定工资×年终奖金系数×年终个人绩效考评系数。

②企业项目人员年终奖金的计算公式：员工年终奖金＝固定工资×年终奖金系数×（$T/8$）×年终个人绩效考评系数（T表示当年度内项目工作的总时间，企业以8个月为基准）。

③年终奖金总量：由人力资源部根据企业当年度的利润、年度经营目标的实现情况，以及企业下年度的预算计划确定。

第7条 福利。企业员工福利项目如下。

1. 社会保险。根据国家和地方相关规定予以执行。

2. 午餐补贴。企业每月发放给员工午餐补贴_____元。

3. 节日津贴。每逢春节、端午节、中秋节等节日，企业会给员工发放随机的节日福利。

4. 带薪休假。

（1）在企业工作1~5年（不含5年）的员工，享有_____天带薪年休假。

（2）在企业工作5~10年（不含10年）的员工，享有_____天带薪年休假。

（3）在企业工作10年及以上的员工，享有_____天带薪年休假。

第8条 薪酬预算、调整、发放与异议。

1. 薪酬预算。人力资源部应于每年12月开展员工薪酬满意度调查及劳动力市场薪酬调查，结合内部岗位评价及企业财务状况编制下年度薪酬预算，初步确定各岗位薪酬总额标准。

【解析】薪酬预算可以通过对不同员工群体的薪酬构成、各部分的比例和高低水平等所作的衡量和预测，达到薪酬激励最大化的效果，同时也可以将薪酬预算作为企业下一财务年度进行薪酬分配、发放及管理的依据。

2．薪酬调整。

（1）整体薪酬调整。整体薪酬调整是指调整企业所有员工的薪酬，调整周期原则上为一年。

（2）个别薪酬调整。个别薪酬调整是根据员工个人技能、工龄或岗位变动等情况而进行的薪酬调整。

（3）薪酬发放。固定工资每月5日结合考勤情况发放；绩效奖金根据每月/季绩效考核结果发放；个别岗位的补助工资于每月15日，凭票据到财务部自行报销领取。

（4）薪酬异议。员工对每月薪酬、奖金及福利有异议的，可向其直接上级主管领导反映，也可向人力资源部进行查询，经过相关部门复核后仍有异议者，可以以书面形式向总经理进行反馈。

【解析】薪酬异议的处理须在全体员工的薪酬下发完毕后的三日内完成，人力资源部要提前告知员工及时对所得薪酬进行核算，如有异议尽快提出，逾期不予受理。

第3章　业绩考核管理

第9条　基本原则。

1．公平公正原则。客观公正、实事求是，考核内容和考核方式公开透明。

2．定量化与定性化原则。注重实绩、合理量化、综合平衡，业绩量化与能力素质考评结合。

3．沟通与反馈原则。全程沟通辅导，定期反馈，改进存在的问题。

第10条　业绩考核的风险。

1．业绩目标设定风险。

（1）业绩目标的设定偏离企业发展战略目标，导致对企业实现战略目标的支持力度不够。

（2）考核双方沟通不彻底，导致设定的业绩目标过高或过低，失去考核的真正意义。

2．指标标准制定风险。

（1）未充分考虑员工的工作职责，导致制定的考核指标标准脱离实际，考核结果不准确。

（2）指标量化不清晰，可行性差。

3．考核评定过程风险。

（1）未按照既定标准执行业绩考核，导致评定过程存在主观行为。

（2）考核评定依据未获得员工认同，导致员工不接受考核结果。

4．考核申诉风险。

（1）未制定合理的考核申诉处理方式和程序，导致员工没有及时、有效申诉，而留下积怨。

（2）考核申诉处理不及时，导致员工产生埋怨，增加了员工对业绩考核体系的不满。

5．考核结果应用风险。

（1）未建立全面的业绩考核结果应用体系，导致员工缺乏改进业绩的动力。

（2）未建立与考核结果相对应的奖惩标准，导致业绩考核制度形同虚设。

第11条　考核对象。

1．管理层面。各中心/部门负责人及以上的管理人员。

2．员工层面。各中心/部门负责人以下的员工。

第12条　考核类型及实施程序。

1．月度考核内容与实施程序。

（1）月度考核以员工当月实际业绩考核分数为准，满分为100分。

（2）实施程序。

①每月初由人力资源部下达业绩考核通知，各部门开始制定月度业绩考核指标，每月5日前完成相关考核指标的制定。

②管理层面的业绩考核指标由被考核者的直接上级、人力资源部、被考核者共同制定。

③员工层面的业绩考核指标由分管领导、被考核者的直接上级、被考核者共同制定。

④被考核者、被考核者的直接上级、分管领导对考核指标签字确认后，由人力资源部备案考核文件。

⑤每月结束后10天内，填报实际完成业绩，被考核者、被考核者的直接上级、分管领导对业绩结果签字确认，人力资源部统计结果。

⑥由被考核者的直接上级、分管领导组织与被考核者的绩效面谈。

⑦被考核者对考核结果有异议的，在收到考核结果的3个工作日内向人力资源部提出申诉，人力资源部应迅速组织审查，并向被考核者反馈最终复议结果。

⑧应用业绩考核结果。

⑨实施业绩改进。

2．年度考核内容与实施程序。

（1）年度考核以月度考核为基础，加入年度述职考核项目，具体计算公式如下。

年度考核成绩＝月度绩效考核分数和÷12×60%＋年度述职考核分数×40%，满分为100分。

（2）实施程序。

①每年12月20—31日，盘点全年每月业绩考核情况，人力资源部组织各部门管理人员、员工进行年度述职，并现场为述职打分。

②次年1月10日前，被考核者的直接上级、分管领导、被考核者完成对年度考核结果的签字确认后，由人力资源部统计结果。

③被考核者的直接上级和分管领导组织与被考核者的业绩面谈。

④被考核者对考核结果有异议的，应在收到考核结果的3个工作日内向人力资源部提出申诉，人力资源部应迅速组织审查，并反馈最终复议结果。

⑤应用业绩考核结果。

⑥实施业绩改进。

第13条 月度考核。

1．管理层面。

（1）业绩指标（权重为60%）：含部门工作完成情况、工作品质、工作方法、监督检查力度、员工及客户满意度等。

（2）能力指标（权重为30%）：含管理统筹能力、判断决策能力、沟通交流能力等。

（3）品德指标（权重为10%）：含工作态度、人际关系、部门协作等。

2．员工层面。

（1）业绩指标（权重为80%）：含个人计划完成情况、工作秩序、事务处理及时性、资料保管完整性等。

（2）能力指标（权重为10%）：含合作共事能力、人际沟通能力等。

（3）品德指标（权重为10%）：含工作主动性、责任心等。

3．业绩等级及奖惩措施。

（1）A：占总人数的5%，得分为90~100分，绩效奖金上浮15%。

（2）B：占总人数的15%，得分为80~89分，绩效奖金上浮10%。

（3）C：占总人数的60%，得分为70~79分，绩效奖金上浮5%。

（4）D：占总人数的15%，得分为60~69分，绩效奖金不变。

（5）E：占总人数的5%，得分为60分以下，绩效奖金下浮5%。

【解析】月度考核是对职工绩效的一种考核。公平、公正、目标合理的月度考核能够体现对员工每月工作的监督、反馈与总结，同时便于过程控制，及时改进绩效。

第14条　年度考核。

1．管理层面。

（1）月度业绩考核平均分（权重为60%）：月度业绩考核分数和/12。

（2）年度述职考核项目（权重为40%）：含部门年度工作总结、工作成果亮点、下年度工作计划、团队管理等。

2．员工层面。

（1）月度业绩考核平均分（权重为60%）：月度业绩考核分数和/12。

（2）年度述职考核项目（权重为40%）：含个人工作数据分析、个人年度工作总结、个人下年度工作计划、个人工作亮点等。

3．业绩等级及奖惩措施。

（1）A：占总人数的5%，得分为90~100分，业绩优秀，年终个人绩效考评系数为2。

（2）B：占总人数的15%，得分为80~89分，业绩良好，年终个人绩效考评系数为1.5。

（3）C：占总人数的60%，得分为70~79分，业绩中等，年终个人绩效考评系数为1.2。

（4）D：占总人数的15%，得分为60~69分，业绩合格，年终个人绩效考评系数为1。

（5）E：占总人数的5%，得分为60分以下，业绩不合格，无年终奖。

年终个人绩效考评系数将被用于个人年终奖金的计算。

【解析】年度考核的作用有以下几个方面：①可以激励员工在新一年度认真工作，考核结果有助于优化工资薪酬；②年度考核是对员工一年以来的工作情况进行的总结，便于员工更好地改进、强化自身综合能力；③年度考核为岗位调整和职务晋升提供参考依据，便于进一步优化人才资源配置。

第15条　考核结束后，直接上级应将考核情况反馈给被考核者，并与被考核者就业绩表现和评价结果进行沟通，对指标结果予以确认，表扬优点，寻找差距，达成共识，反馈的内容包括但不限于当期业绩表现综合评价、关键事件、改进计划等。

第16条　员工若对考核结果存有异议，须在收到考核结果3个工作日内向人力资源部提出申诉，由人力资源部根据申诉内容组织审查，并将最终结果反馈至申诉者。若未在期限内提出申诉，则视为认同该考核结果。

第17条　考核结果应用。

1．人力资源部依据月度业绩考核结果确定员工绩效奖金的数额，运用年度业绩考核结果确定员工年终奖数额。

2．部门负责人运用月度、年度业绩考核的结果制订员工培训计划，并向企业推荐优秀人才。

3．人力资源部运用业绩考核的结果调整员工结构，优化人员配置。

第4章　附　则

第18条　本制度由人力资源部负责编制、解释和修订。

第19条　本制度自××××年××月××日起生效。

编修部门/日期		审核部门/日期		执行部门/日期	

3.2.2　定期轮岗制度

制度名称	定期轮岗制度	编　号	
		受控状态	

第1章　总　则

第1条　为了完善企业人力资源管理体系，使员工熟练掌握各项工作技能和业务流程，培养高素质、复合型的人才队伍，根据《企业内部控制应用指引第3号——人力资源》及相关法律、法规，结合企业实际情况，特制定本制度。

第2条　本制度适用于企业定期轮岗工作的管理。

【解析】企业定期轮岗的意义在于以下几个方面：①岗位轮换有利于打破部门之间横向的隔阂和界限，为工作中的协作、配合打下基础；②岗位轮换既可以加强员工对业务工作的全面了解，也可以扩大员工的知识面，提高员工个人综合素质；③定期轮岗既可以调动人才的积极性，又能发现有发展潜力的人才，是增强员工工作满意度的一种有效方法。

第2章　定期轮岗内容

第3条　定期轮岗原则。

1．用人所长原则。根据轮岗对象的能力特点、兴趣、个性等综合考虑安排，尽量做到依岗择人，提高人才使用效率。

2．自主自愿原则。员工根据自身具体情况选择接受或拒绝轮岗，双向选择，减少由于岗位变动给员工带来的心理不安定感和焦虑感，充分发挥轮岗的作用。

第4条　审批权限。

1．企业内部轮岗审批权限：员工所在部门提出轮岗申请—企业人力资源部审核—企业总经理审批。

2．跨企业轮岗审批权限：员工所在企业提出轮岗申请—企业人力资源部审核—企业总经理审批—轮岗目标企业备案。

第5条　轮岗条件。

1．申请轮岗的人员至少应满足以下条件。

（1）在本岗位连续工作3年以上（含3年）。

（2）大学本科及以上学历，具有较强的上进心、事业心和发展潜力。

2．在满足以上条件的基础上，下列人员优先进行轮岗。

（1）企业计划重点培养的。

（2）因身体因素，不适合现任岗位的。

（3）绩效考核不合格，与本岗位工作不匹配，但有较大发展潜力的。

（4）在本岗位工作时间最长，且期望进行工作轮换的。

第6条　轮岗类型。

1．新员工/储备干部轮岗：对职业定位不清晰、资历较浅的员工，企业根据其能力特征，安排其在适当的岗位进行轮换工作，以更好地适应企业环境，选择最佳岗位。

2．复合型员工轮岗：企业会有计划、有针对性地安排相关员工轮岗，从事不同的工作，进而培养和提高其综合能力，激发其潜力和工作积极性。

3．高管或高级技术人才轮岗：针对主管人员和技术能手，企业会有计划、有策略地进行重点培养和轮岗，以有效提高其技能水平和全局管理能力。

第7条　根据岗位承担的风险责任和业务复杂程度等因素，轮岗期限分为1年、2年、3年、4年、5年共5个档次。

第8条　轮岗培养方向。

1．向管理方向发展的员工以安排行政管理、企划、品牌管理、科技管理、生产管理等工作为主。

2．向技术方向发展的员工以安排产品开发、品质管理、设备管理、生产工艺等工作为主。

第9条　轮岗的具体时间由企业根据经营情况、部门的工作需要、人员年龄构成情况确定。

第3章　定期轮岗程序

第10条　人力资源部根据企业年度发展规划，于每年的2月1日前制订完成定期轮岗计划，报企业总经理审批通过后，及时予以公布和下发。

第11条　定期轮岗申请审批。

1．各部门负责人在与员工协商一致的情况下，依据轮岗计划认真填写轮岗申请表，并在3月1日前提交至人力资源部。

2．人力资源部认真审查、核实申请表内容，填写审核意见，并报请企业总经理审批。

3．企业总经理对申请表审批通过后，及时下发。

第12条　办理定期轮岗手续。

1．轮岗申请表审批通过后，人力资源部应在5个工作日内填写和下发轮岗通知单，通知相关部门和人员做好轮岗准备。

2．人力资源部依据企业相关规定，协助轮岗员工按时办理工作交接、岗位任命和档案变更等相关手续，并要求轮岗员工按时到新岗位报到。

第13条　人力资源部根据轮岗员工的实际情况和新岗位工作要求，组织开展员工岗前培训，确保其明确新岗位的工作内容、要求和目标，掌握必要的工作流程和工作技能。

第14条　人力资源部应通过定期绩效考核，清晰掌握轮岗员工的工作状态和工作业绩，并协同相关部门负责人及时予以指导、协助，推动其顺利适应工作环境，熟练掌握工作技能，不断提高工作业绩。

第15条 定期轮岗工作纪律。

1．参加轮岗的员工必须遵守企业纪律，服从部门负责人的管理，并接受考核。

2．员工个人申请的岗位未得到批准时，应服从企业作出的轮岗决定。

3．员工在接到轮岗通知后，必须在指定的时间内完成工作交接手续的办理。

4．员工轮岗时，未经上级批准，不能携带原部门交通工具、大宗办公用品等。

第4章 附 则

第16条 本制度由人力资源部负责编制、解释和修订。

第17条 本制度自××××年××月××日起生效。

编修部门/日期		审核部门/日期		执行部门/日期	

3.2.3 员工退出管理制度

制度名称	员工退出管理制度	编　号	
		受控状态	

第1章 总 则

第1条 为了规范企业员工退出管理工作，确保日常工作和生产任务的连续性，维护企业与员工双方的合法权益，根据《企业内部控制应用指引第3号——人力资源》及相关法律、法规，结合企业实际情况，特制定本制度。

第2条 本制度适用于企业员工退出的管理工作。

第2章 员工退出管理风险点与控制手段

第3条 操作违法风险点与控制手段。

风险点：企业的员工退出管理工作若与国家相关法律法规相背，可能会导致企业因操作违法而受到相应的经济处罚。

控制手段：认真检查员工退出管理制度和相关执行操作的合法性、规范性和标准性，及时纠正不合理的退出管理操作，并与员工重新达成退出协议。

第4条 工作延误风险点与控制手段。

风险点：退出员工突然辞职或离职导致工作交接不到位，进而产生工作无法顺利进行的风险。

控制手段：加强对工作交接的监督、审查工作；对工作交接不清的，应要求退出员工重新进行工作交接。

第5条 绩效损失风险点与控制手段。

风险点：企业核心员工流失或退出员工从事竞争性工作，可能造成企业绩效的严重损失。

控制手段：建立有效的人才储备机制，降低企业对个别员工的依赖程度，减少员工退出造成的绩效损失。

第6条 退出员工泄密风险点与控制手段。

风险点：退出员工可能会泄露企业相关秘密，进而给企业造成严重的经济损失。

控制手段：对泄密的退出员工依法追究其法律责任，要求其交出相关保密资料并承诺不再泄露企业秘密。

第7条　名誉受损风险点与控制手段。

风险点：员工退出管理工作不合理，甚至出现法律争议，可能导致公众对企业的好感度下降、企业名誉受损。

控制手段：合理处理退出争议，注重对退出员工的后期管理，消除退出争议给企业带来的负面影响。

第3章　员工退出界定

第8条　合同到期退出。员工因劳动合同或协议到期而退出。

第9条　员工申请退出。员工因个人因素申请辞去工作。

第10条　自动退出。员工因个人因素离开企业，有以下两种情形。

1．不辞而别。

2．申请退出，但未获得企业同意而离职。

第11条　企业辞退、解聘。

1．员工因各种因素不能胜任其工作岗位的，企业予以辞退。

2．因不可抗力，企业可与员工解除劳动关系，但应提前发布辞退通告。

3．员工违反企业、国家相关法规、制度的，企业予以解聘。

第4章　员工退出申请

第12条　员工不论以何种方式退出都应填写"员工退出申报表"报送直接上级。

第13条　试用期内，员工退出的书面申报表，应提前3天报送。转正后，员工退出的书面申报表应提前30天报送。

第5章　员工退出面谈管理

第14条　部门负责人或直属上级收到员工的"员工退出申报表"后应与退出员工进行面谈，面谈内容为：了解退出原因与动机；审核文件、资料的所有权；审查其了解企业秘密的程度；审查其所掌管工作的进度和其所担任的角色；回答员工提出的问题；征求员工对本部门的评价及建议。

第15条　面谈结束后，部门负责人将退出员工的"员工退出申报表"交于人力资源部。

第16条　人力资源部收到员工的"员工退出申报表"后，应安排与退出员工进行面谈，面谈内容为：了解退出原因与动机；审查其劳动合同及薪资福利状况；了解员工入职以来的工作业绩；解答员工提出的问题；征求员工对企业的评价及建议。

第17条　人力资源部与离职员工进行退出面谈时，应记录相关信息并保存。

第18条　进行退出面谈时，人力资源部面谈人员如果发现企业存在明显的管理不善等问题，须在1个工作日内以书面形式反馈给人力资源部负责人。

第19条　各部门负责人原则上无权查阅退出人员面谈记录，如确须查阅记录的，应经人力资源部、企业总经理审批同意。

【解析】员工退出面谈的意义在于以下几个方面：①挽留核心员工；②通过面谈降低员工的敌对意识，体现出企业对员工的尊重与关怀；③获取员工真实心声，有利于企业日后的改进和提高；④树立企业以人为本的形象。

第6章　员工退出办理流程

第20条　员工退出应按规定填写"员工退出申报表"。未按规定填写"员工退出申报表"的，不视为正式的、有效的书面通知行为。

第21条　员工填写的"员工退出申报表"应向本部门负责人提交，本部门负责人收到申报表后，应进行退出面谈，了解退出原因，并签署意见。

第22条　"员工退出申报表"经本部门负责人、部门分管领导、人力资源部逐级审批通过后，由人力资源部通知退出员工离开企业的确切日期以及办理工作、财物交接等事宜。

第7章　退出后续工作

第23条　关系转移。

1．转移条件。

（1）交接工作全部完成（以签字为准）。

（2）工资、违约金、赔偿金等财务结算完成。

2．转移内容。

（1）档案关系。

（2）社保关系。

第24条　人力资源部主要工作。

1．检查退出员工和部门提交的退出手续是否齐全。

2．调整人事信息库，将退出员工信息转移至退出人员列表之中。

3．检查ERP系统中的人员情况是否更改。

4．进行退出手续归档。

第25条　退出后的员工，根据其个人意愿，人力资源部可有选择地将他们组建进群进行管理，定期分享行业信息，交流经验，每遇节假日，可进行问候。

【解析】退出员工比新员工更了解企业、部门的状况，人力资源部定期问候、关怀他们，分享企业、行业的信息，是在向他们传达企业仍旧欢迎他们重新入职的信息。

第8章　附　则

第26条　本制度由人力资源部负责编制、解释和修订。

第27条　本制度自××××年××月××日起生效。

竞业限制协议

编修部门/日期		审核部门/日期		执行部门/日期	

3.2.4　离职工作交接管理制度

制度名称	离职工作交接管理制度	编　　号	
		受控状态	
第1章　总　则			
第1条　为了规范各部门人员离职交接手续办理程序，维护正常工作秩序，保证企业日常工作和资产不遭受损失，确保工作的有序进行，根据《中华人民共和国劳动合同法》《企业内部控制应用			

指引第3号——人力资源》及相关法律、法规，结合企业实际情况，特制定本制度。

第2条　本制度适用于企业离职工作交接的管理工作。

【解析】离职交接的意义在于以下几个方面：①工作交接是离职人在一段时间内或在就业期间对所涉及的知识进行的转移，通过工作交接将相关知识交接给接手的人有助于知识、工作的传承与保留；②工作交接是一个整理工作的业务流程和关键点，也是一个个人工作总结的机会，有利于离职员工后续进入新环境和单位能够及时开展工作。

第2章　离职交接内容

第3条　工作交接。

1．交代清楚岗位业务处理流程、部门间工作的衔接、对外客户联络等事项。

2．岗位工作开展情况及工作完成情况。

3．待办事项及遗留问题。

4．工作注意事项。

第4条　物资交接。

1．本部门交接。离职员工应将保管的纸质、电子资料及工作相关工具完成交接。

（1）文件资料。包括设计文件、技术资料、图样、客户资料、图书、档案及其他重要业务资料等。

（2）实物。包括固定资产、工具、器材、零件、工作服及印章、图章等。

2．与行政部交接。与行政部交接的内容主要为办公用品与办公家具，包括办公室钥匙、储物柜钥匙、未用的纸笔、电话机、工作证、名片等。

第5条　财务事项交接。

1．财务费用情况，包括欠款、借款、应收、应付、个人报销情况等事项。

2．财务结算，包括赔偿金、违约金、工资等的结算，社会保险费、公积金、档案保管费的停缴等事项。

第3章　离职交接程序

第6条　离职人员的离职申请审批通过后，人力资源部应提醒离职人员办理离职交接，要求并指导离职人员填写"员工离职交接表"。离职人员的直接上级应根据岗位工作情况及人员情况等，指定接收人。离职员工的直接上级通常为监交人。

第7条　部门内交接。

1．离职人员应根据工作交接内容进行工作交接，使接收人明确工作开展流程、工作联络事项、待办事项等。交接过程中，监交人应对工作交接事项进行监督。

2．工作事项交接清楚后，离职人员应在监交人的监督下将岗位工作相关的文件、资料、工具、器具等交与接收人，并给接收人讲解文件使用与存档相关事宜，为接收人演示工具、器具的使用方法等。

3．接收人、监交人在交接过程中应对文件、资料进行清点、核对等，确保无误后签字。

4．接收人还应对工具、器具的使用进行实操，确保能够正确使用相关工具、器具等。

第8条　行政部交接。部门内交接完成后，离职人员应到行政部办理办公用品及办公家具的交接，将文件柜钥匙、办公室钥匙、电话机、未用的纸笔等交与行政专员，行政专员应对交接的物品进行清点或试用，确保数量无误、性能完好后签字确认。

第9条　人力资源部交接。行政部交接完成后，离职人员应到人力资源部确认考勤、工资发放、社会保险停缴日期、公积金停缴日期、档案保管费停缴日期、赔偿金数额、违约金数额等信息，人力资源部与离职人员确认无误后由双方签字确认。

第10条　财务部交接。人力资源部确认相关人事信息后，离职人员应到财务部办理相关交接手续，财务部应对离职人员应收、应付、借款、还款等信息进行核查与确认，审核无误后方可签字确认，办理相关手续。

第11条　财务部签字确认后，离职人员应将"员工离职交接表"交人力资源部，由人力资源部办理后续离职手续。

第4章　离职交接问题处理

第12条　针对交接过程中存在的问题，如果当期可以处理，由离职人员处理完毕后交接，如果无法及时处理，由离职人员承担全部责任。

第13条　对于交接过程中发现的问题，短时间不能处理完毕的，监交人应同离职人员及接收人拟订处理意见并及时上报主管部门和相关领导。

第14条　如果离职人员故意隐瞒问题，则其必须承担全部责任。

第15条　交接不完整，离职人员离职后发现问题的，由三方共同承担责任。

第5章　离职交接注意事项

第16条　离职人员直接上级应于接到员工离职通知两个工作日内拟定交接计划，确定交接内容、时间、地点以及后续工作安排等事宜。

第17条　离职人员逾期不办理交接或未按程序办理交接，其直接上级应及时告知人力资源部；若存在违规违法情况，企业将报司法机关处理。

第18条　员工因伤亡、失踪、潜逃等行为离职的，由离职员工直接上级办理交接手续。

第19条　离职人员严禁拷贝、复印企业一切文件资料，违者承担法律责任。

第20条　相关的交接人员须确保离职员工将与工作相关的一切账号及密码一并交接清楚，若员工离职后发现此项有漏交情况的，由监交人和接收人共同承担责任。

第6章　附　则

第21条　本制度由人力资源部负责编制、解释和修订。

第22条　本制度自××××年××月××日起生效。

编修部门/日期		审核部门/日期		执行部门/日期	

3.2.5　离任审计管理制度

制度名称	离任审计管理制度	编　号	
		受控状态	

第1章　总　则

第1条　为了规范离任审计管理，建立必要的监督机制，提高企业经济效益，根据《企业内部控制应用指引第3号——人力资源》及相关法律、法规，结合企业实际情况，特制定本制度。

第2条　本制度适用于企业离任审计的管理工作。

第2章　离任审计对象及内容

第3条　离任审计对象一般为企业高层领导或企业内部涉及资金的部门的工作人员（下称"离任员工"）。

第4条　对离任员工在职期间取得的主要成绩进行审计时，审计人员应在离任员工所涉及部门收集离任员工工作业绩信息及资料，并对资料进行合理分析，以确定离任员工的主要工作业绩及成绩等。

【解析】审计离任员工的工作业绩及成绩，是为了了解该员工在职期间是否完成了本职工作，完成质量如何，进度如何，便于对该职位继任者提出相关要求，同时也利于继任者开展工作。

第5条　离任员工的主要工作业绩和成绩经审核确认后，审计部应协同财务部对离任员工的财务收支状况进行审计，包括离任员工在职期间的财务收支状况是否与会计报表相同、是否存有账外资产等。

【解析】审计离任员工的财务收支状况，一方面能够摸清"家底"，有利于继任者了解接任岗位的真实情况，尽快进入角色；另一方面由于明确了离任员工的经济责任，事实上也就划清了前任、后任的责任，改变了"新官不理旧账，旧官一走了之"的不良状况，有利于工作的交接，保持工作的连续性。

第6条　审计该部分内容时，审计人员应主要收集离任员工的工作违纪信息，以及对企业各项管理规章制度的贯彻执行情况信息，确认离任员工在工作期间是否存有违纪行为或对企业规章制度贯彻不力的行为等。

第7条　若离任员工为企业的中层及以上管理人员，审计人员还应对离任员工在工作期间参与企业重大经济及管理决策的情况进行审计，明确离任员工的相关决策是否影响了企业的发展，或给企业造成了重大的形象及经济损害等。

第8条　在对离任员工的个人履职情况进行审计时，审计人员应重点审计离任员工是否有效地完成了个人的工作目标及工作任务、计划等，或者其个人的工作目标及工作任务、计划等的完成情况是否影响了企业的正常运转等。

第3章　离任审计程序

第9条　员工离任的离任申请被受理后，审计部、人力资源部、财务部以及离任员工所在部门应协同制定离任员工的审计方案。方案中应包含以下内容：审计组织与分工、审计目标、审计范围、审计内容与重点、审计工作要求、审计方法等。

第10条　审计部应根据离任员工的工作性质及业务确定合适的审计方法。审计方法通常包括检查、监盘、观察、查询、函证、计算等。

第11条　审计部在开展审计工作前，应发出离任员工审计通知，通知的内容应包括审计内容、审计期限、审计时间及审计工作所需的相关材料等。

第12条　发出审计通知后，审计人员组织离任员工所在部门、财务部、人力资源部等部门提供离任员工在岗期间的主要业绩资料、财务收支相关资料、重大事项决策资料、制度规章执行情况资料及履职情况资料等，并对资料进行分类整理。

第13条　审计部等部门在规定时间内，采用确定的审计方法对离任员工的各项资料及材料等进行审计，确认离任员工在职期间是否存有不利于企业运行的不良行为。

1．审计人员应首先对离任员工的财务行为进行审计，包括对离任员工在职期间的各类会计报表以及离任员工的账务明细表等进行审计。

2．财务审计结束后，审计人员应对离任员工的管理行为进行审计，分析离任员工在职期间的主要管理行为及管理效率等。

3．审计人员最后对离任员工的法纪行为进行审计，确认离任员工在职期间是否存有违反企业相关规定、制度或协议的行为等。

第14条　编写审计报告。

1．审计工作结束后，审计部要坚持"实事求是"的原则，根据审计工作底稿进行综合分析和评价，编写审计报告。审计报告应包括审计基本情况、被审计人员的主要工作及成绩、被审计人员任职期间的财务收支状况、被审计人员对本企业规章制度的执行情况、审计评价、审计意见与建议等内容。

2．审计部应将审计报告报总经理审批。

第15条　企业总经理对审计报告进行审批后，审计部应根据总经理的审批意见编制审计决定书，交由人力资源部具体执行。

第4章　责任追究

第16条　审计对象及所在企业或部门人员提供虚假资料、故意隐瞒事实的，对审计对象及有关责任人，给予相应处分。

第17条　干扰、阻挠审计工作，打击报复审计人员的，由审计委员会责令改正，并给予相应处分。情节严重的，移交司法机关处理。

年度人力资源
计划评估报告

第5章　附　则

第18条　本制度由人力资源部负责编制、解释和修订。

第19条　本制度自××××年××月××日起生效。

编修部门/日期		审核部门/日期		执行部门/日期	

第 4 章

社会责任

4.1　安全生产

　　企业应根据国家有关安全生产的规定，结合企业自身的实际情况，建立严格的安全生产管理体系、操作规范和应急预案，强化安全生产的各项监督管理制度，用以防范重大安全事故，实现安全生产的目的。

4.1.1　安全生产操作规范

安全生产
管理体系

规范名称	安全生产操作规范	编　号	
		受控状态	

第1章　总　则

第1条　为了保障企业的生产人员及财物的安全，营造一个安全、高效的生产环境，切实做到安全生产，根据《企业内部控制应用指引第4号——社会责任》及相关法律、法规，结合企业实际情况，特制定本规范。

第2条　本规范适用于企业内从事生产及生产相关工作的所有人员。

第2章　人员安全规范

第3条　岗前培训。

1．所有操作人员都必须经过专业培训，取得上岗证方可上岗。

2．新上岗的人员或调换工种的人员必须在持有上岗证的操作者的指导下才可操作设备。

第4条　着装规范。

1．所有操作人员在进行生产工作前，必须按规定穿工作服、戴工作帽，并佩戴好其他的劳保用品。特殊作业场合，必须穿戴好防高温、防低温、防毒、防腐蚀的劳保用品。

2．操作人员在工作期间禁止穿短裤、拖鞋、裙子、高跟鞋，禁止披长发，不可佩戴手镯、戒指、手表、项链等物品。

第5条　人员操作纪律。

1．有关操作人员必须了解设备的性能、特点，严格按照设备操作规程进行操作，若发现设备设施的传动、电器部位故障，应立即解决，严禁让设备带着故障运转和超负荷作业。

2．设备设施运转到一定时间后，要主动进行保养。

第3章　设备操作要点

第6条　一切机械设备、压力容器严禁超温、超压、超负荷运行，操作人员要严格按照安全操作规程进行操作，并定期对设备进行检查。

第7条　操作前检查。

1．设备启动前，操作人员应对设备设施的传动、电器部位的安全防护装置、辅助材料的安全性进行认真检查，确认完好后才能操作。

2．生产前5分钟，设备操作人员必须检查设备运行情况，检查内容如开关按钮、制动阀、脚踏板等，通电空载运行2～3分钟，检查有无异常现象，并在"设备使用记录表"上做好记录，如有异常情况，立即报告上级主管，由专门人员进行维修。

第8条　设备在运行中（包括电风扇）不能用手或其他物件去碰撞或将物件放入设备中，不能触及传动部位。移动设备前，必须先切断电源，待设备停止转动后方可移动。

第9条　当设备在启动或运行过程中，发现异常情况时，为保证人身和设备安全，操作人员必须立即切断电源，并通知维修人员维修。

第10条　关键要害岗位实行两人操作确认制度，即一人操作，一人在旁监护，避免出现操作失误，导致重大人身和设备事故的发生。

第11条　设备运行情况记录。设备操作人员需要记录设备的运行状况，所记录的内容应包括以下6个方面。

1．设备在运行过程中可能发生的异常。如运转不平稳，出现振动噪声，检测装置显示数据不正常，局部升温超过规定数值，零部件不正常磨损、变形、轴向窜动、火花、冒烟、产生异常气味等。

2．设备控制系统的突然变化和异常波动，如断电保护频繁的情况。

3．电气设备电磁性能参数的变化，如绝缘、整流、接地、电控激磁、变频等方面的参数及电压、电流、电阻、电容等的变化情况。

4．动力供应参数，如蒸汽、压缩空气、工业水压力、流量、流速、温度等的变化情况。

5．设备润滑参数，如集中润滑油的压力、流量、温度及油脂质量变化，管路的泄漏和堵塞等异常情况。

6．设备发生事故或故障的全过程（包括时间、现象、原因、特征和后果等）以及在事故或故障发生前的异常情况等。

第4章　设备交班规范

第12条　设备操作人员在操作时要注意填写设备运行记录，并于交班之前将设备运行记录填写完整。

第13条　设备操作人员应在交接前对设备进行必要的清洁与保养，认真擦拭、注油，使设备可以保持良好的清洁、润滑状态。

第14条　若设备在运行中发生故障，凡在本班次工作期间可以处理的，应立即联系维修人员进行处理，不得拖延交给下一班次的工作人员处理。若本班次工作人员因特殊因素无法完全处理，未完成部分可交给下一班次工作人员处理，接班人员须继续处理设备故障，故障排除后，要详细检查，确认设备无故障才可开机操作。

第15条　接班人员到岗后，需要认真查看上一班次工作人员的设备运行记录，重点关注故障记录，确保设备无安全隐患才可开机使用。

第16条　若接班人员对设备运行记录有疑问，应立即咨询值班的管理人员，联系上一班次操作人员，确定设备运行记录是否有问题，以及时掌握设备的真实情况。

第5章　动火、用电、登高及其他危险作业操作规范

第17条　除在固定动火区内动火，其他动火一律要办动火证；凡进入容器内工作，应办理设备内作业许可证；检修作业要办理检修作业许可证；登高作业要办理高处作业许可证；其他高危作业要办理安全生产许可证。

【解析】危险作业专业性强、操作难度大、危险系数高。企业若有危险作业需求，一定要严格审核危险作业人员的相关操作资质和相应资格，并检查相关上岗作业操作证书和相关许可，不能存在侥幸心理，埋下安全隐患，为企业带来损失。

第18条　各岗位应按规定配备防毒面具、消防器材及其他应急用品，有关部门应定期检查，保证这几类用品处于良好状态。

第19条　操作人员要熟记预防与急救方法，正确使用和保管防护器材、消防器材，严禁将消防设备移作他用。

第20条　电气设备、线路的一切维修工作，必须由电工进行，其他人员一律禁止进行此项工作。

第21条　检修电气设备时，必须挂停电警示牌，停电警示牌应由专人管理，严禁其他员工私自取用。生产现场严禁乱拉、乱接电线。

第22条　高处作业、交叉作业或进入有可能被物体打击的场所的人员，必须佩戴安全帽，搭架板必须坚实、牢固。凡高处作业人员必须牢系安全带，严禁向下乱抛物件、工具。

第23条　要经常检查、定期校验各种防护装置、信号、标志、仪表、指示器、安全装置，保证齐全、完好、灵敏、可靠，未经批准，不得拆除、移动或停用。

【解析】企业要注意，安全装置的设计、制造、安装、使用、检测、维修、拆除、移动、停用，都要符合国家标准或者行业标准，定期检查工作要切实到位，并做好相应记录，不能敷衍了事，最好安排专人对设备检查工作进行监测。

第24条　行灯和机器设备上的照明灯电压不得超过36伏，容器、沟道、潮湿场所使用的照明灯电压为12伏，且必须具备良好的绝缘性，进入设备内工作必须使用低压防爆行灯。

第6章　生产事故处理规范

第25条　发生生产事故时，相关人员应必须沉着、果断，判断准确，服从统一指挥，积极处理，保护好发生重大生产事故或恶性未遂生产事故的现场，并立即报告生产部主管领导，同时尽力采取措施防止事故扩大。

第26条　在生产过程中，凡遇到危及人身或设备安全的，或可能引发火灾以及爆炸事故等紧急情况时，操作工人有权先处理，再上报。

第7章　附　则

第27条　本规范由安全管理部负责编制、解释和修订。

第28条　本规范自××××年××月××日起生效。

安全生产
应急预案

编修部门/日期		审核部门/日期		执行部门/日期	

4.1.2 安全生产责任追究制度

制度名称	安全生产责任追究制度	编　号	
		受控状态	

第1章 总　则

第1条　为了规范对生产安全事故的调查处理工作，严格追究生产安全事故相关责任，将安全责任明确到部门或人员，并通过追责对其他人员起到警示作用，根据《国务院关于特大安全事故行政责任追究的规定》《中华人民共和国安全生产法》，结合企业实际情况，特制定本制度。

第2条　本制度适用于企业的安全生产责任追究的管理工作。

第2章　安全生产责任人确定

第3条　安全生产责任人。

1．从事生产经营活动的企业，其负责人对本企业的安全生产工作全面负责。

2．生产活动的分管领导及安全生产负责人是第二责任人。

3．生产活动的现场实施负责人为直接责任人。

第4条　生产经营单位的主要负责人对本单位安全生产工作负有下列职责。

1．建立健全并落实本单位全员安全生产责任制，加强安全生产标准化建设。

2．组织制定并实施本单位安全生产规章制度和操作规程。

3．组织制订并实施本单位安全生产教育和培训计划。

4．保证本单位安全生产投入的有效实施。

5．组织建立并落实安全风险分级管控和隐患排查治理双重预防工作机制，督促、检查本单位的安全生产工作，及时消除生产安全事故隐患。

6．组织制定并实施本单位的生产安全事故应急救援预案。

7．及时、如实报告生产安全事故。

第5条　生产经营单位的安全生产管理机构以及安全生产管理人员应履行下列职责。

1．组织或者参与拟订本单位安全生产规章制度、操作规程和生产安全事故应急救援预案。

2．组织或者参与本单位安全生产教育和培训，如实记录安全生产教育和培训情况。

3．组织开展危险源辨识和评估工作，督促落实本单位重大危险源的安全管理措施。

4．组织或者参与本单位应急救援演练。

5．检查本单位的安全生产状况，及时排查生产安全事故隐患，提出改进安全生产管理的建议。

6．制止和纠正违章指挥、强令冒险作业、违反操作规程的行为。

7．督促落实本单位安全生产整改措施。

第6条　企业人员发生以下行为的，追究相关负责人员的责任，由其直接领导者与其进行谈话或实施警告。

1．因安全规定未能宣传沟通到位，不能正确理解安全规章制度或相关文件，导致规定未执行或执行不当的。

2．不能按时提交安全生产相关报告，或所提交报告的信息不完整的。

3．对于企业安全生产例会、教育培训讲座相关活动，存在无故缺席、迟到和早退行为的。

4．不能合理安排人员的安全工作及责任分配，导致生产活动不能顺利开展，管理预期效果没有实现的。

第7条　企业人员有以下行为的，第一次发现，追究相关负责人员的责任，并给予通报批评；第二次发现，扣发相关责任人员所在部门当月的安全绩效奖金；同一部门一年之内发现存在以下行为5次及以上的，扣发该部门的全年安全绩效奖金。

1．拒不执行安全生产相关法规、制度、规章，违反安全生产规定和指令的。

2．多次警告仍然不能按时提交安全生产相关报告，并推脱安全责任的。

3．不注意、不上报所负责工作范围内的安全风险或事故，不采取必要控制措施的。

4．不配合安全管理人员执行企业相关整改措施，多次警告无效的。

5．未经过必要的安全教育相关培训，直接执行危险作业的。

第8条　企业人员有以下行为，造成安全生产活动隐患，受到上级部门或当地政府机关严重批评的，视情节严重程度，追究直接负责人员及相关领导的责任。

1．已察觉重大安全隐患的预兆，却不及时采取必要措施，延误控制事故的时机，最终导致事故发生的。

2．在事故或灾害发生初期，未能利用现有资源，采取可行的措施实施补救，导致事故未能及时得到控制的。

3．故意实施违章操作，或发现违章作业却不制止，最终导致事故发生的。

4．值班人员擅离职守，疏于防范，导致事故未能及时得到抑制的。

5．雇用人员从事的工作为法律规定其不得从事的工作，导致事故发生的。

6．不采纳相关人员的合理意见，最终导致事故发生的。

7．发生重大事故后，未能采取有效的改善措施，导致事故再次发生的。

【解析】企业要明确相关人员在生产过程中的管理责任、监督责任和执行责任。企业应开展安全生产责任追究工作。安全生产责任追究要根据企业事先制定好的安全生产责任追究制度，明确各自的责任，并据此追究各方应该负的管理责任、监督责任和执行责任。

第3章　安全生产责任调查管理

第9条　安全生产责任调查小组。

1．发生事故后，企业应及时成立安全生产责任调查小组，由总经理担任小组组长，负责安全的部门人员担任小组成员。

2．安全生产责任调查小组应查清事故的详细情况，明确原因、人员责任，尽力提取事故现场的录音、录像，检查记录和生产记录等一手资料，确保调查结果真实、可信。

3．安全生产责任调查小组经调查之后，将事故原因和责任人员名单上报董事长，等候处理意见。

第10条　调查规范。

1．重大安全责任事故相关责任应在事发当天立案进行调查，轻伤事故相关责任由安全部进行调查，重伤事故相关责任由安全生产责任调查小组会同企业工会成员进行调查。

2．安全生产责任调查小组向相关人员进行调查时，应同时有至少两人参加并做好笔录。笔录必须交给被调查人亲自签字，若被调查人无书写能力，须在提供相关材料的情况下委托他人代签，如被调查人的委托视频等。

3．安全生产责任调查小组对事故责任的分析意见不能达成一致时，须请求企业所在地相关仲裁机构仲裁，仲裁后仍不能达成一致结论的，应报请上一级相关部门裁决。

【解析】在安全生产责任调查过程中，工会有权依法参加事故调查，向有关部门提出处理意见，并要求追究相关人员的责任，维护职工在安全生产方面的合法权益。

第4章　安全生产责任追究程序

第11条　由总经理、生产部负责人、安全管理部负责人及安全管理部专员组成安全生产责任追究小组，共同负责安全生产责任追究工作。

第12条　安全生产责任追究小组在进行追责时必须坚持及时、准确、客观公正、实事求是、依法依规、尊重科学的原则。

第13条　确定追责事故具体情况。

1．确定事故消息来源是否准确、可靠，掌握事故基本信息，如发生地、发生情况、人员伤亡情况、财物损失情况等。

2．通过事故具体情况判定事故的等级，并准备采取相应的追责措施。

第14条　安全生产责任追究小组要根据事故的具体情况确定安全生产责任人，并展开相应的调查，了解安全生产责任人在事故中需要承担的具体责任。

【解析】安全生产责任追究小组在进行安全生产责任调查工作时，要注意调查过程的公开性，调查处理的公正性，调查工作的有效性，保证安全生产责任追究工作过程合理、合规、合法。

第15条　一般事故责任人处理。

1．对一般事故责任人的处理意见由其所在部门提出，安全生产责任追究小组审核批准。

2．当一般事故责任人是其所在部门负责人时，处理意见由安全生产责任追究小组提出，在总经理办公室审议通过后执行。

第16条　重大事故责任人处理。

1．重大事故发生后，企业相关人员应积极配合政府和安监部门的调查，由政府和安监部门进行裁决。

2．重大事故责任人，企业予以辞退，情节特别严重并构成犯罪的，上报司法机关，由其依法提起公诉，企业应积极配合司法部门调查。

3．对重大事故责任人的处理意见由上级行政主管单位或者司法机关提出，企业积极予以配合。

第17条　情节特别恶劣责任人处理。

1．事故责任人因违反规章制度受到批评教育或行政处罚而不改正，再次违反规章制度，造成重大事故者，企业予以解聘，并移交司法机关处理。

2．事故责任人屡次违反规章制度，或者明知没有安全保证，甚至已发现事故苗头，仍然不听劝阻、一意孤行，拒不采纳工人和技术人员的意见，用恶劣手段强令工人违章冒险作业的，企业予以辞退，并移交司法机关处理。

3．事故发生后，责任人表现特别恶劣，不积极采取抢救措施抢救伤残人员或防止危害后果扩大，只顾个人逃命或抢救个人财物的；或者事故发生后，为逃避罪责，破坏、伪造现场，隐瞒事实真相，嫁祸他人的，企业予以辞退，并移交司法机关处理。

第5章 附 则					
第18条 本制度由安全管理部负责编制、解释和修订。					
第19条 本制度自××××年××月××日起生效。					
编修部门/日期		审核部门/日期		执行部门/日期	

4.1.3 安全生产监督管理制度

制度名称	安全生产监督管理制度	编 号	
		受控状态	

第1章 总 则

第1条 为了让企业规范开展安全生产的日常监督管理工作，切实落实国家有关安全生产的规定，保障员工的人身安全，根据《中华人民共和国安全生产法》《企业内部控制应用指引第4号——社会责任》及相关法律、法规，结合企业实际情况，特制定本制度。

第2条 本制度适用于企业的安全生产监督的管理工作。

第2章 安全管理部与监督机构设立

第3条 安全管理部。

1. 企业应设立安全管理部，全面负责企业的安全生产管理工作。

2. 安全管理部成员由安全管理经理、安全主管和安全员组成，其日常事务由安全主管负责处理。

3. 安全管理部的主要职责是组织安全培训，监督生产安全，预防与处理安全事故，管理安全设施。

第4条 安全生产监督机构。

1. 企业应设立安全生产监督委员会，作为企业安全生产的监督机构。

2. 安全生产监督委员会成员由总经理和有关部门的主要负责人组成，其日常事务由安全生产委员会办公室负责处理。

3. 安全生产监督委员会的主要职责是全面负责企业安全生产监督工作，实施安全生产检查和监督，调查、处理重大安全事故等。

第5条 安全生产监督委员会应按照监督管理的要求，制订安全生产年度监督检查计划，并按照年度监督检查计划对生产工作进行监督检查，若发现事故隐患，应及时处理。

【解析】安全生产监督工作是企业确保生产过程安全性的第一道防线，安全生产监督委员会在制订安全生产年度监督检查计划时，要遵循详细、完备、可行的原则，还应在安全生产年度监督检查计划中列明监督检查的重点内容。

第6条 工会可依法对安全生产工作进行监督，并组织职工参与本企业安全生产工作的民主管理和民主监督，维护职工在安全生产方面的合法权益。

第3章 安全监督事项

第7条 企业的安全监督工作需要监督各项政策与规章制度的执行情况，具体监督内容如下。

1. 监督企业安全管理工作是否贯彻了国家及企业制定的劳动保护方针、政策和法规。

2．监督企业安全生产的组织与安全生产责任制是否健全，同时监督各项安全生产规章制度的完善程度与执行情况。

3．监督企业工程项目的安全施工执行情况。

4．监督安全事故的处理情况。

第8条 企业的安全监督工作需要寻找、检查生产现场不安全的物质状态，具体检查内容如下。

1．检查设备的安全运行和安全检修情况。

2．检查机电设备的安全防护装置。

3．检查电气、受压容器、管道的完好情况。

4．检查易燃、易爆、有毒、易腐蚀物品的存储、运输和使用情况。

5．检查个人防护用品的使用和标准是否符合安全的要求。

6．检查工作场所的通风、照明等情况。

第9条 企业的安全监督工作需要检查安全教育工作的执行情况，具体检查内容如下。

1．检查生产人员的安全思想教育知识和安全生产知识是否完备。

2．检查特殊作业人员的专业安全操作技术的培训情况。

3．检查、核对特殊工种操作证、上岗证。

第10条 企业的安全监督工作还需要检查企业的生产人员是否存在违章指挥、违章操作、无证操作等情况。

第4章 安全监督检查方式

第11条 企业应落实企业内部的安全监督检查工作，安全监督检查的主要方式有以下几种。

1．日常安全监督检查。

（1）日常安全监督检查以生产班组为单位开展，主要由班组长及班组内的安全管理员负责。

（2）日常安全监督检查的主要内容包括但不限于检查班组员工是否按照生产操作规程进行生产工作、检查班组员工的交接班操作是否规范、督促班组员工认真执行安全生产管理制度等。

2．定期安全监督检查。

（1）定期安全监督检查的类型主要分为周检查、月检查、季度检查、年度检查。

（2）周检查和月检查主要由车间负责，车间每周或每月按照生产部的安全生产要求对班组的生产操作、设备管理、交接班记录等内容进行检查，以便及时排查安全隐患。

（3）季度检查主要由生产部负责，生产部每季度对各个生产车间、班组的生产安全情况进行检查，同时结合当季度的气候特点做好相应的安全生产应对工作，如夏季注意防高温、防汛等。

（4）年度检查主要由安全监督委员会负责，安全监督委员会每年组织各部门对本年度部门内部的安全管理工作进行监督检查，及时排除部门工作中可能存在的安全隐患。

3．全面安全监督检查。由有关职能部门及工会组织的安全生产人员负责，不定期地对生产部的生产情况进行全面监督检查。

4．专项安全监督检查。由生产部及质量管理部共同负责，对生产部的特殊生产工作、重要生产工作及生产薄弱环节进行专项检查，以及时发现这几类生产工作中可能存在的安全隐患。

【解析】分类型地开展生产安全检查工作可以灵活、有效地帮助企业对生产部进行安全生产检查，企业可以根据自身情况与需求选择合适的安全监督检查方式，在开展企业的安全生产检查工作时，要注意做好检查记录，标注好检查的日期、情况、结果，方便日后查阅。

第12条　企业各级安全监督人员进行安全监督检查工作时必须详细填写安全监督检查记录，并定期上交安全管理部和安全生产监督委员会。

第13条　企业各级安全监督人员对涉及安全生产的事项进行审查、验收时，不得徇私舞弊，阻碍安全监督工作的正常开展。

第14条　企业安全监督委员会应指派专人收集、整理安全监督检查记录，并对其进行分析，监控企业的安全生产状况。

第15条　企业安全监督委员会应根据安全监督检查工作及记录信息制定企业的安全生产预防措施，检查中若发现不合格事项，应及时监督相关部门执行安全整改工作。

第5章　附　则

第16条　本制度由安全生产领导小组负责编制、解释和修订。

第17条　本制度自××××年××月××日起生效。

编修部门/日期		审核部门/日期		执行部门/日期	

4.1.4　特殊岗位资格认证制度

制度名称	特殊岗位资格认证制度	编　号	
		受控状态	

第1章　总　则

第1条　为了使特殊岗位任职人员能够及时接受技能提升培训，实现特殊岗位任职人员全部持证上岗，保证企业可以对产品质量及生产安全进行控制，根据《企业内部控制应用指引第4号——社会责任》及相关法律、法规，结合企业实际情况，特制定本制度。

第2条　本制度适用于企业对特殊岗位人员的岗位技术培训、考核、发证、复审等相关工作进行监督管理。

第2章　特殊岗位分类及资格认证条件

第3条　特殊岗位分类。

1. 电工作业。包括发电、送电、变电、配电，及对电气设备的运行、维护、安装、检修、改造、施工、调试等作业。

2. 焊接与热切割作业。

3. 高处作业。包括登高架设作业，高处安装、维护、拆除作业。

4. 制冷作业及爆破作业。

5. 企业内机动车辆操作。包括电瓶车、叉车等机动车的操作。

6. 危险化学品安全作业。包括从事危险化工工艺过程操作及化工自动化控制仪表安装、维修、维护的作业。

第4条　特殊岗位资格认证的条件。

1．年满18周岁，且不超过国家法定退休年龄。

2．身体健康，无妨碍从事相应特殊作业的疾病和生理缺陷。

3．具有初中及以上文化程度，具备相应工种的技术知识与技能，参加国家规定的技术理论考试和实际操作技能考核并取得合格成绩。

4．符合企业相应特殊作业需要的其他条件。

第3章　特殊岗位资格认证培训

第5条　特殊岗位资格认证培训准备。

1．安全管理部根据实际情况编制培训计划，对特殊岗位资格认证培训进行统一安排。

2．安全管理部根据培训计划，发出培训通知，并接收相关人员的培训报名申请。

3．安全管理部和安全管理委员会审核相关人员的报名资格。

4．安全管理部根据生产部提供的特殊岗位操作规范，按照国家安全生产综合管理部门的培训要求，编写相应的特殊岗位培训和考核制度，并报安全管理委员会审批。

第6条　特殊岗位作业人员，除按国家相关法律法规规定取得"特种作业操作证"外，须经企业相应的特殊岗位培训，考核合格取得企业颁发的特殊岗位资格认证后，方可上岗作业。特殊岗位培训具体操作程序如下。

1．安全管理部应安排申请资格合格的特殊岗位作业人员接受培训。

2．安全管理部和人力资源部根据培训计划安排培训课程和培训讲师。

3．安全管理部通知参加培训人员具体的培训时间安排和培训地点。

4．安全管理部负责安排参加培训人员进行培训签到。

5．特殊岗位培训课程应包括理论知识和实际操作技能两部分。

6．安全管理部根据参加培训人员的培训效果，调整培训内容。

7．安全管理部应建立特殊岗位资格认证作业人员的培训档案。

【解析】特殊岗位专业性强、操作难度大、不安全因素多。因此，企业必须对特殊岗位人员上岗进行严格要求，增强员工的安全意识，将员工的生命安全放在第一位，规避未持证人员进行特殊岗位工作可能带来的各种风险。

第4章　特殊岗位资格考核发证

第7条　认证考核。

1．安全管理部和人力资源部组织统一考核，安全管理委员会负责监督。

2．安全管理部组织评审，由安全管理委员会审核考核结果，并确定具有特殊岗位资格的人员名单。

3．考核内容必须保密，考核过程和评审过程必须公正。

4．评审指标必须根据国家相关规定或企业对特殊岗位的实际需求合理设定。

第8条　考核合格的作业人员，由安全管理委员会统一颁发企业特殊岗位资格证书，并进入相应岗位作业。

第5章　特殊岗位资格认证复审

第9条　资格认证年度考核评审。

1．安全管理部根据实际情况制定年度特殊岗位资格认证的审查标准，组织对特殊岗位资格认证进行年度考核评审。

2．安全管理部根据年度考核评审结果，编写考核评审报告，提出相应的处理意见，并提交安全管理委员会审核。

3．年度考核评审未通过人员，安全管理部应对其进行相应的培训，并组织补考。

4．安全管理委员会有权撤销补考未通过人员的特殊岗位资格证书。

5．特殊岗位资格证书被撤销人员，将不得进入相应岗位工作，直至再次取得特殊岗位资格证书。

【解析】企业要认真落实特殊岗位资格复审工作，使员工明白特殊岗位资格的取得不是一件一劳永逸的事情。相关人员要严格按照企业规章对年度考核的结果进行运用，年度考核不合格者，将被取消特殊岗位上岗资格，企业要通过有效的年度考核评审工作增强员工的安全意识。

第10条　特殊岗位作业人员有下列情形之一的，安全管理委员会有权撤销特殊岗位资格证书。若违反以下第3款和第4款规定的，3年内不得再次申请特殊岗位资格认证。

1．特殊岗位作业人员的身体条件已不适合继续从事特殊作业的。

2．对发生的生产安全事故负有责任的。

3．特殊岗位作业档案记载虚假信息的。

4．以欺骗、贿赂等不正当手段取得特殊岗位资格证书的。

第6章　特殊岗位资格证书管理

第11条　安全管理委员会负责将特殊岗位资格证书颁发给评审合格的人员。

第12条　特殊岗位资格证书应包含认证人员姓名、照片、起止日期、颁发机构、证书编号等内容，并加盖企业公章。

第13条　安全管理委员会负责对到期的证书进行回收和更换。

第14条　安全管理委员会负责对丢失的证书先进行作废通知，再进行补办。

第15条　安全管理委员会应做好特殊岗位资格证书的发放、审核、更换和补办工作的相关记录。

第7章　附　则

第16条　本制度由安全管理委员会负责编制、解释和修订。

第17条　本制度自××××年××月××日起生效。

编修部门/日期		审核部门/日期		执行部门/日期	

4.1.5　生产设备维护管理制度

制度名称	生产设备维护管理制度	编　号	
		受控状态	

第1章　总　则

第1条　为了加强对生产设备的管理，规范对生产设备的维护管理工作，使生产设备可以正常运行，并延长生产设备的使用寿命，提高生产设备的使用效能，根据《企业内部控制应用指引第4号——社会责任》及相关法律、法规，结合企业实际情况，特制定本制度。

第2条　本制度适用于企业生产设备的维护管理工作。

第2章 生产设备维护准备工作

第3条 生产设备维护的原则。

1．预防为主。操作人员应按生产设备操作规程正确使用生产设备，防止发生生产设备事故，延长生产设备使用寿命和检修周期，保证生产设备安全运行。

2．使用和维护相结合。操作人员应在生产设备日常维护工作中做到"三好"（管好、用好、维护好），"四会"（会使用、会保养、会检查、会排除故障）。

3．合理规划，科学维护。生产设备维护人员应采用科学的维护方法，提高维修工作质量，减少生产设备因故障停机的时间，提高生产设备作业率，实现生产、修理两不误，以达到效率的最大化。

【解析】企业可将维护与检修工作相结合，让操作人员可以及时发现生产设备可能存在的问题，而不是仅仅只做生产设备的保养工作，这样不仅要再花费一定的时间与精力进行生产设备检修，还可能导致操作人员无法尽早发现生产设备存在的潜在问题。

第4条 由设备维护主管编制生产设备维护方案，将生产设备的维护工作及相应的职责落实到具体人员，同时还要制定相应的考核方案。

第5条 操作人员上岗前均须通过技术培训，充分掌握生产设备的构造、性能等相关知识及操作规程、维护保养等相关知识，并达到"三好""四会"的要求。

【解析】"三好""四会"是设备操作人员应具备的基本素质。"三好"就是操作人员要"管好"设备、"用好"设备、"维护好"设备，"四会"就是操作人员要"会使用"设备、"会保养"设备、"会检查"设备、"会排除"设备故障。

第6条 生产设备维护人员应提前制定好各类生产设备的维护记录表，并准备好维护相关用品用具。

第7条 生产设备维护人员应制作生产设备维护保养提示单，其主要内容为生产设备维护保养要点和程序示意图，并在相应的生产设备旁张贴。

第8条 生产设备操作人员在上岗前应取得上岗证，确定岗位的同时应确定要操作的生产设备，不得随意调换。

第9条 生产设备使用前，生产设备维护人员会同生产设备维修人员及技术部相关人员对生产设备的精度、性能、安全、控制等进行全面的检查和核对，确保无误后方可投入使用。

第3章 生产设备维护具体实施

第10条 班前维护。

1．启动生产设备前15分钟要仔细检查生产设备，如果连接的螺栓松动，要及时紧固，同时还要检查车间规定的必须检查和维护的部位。

2．空负荷试机，检查各控制开关是否失灵，有无异常。

3．如发现问题和异常现象，要停机检查，自己能处理的应立刻处理，超出能力范围的，应及时报告检修责任者处理。

第11条 班中维护。

1．操作人员必须严格按生产设备操作规程操作生产设备，避免生产设备超负荷使用。

2．生产设备运转过程中要随时观察是否出现异常情况，如出现异常情况，应立即切断电源，进行检查。

第12条　班后维护。

1．下班前15分钟停机，将生产设备和工作场地擦拭和清扫干净，保持生产设备内外清洁，无油垢、无异物。

2．认真按照交班规范进行生产设备交接班，主要生产设备每台都应有"交接班记录本"，如实记录生产设备信息，交接双方经确认后在"交接班记录本"上签字。

第13条　生产设备一级维护。

1．生产设备一级维护工作以生产设备操作人员为主，生产设备维护人员为辅。

2．生产设备一级维护的主要工作如下所示。

（1）拆卸指定部件、箱盖及防尘罩等，进行彻底清洗。

（2）疏通油路，清洗过滤器，更换油线、油毡、滤油器、润滑油等。

（3）补齐手柄、手球、螺丝、螺帽、油嘴等机件，保持设备完整。

（4）紧固生产设备的松动部位，调整生产设备的配合间隙，更换个别易损件及密封件。

（5）清洗导轨及各滑动面，清除毛刺及划痕。

第14条　生产设备二级维护。

1．生产设备二级维护工作以生产设备维护人员为主，生产设备操作人员为辅。

2．生产设备二级维护的主要工作如下所示。

（1）对生产设备的部分装置进行分解并检查维修，更换、修复其中的磨损件。

（2）更换生产设备中的机械油。

（3）清扫、检查、调整电器线路及装置。

第4章　附　则

第15条　本制度由生产部负责编制、解释和修订。

第16条　本制度自××××年××月××日起生效。

编修部门/日期		审核部门/日期		执行部门/日期	

4.1.6　安全事故处理与责任认定管理制度

制度名称	安全事故处理与责任认定管理制度	编　号	
		受控状态	

第1章　总　则

第1条　为了妥善处理安全事故，尽快排除故障，帮助企业减轻损失，并对安全事故进行责任认定，依规追责，根据《企业内部控制应用指引第4号——社会责任》及相关法律、法规，结合企业实际情况，特制定本制度。

第2条　本制度适用于安全事故处理与责任认定管理工作。

第2章　安全事故报告与紧急应对

第3条　最先发现安全事故者、事故现场有关人员应立即向安全生产负责人报告，安全生产负责人接到报告后，立即判断事故等级与类别，并按照应急预案的相关要求采取紧急应对措施，同时向直属领导和有关部门报告。

第4条　若遇重大安全事故，安全生产负责人应立刻向上级领导报告，并按照重大安全事故应急预案采取应对措施。在重大安全事故发生后的1小时内，安全生产负责人应向事故发生地县级以上人民政府安全生产监督管理部门和负有安全生产监督管理职责的有关部门报告。

第5条　发生安全事故的部门应填写事故报告，经主管领导审查后，报送上级领导。一般事故提交事故报告不超过1天，重大事故提交事故报告不超过1小时。重大事故，应出具调查报告，并于20天内报送政府管理部门。

第6条　安全事故报告要做到及时、准确、完整，严禁迟报、漏报、谎报、瞒报。报告的主要内容如下。

1．事故发生时工厂的生产情况。

2．事故发生的时间、地点、简要经过及事故现场情况。

3．事故已经造成或者可能造成的伤亡人数及预估的经济损失。

4．已经采取的紧急应对措施。

第7条　发生死亡、重伤事故的部门应保护好事故现场，并迅速采取措施抢救人员和财产，防止事故进一步扩大。

第8条　发生重大火灾、化学爆炸或多人死亡的事故，应立即报告消防部门。

第9条　事故应急处理要求。

1．事故发生工厂负责人接到事故报告后，应立即启动事故应急预案，或者采取有效措施，组织抢救，防止事故扩大，减少人员伤亡和财产损失。

2．事故发生后，有关部门和人员应妥善保护事故现场以及相关证据，任何部门和个人不得破坏事故现场、毁灭相关证据。

3．因抢救人员、防止事故扩大等因素，须移动事故现场物件的，应做出相应标识，绘制现场简图并做出书面记录，妥善保存现场重要痕迹与物证。

4．发生重伤或以上事故，在现场组织救援的同时，经主持工作的领导核实后，由安全管理部分别通知就近医院及有关部门、人员，并及时组织救援。

5．对不积极组织、不积极参加抢救或对抢救重视程度不够而造成不良后果的，严肃追究有关人员的责任并给予经济处罚。

6．工厂要做好伤者入院后的辅助抢救治疗工作。

第3章　安全事故调查与处理

第10条　安全事故处理要遵循"四不放过"原则，其具体内容如下。

1．事故原因未被查清不放过。

2．事故责任人未被严肃处理不放过。

3．职工没有受到教育不放过。

4．防范措施未被落实不放过。

第11条　安全事故调查。

1．一般事故或重大未遂事故，应在事故发生当天由车间主任或工厂安全委员会组织调查、分析。

2．重大事故，由工厂安全委员会及时组织有关部门进行调查和分析。

3．造成伤亡的事故的调查处理按国务院《工伤保险条例》和《生产安全事故报告和调查处理条例》的规定执行。

4．造成轻伤、重伤的事故由安全管理部组织生产、技术、动力、安全等有关人员参与事故调查分析。

5．造成死亡的事故由工厂安全委员会会同当地劳动、公安、人民检察院及其他有关部门人员和专家组成事故调查组进行调查。

【解析】企业应做好安全事故调查过程相关内容的记录，如对事故的调查、分析、研究等，这些记录可以便于企业在事故过后有需要时进行查阅，从已发生的事故中总结经验，提高企业自身的安全管理能力，确保类似的事故日后不再发生。

6．在事故调查中，要实事求是地分清事故的性质和责任，并提出处理意见。对事故责任人的处理，可根据事故大小、损失多少、情节轻重以及影响程度等，令其赔偿经济损失或给予其行政警告、记过、降职、降薪、撤职、留厂察看、开除等处分，情节严重者可追究其刑事责任。

7．对一般事故责任人的处理意见，由其所在车间提出，经安全管理部审核后上报工厂安全生产委员会批准；对重大事故责任人的处理意见，应由调查组提出，经总经理签署意见，根据审批权限报上级机关批准，重大事故、破坏性事故责任人须追究刑事责任的，应移交司法机关依法处理。

第4章　安全事故责任认定

第12条　根据事故调查的结论，对照国家和企业有关法律、法规，对事故责任人进行处理，落实防范事故重复发生的措施，对事故责任人的责任认定，遵循如下原则。

1．实事求是、尊重科学原则。按照法规、规范、规章制度、岗位职责等实事求是地对事故进行认定，科学、合理、规范地分析处理。

2．客观公开原则。在一定范围内客观公开，能引起各部门对安全生产工作的重视，能使较大范围的领导和员工汲取事故的教训，有利于挽回事故的影响。

3．分级管辖原则。在认定安全事故责任时，以直接当事人的行为对发生安全事故所起的作用为根本点，分级认定责任，确定该责任过错的严重程度。

第13条　在处理安全事故、追究事故责任时，按各级安全责任规定，先分清事故的直接责任者、主要责任者、领导责任者、部门领导责任者、技术责任者，再进行事故责任认定。

1．直接责任者。其行为与事故的发生有直接关系的人。

2．主要责任者。在直接责任中对事故发生起主要作用的人。

3．领导责任者。事故发生部门的上级领导者。

4．部门领导责任者。事故发生部门的部门领导者。

5．技术责任者。事故发生技术部门及相关专业技术人员。

【解析】安全责任规定要注意将责任落实到人，便于企业进行安全事故责任追究工作，安全事故责任追究要严格按照企业制定的安全责任规定进行，其过程通常遵循"谁主管、谁负责"的原则，在追究直接责任人责任的同时，还要注意对关联人员的责任进行追究。

第5章　安全事故整改

第14条　事故发生单位应认真汲取事故教训，落实防范和整改措施，防止事故再次发生。防范和整改措施的落实情况应接受工会和职工的监督。

第15条　安全生产监督管理部门和负有安全生产监督管理职责的有关部门，应对事故发生单位的生产安全落实和整改工作相关情况进行监督检查。

第16条　事故处理的情况由负责事故调查的人民政府或者其授权的有关部门、机构向社会公布，依法应保密的除外。

重大安全生产
事故应急预案

第6章　附　则

第17条　本制度由安全领导小组负责编制、解释和修订。

第18条　本制度自××××年××月××日起生效。

编修部门/日期		审核部门/日期		执行部门/日期	

4.2　产品质量

　　产品质量是企业实现长久发展的重要基础，企业应建立健全产品质量标准体系，严格执行质量控制和检验制度并加强产品的售后服务，努力为社会提供优质、安全、健康的产品和服务，最大限度满足消费者的需求，对社会与公众负责。

4.2.1　产品质量控制和检验制度

制度名称	产品质量控制与检验制度	编　号	
		受控状态	

第1章　总　则

第1条　为了加强对产品质量检验工作的管理，使检验工作客观、公正地进行，保证检验结果的准确性，使产品质量符合国家和行业的相关要求，保障消费者权益，根据《企业内部控制应用指引第4号——社会责任》及相关法律、法规，结合企业实际情况，特制定本制度。

第2条　本制度适用于企业产品质量的控制与检验工作。

第2章　产品质量检验标准

第3条　质量检验标准的范围。

1．原材料质量检验标准。

2．半成品质量检验标准。

3．产品质量检验标准。

第4条　质量检验标准的制定。

1．质量管理部要严格执行产品质量的国家标准、行业标准和企业标准。已有国家、行业标准的产品，企业不得另订标准，但可以制定高于国家标准或行业标准的企业标准；没有国家、行业标准的产品应制定企业标准。

2．企业标准的制定与修订，由质量管理部统一负责。

3．质量管理部在制定企业标准时，应与生产部、市场营销部、技术研发部及有关人员共同讨论，并分别编制出原材料、半成品、产品的质量检验标准，质量检验标准的主要内容为检查项目规格、质量检验标准、检验频率、检验方法及检验所用仪器设备等。

4．质量管理部编制好质量检验标准后，应送交有关部门主管核签，经总经理核准后分发给有关部门，质量管理部自行制定的产品质量检验标准，应于每年年底前参照以往质量实绩至少重新校正一次。

第3章　原材料质量检验

第5条　原材料质量检验程序。

1．质量管理部在收到原材料检验申请后，应制定相应的检验方案，方案内容包括检验项目、检验标准、具体检验方式及操作要求等。

2．质量检验人员对到货的原材料按照检验方案实施质量检验。

3．质量检验人员出具"原材料质量检验报告"，签署意见，并交质量管理部经理审核。

4．若判定原材料不合格，质量检验人员应填制"质量异常处理表"，报质量管理部经理审批核准后，做出处理，必要时通知采购部联络供应商处理。

5．原材料检验合格后，原材料保管人员根据审核后的检验报告，办理原材料入库手续。

6．质量检验人员依据情况在必要时，就所检原材料的情况向相关部门提出改善意见和建议。

7．回馈进料检验情况，及时将原材料供应商交货质量情况及检验处理情况登记于"供应商资料卡"内，供采购部掌握情况。

【解析】原材料检验是产品质量检验的关键步骤，更是避免不合格的物料进入生产环节的第一道防线，企业不仅要严格要求质量管理部和生产部制定详细的检验方案，还应要求质量检验人员严格按照检验方案、规范，遵照检验程序对原材料进行检验。

第6条　原材料质量检验操作规定。

1．质量检验人员必须具有高度的责任感和认真、负责的工作态度，不得马虎粗心，以免出现漏检和错检，质量检验人员严禁弄虚作假。

2．只有经过检验且达到质量检验标准，并由质量检验人员签署"合格"的原材料，原材料保管人员才能办理正式入库手续，否则由原材料保管人员承担违规责任。

3．检验时如遇到无法判定合格与否的情况时，质量检验人员应迅速向部门主管汇报安排或请求有关技术人员会同验收，判定合格与否，会同验收者亦须在检验记录单上签字。

4．对于特殊重要物（如特别昂贵、特别稀有的物品），应重点检查。

第4章　生产过程质量检验

第7条　生产过程中的质量检验。

1. 自检。操作人员在生产过程中按照质量检验标准对自己的生产加工对象进行质量把关。

2. 互检。车间内部各工段班组之间的下道工序接到上道工序的制品时，应检查上道工序的半成品质量是否合格，再决定是否继续作业。

3. 专检。由专职质量检验人员对每个工段生产出的产品进行统一检查。

第8条　生产过程中的报检规定。

1. 操作人员本工段生产完成后须经质量检验人员实施首检并确认合格后方能转入下一工段继续生产。

2. 在自检与互检中发现异常又无法确认是否合格时应及时报检。

3. 每个工段生产完成的产品须经过专职质量检验人员检测无误后才可转入下一工段继续生产。

第9条　异常情况发生的处理规定。

1. 操作人员在生产过程中若发现异常，应及时将信息反馈给当班生产主管进行处理。如因设备因素不能调整时，应向上级主管领导汇报，并准备停止生产作业，待找出异常原因并加以处理，直至确认正常后才可继续生产作业。

2. 质量检验人员在抽检中发现异常时，应及时将存在的问题反馈至当班生产主管，如因设备异常而导致问题无法及时被处理，质量检验人员有权责令停止生产作业，并向生产主管或相关领导汇报情况，待问题解决后才可继续生产作业。

第5章　成品入库质量检验

第10条　成品入库质量检验程序。

1. 质量检验人员应根据质量检验标准对成品进行检验，并出具成品检验报告，同时签署意见。

2. 若发现成品存在质量问题，质量检验人员须填写"质量异常处理单"，报质量管理部经理审批核准后，做出处理。

3. 质量管理部会同生产部及其他相关人员，进行质量异常原因分析，制定相应的处理措施和纠正、预防措施，并监督相关部门执行。

4. 质量检验人员对预定入库的批号，应逐项依"制造流程卡"及有关资料进行审核，确认无误后方可入库。

第11条　成品入库质量检验操作规定。成品须经质量检验人员鉴定合格后，方可入库。质量检验内容包括以下几项。

1. 检查成品是否变形、受损，成品配件、组件、零件是否松动、脱落、遗失。

2. 检查成品是否符合规格，零配件尺寸是否符合要求，包装袋、盒、外箱是否符合要求。

3. 检验成品物理特性及化学特性是否产生变化及对成品的影响程度。

4. 检查成品的包装和标识是否符合要求。

第6章　成品出货质量检验

第12条　当按客户的订单要求出货时，质量管理部要安排质量检验人员对要发出的成品进行质量检验，检验内容包括以下几项。

1. 检查成品是否变形、受损，成品配件、组件、零件等是否松动、脱落、遗失。

2. 检查成品是否符合规格，零配件尺寸是否符合要求，包装袋、盒、外箱尺寸是否符合要求。

3. 检验成品物理特性及化学特性是否产生变化及对产品的影响程度。

4. 测定成品抗拉力、抗扭力、抗压力、抗震力等方面是否符合产品质量要求。

5. 检查成品的包装和标识，具体包括以下内容。

（1）成品的包装方式、包装数量、包装材料的使用，单箱装载成品数。

（2）标志纸的粘贴位置、标志纸的书写内容、外箱的填写格式。

【解析】在实际操作中，要重点对要出库的成品进行质量检查，因为有些质量检验人员可能会认为成品在这一环节前已经经过了重重检验，应该不会存在什么问题，进而忽视这一环节检验工作的重要性。但是实际情况是这一环节是成品流入市场前的最后一次检验机会，一旦成品质量存在问题并流入市场，企业便需要花费比检验复杂十倍甚至百倍的精力去应对。

第13条　质量检验人员依据标准成品质量判定抽检品质量状况，确定抽检品中出现的不合格品数量，若有无法判断的成品，须将填写的质量抽检报告连同不合格样品交质检主管判定，质检主管判定完毕后，质量检验人员再根据判定结果，确定不合格的数量。

第14条　质量检验人员以书面形式通知生产部对查验出来的不合格品进行补救、返修或返工。

第15条　若存在严重的不合格品，质量检验人员应及时填写"报废申请单"交质检主管，经质检主管批准报废后的报废品，由仓储部运到废品区进行处理。

第16条　质量检验人员检验完毕后，应及时填写"成品出货检验报告"交质检主管签批，并将在此期间产生的所有表单一起交质量管理部存档。

第7章　附　则

第17条　本制度由质量管理部负责编制、解释和修订。

第18条　本制度自××××年××月××日起生效。

编修部门/日期		审核部门/日期		执行部门/日期	

4.2.2　产品售后与召回管理制度

制度名称	产品售后与召回管理制度	编　号	
		受控状态	

第1章　总　则

第1条　为了避免已流入市场的缺陷产品对消费者的权益造成损害，维护消费者人身健康安全与企业的公众形象，使企业可以规范召回流动中的缺陷产品，根据《企业内部控制应用指引第4号——社会责任》及相关法律、法规，结合企业实际情况，特制定本制度。

第2条　本制度适用于企业控制与管理劣质品的召回工作。

第2章　售后服务质量标准及检查规范

第3条　客户意见和投诉服务。

1. 企业须通过公示的售后服务电话、邮箱、官微、公众号等方式，接受并处理客户和消费者的服务咨询、意见反馈及投诉。

2．应详细记录售后服务人员收到的每一次客户或消费者的意见或投诉，当客户或消费者来访时，要仔细填写有关登记表，并按规章制度和客户需求转送有关单位和人员处理。

（1）受理的意见和投诉若涉及产品质量、使用功能，送研发部、设计部或生产部、技术部处理。

（2）受理的意见和投诉若涉及产品包装破损、变质，送仓储部、运输部处理。

（3）受理的意见和投诉若涉及企业营销、安装、售后服务人员态度差，送营销部及质量管理部处理。

（4）受理的意见和投诉若涉及中间商、零售商，应及时与之协调、沟通。

第4条　退换货服务。

1．售后服务人员须熟悉企业制定的退货和换货的具体工作流程。

2．企业的仓储、运输、财务、生产制造部门为退货和换货予以支持和配合，并进行工作流程上的无缝衔接。

3．售后服务人员应查清退货和换货的原因并上报上级主管，若退货和换货的原因与部门或人员有关，则应追究相关部门和个人的责任。

第5条　售后维修服务。

1．企业售后服务接待员在接到维修来电来函时，须详细记录客户名称、地址、联系电话、商品型号，尽量问清存在问题和故障情况，并在做好登记后按流程处理。

2．售后维修主管接到报修单后，初步评价故障现象，派遣合适的售后维修人员负责维修。

3．售后维修人员如上门维修的，应佩戴企业工号卡或出示有关证件才能进入客户场所，并应携带有关检修工具和备品备件。

4．维修人员应尽责精心为客户服务，不得对客户卡、拿、吃、要，要爱护客户家居或办公环境，不损坏客户其他物品。

5．凡在客户场所不能修复而须带回企业修理的，应开立收据交与客户，并在企业进出商品簿上登记。修复后应向客户索回收据，并请其在维修派工单上签字。

第6条　售后服务质量管理专员应根据上述标准，负责售后服务质量的检查和控制。

第7条　售后服务质量管理专员对所服务项目实施自主检查，遇到售后服务质量异常情况时，应及时处理。

第8条　如果服务环境、同业标准、服务流程、客户需求等因素发生变化，售后服务质量管理专员可申请对售后服务质量标准予以修订。

【解析】虽然在一定情况下可以对售后服务质量标准进行修订，但是企业要始终将高质量售后服务放在首位，售后服务对企业而言不仅是一种经营模式，更是一种文化、一种理念，是企业与客户和消费者沟通、联系的一个纽带，企业应当通过优质的售后服务，促进与客户、消费者的关系，树立企业形象，提高产品信誉，扩大产品影响力，培养客户的忠诚度。

第3章　售后服务质量异常反应及处理

第9条　在售后服务过程中发现异常时，售后服务质量管理专员应立即追查原因，并在加以处理后就异常原因、处理过程及改善对策等开立"异常处理单"，送质量管理部会签后再送客户服务部复核。

第10条　质量管理部每日应不定时地对服务项目进行检查，并填写"服务质量异常记录表"，以了解每日服务质量异常情况，提出改善措施。

第11条　质量管理部应依据每日记录结果，定期编制"质量异常分析日报表"，将服务质量异常项目汇总编制后送质量管理部，经质量管理部经理审批通过后，送交客户服务部。客户服务经理应负责召集相关人员针对主要发生异常的服务项目、发生原因及处理措施进行讨论。

第12条　"异常处理单"经客户服务部列入改善项目，依"异常处理单"所拟的改善对策切实执行，并重点检查此类项目的改善结果，形成报告。

第4章　产品召回启动

第13条　存在以下问题的产品，企业应对其实施紧急召回，不得放任产品继续流通。

1．含有特殊危险成分，已经导致部分使用者生命危急的产品。

2．可能诱发严重疾病、传染病的产品。

3．因产品本身存在问题，容易发生爆炸、引起火灾、有害物质泄漏等情况的产品。

4．对于特定群体的用户，可能会在使用过程中引发伤残、窒息等后果的产品。

5．法律、法规规定的其他不安全产品。

第14条　产品召回领导小组。

1．产品召回的管理工作由总经办统一组织，组成产品召回领导小组，由总经理担任组长，生产总监、研发总监、营销总监担任副组长，具体成员为企业各部门经理。

2．产品召回领导小组要定期对即将流入市场的或已经流入市场的可能存在安全隐患的产品进行质量评估，制订召回计划。

3．产品召回领导小组要严格控制产品召回工作的处理进度，并对产品召回工作的全过程做好记录。

第5章　产品召回准备

第15条　质量管理部发现产品可能存在质量缺陷后，应及时上报研发总监，由研发总监对产品质量进行确认，若确认产品存在质量缺陷，须及时向总经理进行汇报。

第16条　当质量管理部未发现产品可能存在的质量缺陷，但售后服务部收到了消费者或其他相关部门反映的产品质量问题时，须对收集到的产品质量问题进行核查，一旦查实，须立即向总经理进行汇报。

第17条　产品召回计划。

1．总经理收到产品质量问题反馈后，应组织带领各部门进行相关的问题调查、产品召回和生产改进活动，组织相关部门负责人收集有关缺陷产品的材料和数据，确定存在问题的产品类型及发货批次数量、流通范围，分析召回行动应该如何实施才能尽可能地减少对社会及企业的危害。

2．总经理确定缺陷产品的基本情况后，应组织各部门负责人召开会议，商议并制订产品召回计划，产品召回计划主要内容包括但不限于以下几项。

（1）缺陷产品可能造成的危害。

（2）缺陷产品型号、已销售数量、库存数量。

（3）召回信息发布渠道。

（4）召回实施途径。

（5）缺陷产品的补救措施。

第18条　产品召回信息发布。

1．各部门负责人向本部门人员发布缺陷产品召回通知，停止缺陷产品的生产、交易、发货活动，封存库存产品。

2．总经理通过各种媒体或经销商向社会发布缺陷产品召回信息，缺陷产品召回信息的主要内容如下。

（1）缺陷产品的名称、照片、型号及潜在危害及缺陷产品召回方式。

（2）告知各界对缺陷产品应采取的措施，使消费市场及时停止对此缺陷产品的销售、消费活动。

【解析】缺陷产品召回工作的相关信息除需要向社会进行公布外，还应根据缺陷产品实际情况判断是否需要及时向所在地省级市场监督管理部门报告。通常有两种情况需要立即上报，一种是缺陷产品需要在中华人民共和国境外实施召回，另一种是缺陷产品已经造成或者可能造成人员死亡、严重人身伤害、重大财产损失的。

第6章　召回工作实施

第19条　召回时限。

1．自发布召回信息三日内全面停止缺陷产品的流通和消费，并在七日内召回缺陷产品。

2．缺陷产品的危害程度越大，召回时限应设置得越短。

第20条　召回实施职责分配。

1．若缺陷产品原材料存在问题，采购部应立即通知问题原材料的供应商。

2．生产部负责提供召回缺陷产品的内部生产信息，并协助核对召回缺陷产品的数量，对需要改进的工艺或流程等实施改进活动。

3．市场部负责通知客户、批发商、零售商等，实施产品召回并给予相应的维修服务或退款、赔偿。

4．仓储部负责接收缺陷产品，并对其进行标识区分、隔离存放，留待后续处理。

5．质量管理部负责监督召回缺陷产品的生产改进活动，确认召回活动能实现预期的目的。

6．财务部负责实施召回活动的财务预算、资金调配，并负责对相关支出进行记录。

第21条　召回产品入库。

1．产品召回领导小组回收缺陷产品后须组织产品入库前检验，质量检验人员须现场对缺陷产品进行检验，检验的主要内容是产品的品名、批次、规格、数量，无误后对缺陷产品进行入库管理，将缺陷产品统一放置在仓库内的召回品专用区域。

2．召回产品入库后，须有专门的人员进行统一管理，未经产品召回领导小组组长或副组长同意，其他人员不得移动或挪用召回产品。

第22条　召回终止。当召回项目已完成，企业能力所涉及范围的缺陷产品已全部回收时，召回活动即可终止。各部门应于召回计划完成后15日内提交召回信息及总结报告。

【解析】企业要注意召回工作一定要全面，若企业的召回措施未能消除缺陷或者降低安全风险，则应重新实施召回工作，企业要注意自召回工作实施之日起每3个月向报告召回计划的市场监督管理部门提交召回阶段性总结，在完成召回计划后15个工作日内提交召回总结，并注意制作完整的召回记录，妥善保存。召回记录保存期不低于5年。

第23条　召回产品处理。

1．若因质量问题对产品进行召回，质量管理部应于产品召回工作完成后，对召回产品进行质量检验，确定召回产品存在的质量问题和可能造成的影响，并做出相应处理。

2．质量管理部应会同生产部及其他有关部门，制定针对质量问题的纠正措施，并详细记录质量问题的成因和可能产生的影响，上报总经理，由总经理审批通过后，责令有关部门进行整顿，防止相同的问题再次发生。

第7章　产品召回反馈

第24条　召回记录备案。召回协调人员向总经理及当地监督管理机构提交召回结果报告，并将召回事件产生原因、规模、采取的措施、达到的效果汇总记录，在企业事故档案中备案。

第25条　产品改进反馈。收集客户对于缺陷产品召回措施的反馈情况，制定相应的生产改进应对策略，由质量管理部监督后续的改进效果及持续情况，并将记录汇入该产品的召回档案中。

第8章　附　则

第26条　本制度由总经办负责编制、解释和修订。

第27条　本制度自××××年××月××日起生效。

编修部门/日期		审核部门/日期		执行部门/日期	

4.2.3　消费者投诉和建议处理制度

制度名称	消费者投诉和建议处理制度	编　　号	
		受控状态	

第1章　总　则

第1条　为了规范化地处理消费者的投诉和建议，最大限度地保障消费者的权益，维护企业形象，根据《企业内部控制应用指引第4号——社会责任》及相关法律、法规，结合企业实际情况，特制定本制度。

第2条　本制度适用于企业收到的消费者投诉和建议处理工作。

第2章　消费者投诉和建议受理

第3条　消费者投诉和建议受理。

1. 客户服务人员通过企业为消费者提供的各种可进行投诉或提出建议的渠道，如电话、公众号、官方微博、官方邮箱等接受客户投诉和建议。

2. 对于通过网络途径收到的投诉和建议，客户服务人员应联系消费者确认投诉和建议的内容。

第4条　记录客户投诉和建议。

1. 客户服务人员应及时记录消费者投诉和建议的内容，并填写"消费者投诉和建议登记表"。

2. "消费者投诉和建议登记表"应包括消费者姓名、联系方式、消费者投诉和建议内容、消费者期望的投诉和建议处理结果等内容。

【解析】客户服务部要不定期对消费者投诉和建议的情况进行检查，其主要目的是检查客户服务人员对于消费者投诉和建议的记录情况，分析消费者的投诉和建议中出现较多的问题，了解消费者需求，提高客户服务人员的服务意识，保障消费者的合法权益。

第5条　消费者投诉和建议处理责任部门根据转交的"消费者投诉和建议登记表"中记录的投诉和建议内容，核实与消费者投诉和建议相关的资料，如订单编号、交货日期、运输方式等，然后根据实际情况填写"消费者投诉和建议处理表"，注明处理措施。

第6条　消费者投诉和建议处理责任部门经理签署消费者投诉和建议处理意见，并将"消费者投诉和建议处理表"连同相关资料转回客户服务部。

第3章　消费者投诉和建议分析与解决

第7条　消费者投诉和建议分析。

1. 客户服务人员根据"消费者投诉和建议登记表"的内容进行分析，判断消费者的投诉是否成立、建议是否可行。

2. 如果投诉不成立，客户服务人员要耐心地向消费者说明原因。

3. 如果投诉成立并能立刻解决，客户服务人员应立刻解决，给消费者满意的答复。

4. 如果投诉成立，但不能立即解决，客户服务人员应认真分析投诉难处理的原因，并和消费者协商确定处理投诉的最后期限。

第8条　消费者投诉和建议处理责任部门根据"消费者投诉和建议登记表"，编列投诉和建议编号并填写"消费者投诉和建议处理表"。

第9条　消费者投诉和建议处理责任部门确定消费者投诉和建议处理责任人，并在相关部门的配合下进行投诉调查和建议可行性分析，相关部门据实填写"消费者投诉和建议处理表"。

第10条　消费者投诉和建议处理责任人根据调查结果，签署"消费者投诉和建议处理表"，并将表提交给所在部门经理审批。

第11条　消费者投诉和建议处理责任人收到所在部门经理签署的"消费者投诉和建议处理表"后，必须立即与客户联系，就投诉处理方案和建议采纳情况与消费者进行沟通。

第12条　若客户不接受企业制定的投诉处理方案或对处理结果有异议，消费者投诉和建议处理责任人应填一份新的"消费者投诉和建议处理表"，连同原"消费者投诉和建议处理表"呈报给部门经理。

第13条　客户服务部配合消费者投诉和建议处理责任人进行消费者投诉和建议处理，并收集消费者投诉和建议处理的相关信息，对消费者投诉和建议处理结果进行评价。

第4章　消费者投诉和建议处理评估与意见收集

第14条　消费者投诉和建议跟踪。

1. 客户服务人员应认真做好消费者投诉和建议记录，并对投诉和建议处理的整个过程进行跟踪分析。

2. 消费者的投诉和建议解决后，客户服务人员应对消费者投诉和建议的处理结果等进行跟踪，确认投诉和建议问题的处理是否对消费者与企业的关系产生影响等。

3. 企业各消费者投诉和建议处理的相关部门经理要对涉及本部门的投诉和建议问题及时进行整改，避免出现类似问题。

第15条　客户服务部每周进行消费者投诉和建议处理总结，归类消费者投诉和建议的原因，分析处理消费者投诉和建议的技巧，研究能够解决消费者最关心的问题的方法。

【解析】企业应当重视对消费者投诉和建议处理工作进行的评估，通过评估与改进，把售后服务作为企业采取有效竞争策略、提高产品服务增值的重要手段，重视和加强售后服务，创新售后服务方法，力争对消费者的投诉和建议的处理都能做到有结果、有分析、有整改、有考核。

第16条　企业相关部门就消费者投诉和建议反映的问题，如产品存储质量问题、服务态度问题、配送运输问题等进行整理和分析，寻找提高消费者满意度的方法。

第5章　附　则			
第17条　本制度由客户服务部负责编制、解释和修订。			
第18条　本制度自××××年××月××日起生效。			
编修部门/日期		审核部门/日期	执行部门/日期

4.3　环境保护与资源节约

　　企业应重视环境保护与资源节约，按照国家有关环境保护与资源节约的相关规定，结合企业自身的实际情况，建立环境保护与资源节约制度，发展低碳和循环经济，降低资源消耗和污染物排放，有效实现环境保护与资源节约的目标。

4.3.1　环境保护与资源节约制度

制度名称	环境保护与资源节约制度	编　号	
		受控状态	

第1章　总　则

第1条　为了承担节能减排责任，发展循环经济，降低污染物的产生量和排放量，保护和改善环境，根据《中华人民共和国环境保护法》《企业内部控制应用指引第4号——社会责任》及相关法律、法规，结合企业实际情况，特制定本制度。

第2条　本制度适用于企业各部门环境保护与资源节约的管理工作。

第2章　污染防治管理

第3条　企业应优先使用清洁能源，采用资源利用率高、污染物排放量少的工艺、设备来进行生产，并引入废弃物综合利用技术和污染物无害化处理技术，从源头上减少污染物的产生。

【解析】企业应不断增强自主创新能力，通过技术进步推动替代技术和发展替代产品、可再生资源的使用，降低资源消耗和污染物排放，实现低投入、低消耗、低排放和高效率，有效实现资源节约和环境保护的目标。

第4条　企业的建设项目若需要建设防治污染的设施，则应与主体工程同时设计、同时施工、同时投产使用。企业所建立的防治污染的设施应符合经批准的环境影响评价文件的要求，企业任何个人或部门不得擅自拆除或闲置防治污染的设施。

第5条　严禁企业在生产过程中，通过暗管、渗井、渗坑、灌注、篡改或伪造监测数据、不正常运行防治污染设施等逃避监管的方式违法排放污染物。

第6条　企业不得生产、销售或者转移、使用会严重污染环境的工艺、设备和产品，严禁引入不符合我国环境保护规定的技术、设备、材料和产品。

第3章　污染排放管理

第7条　企业应遵照国家相关法律规定实行排污许可管理，按照排污许可证的要求排放污染物。

第8条　排放污染物的企业应按照国家相关规定缴纳排污费，若已按照法律规定缴纳环境保护税，则不再缴纳排污费。

第9条　企业在执行国家和地方污染物排放标准的同时，应遵守分解落实到本企业的重点污染物排放总量控制指标。

第10条　废气排放管理。

1．在生产过程中产生的废气的排放（尤其是有毒气体的排放）必须建立科学的吸收、过滤系统，确保废气排放工作符合国家的规定和要求。

2．有关负责人应定期检查废气吸收、过滤系统的运行状况并做好记录，若发现故障或异常问题要及时维修解决。

3．当工艺技术或生产原料改变而导致废气成分发生变化时，各部门应及时更换废气吸收、过滤系统，以满足废气排放的控制需求。

【解析】除上述要求外，企业在进行废气处理工作时，还应密切关注废气处理工程中各项指标的动态变化，比如风量、浓度等，因为这些指标在实际生产中可能会由于生产原材料的增减、生产线的增减等发生变化，如果废气处理工作仅仅停留在理论层面，很有可能导致企业废气排放不达标，造成环境污染超标等问题。

第11条　固体废弃物管理。

1．固体废弃物不得随意丢弃，必须统一堆放在指定地点，以便进行集中处理。

2．固体废弃物应进行分类管理，对不同种类的固体废弃物设置对应的不同的标识牌，不得混放。

3．特殊的、具有危险性的固体废弃物应送交具有环保处理资质的部门进行处理。

4．为了确保原材料的利用效率，各车间在生产时，应尽量减少固体废弃物的产生。

5．对于产生的固体废弃物，须进行有效的回收利用，无法再度回收利用的固体废弃物方能进行废弃处理。

6．当工艺技术或生产原料改变而导致固体废弃物成分发生变化时，各部门应及时更换固体废弃物处理系统，以满足固体废弃物的控制需求。

第12条　噪声污染管理。

1．企业应对生产噪声进行严格控制，确保处于国家规定的排放标准内。

2．有关负责人应明确噪声源所在，判断强度的合理性，分析是否能够采取措施对噪声进行有效降低，以维护工作人员和周边居民的身心健康。

第4章　资源节约管理

第13条　节水管理。

1．企业应采用先进或适用的节水技术、工艺和设备，并注意做好对用水设备的日常检查、维护和管理。

2．企业应制订并实施节水计划，培养员工的节水意识，加强节水管理，对生产用水进行过程控制。

3．企业应加强用水量管理，配备和使用合格的用水计量器具，进行水耗记录和用水状况分析。

4．企业在新建、改建、扩建建设项目时，应配套建设节水设施。

第14条　节电管理。

1．积极采用节电新技术和设备，在进行项目建设和设备更新改造时，淘汰国家明令禁止使用的高耗电设备和产品。

2．在采购重要电气设备或元器件时，除符合企业要求外，尽量采购具有节能标识的电气设备或元器件。

3．合理安排生产计划，尽量避免在用电高峰期进行生产作业，并减少动力设备的空载操作。

4．各部门员工在下班时，应由负责人或最后离开的员工切断电脑、饮水机、灯、空调等的电源。

5．会议室不使用时，会议室内的照明设备、空调和其他用电设施都应保持关闭状态；会议结束离开时，应及时将照明设备、空调等关闭。

6．办公室夏季空调温度应不低于26摄氏度，非工作时间尽量不使用空调。

7．办公室禁止使用电炉、电暖气等电器，严禁对企业的任何电源的配置进行擅自接触和改动。

第15条　办公用品管理。

1．各部门办公用品由综合行政部计划采购、统一管理，其他部门领用办公用品时，综合行政部应按照申领手续办理，并及时、准确地记录各部门的领用信息。

2．纸质材料尽量双面利用，有特殊要求除外；打印机的墨盒尽量二次灌装使用；作废文件、纸张不得随意丢弃，应由资料员统一处理。

3．拖把、抹布、废纸篓等清洁用具应妥善保管、统一存放，以延长使用寿命。

第16条　生产原料管理。

1．生产中尽量选用原材料利用率高、污染物排放量小的清洁生产工艺，并加强管理，减少污染的发生。推广节能新技术、新工艺、新设备和新材料，限制或者淘汰能耗高的老技术、老工艺、旧设备和旧材料。

2．严格控制辅料的领购量和使用量，申报使用计划要实事求是，避免盲目性。管理人员要严格审查，按需配给。

3．各工段在使用原材料时，要注意消耗控制，降低生产成本。

4．各工段应注重提高员工的操作技能和质量意识、节约意识，不断提高产品质量，降低不合格品的产出率，积极开展节能教育，提高员工节约能源和资源的意识。

5．各种车辆、机械设备作业时应合理用油，严禁浪费，严格油料领用制度，油料存放应避免对周围环境造成污染，并应有严格的消防措施。

6．做好生产设施用油及机械加工过程油气泄漏的治理，发生严重漏油现象时应立即通知设备维修人员进行检修，对一般油泄漏现象通过维修或用油盘、木屑等防护措施进行治理。

第5章　附　则

第17条　本制度由生产部负责编制、解释和修订。

第18条　本制度自××××年××月××日起生效。

编修部门/日期		审核部门/日期		执行部门/日期	

4.3.2　废料回收和循环利用制度

制度名称	废料回收与循环利用制度	编　号	
		受控状态	

第1章　总　则

第1条　为了加强企业对废气、废水、废渣的综合治理，回收并循环利用废料，根据《企业内部控制应用指引第4号——社会责任》及相关法律、法规，结合企业实际情况，特制定本制度。

第2条　本制度适用于企业的废料回收与循环利用工作。

第2章　废气、废水、废渣综合治理

第3条　废气防治措施。

1．各车间须采取相应措施，对在生产工艺中易产生废气的场所进行整改，在达到国家规定的环保要求的条件下做到有组织排放。

2．生产现场严禁焚烧沥青、油毡、橡胶、塑料、枯草、落叶、垃圾及其他能产生有毒有害气体或恶臭气体的物质。

第4条　废水防治措施。

1．出现水污染事故后，安保人员应立即会同有关部门采取措施，减轻或消除污染，并向企业领导报告，再由总经办向政府部门报告。

2．严禁向企业排水系统偷排废水、废渣、废油、废酸、废碱或其他有毒有害液体。

3．严禁向企业排水系统排放、倾倒工业废渣、各种垃圾及其他废弃物。

第5条　废渣防治措施。

1．收集、储存、运输、利用、处置废渣时，要注意防扬散、防流失、防渗，不得擅自倾倒、堆放、丢弃、遗撒废渣。

2．应当根据企业的经济、技术条件对产生的工业废渣积极回收利用。

3．须及时清理垃圾并做好垃圾分类，在指定地点倾倒垃圾，禁止随意扔撒或堆放各种垃圾。

【解析】企业应加强对废气、废水、废渣的自行回收、利用和处置等综合治理，推动生产、流通和消费过程中对废料的减量化、再利用、资源化，以最小的资源消耗、最少的废物排放和最小的环境代价来换取最大的经济效益。

第3章　废料归集管理责任

第6条　生产经理负责制定废料归集管理制度，安排专人负责废料归集管理工作，监督和协调废料归集管理工作。

第7条　废料归集专员负责废料归集点的设置和管理，制定废料清单，指导员工进行废料分类归集，并定期检查和报告废料归集管理情况。

第8条　车间主任和班组长负责监督和管理生产线上的废料归集工作，协助废料归集专员完成废料清单的制定和废料归集工作。

第9条　生产操作人员负责按照废料归集制度和要求进行废料分类归集，并保持归集点的整洁和清洁。

第10条　安全环保专员负责监督和管理废料处理和利用过程中的安全和环保问题，确保废料处理

和利用符合相关的安全和环保法规。

第11条　厂长办公室负责监督和评估废料归集管理工作的实施效果，推行废料减量和废料回收利用工作，提高资源利用率。

第4章　废料归集控制工作程序

第12条　生产部应制定科学、合理的废料归集管理制度，明确废料的种类、归集点、归集方式等，以规范废料归集管理工作。

第13条　各车间根据废料的种类和来源，设置相应的废料归集点，例如，生产线上的废料箱、厂区内的分类垃圾桶等。

第14条　各车间确定专门负责废料归集管理工作的人员，即废料归集专员，并对其进行培训，使其具备废料归集管理的知识和技能。

第15条　废料归集专员负责建立废料清单，废料清单内容包括废料种类、数量、来源、处理方式等，以便于相关人员监督废料的归集、处理和利用情况。

第16条　生产操作人员按照废料归集制度和废料清单要求，对废料进行分类、归集，并记录相关信息。

第17条　车间主任定期检查废料归集点和归集过程，发现问题及时纠正，并记录检查情况和处理措施。

第18条　车间主任定期向上级部门或企业管理层报告废料归集、处理和利用情况，以便于上级部门和管理层对废料管理工作进行监督和评估。

第19条　厂长办公室应推行废料减量和废料回收利用工作，以降低废料的产生量和对环境的影响，提高资源利用效率。

第5章　循环利用注意事项

第20条　废料再利用。

1．在废料再利用和资源化过程中，应当保障生产安全，保证产品质量符合国家规定的标准，并防止产生二次污染。

2．企业应采用先进或适用的回收技术、工艺和设备，对生产过程中产生的废渣、废水、废气、余热、余压等进行回收和综合利用。

3．回收的电器电子产品，经过修复后销售的，必须符合国际规定的再利用产品标准，并在显著位置标识为再利用产品。

4．对生产过程产生的废料进行分类，提高废料回收利用工作的效率。

5．加强对员工废料利用的宣传教育，提高员工环保意识。

第21条　治理过度包装。设计产品包装物应当执行产品包装标准，防止过度包装造成资源浪费和环境污染。

1．企业严格执行国家包装标准和相关法律法规的规定，做到不生产过度包装产品，不采购和不销售过度包装产品。

2．根据国家规定和企业实际情况，制定合理的包装标准，并不断完善。

3．对于可以回收利用的包装物，尽量回收再利用，提高包装物的回收利用率。

4．加强包装领域的技术创新，积极开发新材料、新工艺、新设备，减少材料用量、减少污染。

【解析】企业除了通过相关措施对过度包装进行治理，还可以通过增强自主创新能力，加强包装领域的技术创新，积极开发新材料、新工艺、新设备，减少包装材料用量，缓解过度使用包装材料所造成的污染。

第6章 附 则

第22条 本制度由生产部负责编制、解释和修订。

第23条 本制度自××××年××月××日起生效。

编修部门/日期		审核部门/日期		执行部门/日期	

4.3.3 环境保护与资源节约监控制度

制度名称	环境保护与资源节约监控制度	编 号	
		受控状态	

第1章 总 则

第1条 为了对企业的环境保护与资源节约工作进行定期的监督检查，发现存在的问题并采取措施予以纠正，根据《中华人民共和国环境保护法》《企业内部控制应用指引第4号——社会责任》及相关法律、法规，结合企业实际情况，特制定本制度。

第2条 本制度适用于企业的环境保护与资源节约监控管理工作。

第2章 环保和节能计划制订

第3条 企业应根据有关法律法规的规定，设立环境保护与资源节约监控机构，全面负责企业的环境保护与资源节约监控工作，环境保护与资源节约监控机构的成员主要包括生产部主管、质量管理部主管及这两个部门中的部分专员。

第4条 环保和节能计划制订程序。

1．企业高层领导根据历史数据和企业实际发展情况，确定年度资源节约和环境保护总目标。

2．环境保护与资源节约监控机构根据企业环境保护和资源节约总目标，组织编制企业环境保护计划和能源消耗计划。

3．环境保护与资源节约监控机构将环境保护和资源节约总目标分解到各部门，并确定各部门的负责人，由各部门负责人制订本部门的环保和节能计划及措施。

第3章 环境保护与资源节约监控管理

第5条 企业环境保护与资源节约监控管理工作可通过企业聘请专业人员组成环境保护与资源节约监控机构，或委托专业的环境保护与资源节约监控机构进行管控等方式进行，环境保护与资源节约监控机构进行企业内部环境监测的程序包括样品采集和数据处理。

【解析】企业要加强日常监控，定期对内部的环境保护和资源节约工作情况开展监督检查，若发现问题，应及时采取措施予以纠正，这样才可以有效地将环境保护和资源节约相关工作落到实处，切实将企业建设成资源节约型、环境友好型企业。

第6条　样品采集。

1．在进行有害因素样品采集时，环境保护与资源节约监控机构应在明确工作场所作业人员的工种和人事、每个工种的实际工作情况后，确定采集的对象和采集点及采集样品的时间段和采集方法。

2．环境保护与资源节约监控机构相关人员必须记录采集样品当天的生产情况、作业人员的工作情况及工人使用防护用品的情况，确保样品采集的科学性和结果的客观性。

3．环境保护与资源节约监控机构进行样品采集时，必须按照职业卫生标准的要求进行采样。

4．环境保护与资源节约监控机构进行样品采集时，必须在作业人员的工作时间内通过现场调查以确定其可能接触的有害因素浓度最高的时间段，并分别进行样品采集，保证样品的代表性、科学性。

5．在检测生产作业环境时，必须使用标准的检测方法与规范的检测设备，在一般情况下不允许凭经验进行判断。

第7条　数据处理。

1．环境检测资料应由专人妥善保管。

2．在采样前和采样后分别进行流量校正，分别记录流量，防止出现偏差。

3．在工作场所进行样品采集的同时还需要做空白对照样品。

4．采集样品的同时应记录具体的采集时间，要求具体到几时几分几秒。

5．采样的信息必须真实地被记录。在发现数据异常时，须在核实后及时上报上级领导。

第8条　环境污染事故处理。

1．环境保护与资源节约监控机构在收到环保事故报告或发现环保事故时，应迅速调查原因，并及时上报。

2．环境保护与资源节约监控机构根据事故原因制定相应的处理措施，报安全管理委员会和总经理审核通过后执行。

3．事故报告经领导审批通过后，由环境保护与资源节约监控机构上报地方环保局。

4．环境保护与资源节约监控机构应积极配合地方环保机构的调查，及时、如实地汇报情况，提供有关资料。

【解析】发生环境污染事故时，企业应立即视环境污染事故的严重程度采取相应的措施进行处理。发生影响较小的环境污染事故时，相关部门可以按照企业制定的环境污染事故处理方案进行处理；发生紧急、重大环境污染事故时，企业应立即启动应急机制，并根据国家法律法规相关规定，及时上报、处理。

第4章　资源节约管理

第9条　办公资源节约管理。

1．采购办公资源时，行政部应严格按照申请、审批程序执行。

2．领用办公资源时，行政部应按照申领手续办理，并及时、准确记录领用信息。

3．使用办公资源时，应合理利用和节约资源，具体措施如下所述。

（1）用来复印文件和资料的纸张尽量双面使用。

（2）如发现水龙头漏水或损坏，行政部应及时通知相关人员进行维修、更换，严禁常流水现象出现。

（3）各部门废弃的纸张均应为双面使用过且应尽量做到全部回收，以节省自然资源。

第10条　生产资源节约管理。

1．采购资源产品时，采购部应要求相关供应商在生产、储存、运输其产品时，采取有效措施，以保证送货、到货状态符合本企业要求。若不符合企业要求，为避免资源浪费，应由原供应商回收其产品。

2．存储、保管资源产品时，仓储部应采取防盗、防水浸、防潮措施，产品堆放方式应符合要求，避免因贮存不当而产生损耗。对已发霉、损坏、生锈、变形的资源产品要及时上报并进行处理。

3．使用生产资源的部门，应根据"生产需求单"批准的用量领用生产资源，严格控制领用数量。

4．使用生产资源的部门，在生产中应逐步提高原材料的利用率，采取措施降低产品不良率，逐步降低单位产品资源用量。

5．生产资源使用部门应每季度对本部门的资源损耗进行统计、分析，查清原因，并采取适当的改善措施。

第5章　环境保护与资源节约监控效果评估

第11条　建立评估小组。

1．企业应建立环境保护与资源节约监控效果评估小组，全权负责企业的环境保护与资源节约监控效果评估工作，环境保护与资源节约监控效果评估小组的主要成员为总经理、生产部经理、外聘的环保专家等。

2．环境保护与资源节约监控效果评估小组由总经理任组长，生产部经理任副组长，可从生产部挑选合适的员工共同参与环境保护与资源节约监控效果评估工作。

第12条　环境保护与资源节约监控效果评估小组要注意强化日常监控的定期评估工作，确保评估工作可以稳定开展，并注意结合不定期抽查的方式进行评估。

第13条　评估指标。

1．环境保护与资源节约的相关制度得到有效实施。

2．对各环境因素进行有效的监控和记录。

3．无重大环境保护事故发生。

4．同历史数据相比，资源节约达到目标。

5．员工环境保护与资源节约行为规范。

6．能及时发现环境异常的情况，并做妥善处理。

第14条　评估程序。

1．由企业相关职能部门组成环境保护与资源节约监控效果评估小组，定期对环境保护与资源节约监控机构的监控情况进行考核。

2．评估小组根据环境保护与资源节约监控机构统计的数据和企业的记录情况，对环境保护与资源节约监控机构的监控工作进行综合评估，编写评估报告，并提交总经理审批。

3．环境保护与资源节约监控机构对存在的问题制定改善措施，并严格执行。

第15条　环境保护与资源节约监控效果评估小组应编制"环境保护与资源节约监控效果评估报告"，报告的主要内容包括但不限于以下几项。

1．环境保护与资源节约监控工作现状分析。

2．环境保护与资源节约监控工作存在的不足。

3．对环境保护与资源节约监控工作提出的有效建议。 第16条　环境保护与资源节约监控机构应根据环境保护与资源节约监控效果评估 小组给出的评估报告，改善在环境保护与资源节约监控工作中的不足。					 紧急、重大突发 环境事件 应急预案

第6章　附　则

第17条　本制度由生产部负责编制、解释和修订。

第18条　本制度自××××年××月××日起生效。

编修部门/日期		审核部门/日期		执行部门/日期	

4.4　促进就业与员工权益保护

促进就业是企业社会责任的重要体现，企业作为就业工作的最大载体，应以宽广的胸怀招贤纳士，促进人才充分就业，为国家和社会缓解就业压力。同时，企业还需要注意保障员工的合法权益，促进企业与员工的和谐、稳定关系与共同发展。

4.4.1　员工职业健康管理制度

制度名称	员工职业健康管理制度	编　　号	
		受控状态	

第1章　总　则

第1条　为了做好员工健康管理工作，预防、控制和消除职业危害，确保无职业病及重大安全事故发生，保障生产顺利进行，根据《企业内部控制应用指引第4号——社会责任》及相关法律、法规，结合企业实际情况，特制定本制度。

第2条　本制度适用于企业的员工职业健康管理工作。

第2章　员工职业健康保障责任制

第3条　安全管理部。

1．负责委托其他相关部门进行职业病危害因素的定期监测，并依据其他相关部门的监测结果，按规定编制职业病危害因素报告。

2．负责个人防护用品的发放与管理。

3．负责制订职业病防治规划和计划。

第4条　人力资源部。

1．负责组织安排员工定期体检。

2．负责建立健全职业健康监护档案。

3．负责协助安全管理部进行与员工职业健康的监控和管理相关的其他工作。

第5条　其他相关部门。

1．负责配合完成本部门职业病危害因素的监测工作。

2．负责协助安全管理部对本部门接触职业病危害因素人员进行上岗前和在岗期间的劳动卫生培训。

3．负责指导员工正确使用、维护劳动保护设施和个人防护用品。

第3章　生产环境安全管理

第6条　生产设备管理。

1．规范各项生产设备的使用方法，劳动者须在经过正确使用生产设备的相关培训后开始工作，以预防劳动者在劳动过程中发生工伤事故。

2．定期检验各类防护装置、保险装置、信号装置、防爆炸设施，确认能正常使用。

第7条　生产现场环境管理。

1．保证各类防尘、防毒护具齐全、完好。

2．制订并完善防噪音、通风、照明、取暖、降温等措施。

第8条　辅助用室、设施管理。

1．员工工作使用的更衣室、休浴室、消毒室应齐全并可正常使用。

2．员工生活区域内的妇女卫生室、厕所等设施应齐全并可正常使用。

3．员工生活用水的抽取及运输应远离厕所、生产废水等污染源。

第4章　职业健康教育管理

第9条　根据《企业职工劳动安全卫生教育管理规定》，对员工实施三级教育，且三级教育时间不少于四十学时。

1．厂级安全教育。由企业主管厂长负责，企业职业安全健康管理部门会同有关部门组织实施，内容应包括职业安全健康法律、法规，通用安全技术、职业健康和安全文化的基本知识，本企业职业安全健康规章制度及状况、劳动纪律和有关事故案例等项内容。

2．车间级安全教育。由车间负责人组织实施，车间专职或兼职安全员协助，内容包括本车间的概况，职业安全健康状况和规章制度，主要危险因素及安全事项，预防工伤事故和职业病的主要措施，典型事故案例及事故应急处理措施等。

3．班组级安全教育。由班组长组织实施，内容包括遵章守纪，岗位安全操作规程，岗位间工作衔接配合的职业安全健康事项，典型事故及发生事故后应采取的紧急措施，劳动防护用品（用具）的性能及正确使用方法等。

4．企业新职工须按规定通过三级安全教育和实际操作训练，并经考核合格后方可上岗。

5．在新工艺、新技术、新装备、新产品投产前，要按新的安全操作规程教育和培训参加操作的有关人员，使其了解新工艺、新技术、新装备、新产品的安全性能及安全技术，以适应新的岗位作业的安全要求。

6．当用人单位内部职工岗位调整或重新上岗时，用人单位必须进行相应的安全技术培训和教育，以使其掌握现岗位的安全生产特点和要求。

第10条　经常性职业安全健康教育。

1．企业组织实施经常性的安全思想、安全态度教育。进行安全思想、安全态度教育，要通过采取多种多样形式的安全活动，激发员工搞好安全生产的热情，促使员工重视和真正实现安全生产。

2．经常性安全教育的形式有每天的班前、班后会上说明安全注意事项、安全活动日、安全生产会议、事故现场会议、张贴安全生产招贴画、宣传标语及标志等。

第11条　特种作业人员的职业安全健康教育。

1．企业应根据《特种作业人员安全技术培训考核管理办法》明确特种作业的具体范围。

2．特种作业人员必须进行专门的安全技术和操作技能的培训教育，经过国家统一考试并取得证书后方可上岗。

第5章　员工体检管理

第12条　生产部综合办对体检管理工作负责，负责制定与调整员工体检管理标准，并下达、组织实施。

1．企业可将体检划分为一般健康体检和有毒有害岗位体检，女员工的一般健康体检应增设妇科项目检查。

2．生产卫生管理部门负责新员工上岗前的体检工作，有职业病史的员工或者职业病禁忌症者禁止从事各类危险行业。

3．生产卫生管理部门应按固定周期组织从事有害作业的员工进行体检。

4．工作场所发生可能会影响员工健康的危机情况时，生产各部门应立刻组织同一工作场所员工实施体检。

5．对已确定患职业病的员工，生产卫生管理部门按职业病诊断规定时间，定期组织员工进行复查。

【解析】企业应当重视员工体检工作，每年为员工安排体检，虽然定期体检对企业来说是一笔看不到收益和回报的现金支出，但是定期组织员工体检可以帮助企业避免医疗风险，维护员工的健康状态，提高员工的身体素质，保证员工可以有较高的工作效率。

第13条　档案管理。

1．生产卫生管理部门负责对在职员工体检结果进行汇总并存档。

2．员工健康档案应保证真实性、科学性、隐秘性。

第6章　职业病处理

第14条　在体检中若发现职业病可疑病人，体检单位应立刻通知各生产部门，由生产卫生管理部门根据可疑病人的职业危害接触史、作业现场卫生资料等，与职业病诊断机构进行确诊。

【解析】企业如果存在职业病危害因素，应对公共场所的职业病危害因素进行日常监测，并确保监测系统处于正常工作状态，一旦企业内职业病可疑病人确诊，企业应立即暂停存在职业病危害因素的作业，并对工作场所的职业病危害因素采取相应的治理措施，要确保职业病危害因素降低到符合国家职业卫生标准和卫生要求，才能让员工重新进行存在职业病危害的作业。

第15条　职业病患者处理。

1．被确诊职业病的员工，在治疗后不得在原岗位继续工作，人力资源部应在一个月内为其另行安排工作。

2．被列入工伤统筹的患职业病员工，医疗费用应按工伤处理原则办理；未被列入的，按照国家相关政策执行。

第16条　职业病防治工作的奖惩。

1．对因违反《中华人民共和国职业病防治法》而造成重大职业病危害的肇事责任人及其单位，依法追究其责任。

2．对在有害环境治理及职业病救助行动中做出显著成绩的单位及个人，按工作相关规定给予奖励和表彰。

第7章　附　则

第17条　本制度由生产部负责编制、解释和修订。

第18条　本制度自××××年××月××日起生效。

编修部门/日期		审核部门/日期		执行部门/日期	

4.4.2　职工代表大会和工会管理制度

制度名称	职工代表大会和工会管理制度	编　　号	
		受控状态	

第1章　总　则

第1条　为了加强职工代表大会与工会的组织建设，维护员工的合法权益，推进民主政治建设，充分发挥员工的积极性和创造性，促进劳动关系的和谐发展，根据《中华人民共和国工会法》《企业民主管理规定》《中国工会章程》等文件，结合企业实际情况，特制定本制度。

第2条　本制度适用于企业的职工代表大会和工会管理工作。

第2章　职工代表大会的组织、权利和义务

第3条　企业可根据职工人数确定召开职工代表大会或者职工大会。企业召开职工代表大会，职工代表人数按照不少于全体职工人数的百分之五确定，最少不少于三十人。

第4条　职工代表大会代表组成。

1．职工代表大会的代表由工人、技术人员、管理人员、企业领导人员和其他方面的职工组成。

2．企业中层以上管理人员和领导人员一般不得超过职工代表总人数的百分之二十。若企业内有女职工和劳务派遣职工，职工代表中应有适当比例的女职工代表和劳务派遣职工代表。

第5条　职工代表大会每届任期为三年至五年。具体任期由职工代表大会根据本单位的实际情况确定，若因故需要提前或者延期换届的，应由职工代表大会或者其授权的机构决定。

第6条　职工代表大会根据需要，可以设立若干职工代表委员会或职工代表小组，负责办理职工代表大会交办的事项，职工代表委员会或职工代表小组成员的具体人选必须经职工代表大会审议通过。

第3章　工会组织的建立、权利和义务

第7条　工会组织的建立。

1．企业的工会委员会按照民主集中制原则建立，企业内以工资收入为主要生活来源的体力劳动者和脑力劳动者，不分民族、种族、性别、职业、宗教信仰、教育程度，都有依法参加和组织工会的权利。

2．若企业职工人数在200人以上，可以设专职工会主席，工会专职工作人员的人数由工会与企业协商决定。

3．任何组织和个人不得随意撤销、合并工会组织，如果基层工会所在的企业终止，则该工会组织相应撤销。

【解析】如果企业、事业单位、机关有25人以上的工会会员，应设立基层工会委员会，若企业、事业单位、机关的工会会员人数不足25人，可以单独设立基层工会委员会，也可以由两个以上单位的工会会员联合建立基层工会委员会。

第8条　企业违反职工代表大会制度和其他民主管理制度时，工会有权要求纠正，以保障职工依法行使民主管理的权利。

第9条　工会帮助、指导职工与企业签订劳动合同，工会代表职工与企业进行平等协商，依法签订集体合同，集体合同草案应提交职工代表大会或者全体职工讨论通过。

第10条　企业违反集体合同，侵犯职工劳动权益的，工会可以依法要求企业予以改正并承担责任，因履行集体合同发生争议，且经协商解决不成的，工会可以向劳动争议仲裁机构提请仲裁，仲裁机构不予受理或者相关人员对仲裁裁决不服的，可以向人民法院提起诉讼。

第11条　工会发现企业违章指挥、强令工人冒险作业，或者在生产过程中发现明显重大事故隐患和职业危害时，有权提出解决的建议，企业应及时研究并给出答复，发现危及职工生命安全的情况时，工会有权向企业建议组织职工撤离危险现场，企业必须及时作出处理决定。

第4章　职工代表大会管理规范

第12条　职工代表大会每年至少召开一次。职工代表大会全体会议必须有2/3以上的职工代表出席。

第13条　职工代表大会议题和议案应由企业工会听取职工意见后与企业协商确定，并在会议召开7日前以书面形式送达职工代表。

第14条　职工代表大会可以设主席团主持会议。主席团成员由企业工会与职工代表大会协商提出候选人名单，经职工代表大会预备会议表决通过，工人、技术人员、管理人员人数和不得少于主席团成员人数的50%。

第15条　职工代表大会选举和表决相关事项时，必须按照少数服从多数的原则，相关提议必须经全体职工代表的过半数同意方为通过，表决重要事项时，应采用不记名投票的方式分项表决。

第16条　职工代表大会在其职权范围内依法审议通过的决议和事项具有约束力，非经职工代表大会同意不得变更或撤销。企业应提请职工代表大会审议、通过、决定的事项，若未按照法定程序提请审议、通过或者决定则无效。

【解析】参与企业职工代表大会的职工代表，应以班组、工段、车间、科室等为基本选举单位，统一由职工选举产生，如果企业内的管理层次较多，或者企业人数规模较大，职工代表则可以由

下一级职工代表大会的代表共同选举产生。

第5章 工会管理规范

第17条 会员大会或会员代表大会的召开。

1．工会基层组织的会员大会或者会员代表大会，每年至少召开一次。

2．经基层工会委员会或者1/3以上的工会会员提议，可以临时召开会员大会或者会员代表大会，如果基层工会会员人数在100人以下，应召开会员大会。

第18条 会员大会或会员代表大会的职权。

1．审议、审批工会基层委员会的工作报告。

2．审议、审批工会基层委员会的经费收支情况报告和经费审查委员会的工作报告。

3．成立工会基层委员会和经费审查委员会并选举成员。

4．撤换或者罢免其所选举的代表或者工会委员会组成人员。

5．讨论决定工会工作的重大问题。

第19条 工会任期管理。

1．会员代表大会的代表实行常任制，任期与本单位工会委员会委员任期相同。

2．工会基层委员会和经费审查委员会每届任期三年至五年，具体任期由会员大会或者会员代表大会决定。任期届满，应如期召开会议，进行换届选举，在特殊情况下，经上一级工会批准，会议可以提前或者延期举行。

第20条 工会调动、罢免管理。

1．工会主席、副主席任期未满时，不得随意调动其工作，因工作需要调动时，应征得本级工作委员会和上一级工会的同意。

2．基层工会专职主席、副主席或者委员自任职之日起，其劳动合同期限自动延长，延长期限相当于其任职期限，非专职主席、副主席或者委员自任职之日起，其尚未履行的劳动合同期限短于任职期限的，劳动合同期限自动延长至任职期限期满。任职期间个人存在严重过失或者达到法定退休年龄的除外。

3．罢免工会主席、副主席必须召开会员大会或者会员代表大会讨论，非经会员大会全体会员或者会员代表大会全体代表过半数通过，不得罢免。

第21条 工会经费管理。

1．工会经费来源。

（1）会员交纳的会费。

（2）企业按全部职工工资总额的2%向工会拨缴的经费或者建会筹备金，拨缴的经费在税前列支。

（3）工会所属的企业上缴的收入。

（4）人民政府和企业、其他社会组织的补助。

（5）其他收入。

2．企业无正当理由拖延或者拒不拨缴工会经费的，基层工会或者上级工会可以向当地人民法院申请支付令，拒不执行支付令的，工会可以依法申请人民法院强制执行。

3．工会的财产、经费和国家拨给工会使用的不动产，任何组织和个人不得侵占、挪用和任意调拨。

第6章 附 则				
第22条 本制度由综合行政部负责编制、解释和修订。				
第23条 本制度自××××年××月××日起生效。				
编修部门/日期		审核部门/日期		执行部门/日期

4.4.3 社会公益与慈善管理制度

制度名称	社会公益与慈善管理制度	编　号	
		受控状态	

第1章 总 则

第1条 为了切实履行社会公益方面的责任和义务，使企业及其下属员工从行动上关心与帮助社会弱势群体，支持慈善事业，根据《中华人民共和国慈善法》《企业内部控制应用指引第4号——社会责任》及相关法律、法规，结合企业实际情况，特制定本制度。

第2条 本制度适用于企业的社会公益与慈善管理工作。

第2章 社会公益与慈善组织

第3条 企业应设立专门的社会公益与慈善组织，以面向社会开展公益与慈善活动。社会公益与慈善组织的设立应符合下列条件。

1．以开展慈善活动为宗旨。

2．不以营利为目的。

3．有自己的名称和住所。

4．有组织章程。

5．有必要的财产。

6．有符合条件的组织机构和负责人。

7．法律、行政法规规定的其他条件。

第4条 企业内设立社会公益与慈善管理委员会，作为企业社会公益与慈善活动组织的管理机构，并按照相关法律规定向县级以上人民政府民政部门申请登记，登记申请通过后方可正常开展社会公益与慈善活动。

第5条 社会公益与慈善组织应每年向其登记的民政部门报送年度工作报告和财务会计报告。报告内容应包括年度开展募捐和接受捐赠情况、慈善财产的管理和使用情况、慈善项目实施情况以及慈善组织工作人员的工资福利情况。

第6条 社会公益与慈善管理委员会由董事长任主席，作为第一责任人对社会公益与慈善组织负责，总经理任副主席，各部门负责人担任委员，负责统筹管理企业社会公益与慈善管理委员会的日常事务，并对企业的社会公益与慈善活动、项目进行规划、审议。

第7条 社会公益与慈善组织的发起人、主要捐赠人以及管理人员，不得利用其关联关系损害社会公益与慈善组织、受益人的利益和社会公共利益。

第8条　社会公益与慈善组织的发起人、主要捐赠人以及管理人员与社会公益与慈善组织发生交易行为的，不得参与社会公益与慈善组织有关该交易行为的决策，且有关交易情况应向社会公开。

第9条　企业的社会公益与慈善组织不得举办、资助危害国家安全和社会公共利益的活动，不得接受附加违反法律法规和违背社会公德条件的捐赠，不得对受益人附加违反法律法规和违背社会公德的条件。

第10条　社会公益与慈善组织有下列情形之一的，应终止。

1．出现章程规定的终止情形的。

2．因分立、合并需要终止的。

3．连续两年未从事慈善活动的。

4．依法被撤销登记或者吊销登记证书的。

5．法律、行政法规规定应终止的其他情形。

第11条　社会公益与慈善组织终止后清算

1．社会公益与慈善组织的决策机构应在本制度第10条规定的终止情形出现之日起三十日内成立清算组进行清算，并向社会公告。不成立清算组或者清算组不履行职责的，民政部门可以申请人民法院指定有关人员组成清算组进行清算。

2．社会公益与慈善组织清算后的剩余财产，应按照社会公益与慈善组织章程的规定转给宗旨相同或者相近的社会公益与慈善组织；章程未规定的，由民政部门转给宗旨相同或者相近的社会公益与慈善组织，并向社会公告。

3．社会公益与慈善组织清算结束后，应向其登记的民政部门办理注销登记，并由民政部门向社会公告。

第3章　社会公益与慈善捐赠规范

第12条　捐赠物规范。

1．捐赠人捐赠的财产应是其有权处分的合法财产。可捐赠的财产包括货币、实物、房屋、有价证券、股权、知识产权等有形和无形财产。

2．捐赠人捐赠的实物应具有使用价值，符合安全、卫生、环保等标准。

3．捐赠人捐赠本企业产品的，应依法承担产品质量责任和义务。

第13条　企业的社会公益与慈善组织在接受捐赠时，应向捐赠人开具由财政部门统一监（印）制的捐赠票据。捐赠票据应载明捐赠人、捐赠财产的种类及数量、社会公益与慈善组织名称和经办人姓名、票据日期等。捐赠人匿名或者放弃接受捐赠票据的，社会公益与慈善组织应做好相关记录。

第14条　企业的社会公益与慈善组织在接受捐赠时，若捐赠人要求签订书面捐赠协议，社会公益与慈善组织应与捐赠人签订书面捐赠协议，书面捐赠协议具体内容包括捐赠人和社会公益与慈善组织名称，捐赠财产的种类、数量、质量、用途、交付时间等内容

第15条　捐赠人与企业的社会公益与慈善组织约定捐赠财产的用途和受益人时，不得指定捐赠人的利害关系人作为受益人。

第16条　捐赠人应按照捐赠协议履行捐赠义务，若捐赠人违反捐赠协议逾期未交付捐赠财产，有下列情形之一的，企业的社会公益与慈善组织或者其他接受捐赠的人可以要求捐赠人履行捐赠义务。捐赠人拒不履行捐赠义务的，企业的社会公益与慈善组织和其他接受捐赠的人可以依法向人民法院申请支付令，或者提起诉讼。

1．捐赠人通过广播、电视、报刊、互联网等媒体公开承诺捐赠的。

2．捐赠财产用于《中华人民共和国慈善法》第三条第一项至第三项规定的慈善活动，并签订书面捐赠协议的。

第17条　捐赠人公开承诺捐赠或者签订书面捐赠协议后经济状况显著恶化，严重影响其生产经营或者家庭生活的，经向公开承诺捐赠地或者书面捐赠协议签订地的民政部门报告并向社会公开说明情况后，可以不再履行捐赠义务。

第18条　捐赠人有权查询、复制其捐赠财产管理、使用的有关资料，企业的社会公益与慈善组织应及时、主动向捐赠人反馈有关情况。

第19条　企业的社会公益与慈善组织违反捐赠协议约定的用途，滥用捐赠财产的，捐赠人有权要求其改正，拒不改正的，捐赠人可以向民政部门投诉、举报或者向人民法院提起诉讼。

第4章　社会公益与慈善服务规范

第20条　社会公益与慈善组织开展社会公益与慈善服务时，可以自己提供服务或者招募志愿者提供，也可以委托有服务专长的其他组织提供。

【解析】企业在开展社会公益与慈善活动时，不要盲目选择活动形式，社会公益与慈善活动的形式最好根据企业自身特色与文化风格进行选择，这样做既可以让企业在履行社会责任的同时提高自身的品牌影响力，又可以增加企业员工的参与度，增进员工对企业文化与业务的理解。

第21条　开展社会公益与慈善服务时，应尊重受益人、志愿者的人格尊严，不得侵害受益人、志愿者的隐私。

第22条　开展医疗康复、教育培训等需要专门技能的社会公益与慈善服务时，应执行国家或者行业组织制定的标准和规程，社会公益与慈善组织招募志愿者参与社会公益与慈善服务，需要专门技能的，应对志愿者开展相关培训。

第23条　企业社会公益与慈善组织若需要招募志愿者参与社会公益与慈善服务，应公示和社会公益与慈善服务有关的全部信息，告知服务过程中可能存在的风险，必要时可以与志愿者签订协议，明确双方的权利与义务，约定服务的内容、方式和时间等。

第5章　社会公益与慈善工作的监督管理

第24条　企业的社会公益与慈善组织对企业内的社会公益与慈善活动具有监督权，可以监管并纠正社会公益与慈善活动的不妥之处。

第25条　企业的社会公益与慈善组织受到县级以上人民政府民政部门的监督，应积极配合民政部门对企业社会公益与慈善组织的检查、工作指导。

第26条　任何单位或个人发现企业的社会公益与慈善组织有违法行为的，可以向民政部门、其他有关部门或者慈善行业组织投诉、举报。

第6章　附　则

第27条　本制度由综合行政部负责编制、解释和修订。

第28条　本制度自××××年××月××日起生效。

编修部门/日期		审核部门/日期		执行部门/日期	

第 5 章

企业文化

5.1 企业文化建设

　　企业文化是企业在生产经营实践中逐步形成的，为整体团队所认同并遵守的价值观、经营理念和企业精神，以及在此基础上形成的行为规范的总称。在当今激烈的市场经济竞争条件下，企业要实现发展战略，做大做强，就应重视和加强企业文化建设。

5.1.1 企业文化建设管理制度

制度名称	企业文化建设管理制度	编　号	
		受控状态	

<table>
<tr><td colspan="4" align="center">第1章　总　则</td></tr>
<tr><td colspan="4">第1条　为了加强企业文化管理，把企业文化推上战略管理日程，推动企业文化的发展，同时加强员工对企业文化的认知程度，鼓舞和激励员工，根据《企业内部控制应用指引第5号——企业文化》及相关法律、法规，结合企业实际情况，特制定本制度。</td></tr>
<tr><td colspan="4">第2条　本制度适用于企业文化建设管理工作。</td></tr>
<tr><td colspan="4" align="center">第2章　企业文化建设的目标和步骤</td></tr>
<tr><td colspan="4">第3条　企业文化建设的总体目标是提高员工素质、提升企业美誉度、增强企业综合实力。具体目标如下。</td></tr>
<tr><td colspan="4">1．提升企业形象美誉度。</td></tr>
<tr><td colspan="4">2．提升内外部人员对企业的价值认同感。</td></tr>
<tr><td colspan="4">3．提升企业内部凝聚力。</td></tr>
<tr><td colspan="4">4．提升企业员工行为规范性。</td></tr>
<tr><td colspan="4">5．提高企业员工的文化水平、道德素质，增强员工工作动力。</td></tr>
<tr><td colspan="4">第4条　企业文化建设步骤。</td></tr>
<tr><td colspan="4">1．企业文化知识的宣传教育。企业通过印发企业文化宣传资料、举办企业文化培训班等方式普及企业文化知识，培训企业文化建设骨干，邀请有关专家与领导和员工座谈，征集企业文化建设意见和建议。</td></tr>
<tr><td colspan="4">2．编制员工手册，大力宣传企业文化。</td></tr>
<tr><td colspan="4">3．企业文化初步建立后，企业可在有影响力的新闻媒体平台进行宣传，在社会上树立良好的企业形象。</td></tr>
<tr><td colspan="4" align="center">第3章　企业文化理念设计管理</td></tr>
<tr><td colspan="4">第5条　企业文化理念是企业愿景、使命、核心价值观、经营哲学、管理思想等企业文化的核心内容。</td></tr>
<tr><td colspan="4">第6条　企业文化部是企业文化理念管理的执行机构，企业文化部应充分调查、研究国内外先进企业文化，总结本企业的经验和特点，研究制定符合本企业发展战略的企业文化核心理念。</td></tr>
</table>

【解析】在调查、研究、借鉴国内外先进企业文化时，应当注意以开放、学习、兼容、整合的态度，坚持以我为主、博采众长、融合创新、自成一家的方针，大胆吸取世界新文化、新思想、新观念中的先进内容，取其精华，去其糟粕，扬长避短，为我所用。

第7条　企业文化部在开展企业文化工作时，应深入实际调研分析，了解员工的思想动态，分析企业所处产业的特点，广泛听取企业各部门及人员的意见和建议，提炼企业文化的核心思想，使企业文化理念能够切合企业实际，对企业的发展起到重要的推动作用。

第8条　企业各部门应积极支持并密切配合企业文化部的工作，积极提供建议和意见。

第9条　企业总经理办公室负责对企业文化理念进行审议和确定，总经理办公室会议确定的企业文化理念将作为企业文化工作开展的依据。

第4章　企业文化制度建设管理

第10条　企业文化制度是企业文化理念的表达和规范性文本，必须与企业文化理念保持一致。

第11条　企业文化制度系统涵盖下述3个领域。

1．企业文化核心理念。对企业文化核心理念进行设计，是企业塑造思想文化的基础。

2．企业员工行为规范。对企业员工行为规范进行设计，是企业塑造行为文化的基础。

3．企业特殊风俗制度。

（1）在对内工作上，对教育培训、服饰、体态语言、工作场所相关规范作出规定。

（2）在对外工作上，对营销观念、服务规范、公共关系、银企关系、公益活动、文化传统作出规定，是企业风俗文化塑造的基础。

第12条　企业文化部是企业文化制度的编制和监督机构，企业文化制度经企业总经理审批通过生效后，由企业文化部负责推动落实。

第5章　企业文化器物设计与管理

第13条　企业文化器物是企业文化的外在表现形式，企业对相关器物进行设计，能够可观、生动地表现企业文化的核心思想。

第14条　企业文化器物系统包括但不限于如下内容：企业名称（全称、简称），企业标识，品牌标志图案，企业标志标准字体、标准色、组合规范、辅助图形，企业象征图案，企业宣传标语，企业吉祥物，企业之歌，企业容貌等。

第15条　企业文化器物系统主要应用于下列对象：办公用品、事务用品、企业证照、文件类、交通运输工具类、指示、标识类、广告展示陈列类、商品及包装类、服饰类、企业出版物、企业礼品、企业网页等。

第16条　企业文化部在充分听取相关意见后，组织设计部对企业文化器物进行设计，各项设计经总经理办公室审议认可后，由企业文化部负责推动落实。

第6章　企业文化推行

第17条　企业文化部召开企业文化发布实施大会，并进行企业文化的宣导工作。

第18条　各部门严格按照企业文化运行手册、员工行为守则、企业形象实施细则等相关要求开展活动。

第19条　在实施过程中，各部门如遇到问题，应及时向企业文化部经理汇报，必要时由企业文化部对文件进行整改。

第20条　企业文化部负责安排企业文化全员培训工作，各部门自行安排本部门培训工作。

第21条　企业文化部应做好企业形象推广工作和企业标志、标识使用规范的检查工作。

第22条　企业文化部应定期或不定期举办各类活动加强企业文化宣传，在企业内部实施企业文化考核制度，在企业外部利用各类传媒手段宣传企业文化。

第23条　企业文化部及相关人员在企业文化宣传工作中应从以下几方面提高宣传工作的质量。

1．明确宣传目的，把握宣传分寸，禁用夸大之词、虚浮之语。

2．发扬大胆开拓、勇于创新的精神，精心策划和设计宣传内容、形式，充分利用网络、杂志、工艺活动等宣传平台。

3．相关人员应提供宣传所用素材、资料，积极参与宣传活动。

第24条　企业文化部应在企业文化宣传活动结束后，及时开展企业文化宣传效果评估工作。

第7章　附　则

第25条　本制度由总经办负责编制、解释和修订。

第26条　本制度自××××年××月××日起生效。

编修部门/日期		审核部门/日期		执行部门/日期	

5.1.2　并购重组后的企业文化建设制度

制度名称	并购重组后的企业文化建设制度	编　　号	
		受控状态	

第1章　总　则

第1条　为了促进并购重组后企业文化的融合，减少文化冲突，实现企业文化的有效对接，推动企业文化的整合与再造，确保并购最终真正成功，根据《企业内部控制应用指引第5号——企业文化》及相关法律、法规，结合企业实际情况，特制定本制度。

第2条　本制度适用于并购重组后的企业文化建设工作。

第2章　并购重组后的企业文化建设任务与实施原则

第3条　并购重组后的企业文化建设任务。

1．促进并购重组后的企业文化整合，减少因文化差异带来的冲突。

2．促进企业文化的再造与整合，使被重组企业的企业文化与主导企业的企业文化具有共性，同时也要体现自身特色。

【解析】并购重组后的企业文化建设，其内部风险主要存在于人员、业务、文化三个方面，企业可能会面临人员流失、业务磨合、文化冲突等问题，因此，企业要着力于防止文化差异和理念冲突所带来的种种问题，综合考虑国情及文化的差异性，确保并购重组成功。

第4条　并购重组后的企业文化建设实施原则。

1．一致性原则。要保证被重组企业的企业文化与主导企业的企业文化具有一致性，拥有一致的企业精神、核心理念、价值观念。

2．包容性原则。主导企业允许被重组企业在统一指导下培育和创造具有自身特色的文化，展示自身的个性。

3．择优性原则。在建设并购重组后的企业文化时，应将主导企业与被重组企业的优秀文化进行整合。

4．分清主次原则。在建设并购重组后的企业文化时，要以主导企业的企业文化为主体，被重组企业的企业文化为补充。

第3章　并购重组后的企业文化建设规范

第5条　企业文化整合。

1．企业并购前，通过对双方企业文化进行调查研究与分析评估，了解双方企业的文化差异，判断双方企业文化整合的可行性，并选择合适的企业文化整合模式。

2．企业文化整合模式。

（1）以主导企业的企业文化进行整合。主导企业与被并购重组企业均将主导企业的企业文化作为企业文化。

（2）以主导企业的企业文化为主体，吸收被并购重组企业的企业文化中的优秀部分作为补充。

（3）将双方的企业文化当作基础，在此基础上建设一种共有的企业文化。

【解析】企业应在并购重组的整个过程中密切关注企业文化整合情况，并购重组前要通过调查与分析，解决文化是否会发生冲突、能否相互融合的问题，并购重组后要解决企业文化采用什么方式推进整合、整合过程如何进行控制的问题。

第6条　并购重组后的企业文化中心。

1．以管理者为企业文化推进的中心。管理者要在企业文化整合后及时调整自身对企业发展定位、组织结构、组织目标、组织价值观的认识，并通过各种方式帮助员工加深对新的企业文化的理解与认同。

2．以员工为企业文化建立的中心。企业要重视员工在企业中的重要作用，使企业文化可以在精神层面与物质层面让员工有所收获，增强员工的凝聚力，让员工获得亲切感的同时对企业文化有更强的认同感。

第7条　并购重组后的企业文化建设过程沟通。

1．企业在文化整合过程中，除了建立明确、统一的制度，还需要为企业内部员工开设专门的意见和建议反馈通道，让员工能够与总经理或者各部门主管进行交流，促进员工与上级领导的沟通。

2．各部门主管要做好带头示范作用，在个人行动中去体现企业文化，多倾听员工对企业文化整合的相关意见。

3．加强自上而下的沟通，管理者对企业文化要有深刻的理解，并促进下属对企业文化理念的理解与认同。

第8条　开展团队培训。

1．人力资源部要积极开展团队培训，加强员工之间的沟通与协调，增进员工彼此间的信任感。

2．团队培训还可以促进员工对企业文化的新内容的学习，打破原企业文化之间可能存在的壁垒，加深员工对整合后的企业文化的理解。

第9条　并购重组后的企业文化建设注意事项。

1．在企业文化整合过程中，要注意对企业文化间的冲突进行控制与消除，避免因企业文化间的冲突使企业内部分派别、拉阵营。

2．要做好整合后企业文化的推进与落实工作，避免企业文化流于形式。

3．整合后的企业文化不要过于抽象，要尽可能的实际、显化，使员工可以更容易理解和接受。

4．企业文化在统一整合的同时，要注重创新，激发员工产生新的追求，使企业文化得到不断完善和丰富。

第4章　并购重组后的企业文化评估

第10条　并购重组后的企业文化评估小组由总经理、企业文化部经理、人力资源部经理、各职能部门负责人等人员组成，注意保证企业文化评估小组同时包含各参与并购企业内的员工。

第11条　并购重组后的企业文化评估内容。

1．评估并购重组后的企业是否存在文化冲突，及企业在结构层面或内部机构层面上是否做到了融合。

2．并购重组时采用的企业文化整合方式是否适合企业目前的发展情况，是否可以促进企业达成发展战略。

【解析】并购重组后的企业文化评估还应关注部门或团队的界限会不会变成合作的障碍，并购重组后企业的部门与部门之间，不仅是工作职责不同，文化底蕴也可能存在差异。

第12条　企业文化评估方法主要包括定量评估和定性评估，企业应根据评估内容结合企业自身的实际情况选择合适的评估方法。

第13条　并购重组后的企业文化评估小组全权负责并购重组后的企业文化评估工作，人力资源部应从旁协助，各职能部门在评估执行过程中要注意安排好相关工作，保证企业文化评估工作与日常工作不发生冲突。

第14条　企业文化评估小组根据评估结果，撰写评估报告。报告内容包括但不限于以下3方面。

1．企业文化现状分析。

2．企业文化存在的不足。

3．对企业文化提出的有效建议。

第15条　企业文化评估小组学习和吸收并购重组后的企业文化评估总结与交流经验，结合评估结果制订并执行企业的"企业文化完善计划"。

第5章　附　则

第16条　本制度由综合行政部负责编制、解释和修订。

第17条　本制度自××××年××月××日起生效。

编修部门/日期		审核部门/日期		执行部门/日期	

5.2 企业文化评估

　　企业文化评估是企业文化建设与创新的重要环节。企业应建立企业文化评估制度，明确评估的内容、程序和方法，落实评估责任制，并重视企业文化的评估结果，巩固与发扬企业文化建设成果，避免企业文化流于形式。

5.2.1 企业文化评估制度

制度名称	企业文化评估制度	编　号	
		受控状态	

第1章　总　则

第1条　为了规范企业文化的评估管理工作，更好地进行企业文化建设，避免企业文化流于形式，根据《企业内部控制应用指引第5号——企业文化》及相关法律、法规，结合企业实际情况，特制定本制度。

第2条　本制度适用于企业文化评估工作的管理。

第2章　企业文化评估小组

第3条　为了确保企业的企业文化评估工作顺利完成，特成立企业文化评估小组。企业文化评估小组由总经理、企业文化部经理、各职能部门负责人以及外部专家等人员组成。

第4条　总经理在企业文化评估过程中的主要职责是领导和策划企业文化评估与评级工作、指导评估各阶段的工作，对企业文化评估结果和报告进行审核。

第5条　企业文化部经理在企业文化评估过程中的主要职责是负责企业文化评估方案的制定，对相关人员进行培训，实施企业文化评估方案以及监督、指导相关工作的开展和数据资料的汇总、整理、上报等。

第3章　企业文化评估内容与原则

第6条　企业文化评估应重点关注如下内容。

1．董事、监事、经理和其他高级管理人员是否在企业文化建设中发挥了主导作用，是否以自身的优秀品格和脚踏实地的工作作风，带动影响整个团队，共同营造积极向上的企业文化氛围。

2．企业全体员工对企业核心价值观的认同感。

3．企业经营管理行为与企业文化是否一致。

【解析】虽然本制度列出了企业文化评估时应重点关注的内容，但是企业可根据自身实际情况进行灵活调整，不过原则是不变的，即"企业文化评估应将全面评估与重点评估相结合"，确保企业认为重要的关键指标得以突出。

第7条　企业文化评估体系。

1．企业文化评估依据企业文化建设评价指标体系，使用定量评估与定性评估相结合的方法，对指标进行评估打分。

2．企业文化建设评价指标体系包括企业文化建设工作评估指标体系、企业文化建设状况评估指标体系和企业文化建设效果评估指标体系三个部分。

第8条　分值设定。

1．企业文化建设评估总分为100分，其中，企业文化建设工作评估部分为30分、企业文化建设状况评估部分为20分、企业文化建设效果评估部分为50分。

2．各项指标的分值根据其权重和所在部分的总分值设定。

第9条　企业文化建设评估的基本方法主要有查阅资料、座谈、访谈、实地考察和问卷调查等。

第10条　企业文化评估原则。

1．客观性原则。企业文化评估应以客观、真实为第一准则，对企业文化的分析，必须以真实、可信的材料为依据。

2．全面性原则。收集到的材料必须是全面的，防止以点代面、以偏概全，影响其真实性。

3．时效性原则。企业文化评估是对企业某一时期做出的诊断分析。在分析评估时，要考虑评估对象的过去和未来，追踪和预测发展。

4．职业道德原则。评估人员的评估行为一定要符合道德规范，不能有意隐瞒事实真相，有意歪曲信息数据。

第4章　企业文化评估程序

第11条　企业文化自评的主要内容为填写"企业文化自评表"，各部门结合实际情况及"企业文化自评表"要求，完成对所有问题的回答，收集和整理资料，并将相关资料于＿＿＿＿＿月＿＿＿＿＿日前上报企业文化评估小组。

第12条　问卷评估工作根据企业的时间安排，由企业员工通过书面答卷或计算机在线答题的方式进行。

1．＿＿＿＿＿月＿＿＿＿＿日前，信息网络部按照要求，完成管理平台部署工作。

2．各部门负责本部门员工参加问卷调查的人员抽取，采用随机抽样的方法进行，并于＿＿＿＿＿月＿＿＿＿＿日前将人员名单汇总上报企业文化评估小组。

3．企业文化评估小组根据各部门参加问卷评估的人员情况下发问卷评估表，各部门参评人员严格按照实施要求及时完成问卷评估表的填写，并于＿＿＿＿＿月＿＿＿＿＿日前报送填写完成的问卷评估表。

4．各部门负责人负责本部门员工问卷评估表的审核和上报工作。企业文化评估小组对问卷评估表进行复审，所有问卷评估表审核完毕后，按照评估体系管理平台操作要求录入评估问卷数据。

第13条　企业文化评估小组按照评估体系管理平台操作要求，在完成企业问卷信息录入的基础上生成评估报告，撰写评估总结，经企业文化评估工作领导组一并审核通过后向企业总经办提报。

【解析】"评估总结"这一环节主要存在的风险是评估可能会流于形式，企业应始终秉持"不能为了评估而评估"的原则，注重评估结果的有效性。这一原则不仅要求企业要在评估前尽可能借助专业机构的力量，提升评估的专业性，也要求企业要进行有效总结，通过对照评估标准，进行自我改进与完善。

第14条　企业文化评估小组学习和吸收企业的企业文化评估总结与交流经验，结合评估结果制订并执行企业的"企业文化建设完善计划"，报董事会审批。

第15条　董事会可对企业文化评估结果进行复核，并有权在发现评估结果存在问题后，要求企业文化评估小组再次进行企业文化评估。

第5章　附　则

第16条　本制度由综合行政部负责编制、解释和修订。

第17条　本制度自××××年××月××日起生效。

编修部门/日期		审核部门/日期		执行部门/日期	

5.2.2　企业文化创新与改进管理制度

制度名称	企业文化创新与改进管理制度	编　号	
		受控状态	

第1章　总　则

第1条　为了巩固和发扬企业文化建设结果，发现并研究影响企业文化建设的不利因素，及时采取措施改进企业文化，根据《企业内部控制应用指引第5号——企业文化》及相关法律、法规，结合企业实际情况，特制定本制度。

第2条　本制度适用于企业文化创新与改进管理工作。

第2章　企业文化重新定位

第3条　企业应重视企业文化评估结果，董事会要在企业文化评估完成后，对企业文化评估过程中存在的问题进行深入分析，并结合企业目前的能力条件，明确企业文化的现状。

【解析】企业对评估结果的认识应是具有两面性的，一方面要对企业文化建设的成果加以肯定，另一方面则是针对评估过程中发现的问题，研究、分析其根本原因，及时采取措施进行改进，推进企业文化的建设。

第4条　董事会要注意分析企业文化能否推动企业的创新发展，明确企业的战略定位，明确企业文化在企业实现战略过程中的作用定位。

第5条　董事会根据企业的战略定位和企业文化的作用定位，分析现有企业文化的创新要素是否可以推动企业实现发展战略，具体内容如企业文化是否包含先进的创新理念、是否能帮助企业创新工作机制和管理体系等。

第6条　董事会根据讨论和分析的结果，确定企业文化是否需要进行调整，如需要调整，则董事会应牵头组织召开企业文化创新与改进研讨会，并通知总经理及各部门负责人做好相关准备事宜。

第3章　企业文化创新与改进研讨

第7条　企业文化创新与改进研讨会由董事会组织，全体董事、总经理、各部门负责人共同参与。

第8条　董事会将企业文化创新与改进研讨会相关事宜通知到总经理及各部门负责人，各部门负责人要在本部门开展相应的企业文化创新与改进研讨活动，收集本部门员工对企业文化创新的意见和建议。

第9条　各部门可采用如会议讨论、有奖征文、匿名邮件等方式开展企业文化创新与改进研讨意见收集活动，收集员工对企业文化创新的意见和建议。

第10条　各部门负责人要在企业文化创新与改进研讨活动开展期间，收集、整理来自本部门员工的意见和建议，并进行处初步筛选，编制"部门员工企业文化创新与改进意见建议表"，上交总经理进行二次筛选，并由总经理确定最终收集到的意见和建议，改善"员工企业文化创新与改进意见建议表"。

第11条　企业文化创新与改进研讨会。

1．企业文化创新与改进研讨会由董事会推选一位董事进行主持，董事、总经理、各部门负责人共同参加，无故不得缺席。

2．企业文化创新与改进研讨会先就"员工企业文化创新与改进意见建议表"中员工提出的各项意见和建议进行讨论，重点分析这些意见和建议的可行性以及是否满足企业关于创新的要求。

3．董事、总经理及各部门负责人可在讨论员工的意见和建议结束后，提出自己关于企业文化创新与改进的意见和建议。

4．与会人员均可以参与对会上提出来的各项意见和建议进行的讨论，会上提出来的各项意见和建议，须经与会人员集体表决，同意采纳企业文化创新与改进意见和建议的人数超过与会人数的2/3方可采纳。

【解析】在提出企业文化创新与改进的意见和建议时，应当注意考虑现有企业文化建设遇到的问题，同时结合企业发展战略的调整情况以及企业内外部政治、经济、技术、资源等因素的变化，着力在价值观、经营理念、管理制度、品牌建设、企业形象等方面持续推动企业文化创新。

第12条　在企业文化创新与改进研讨会上经采纳的意见和建议，将作为企业创新与改进企业文化的重要参考，董事会应将通过的意见和建议整理、汇总成可改进的企业文化的具体内容，形成"企业文化创新与改进建议"，报董事长审批。

第13条　董事长审批通过后的"企业文化创新与改进建议"将作为企业进行企业文化创新与改进的主要依据，董事会要及时让各部门宣贯执行。

第4章　创新后企业文化的宣传推广

第14条　创新后企业文化的宣传推广工作的主要内容。

1．企业文化部作为创新后企业文化宣传推广的主要部门，须做好如下工作。

（1）协同人力资源部，安排创新后企业文化的全员培训工作。

（2）组织召开企业文化发布实施大会，进行创新后企业文化的宣传推广工作。

（3）做好创新后企业形象推广工作和企业标志、标识使用规范的检查工作。

（4）定期或不定期举办各类活动以加强创新后企业文化宣传力度，实施企业文化考核制度，加强员工对企业文化的理解。

2．各部门需要配合企业文化部开展创新后企业文化推广工作，并做好本部门的创新后企业文化宣传推广工作，主要内容如下。

（1）安排好本部门企业文化培训工作。

（2）严格按照创新后企业文化运行手册、员工行为守则、企业形象实施细则等要求举办相关活动。

第15条　创新后企业文化宣传方式。

1．通过开展企业文化培训、讲企业文化故事、办企业文化刊物，让员工了解企业文化。

2．通过树立典型、开展各种各样的具有积极意义的文化活动，培育企业精神，塑造企业价值观，让员工深刻体会企业文化。

3．通过拍摄企业文化宣传片，搭建企业文化网站等方式，传播企业文化，树立企业形象，提高企业品牌的知名度。

第16条　进行宣传效果评估，编制宣传活动效果评估报告。

1．企业文化宣传小组应在宣传活动结束后，及时开展修改后的企业文化宣传效果评估工作。

2．必要时，可邀请企业内外部各界人士对企业文化内容和宣传效果进行全面的评估。

3．根据企业文化宣传效果评估报告提出的意见和建议对企业文化构建成果进行有效修订。

第5章　附　则

第17条　本制度由总经办负责编制、解释和修订。

第18条　本制度自××××年××月××日起生效。

编修部门/日期		审核部门/日期		执行部门/日期	

第 6 章

资金活动

6.1   筹资

《企业内部控制应用指引第6号——资金活动》第二章第五条指出：企业应当根据筹资目标和规划，结合年度全面预算，拟订筹资方案，明确筹资用途、规模、结构和方式等相关内容，对筹资成本和潜在风险作出充分估计。

境外筹资还应考虑所在地的政治、经济、法律、市场等因素的影响。

筹资方案　　　重大筹资方案
　　　　　　　可行性研究报告

6.1.1   重大筹资方案集体决策与联签制度

制度名称	重大筹资方案集体决策与联签制度	编　号	
		受控状态	

第1章　总　则

第1条　为了规范企业对重大筹资方案的管理工作，防范重大筹资方案决策失误的风险，避免重大经济损失，确保企业重大筹资方案得以顺利实施，实现企业的健康发展的目标，根据《企业内部控制应用指引第6号——资金活动》及相关法律、法规，结合企业实际情况，特制定本制度。

第2条　本制度适用于对企业重大筹资方案集体决策与联签工作的管理。

第2章　集体决策

第3条　重大筹资方案是指筹资规模大、对企业发展战略的制定和实施有重大影响的筹资方案。

第4条　董事会负责对重大筹资方案进行审议，重点关注筹资用途的可行性和企业相应的偿债能力。

【解析】如果企业不能按期偿还债务，可能遭受经济处罚，也可能在经济纠纷或诉讼中处于不利地位，董事会是企业的最高决策机构，理应是企业内部控制的第一责任方，应当高度重视重大筹资方案的拟订工作，监督内部控制的运转和执行。

第5条　分管筹资的副总经理提交的重大筹资方案应附带重大筹资方案的可行性研究报告，财务部应配合分管筹资的副总经理做好偿债能力分析工作。

第6条　董事会按照《中华人民共和国公司法》和《企业章程》的相关规定，以民主集中制为原则，确定议事规则，组织开展重大筹资方案的集体决策工作。

第7条　重大筹资方案集体决策的决策集体由董事长、董事会、总经理、财务总监、分管筹资副总经理、筹资管理部经理等部门或相关人员构成。

第8条　集体决策方式应为无异议决策，即所有成员都要达成完全一致的意见，确保集体中每个人都认为所达成的决议是最佳的，确保集体成员公开支持决议，将意见不合和冲突降到最低。

【解析】筹资决策失误可能引发资本结构不合理或无效筹资，导致企业筹资成本过高或产生债务危机。对于不同的意见，与会人员在充分陈述自己的观点后，要勇于接受别人的质疑，最后尽量达成一致的决策，提升决策的科学性，避免会后产生分歧，阻碍筹资活动的开展。

第9条 决策重点。

1．重点对筹资的目标、资金规模、筹资方式、资金来源、风险等作出客观评价。

2．重点审查重大筹资方案是否符合企业筹资战略目标和规划，企业是否具有相应的偿债能力，筹资相关风险是否可控等。

第10条 决策过程中，每个人都享有平等的发言权，一事一议，一事一决，严禁表态不明确、模棱两可的发言。

第11条 董事长助理等人员参照议事规则，做好会议的场务工作，专人专本记录会议，区分出席与列席人员，严禁多人轮流记录或多个会议交叉记录。

第12条 会议记录本和相关原始资料应及时移交档案室，防止因保管不善导致丢失、损毁或泄密等风险。

第3章 联签制度

第13条 重大筹资方案中涉及资金活动的联签工作采取两级联签制，即董事长、总经理、财务总监、筹资主管为一级，总经理、财务总监和筹资主管为二级。资金规模为_____元及以上的筹资方案采取一级联签方式，资金规模小于_____元的筹资方案采取二级联签方式。

第14条 筹资工作事项的联签规则由集体决策会议制定，在重大筹资方案中载明。

第15条 联签重点。

1．联签人员对收到的联签事项的合法性、合规性进行审核，了解资金的来源与去向。

2．联签人员对于联签事项享有充分知情权，有关部门对联签人员提出的建议和意见，应以书面形式向其反馈。

3．联签事项违反国家法律法规或违反本企业财务管理制度的，联签人员有权拒绝签字，并由总经理组织开展责任追究工作。

第16条 严格按照联签程序开展联签工作，联签程序依次为筹资主管、财务总监、总经理、董事长。

第17条 若联签人员未在规定时间内签字造成重大筹资决策事故发生，联签人员应该负直接责任，由股东会或监事会追究其责任。

第18条 最后一个联签人员签字成功当日即为重大筹资事项的决策生效时间。

第4章 附　则

第19条 本制度由总经办负责编制、解释和修订。

第20条 本制度自××××年××月××日起生效。

编修部门/日期		审核部门/日期		执行部门/日期	

6.1.2 筹资授权、审批、审验、使用、跟踪管理制度

制度名称	筹资授权、审批、审验、使用、跟踪管理制度	编　号	
		受控状态	

第1章 总　则

第1条 为了规范和指导筹资的授权、批准、审验、使用、跟踪等工作，确保筹资活动的顺利进行，根据《企业内部控制应用指引第6号——资金活动》及相关法律、法规，结合企业实际情况，特制定本制度。

第2条 本制度适用于企业各部门筹资活动的授权、批准、审验、使用、跟踪管理。

第2章 筹资授权管理

第3条 企业关于筹资授权的方式均须以授权书为准，实行逐级授权制，口头通知与越级授权均视为无效授权。

第4条 筹资授权程序。

1．总经理授权财务部经理全权负责筹资活动。

2．财务部经理授权筹资主管负责具体的筹资行为，包括编制筹资预算方案和具体筹资方案等。

第3章 筹资审批管理

第5条 筹资预算方案和具体筹资方案的批准程序如下。

1．筹资主管负责筹资预算方案和具体筹资方案的编制，编制完成后由财务部经理签字。

2．财务总监对筹资预算方案和具体筹资方案进行审核，审核无误后签字。

3．总经理负责审批筹资预算方案与具体的筹资方案。

第6条 各相关人员应严格按照筹资方案的批准程序进行审批，禁止越级报批或批准。

第7条 经总经理审批通过的筹资事项，由财务部拟订方案，经财务负责人组织评估和论证后，由财务部提请总经理决定。

第8条 需要董事会审批的筹资事项，由财务部拟订方案，经财务负责人组织评估和论证、总经理办公室审议讨论通过后，由总经理提请董事会审议决定。

第9条 需要股东会审批的筹资事项，由财务部拟订方案，财务负责人组织评估和论证、总经理办公室审议讨论通过后，由总经理提请董事会审议，董事会经审议同意后再提请股东会审议决定。

【解析】筹资事项有大有小，应当以制度的形式规定总经理、董事会和股东会的审批程序，避免大小事项都由董事会或股东会审批，造成决策效率低下。

第4章 筹资审验管理

第10条 审计部负责筹资的审验工作，筹资审验的工作内容是审验资金的到账时间、到账形式、到账金额、到账账户等是否符合筹资方案中的相关规定。

第11条 若筹资审验发现实际筹资到账与筹资方案的规定相悖，总经理和财务总监需要对此作出说明。

第12条 筹资审验若发现违反法律法规和企业制度的情形，审计部负责人可直接向监事会汇报。

【解析】监事会是企业的最高监督机构，拥有对董事、经理工作中违反法律、法规或企业章程的行为进行监督的权利和职责，同时还应对企业的财务状况进行检查、监督。监事会也是企业内部控制的责任人。

第5章　筹集资金使用管理

第13条　各部门应严格按照筹资方案确定的用途使用资金，由于市场环境变化等确须改变资金用途的，应履行相应的审批程序，严禁擅自改变资金用途。资金改变用途的具体审批程序如下。

1．资金使用单位提出资金改变用途申请，财务部对资金改变用途申请进行核验，重点核验会计处理的规范性、申请理由的合理性、相关资料的完整性。

2．财务总监审批通过并签字后呈报总经理，总经理根据自己的审批权限和额度进行审批。

3．若资金改变用途申请超出总经理的审批权限，则需要呈报董事长审批。

【解析】资金改变用途申请的审批工作是容易发生舞弊的环节，故应通过明确的制度条文，规范资金改变用途申请的审批程序，防范舞弊与不合规的风险。

第14条　财务总监应加强对债务偿还和股利支付环节的管理，对偿还本息和支付股利等做出适当安排。

【解析】企业如果不能按期偿还债务，可能遭受经济处罚；如果不能及时支付股息，可能导致股东抛售股票、法律诉讼、资金链断裂等重大不利影响。

第15条　财务部应按照筹资方案或合同约定的本金、利率、还款期限、汇率及币种等，准确计算应付利息，并在与债权人核对无误后按期支付。

第16条　战略委员会应对股利分配政策的合理性进行审议，兼顾投资者的近期利益和长远利益，避免分配过度或分配不足。

第17条　股利分配方案应经过股东会批准，并按规定履行披露义务。

第18条　审计部在监事会的领导下，定期评价筹资活动的过程和结果，严肃追究违规人员的责任。

第6章　筹资跟踪管理

第19条　财会人员应做好筹集资金管理工作，随时掌握筹集资金情况，具体工作内容如下。

1．通过编制贷款申请表、内部资金调拨审批表等，严格管理筹资程序。

2．通过编制借款存量表、借款计划表、还款计划表等，掌握筹集资金的动向。

3．通过与资金提供者定期进行账务核对，保障资金安全并确保资金及时到位。

第20条　财务总监组织协调好筹资的利率结构、期限结构等，力争最大限度地降低企业的资金成本。

第7章　附　则

第21条　本制度由总经办负责编制、解释和修订。

第22条　本制度自××××年××月××日起生效。

编修部门/日期		审核部门/日期		执行部门/日期	

6.1.3　债务偿还和股利支付管理制度

制度名称	债务偿还和股利支付管理制度	编　号	
		受控状态	

第1章　总　则

第1条　为了规范、约束和指导企业的债务偿还和股利支付工作，防范债务偿还和股利支付风险，保证企业的健康运行，根据《企业内部控制应用指引第6号——资金活动》及相关法律、法规，结合企业实际情况，特制定本制度。

第2条　本制度适用于对偿还本息和支付股利等作出适当安排。

第2章　债务偿还制度

第3条　财务部应按照筹资方案或合同约定的本金、利率、还款期限、汇率及币种等，准确计算应付利息。

第4条　财务部根据当期资产负债表、现金流量表、利润表等资料，计算出企业未来需要用多少货币资金、劳务、应收账款、股份或债券清偿债务，以及以什么样的组合清偿债务效果最佳。

【解析】提高经营效率是企业内部控制的五大目标之一，利用真实、可靠的财务信息，选择适当的清偿方式和清偿组合，有利于提升企业经营效率。

第5条　不同偿债方式注意事项。

1．只有经过债权人同意，企业才可以用劳务偿还债务，但是双方要就劳务的具体价值和偿还效果作出约定。

2．只有在债务人同意的情况下，才可以用应收的账款抵销债务。

3．股份价值容易变化，债权有索债不得的风险，因此，只有经债权人同意，才能以股份或债权偿还债务。

第6条　财务部根据财务报告、财务分析报告、债务相关合同、凭证等资料，编制债务偿还方案，并根据债务催还方案制订债务偿还计划草案。

第7条　财务总监审核债务偿还计划草案，提出修改意见，将修改后的债务偿还计划报总经理审批，若超出总经理的审批限额，则需要由董事长审批，债务偿还计划审批通过后生效。

第8条　总经理与财务总监根据债务偿还计划，在债务到期时组织开展债务偿还工作。

第9条　审计部负责监督和审计债务偿还工作，重点监督债务偿还中的不相容岗位分离控制，防止利益输送的重大舞弊行为，防范债务偿还风险的发生。

【解析】不相容岗位分离控制是内部控制七大控制方法之一。不相容岗位是指，那些如果由一个人担任既可能发生错误和舞弊行为，又可能掩盖其错误和舞弊行为的岗位。不相容岗位一般包括授权批准与业务经办、业务经办与会计记录、会计记录与财产保管、业务经办与稽核检查、授权批准与监督检查等。

第3章　股利支付制度

第10条　董事会负责制定股利支付方案，方案中应明确股利发放日、宣布股利日、除息日、股权登记日、股利支付形式、支付比率、股利支付的条件等重要内容。

第11条　董事会应选择合理的股利分配政策，兼顾投资者的近期利益和长远利益，避免分配过度或不足。

第12条　战略委员会应召开会议研究股利政策的利弊、为股利政策的选择提出意见，股利政策类型如下。

1．剩余股利政策。企业有良好的投资机会时，根据一定的目标资本结构，测算出投资所需的权益资本，先从盈余当中留用，然后将剩余的盈余作为股利予以分配。

2．固定股利或稳定增长股利政策。企业将每年派发的股利固定在某一特定水平，或是在此基础上维持某一固定增长率。

3．固定股利支付率政策。企业确定一个股利占盈余的比率，并长期按此比率支付股利的政策。

4．低于正常股利加额外股利政策。企业一般情况下每年只支付固定的、数额较低的股利，在盈余多的年份，再根据实际情况向股东发放额外股利。

第13条　财务部应针对现金分红研究四大财务要素，为股利分配方案提出建议，具体要素如下。

1．现金充裕程度及其变化趋势。

2．盈利能力及其变化趋势。

3．投资机会或成长性。

4．负债比例和偿债能力及其变化趋势。

第14条　股利的派发权属于股东大会，股东大会可授权财务总监开展股利的派发工作，股利分配方案应经过股东会批准，并按规定履行披露义务。

第15条　财务部在期末结算完成后，在股东大会通过结算方案和利润分配方案后开展股利的发放工作。

第4章　附　则

第16条　本制度由总经办负责编制、解释和修订。

第17条　本制度自××××年××月××日起生效。

股利分配方案

编修部门/日期		审核部门/日期		执行部门/日期	

6.1.4　筹资业务会计系统控制制度

制度名称	筹资业务会计系统控制制度	编　号	
		受控状态	

第1章　总　则

第1条　为保证筹资活动符合筹资方案的要求，保证筹集资金得到有效使用，保护筹集资金的安全完整性，维护企业的筹资信用，根据《企业内部控制应用指引第6号——资金活动》及相关法律、法规，结合企业实际情况，特制定本制度。

第2条　本制度适用于指导财会人员开展筹资业务的会计系统控制活动。

第2章　会计系统控制措施

第3条　企业的财务管理与会计处理工作采取严格的授权审批、不相容岗位分离控制、财产保护控制和监督考评控制等制度。

【解析】会计系统控制是综合性的控制，其他很多控制系统和控制方式的实施都离不开会计系统控制。

第4条   会计信息系统的管理员应具有独立性，只负责操作员权限分配，但无具体操作权。

第5条   每项筹资会计业务的具体操作由操作员在规定的权限内操作，会计信息系统应明确各个工作岗位的职能范围及责任，真正做到凡事有人管、每人有专责、办事有规范、工作要检查。

第6条   筹资活动的数据录入员与审核员不能由同一个人来担任，必须由两个人来担任。

第7条   数据录入员必须对筹资活动的数据进行系统双备份，且存放于不同地方，防止数据和软件被非法修改，减少数据丢失的概率。

第8条   为了防止有人未经授权人授权就操作会计信息系统，须对操作密码进行严格管理，且要求定期更换，同时设置多级保密措施。

第9条   财务部应加强与筹资业务部门的沟通，提高部门之间会计信息的交换效率。

第10条   全体财会人员应提升自身的计算机水平，自觉学习会计信息系统和财务共享系统的相关操作。

第11条   财会人员应按照国家统一的会计准则，对筹资业务进行准确的会计核算与账务处理，要在会计信息系统中专门的会计账户，借助计算机系统，准确进行筹集资金核算、本息偿付、股利支付等业务活动。

第12条   财务部不仅要将筹资活动的合同、协议、收款凭证和入库凭证等文件资料按规范录入会计信息系统中，还要安排专人将其登记造册，妥善保管，以备查用。

第13条   财务部要严格管理筹资程序，通过编制借款计划表、借款存量表、借款使用表、还款计划表等，及时掌握借贷资金的动向，及时更新会计信息系统的数据，并定期与资金提供者的有关部门进行账务核对，保证资金及时到位和资金安全。

第14条   财务部要协调好筹集资金的利率结构和期限结构，最大限度地降低企业的资金成本，减少筹资风险。

第3章   附   则

第15条   本制度由财务部编制、解释和修订。

第16条   本制度自××××年××月××日起生效。

编修部门/日期		审核部门/日期		执行部门/日期	

6.2   投资

投资方案　投资方案可行性研究报告

《企业内部控制应用指引第6号——资金活动》第十二条指出：企业应当根据投资目标和规划，合理安排资金投放结构，科学确定投资项目，拟订投资方案，重点关注投资项目的收益和风险。企业选择投资项目应当突出主业,谨慎从事股票投资或衍生金融产品等高风险投资。

6.2.1 重大投资方案集体决策与联签制度

制度名称	重大投资方案集体决策与联签制度	编　号	
		受控状态	

第1章　总　则

第1条　为了规范和指导企业重大投资方案的具体决策与联签工作,防范重大投资决策失误的风险,确保企业重大投资方案得以顺利实施,实现企业的健康发展,根据《企业内部控制应用指引第6号——资金活动》及相关法律、法规,结合企业实际情况,特制定本制度。

第2条　本制度适用于对企业重大投资方案集体决策与联签工作的管理。

第2章　集体决策

第3条　重大投资方案集体决策应建立在可行性研究的基础上,以民主集中制为原则,速效进行科学审查与决策。

【解析】投资决策失误可能导致企业盲目扩张或丧失发展机遇,进而导致资金链断裂、投资失败,或导致资金使用效率低下等问题,影响企业发展。

第4条　重大投资方案集体决策的决策成员应由董事长、董事、总经理、财务总监、分管投资副总经理、投资管理部经理等人员构成。

第5条　董事长牵头重大投资方案的集体决策,董事长助理等人员按照议事规则,做好会议的场务工作,决策过程中,每个人享有平等的发言权,一事一议,一事一决,严禁表态不明确、模棱两可的发言。

第6条　集体决策方式应为无异议决策,即所有成员都要达成完全一致的意见,确保集体中每个人都认为所达成的决议是最佳的,将意见不合和冲突降到最低。

第7条　审查重点。

1. 审查投资方案是否可行。

2. 审查投资项目是否符合国家产业政策及相关法律法规的规定。

3. 审查投资方案是否符合企业投资战略目标和规划。

4. 审查投资方案的实施是否具有相应的资金能力。

5. 审查投入的资金能否按时收回。

6. 审查投资方案预期收益能否实现。

7. 审查投资风险是否可控等。

第8条　专人专本记录会议,区分出席与列席人员,严禁出现多人轮流记录和多个会议交叉记录的情形。

第9条　会议记录本和相关原始资料应及时移交档案室,防止因保管不善导致资料文件出现丢失、损毁或泄密等风险。

第3章　联签制度

第10条　重大投资方案经济事项的联签人员包括董事长、总经理、财务总监，其他联签事项参照权限指引表的要求。

第11条　联签范围具体包括：设立全资企业、收购兼并、合资合作联营、购买股票和债券、对所出资企业追加投资等权益性资本投资。

第12条　对于资金收付，各层级的财务负责人应严格按规定对收款、付款凭证进行事前签字审核；设定资金审批权限，审批人必须根据其职责、权限和相应程序对支付款项进行联签审批。

第13条　联签重点。

1．联签人员对相关人员递交的联签资料的合法性、合规性进行审核，对重大投资决策与方案拟订的全过程进行监督。

2．联签人员对于联签事项享有充分的知情权，有关部门对联签人员提出的建议和意见，应以书面形式向其反馈意见。

3．联签事项违反国家法律法规、企业章程、企业财务管理制度的，财务总监有权拒绝签字，并向总经理报告，由总经理组织追究违规部门或人员责任。

【解析】内部控制的五个目标分别是：合理保证企业经营管理合法合规、合理保证企业资产安全、合理保证企业财务报告及相关信息真实完整、合理保证企业提高经营效率、合理保证企业实现发展战略。

第14条　严格按照联签程序开展联签工作，联签程序依次为财务总监、总经理、董事长。

第15条　做好整个联签程序的时间控制和保密控制工作，若联签人员未在规定时间内签字造成重大投资决策发生事故，联签人员应该负直接责任。

第16条　董事长签字当日即为重大投资方案决策生效时间，决策生效后，各部门应迅速着手投资计划的制订。

第4章　附　则

第17条　本制度由总经办负责编制、解释和修订。

第18条　本制度自××××年××月××日起生效。

编修部门/日期		审核部门/日期		执行部门/日期	

6.2.2　投资审批、跟踪、收回和处置管理制度

制度名称	投资审批、跟踪、收回和处置管理制度	编　　号	
		受控状态	

第1章　总　则

第1条　为了规范和指导投资的审批、跟踪、收回和处置等工作，确保投资活动得到有效控制，实现企业健康运行，根据《企业内部控制应用指引第6号——资金活动》及相关法律、法规，结合企业实际情况，特制定本制度。

第2条 本制度适用于企业对投资活动相关部门的投资审批、跟踪、收回和处置等工作的管理。

第2章 投资合同或协议的审批管理

第3条 审批程序。

1．投资管理部对投资合同或协议进行初审后提交法务部审核。

2．法务部从法律角度审核投资合同或协议，确认其符合国家、地方及相关的法律法规后提交财务总监审核。

3．财务总监审核通过后呈报总经理审批。

4．总经理审批通过后呈报董事长审批。

第4条 各审核、审批人员应重点审查投资方案是否可行、投资项目是否符合国家产业政策及相关法律法规的规定，是否符合企业投资战略目标和规划、企业是否具有相应的资金能力、投入资金能否按时收回、预期收益能否实现，以及投资风险是否可控等。

【解析】重要性原则是企业内部控制五大原则之一。重要性原则是指企业内部控制应当在全面控制的基础上，关注重要业务的高风险领域，上述投资方案的审查重点，正是投资业务的各类高风险领域。企业内部控制的五大原则分别为：全面性原则、重要性原则、制衡性原则、适应性原则、成本效益原则。

第5条 各审核部门或人员应根据批准通过的投资方案，审核投资合同或协议的出资时间、金额、方式、双方权利义务和违约责任等内容。

第6条 投资合同或协议审批限额。

1．财务总监可审批300万元以下的投资合同或协议。

2．总经理可审批1000万元及以下的投资合同或协议。

3．超过1000万元的投资合同或协议必须提交董事会审议。

第7条 单项投资超过企业上年度年末净资产额10%的，必须报董事会审议。

第8条 投资合同或协议必须在规定时间内逐级审批，禁止越级审批。

第9条 审批人员疏忽导致违约责任、法律责任和贻误最佳投资时机的，审批人员应负直接责任，由监事会开展责任追究工作。

第3章 投资项目跟踪管理

第10条 投资项目审查小组由总经办、财务部、审计部和法务部的部分人员组成。

第11条 投资项目审查小组负责对投资项目进行跟踪管理，及时收集被投资方经审计的财务报告等相关资料。

第12条 投资项目审查小组定期组织投资效益分析，关注被投资方的财务状况、经营成果、现金流量以及投资合同履行情况。

【解析】内部控制按照时序分类，可分为事前控制、事中控制和事后控制。对投资项目的跟踪管理属于事中控制，事中控制是指企业在经营活动中针对正在发生的行为所进行的控制，如对加工中的产品实施的质量监控。

第13条 投资项目审查小组若发现异常情况，应及时报告财务总监和总经理，提出整改方案，妥善处理投资异常情况，保护企业资产安全。

第4章　投资收回和处置管理

第14条　财务部和投资管理部应加强对投资收回和处置环节的控制，对投资收回、转让、核销等决策和审批程序作出明确规定。

第15条　投资收回决策和审批程序：投资管理部开展投资收回决策研究会议，充分调研与论证，提出投资收回申请，报投资审查小组审查，审查通过后报财务总监、总经理审批。

第16条　投资转让决策和审批程序：投资管理部与投资受让方协商，达成初步意向后，共同委托第三方评估机构对资产进行评估，确认转让价格，编制投资转让申请书，报投资审查小组审查，审查通过后上报财务总监和总经理审批。

第17条　投资核销决策和审批程序：被投资企业经营出现问题，投资管理部调研后确定坏账金额和核销内容，编制投资核销申请书报投资审查小组审查，审查通过后报财务总监和总经理审批。

第18条　核销投资应取得不能收回投资的法律文书和相关证明文件。

第5章　附　则

第19条　本制度由总经办负责编制、解释和修订。

第20条　本制度自××××年××月××日起生效。

编修部门/日期		审核部门/日期		执行部门/日期	

6.2.3　投资项目会计系统控制制度

制度名称	投资项目会计系统控制制度	编　号	
		受控状态	

第1章　总　则

第1条　为了指导财务部做好投资项目的会计系统控制工作，搞好投资项目的核算，防范重大投资风险的发生，根据《企业内部控制应用指引第6号——资金活动》及相关法律、法规，结合企业实际情况，特制定本制度。

第2条　本制度适用于企业对投资项目会计系统控制工作的管理。

第2章　会计系统管理

第3条　本制度所称"会计系统"包含"会计信息系统"和"财务共享中心"。

第4条　财务部经理与投资项目负责人负责组织、协调财务人员与业务人员开展投资项目的会计系统控制，推动业财融合的管理，确保业务与财务的有机结合。

第5条　审计部负责定期对投资项目的会计处理工作开展审计和监督工作。

第6条　总经理负责组织开展对会计系统控制失责的部门或人员的追责工作。

第3章　会计系统控制措施

第7条　严格按照不相容岗位分离控制原则设置会计处理工作的岗位，严格授权审批程序开展会计系统的处理工作。

第8条　财会人员要按照会计准则的要求，对投资项目进行准确的会计核算记录与报告，确定合理的会计政策，准确反映企业投资的真实状况。

第9条　财会人员应对投资活动的合同、协议、凭证、备忘录、出资证明等重要文件资料登记造册，由专人负责妥善保管，以备查用。

第10条　财会人员应建立投资管理台账，详细记录投资对象、金额期限等情况，作为企业重要的档案资料以备查用。

【解析】在会计系统控制中，核心的控制方式是会计记录控制，其主要内容包括：凭证编号、复式记账、统一会计科目、制定科学的会计政策、明确结账与对账程序。

第11条　财会人员应密切关注投资项目的营运情况，一旦出现财务状况恶化、市价大幅下跌等情形，必须按会计准则的要求，合理计提减值准备。

第12条　财会人员应及时与投资业务的相关人员沟通，反馈信息，共同拟订应对投资恶化的措施。

第13条　财会人员必须准确、合理地对减值情况进行估计，严禁滥用会计估计，把减值准备作为调节利润的手段。

第14条　财会人员应在投资项目满一个会计期间后开展财务分析工作，结合市场环境的变化，对投资项目作深层次的财务分析，最后形成财务分析报告。

第15条　财会人员应密切关注投资项目的资金活动，根据资金流动的变化，发挥成本管理会计的作用，做好投资项目的成本控制工作，及时对投资项目的发展进行预测，以免错过追加投资的良机。

第4章　附　则

第16条　本制度由财务部负责编制、解释和修订。

第17条　本制度自××××年××月××日起生效。

编修部门/日期		审核部门/日期		执行部门/日期	

6.2.4　投资到期无法收回责任追究制度

制度名称	投资到期无法收回责任追究制度	编　号	
		受控状态	

第1章　总　则

第1条　为了规范和指导投资到期无法收回的责任追究工作，明确投资到期无法收回的责任归属，加强资金活动的内部控制，减少投资到期无法收回的情形，保护投资资产安全，根据《企业内部控制应用指引第6号——资金活动》及相关法律、法规，结合企业实际情况，特制定本制度。

第2条　本制度适用于企业对所有投资业务的投资到期无法收回责任追究工作的管理。

第2章　投资到期无法收回责任追究准备

第3条　投资到期无法收回法定情形。

1．被投资方依法宣告破产、关闭、解散、被撤销，或者被依法注销、吊销营业执照的。

2．被投资方财务状况严重恶化，累计发生巨额亏损，已连续停止经营3年以上，且无重新恢复经营改组计划的。

3. 对被投资方不具有控制权，投资期限届满或者投资期限已超过10年，且被投资单位因连续3年经营亏损导致资不抵债的。

4. 被投资方财务状况严重恶化，累计发生巨额亏损，已完成清算或清算期超过3年以上的。

5. 国务院财政、税务主管部门规定的其他条件。

第4条 责任追究的对象是不按规定履职导致投资无法收回的失职人员。

第5条 责任追究的内容。

1. 隐瞒或篡改项目建议书、可行性研究报告、初步设计或实施方案的评估意见的。

2. 项目违背企业规定，未经审批便启动项目实施的。

3. 项目实施背离进度计划、资金预算，越权操作的。

4. 在项目实施过程中徇私舞弊，收受贿赂，编制、提供虚假资料或存在其他违法行为的。

5. 经营管理中出现重大安全、质量问题的。

6. 故意违背股东大会、董事会、总经理决策的。

7. 项目实施时拒绝监管，或监管失控的。

8. 项目竣工后拒绝接受验收的。

9. 项目营运后，在评价时隐瞒、谎报、虚报各种信息、数据的。

第6条 监事会牵头组建投资到期无法收回的投资责任追究小组（以下简称追究小组），追究小组应按照不相容岗位分离控制的原则组建。

第7条 追究小组制订责任追究计划书，计划书应包含追究开始和截止时间、追究的对象、追究程序、追究方法等内容。

第8条 审计部负责按照追究小组制订的责任追究计划，配合开展投资到期无法收回的责任追究工作，企业可根据实际情况，委托外部审计机构对投资到期无法收回进行审计。

第9条 董事长负责审批投资到期无法收回的责任追究结果及其处理措施，重大投资到期无法收回追究结果及其处理措施应报股东会审批。

第10条 各部门的员工应积极配合投资到期无法收回的责任追究工作，严禁各种包庇行为。

【解析】内部控制的主体是全员，"人人参控，人人受控"是内部控制的显著特征。内部控制的主体既包含企业董事会、监事会和经理层，也包含除了董事会、监事会和经理层的全体员工。

第3章 责任追究实施

第11条 追究小组应该调查投资到期无法收回的外因和内因，合理区分外因和内因，排除外因，针对内因进行调查，明确第一责任人，划分合理责任等级。

第12条 追究小组审查财务部提供的投资收回报告、审计部提交的审计报告等报告，核查各种报告内容的真实性、完整性。

第13条 追究小组调查投资相关财会人员的会计处理工作，查看投资活动的会计管理台账，核验投资金额、期限、收益等事项，检查会计系统控制的有效性，检查相关财会人员的履职情况和是否有失职行为。

【解析】疏于对投资资产的监控，可能导致资产流失、损毁以及各种舞弊行为的发生，危及投资资产的安全与完整。对会计处理各种的调查，是发现问题的重要途径。

第14条　追究小组以资金的流向为线索，对投资业务管理人员和业务经办人员开展履职调查，重点调查是否有贪污、瞒报、利益输送的行为。

第15条　追究小组调查投资审查小组的履职情况，重点调查不相容岗位的设置是否合理。

第4章　责任追究报告与惩罚

第16条　投资到期无法收回责任追究工作结束后，追究小组应实事求是地编制责任追究报告。

第17条　责任追究报告应包含对相关失职人员的惩罚建议。

第18条　董事会参考追究小组的惩罚建议，按照《中华人民共和国公司法》《企业章程》等法律法规或制度，开展惩罚工作，对于触犯国家法律法规的，应移交司法机关处理。

第5章　附　则

第19条　本制度由董事会负责组织编制、解释和修订。

第20条　本制度自××××年××月××日起生效。

编修部门/日期		审核部门/日期		执行部门/日期	

6.3　营运

　　资金营运是企业对生产经营过程中各项资金利用、调度和管理的行为与过程。如果企业不能合理调度、科学管理各项资金，并且会计系统控制不到位，就很难实现对资金的有效利用，企业的生产经营活动就难以顺利进行。

6.3.1　资金营运全过程管理制度

制度名称	资金营运全过程管理制度	编　号	
		受控状态	

第1章　总　则

第1条　为了规范、约束和指导企业对生产经营过程中各项资金的使用、调度和管理的行为与过程，统筹协调资金需求，实现资金营运的良性循环，提升资金营运效率，根据《企业内部控制应用指引第6号——资金活动》及相关法律、法规，结合企业实际情况，特制定本制度。

第2条　本制度适用于企业所有部门的资金营运活动。

第2章　资金使用

第3条　现金的使用范围。

1. 员工工资、津贴。

2．个人劳务报酬。

3．根据国家规定颁发给个人的科学技术、文化艺术、体育等各种奖金。

4．各种劳动保障，福利费用以及国家规定的对个人的其他支出。

5．向个人收购农副产品和其他物资的价款。

6．出差人员必须随身携带的差旅费。

7．结算起点（1000元）以下的零星支出。

8．中国人民银行确定需要支付现金的其他支出。

第4条　使用资金的部门应提出用款申请，记载用途、金额、时间等事项，由经办人员在原始凭证上签章，经办部门负责人、主管总经理和财务部负责人审批并签章。

第3章　资金收付管理

第5条　财务总监和财务经理应加强对资金营运全过程的管理，统筹协调内部各机构在生产经营过程中的资金需求。

第6条　各部门负责人应通过严格的授权控制措施明确资金收付经办人员的权力和责任，没有得到授权的部门或个人无权办理资金收付业务。

第7条　获得授权的部门或个人应在权限范围内行使资金收付职权并承担责任，对业务进行审核时，主要审核业务的真实性、金额的准确性，以及申请人提交票据或者证明的合法性，严格监督资金支付过程。

第8条　各部门严格实行财务信息化管理，货币资金的收付流程要全面纳入信息系统管理，禁止手工开具资金收付凭证

第9条　不管是资金收入业务，还是资金支付业务，都必须以实际发生的业务为基础，并制作或提交有关原始凭证，切实做到"收款有凭据，付款有依据"。

第10条　资金营运活动会计主管审查原始凭证反映的收支业务是否真实、合法，审核通过并签字盖章后才能填制原始凭证。

第11条　收款方应该向对方提交相关业务发生的票据或者证明。资金支付涉及企业经济利益流出的，应严格履行分级授权审批制度。

第12条　各项资金支付应严格履行授权审批制度，行使审批职权的人员要在自己的权限范围内，审核有关业务及凭证的真实性、准确性和合法性，严格监督资金支付活动。

第13条　财务部收到经过企业授权部门审批通过并签字的相关凭证或证明后，应再次复核业务的真实性、金额的准确性，以及相关票据的齐备性、相关手续的合法性和完整，并对审核无误的相关凭证或证明签字确认。

第14条　出纳人员在收付款人签字后，审核收付款凭证的正确性，审核无误后按照凭证开列的金额收付资金，并对应加盖"收讫"或"付讫"戳记。

第15条　会计人员根据资金收付款原始凭证编制记账凭证并登记有关账簿。

第16条　会计负责人指定不办理货币资金业务的会计人员不定期抽查、盘点库存现金，抽查银行对账单、银行日记账及银行存款余额调节表，核对是否账实相符、账账相符。对调节不符、可能存在重大问题的未达账项应及时向会计负责人报告。

【解析】上述要求体现了不相容岗位分离控制的原则，会计系统控制与不相容岗位分离控制是相辅相成的，只有合理使用两种控制方法，才能更好地实现控制目标。

第4章　附　则

第17条　本制度由财务部负责编制、解释和修订。

第18条　本制度自××××年××月××日起生效。

编修部门/日期		审核部门/日期		执行部门/日期	

6.3.2　全面预算管理制度

制度名称	全面预算管理制度	编　号	
		受控状态	

第1章　总　则

第1条　为了加强发挥全面预算管理在资金综合平衡中的作用，做好预算编制、预算执行与预算考评工作，根据《企业内部控制应用指引第6号——资金活动》及相关法律、法规，结合企业实际情况，特制定本制度。

第2条　本制度适用于企业对全面预算工作的管理。

第2章　全面预算管理准备

第3条　董事会领导下的全面预算管理委员会是企业预算管理的最高决策机构，由董事长、总经理、副总经理、财务总监和各部门负责人组成。

1．董事长为预算管理委员会主任，负责领导本企业的全面预算工作。

2．总经理为预算管理委员会副主任，在董事长领导下主持全面预算工作。负责协调预算管理的各项工作，监督预算管理的全过程，包括预算的编制、审核、上报、审批、分解下达、执行、控制、分析、评价和考核。

3．副总经理为预算管理委员会委员，对其所主管业务的预算负责，组织、指导相关职能部门开展全面预算工作。

4．企业各部门负责人在主管副总经理的领导下，对其负责的具体业务开展全面预算工作。

【解析】企业实施预算控制，关键要做到"五个落实"。一是搞好思想落实，即统一全体员工的思想，提升全体员工对全面预算管理的认识；二是搞好组织落实，即建立健全全面预算管理的组织体系；三是搞好方法落实，即建立健全预算控制的方法体系；四是搞好制度落实，即制定预算管理制度；五是搞好实施落实，即提高全面预算的执行力。

第4条　财务部职责。

1．设立专门的预算管理岗位，负责处理企业预算管理工作的日常事务。

2．制定全面预算管理制度或办法，将全面预算管理制度或办法呈报全面预算管理委员会审批。

3．传达预算的编制程序和方法，指导各部门及分（子）公司预算编制工作。

4．对各部门编制的预算草案进行初步审查、协调和平衡，汇总后编制预算草案，提交全面预算管理委员会审批。

5．财务经理在预算会议上介绍预算的编制情况，提出有关问题并接受他人质询，明确预算修改方向，跟踪预算修改并重新汇总。

6．在预算执行过程中，监督、控制各部门的预算执行情况，定期编制、上报预算执行情况报告和预算差异分析报告。

7．参与全面预算完成情况及全面预算管理的考核工作。

第3章　全面预算编制管理

第5条　拟订预算目标。全面预算管理委员会应根据企业战略规划和年度经营目标，拟订企业和各预算部门的预算目标。

第6条　全面预算编制。企业各预算部门根据全面预算管理委员会下达的预算目标和预算编制大纲，综合考虑预算期内市场环境、资源状况、自身条件等因素，按照"自上而下、自下而上、上下结合"的程序编制预算草案。

第7条　预算审批程序。

1．各预算部门负责人审核预算草案，审核通过后提交全面预算管理委员会审查。

2．全面预算管理委员会对各预算部门上报的预算草案进行审查、平衡、汇总，对在审查、平衡、汇总过程中发现的问题要提出调整意见，并反馈给有关部门。

3．有关部门负责人组织部门员工根据全面预算管理委员会的意见，修正预算草案，呈报全面预算管理委员会审批。

4．全面预算管理委员会审批通过后，汇总编制企业全面预算草案，由总经理签批后提交董事会审议批准。

第4章　全面预算执行管理

第8条　全面预算分解与落实。全面预算审批通过下达后，企业管理当局应通过签订预算责任书的方式将预算指标层层分解、细化，从横向和纵向两个方向将预算指标落实到企业内部各预算执行部门。

第9条　预算执行。在整个预算期内，各部门的各项经济活动都要以全面预算为基本依据，确保全面预算被贯彻执行。

第10条　预算控制。各部门应采取必要的预算控制手段，确保预算执行不偏离预算的方向和目标，促进预算期的各项经济活动的目标通过预算执行得以实现。

第11条　预算调整。如果在预算执行过程中发现预算指标或预算内容与实际情况大相径庭，预算部门负责人应按照规定的程序对现行预算进行实事求是的调整。

第12条　预算核算。财务总监负责完善预算核算体系，建立与各部门责任预算口径相一致的责任会计制度，该制度应包括对原始凭证的填制、账簿的记录、费用的归集和分配、内部产品及劳务的转移结算、收入的确认等内容的规定。

第13条　预算报告。各部门应编制日常的预算执行报告，采用报表、报告、通报等书面或电子文档形式对预算执行过程和结果等信息进行统计、总结和反馈。预算年度结束后，汇总日常预算执行报告，形成年度预算执行报告。

第14条　预算审计。审计部应定期对全面预算管理活动的真实性、合法性和效益性进行审计监督。

第5章　全面预算考评管理

第15条　预算分析。全面预算管理委员会在期末开展预算分析工作，对全面预算管理活动全过程进行事前、事中和事后分析。重点对预算执行结果进行分析，确定预算执行结果与预算标准之间的差异，找出产生差异的原因，并确定其责任归属，为预算考评提供依据。

第16条　预算考评。全面预算管理委员会在预算分析的基础上开展预算考评工作，对全面预算管理实施过程和实施效果进行考核和评价。

第17条　预算奖惩。全面预算管理委员会按照预算责任书中确定的奖惩方案，根据预算执行部门的预算执行结果对各预算部门进行奖惩兑现。

第6章　附　则

第18条　本制度由全面预算管理委员会负责编制、解释和修订。

第19条　本制度自××××年××月××日起生效。

编修部门/日期		审核部门/日期		执行部门/日期	

6.3.3　资金调度与检查管理制度

制度名称	资金调度与检查管理制度	编　号	
		受控状态	

第1章　总　则

第1条　为了规范、约束和指导企业资金的调度与检查工作，提高企业资金调度效率，实现资金的综合平衡，确保资金的安全运行，根据《企业内部控制应用指引第6号——资金活动》及相关法律、法规，结合企业实际情况，特制定本制度。

第2条　本制度适用于各资金调度部门和资金安全检查小组的工作。

第2章　资金调度管理

第3条　企业直接管理的内部核算单位分公司及其所管理的内部核算单位应实行收支两条线，统借统还，采取收入自动上划，支出按日拨付的方式进行。

第4条　企业直接管理的控股子公司、分公司所管理的控股子公司、全资子公司应实行有偿调度，采取委托贷款的方式进行，即收入自动委托贷款，支出按日归还委托贷款方式进行。

第5条　企业建立资金调度会议制度，由财务部主持，按照"年预算，月平衡，周调度，日安排"的原则，通过分析、预测、控制等方法，对企业的资金实行集中、统一的调度和管理。

【解析】资金调度不合理、营运不畅，可能导致企业陷入财务困境或资金冗余；资金活动管控不严，可能导致资金被挪用、侵占、抽逃。

第6条　各部门要加强对资金日常调度管理的领导，形成由分管领导负责，以财务部为主，相关部门配合的日常资金管理调度体系和程序。

第7条　各部门应确定资金管理的专职人员，制定本部门年、月、周和日的资金预算；每月、每周末及时报送生产单位资金滚动预算表和基建项目前期资金滚动预算表。

第8条　相关财会人员每日定时查询本企业在企业财务部的余额，并与当地银行出具的票据以及会计核算余额进行核对，确保发生额和余额无误。

第9条　账款催收专员应及时催收应收账款，合理安排资金支出，保证资金周转正常。

第10条　财务部根据资金调度管理的情况，制定对企业各资金调度管理工作的考核指标，并定期予以考核。

第11条　有关人员如有挪用资金、虚报支出、少报收入等情况，企业将视情节轻重，给予其行政处分和经济处罚。

第3章　资金检查管理

第12条　财务总监和财务部经理以不相容岗位分离控制为原则，负责组建资金安全检查小组。

第13条　资金安全检查小组主要由财务部工作人员和审计部工作人员组成。

第14条　明确检查内容。

1．检查资金活动涉及的部门和岗位是否按照不相容岗位相分离原则进行设置，是否交叉、重复设置岗位。

2．检查企业资金活动有关工作人员是否严格按照规定的授权审批程序开展业务，对资金收付管理关键岗位人员的思想动态以及可能对资金安全构成潜在风险的不良嗜好进行考查。

3．检查会计人员是否对资金活动相关凭证进行全面复核，是否落实凭证复核责任制，出纳人员是否按照规定开展收款和付款工作。

4．检查银行账户管理情况，是否按规定开立账户，办理存款、取款和结算等工作。

5．检查票据是否统一印制或购买，票据是否由专人保管，财务专用章与法人章是否分离保管。

第15条　资金安全检查小组应采取突击性检查的方式，对资金营运活动进行全面检查，确保检查不留死角。

【解析】资金检查的关键控制点是银行账户管理、票据与印章管理，控制目标是保证银行账户管理合法合规，保证票据与印章保管安全和使用规范。

第16条　资金安全检查小组应实事求是地填写资金安全检查表，任何人不得干涉资金安全检查小组的工作。

第4章　附　则

第17条　本制度由总经办负责编制、解释和修订。

第18条　本制度自××××年××月××日起生效。

编修部门/日期		审核部门/日期		执行部门/日期	

6.3.4 资金营运会计系统控制制度

制度名称	资金营运会计系统控制制度	编 号	
		受控状态	

第1章 总 则

第1条 为了加强对资金营运的会计系统控制，严格规范资金的收支条件、程序和审批权限，提高资金周转效率和保障资金营运安全，防范资金营运风险，根据《企业内部控制应用指引第6号——资金活动》及相关法律、法规，结合企业实际情况，特制定本制度。

第2条 本制度适用于指导和规范资金营运相关财会人员的行为。

第2章 财会人员管理

第3条 财会人员应严格执行国家统一的会计准则和会计制度，加强会计基础工作，明确会计凭证、会计账簿和财务会计报告的处理程序，保证会计资料真实、完整。

第4条 企业依法设置会计机构，配备会计从业人员。从事会计工作的人员，必须取得会计相关等级证书。

第5条 担任会计主管人员的，应取得中级及以上会计职称并且有五年以上会计从业经验。

第6条 所有财会人员应积极考取财会相关证书，积极学习企业引入的先进的会计信息系统、财务共享中心系统。

第3章 会计系统控制方式

第7条 财务部统一对凭证进行编号，控制凭证的签发数量，控制支票发票、订单、存货收发单的使用情况，便于查询，避免重复或遗漏，降低营私舞弊的可能性。

第8条 企业采用复式记账，使各账户能全面、系统地反映各会计要素具体内容的增减变动情况及其结果。保证会计记录的准确、无误，保证会计信息的正确性和完整性。

第9条 企业根据会计准则的规范要求和经营管理的实际需要，统一设定会计科目。

第10条 企业严格遵守会计准则和其他相关法规的硬性规定，对于同一经济业务允许采用多种会计处理方法的，财务总监和财务部经理应根据企业发展战略、经营管理和内部控制的要求，在会计准则的框架范围内制定适合本企业的会计政策。

第11条 财务部应明确结账与对账程序，加强对结账与对账的控制，以及时发现会计信息的差错及经营活动中的漏洞和舞弊行为。

第4章 资金营运会计系统控制

第12条 资金营运活动涉及和覆盖企业经营活动的各个环节和各个方面，除本制度外，企业必须建立健全各项资金管理制度、程序和规定，确保资金营运活动有法可依，有章可循。

第13条 各部门在生产经营及其他业务活动中取得的资金收入应及时入账，不得账外设账，严禁收款不入账和设立"小金库"。

第14条 各部门在办理资金支付业务时，应明确支出款项的用途、金额、预算、限额、支付方式等内容，并附原始单据或相关证明，履行严格的授权审批程序后，方可安排资金支出。

第15条 各部门办理资金收付业务时，应遵守现金和银行存款管理的相关规定，不得由一人办理货币资金全过程业务，严禁将办理资金支付业务的相关印章和票据集中一人保管。

【解析】企业资金营运内部控制的主要目标一是保持生产经营各环节资金供求的动态平衡。企业应当将资金合理安排到采购、生产、销售等各个环节，做到实物流和资金流的相互协调、资金收支在数量上和时间上相互协调。二是促进资金合理循环和周转，提高资金使用效率。加强对资金营运的内部控制，就是要努力促使资金正常周转，为短期资金寻找适当的投资机会，避免出现资金闲置和沉淀等低效现象。三是确保资金安全。企业的资金营运活动大多与流动资金尤其是货币资金相关，这些资金由于流动性很强，出现错弊的可能性很大，因此，保护资金安全的要求十分迫切。

第5章 附 则

第16条　本制度由财务部和会计部共同负责编制、解释和修订。

第17条　本制度自××××年××月××日起生效。

编修部门/日期		审核部门/日期		执行部门/日期	

第 7 章

采购业务

7.1 购买

采购是企业必不可少的一项活动。在进行采购时，企业应当对采购业务现状进行全面分析和评价，着力健全各项采购业务管理制度，确保采购工作能够及时、高效地进行，提高资金周转效率和企业运作能力。

7.1.1 集中采购管理制度

制度名称	集中采购管理制度	编　号	
		受控状态	

第1章　总　则

第1条　为了规范企业物资集中采购行为，明确集中采购工作要求、原则和程序，充分发挥企业优势，降低集中采购成本，确保集中采购工作的有效性和工作效率，根据《企业内部控制应用指引第7号——采购业务》及相关法律、法规，结合企业实际情况，特制定本制度。

第2条　本制度适用于企业总部和全资、控股子公司（以下统称"子公司"）物资集中采购管理工作。

第2章　集中采购相关部门的职责

第3条　企业设立集中采购领导小组，负责对企业物资集中采购进行统筹管理，小组成员由工程技术部、综合办、风险控制部、财务部的主管领导和企业总经理构成。

【解析】集中采购领导小组身负巨大责任，因此，在选择小组成员时要更加谨慎。采购物资的质量和价格，供应商的选择，采购合同的订立，物资的运输、验收等供应链状况，在很大程度上决定了企业的生存与可持续发展。

第4条　采购申请部门职责。

1．提出采购需求和起草采购技术指标。

2．协助采购部完成供应商选择。

3．配合采购经办部门完成对供应商的评价等。

第5条　采购经办部门职责。

1．制定集中采购的商务条件和评价指标，并按照相应条件和指标对采购申请部门提出的采购需求进行审核。

2．组织起草和签订集中采购合同，督查企业子公司采购合同的履行情况。

3．对供应商进行评价。

4．负责建立物资供应商信息库和物资集中采购招标平台等。

第6条　采购结算部门职责。

1．根据采购项目的预算标准，负责集中采购合同款项的支付工作。

2．协助采购部对供应商进行审查。

3．配合财务部对供应商进行年度、月度财务审查等。

第7条　采购监察部门职责。

1．通常由风险控制部承担采购监察职责，负责对采购文件的合法性、合规性进行审查。

2．监督整个集中采购程序的规范性和工作人员履职尽责的廉洁性。

3．处理集中采购过程中的法律事务。

4．协助采购部对供应商进行资格审查。

5．建立投诉、举报通道等。

第8条　采购执行小组职责。

1．负责物资采购的控制管理工作，包括对采购原则、程序、工作质量的控制。

2．负责协助采购经办部门建立物资供应商信息库和物资集中采购招标平台。

3．负责了解、掌握国家宏观物资供应政策，落实调控补缺工作，利用好企业内部资源和社会资源。

4．负责收集并掌握各地区物资供应情况和市场参考价格信息。

5．负责集中采购的招标工作等。

第3章　集中采购管理程序

第9条　集中采购范围。

1．生产物资采购（包括原材料、元器件等）。

2．固定资产采购（包括生产设备、机动设备、办公设备、通信设备等）。

3．服务采购（包括勘察、设计、监理等）。

4．办公用品采购。

5．工程项目采购。

第10条　集中采购计划。

1．固定资产、服务类、办公用品采购必须在每月10日之前提出申请，并填制采购需求表。

2．工程项目采购。工程项目采购总需求计划必须在项目开工30日前进行申请，大宗采购计划必须提前60天申请，并填制采购需求表。

3．紧急追加物资采购必须提交紧急采购申请表，并经审核通过后执行。

【解析】在企业实务中，需求部门一般根据生产经营需要，向采购部提出物资需求计划，采购部根据该需求计划归类、汇总、平衡现有库存物资后，统筹安排采购计划，并按规定的权限和程序审批通过后执行。

第11条　采购方式选择。企业可选择的集中采购方式包括公开招标、邀请招标、竞争性谈判、询价或集中采购领导小组认可的其他采购方式。采购执行小组需要根据标准选择集中采购的方式。具体的标准如下。

1．单笔采购金额在_____万元及以上，采取公开招标或邀请招标采购方式，由相关部门出具评审意见，据以定标。

2．单笔采购金额在_____万元以下，可以采取询价、竞争性谈判等采购方式，组织评委评审，并根据采购金额按照采购审批权限审定。

3．特殊产品可采取邀请招标和竞争性谈判的采购方式。

4．多频次、小额度采购可采用框架协议采购方式。

第12条　市场调查。采购执行部门通过进行市场调研、询价，收集相关信息和资料，确定供应商的选择范围并撰写市场调查报告。

第13条　供应商选择。

1. 经过市场调查，对符合条件且有意愿的供应商进行评价并填写"物资供应商评价表"，评价表须包括供应商资质、资信、价格、服务、安全性、环保情况、联系方式等信息。

2. 采购执行小组根据供应商资料，初步选定合格供应商并对其进行评审，合格供应商评审的准则如下。

（1）应具有国家或行业认可的资质。

（2）应具有营业执照、产品的生产许可证。

（3）应具有产品检验合格证明。

（4）供应商的产品应满足环境保护和职业健康安全要求。

第14条　签订供货合同。集中采购领导小组进行询价采购或招标谈判，确定最终供应商后，由集中采购领导小组与供应商签订供货合同，报法务部审核。

第15条　监督与考核。

1. 企业依据本制度，对物资集中采购工作执行情况进行检查、监督，并进行通报。

2. 利用信息平台，及时对物资市场价格和集中采购价格等信息进行公布。

3. 根据企业要求建立物资集中采购绩效考核体系。

第16条　物资采购责任与奖罚。

1. 如出现不按采购程序采购，或先采购后上报，或直接采购不上报的，对负责人进行通报批评或处罚。

2. 年终对企业集中采购情况进行综合考评，对执行"集中采购管理制度"措施得力、成绩显著的项目进行通报表彰和奖励。对违反企业"集中采购管理制度"相关规定的，给予通报批评。

3. 对于在采购过程中违规、违纪、违法的，视情节轻重给予相关部门和责任人相应的处分，构成犯罪的移交司法机关处理。

第17条　企业应对办理采购业务的人员定期进行岗位轮换。

第18条　重要和技术性较强的采购业务，应组织相关专家进行论证，实行集体决策和审批。

第4章　附　则

第19条　本制度由采购部负责编制、解释和修订。

第20条　本制度自××××年××月××日起生效。

编修部门/日期		审核部门/日期		执行部门/日期	

7.1.2　采购申请与审批制度

制度名称	采购申请与审批制度	编　号	
		受控状态	

第1章　总　则

第1条　为了规范采购申请审批程序，确保采购的物资符合企业需求和相关规范，并为采购过程中各项申请和审批工作提供指引，根据《企业内部控制应用指引第7号——采购业务》及相关法律、法规，结合企业实际情况，特制定本制度。

第2条　本制度适用于企业采购作业的申请和审批过程管理工作。

第2章　请购职责

第3条　企业根据实际需要设置专门的请购部。请购部是采购需求审核工作的归口管理部门，负责对采购需求部门提出的采购需求进行审核，并进行归类、汇总，统筹安排企业的采购计划。

第4条　请购部相关人员职责。

1．部门经理负责组织编制各阶段的采购计划和审批采购申请。

2．部门专员负责汇总各部门的采购需求，编制采购计划，提出采购申请。

第3章　请购与审批

第5条　各部门应根据日常经营活动的需要，编制请购申请单，在每月的最后一个工作日前向请购部提交经部门经理签字的月度请购申请单。请购申请单要说明请购物品的用途、规格、型号、数量、交货日期等，若涉及技术指标的，须注明相关参数、指标要求等内容。

第6条　请购部应对需求部门提交的请购申请单进行初步审核，审核过程中应以企业采购审核管理程序和日常经营活动的需要为依据，主要分析请购需求是否和实际需求相符。

第7条　凡采购物资涉及管制性、危险性及有毒有害物品时，须取得符合政府安全环保法规的许可证或相关证明后方可审核通过。

第8条　办理请购手续。

1．预算内采购项目。经过审核后，办理请购手续。

2．预算外或超预算采购项目。请购部先进行预算调整，经财务部审批通过后，再行办理请购手续。

第4章　采购申请与审批

第9条　请购部汇总审批完成并且合理的请购申请单，根据市场变化向采购部提出合理的采购申请。

第10条　每月月初，采购人员整理请购内容，根据历史交易价格和供应商信息库，填制价格信息和预计到货日，编制"月度采购计划"并由采购部经理签字后提交财务部。

第11条　计划内采购金额大于1万元的采购项目，以及任何金额的计划外采购项目，均应由需求部门主管及总经理审批通过并签字后方可办理采购业务。

第12条　重要物品的采购应经过需求部门、技术部、采购部等相关部门人员决策论证后，报企业总经理审批通过方可办理采购业务。

第13条　特殊原因须取消采购申请时，需求部门应通知采购部停止采购，采购部应在请购申请表上加盖"撤销"印章，并退回至需求部门。

第14条　采购替代品申请及审批。

1．如果所需物资已找到合适的供应商，则应及时安排采购工作，确保物资及时交付。

2．如果所需物资因缺货、断货等其他因素暂时不能采购，就需要请购部门寻找合适的替代品。

3．需求部门若同意使用替代品，则应向请购部门重新提交请购申请表。

4．需求部门若坚持采购原物品，则应终止本次采购工作。

第15条　参与采购申请审批的所有人员应实事求是，不得弄虚作假，严重损害企业经济利益的须承担相应法律责任。

【解析】该环节的主要风险是采购申请人员审批不规范，导致采购的物资过量或短缺，影响企业生产经营。为了避免这种情况发生，具备相应审批权限的部门或人员在审批采购申请时，应重点关注采购申请的内容是否准确、完整，是否符合企业生产经营需要，是否符合采购计划，是否在采购预算范围内等。对不符合规定的采购申请，应要求请购部调整请购内容或拒绝批准。

第5章　附　则

第16条　本制度由请购部和采购部共同负责编制、解释和修订。

第17条　本制度自××××年××月××日起生效。

编修部门/日期		审核部门/日期		执行部门/日期	

7.1.3　供应商评估与准入制度

制度名称	供应商评估与准入制度	编　号	
		受控状态	

第1章　总　则

第1条　目的。

1．确保通过评估、筛选能够寻找到最佳的供应商。

2．保证供应商提供的产品和服务能够满足本企业的要求。

3．确保选择的供应商在保证质量的基础上价格合理，以降低企业的采购成本。

第2条　本制度适用于对有意向为本企业提供产品与服务的供应商进行评估与筛选。

第2章　供应商调查管理准备过程

第3条　由企业招标部成立专门的供应商调查与评估小组，每个小组成员由组长和3名组员构成，针对不同类型供应商编制相应的"供应商评估与准入表"，对有意愿的供应商开展调查工作。

第4条　供应商调查与评估小组成员应实事求是，不得弄虚作假。严重损害企业经济利益的供应商调查与评估小组成员须承担相应法律责任。

【解析】在企业进行供应商调查时，除了通过供应商调查与评估小组进行调查，还可以委托具有相应资质的中介机构对供应商进行资信调查，进一步确保调查的专业性和科学性。

第5条　合格供应商标准。

1．供应商应有合法的经营许可证和必要的资金能力。

2．优先选择按国家标准建立质量体系并已通过认证的供应商。

3．对于关键原材料，应对供应商的生产能力与质量保证体系进行考查，具体包括下列5个方面的要求。

（1）进料的检验是否严格。

（2）生产过程的质量保证体系是否完善。

（3）出厂的检验是否符合我方要求。

（4）生产的配套设施、生产设备是否完好，生产环境是否整洁。

（5）考察供应商的历史业绩及主要客户，其产品质量应长期稳定、合格，在业内应有较高信誉，主要客户最好是知名的大型企业。

4．具有足够的生产能力，能满足本企业连续的需求及进一步扩大产量的需要。

5．能有效处理紧急订单。

6．有具体的售后服务措施，且令人满意。

7．样品通过试用且合格。

第6条　供应商调查与评估小组根据目前对采购物料的需要，调查参与投标的供应商的资质，主要调查内容如下。

1．供应商的基本情况，包括发展战略、全国销售代理的扩张情况。

2．供应商的年度销售额及本企业的采购量占其总销售量的比例。

3．供应商在本地域的发展预测。

4．供应商的信用状况、理赔及涉讼记录。

5．供应商的价格敏感程度，供货的及时性、准确性。

6．供应商产品质量体系及生产组织、管理体系。

7．其他可收集的数据。

第3章　供应商评估

第7条　供应商调查与评估小组对所收集到的资料分门别类地进行整理，以供后期进行评估。

第8条　供应商初步评价。

1．招标部发出采购招标通告，并要求有合作意向的供应商填写"供应商基本资料表"。

2．供应商调查与评估小组对"供应商基本资料表"进行初步评价，挑选出值得进一步评审的供应商。

第9条　供应商的现场评审。招标部召集本部门、采购部及设计部相关人员，根据对供应商进行调查所收集到的资料，对采购部初步评价合格的供应商进行现场评审。现场评审时使用"供应商现场评审表"。可根据以下3点对是否需要进行现场评审作出判断。

1．根据所采购材料对产品质量的影响程度，将采购的物资分为关键、重要、普通材料三个级别，不同级别实行不同的评估方式。

2．对于提供关键与重要材料的供应商，须进行现场评审，并由供应商调查与评估小组填写"供应商现场评审表"，由采购部、设计部签署意见，供应商现场评审的合格分数须达70分。

3．对于普通材料的供应商，无须进行现场评审。

第10条　签订供应商质量保证协议。

1．采购部负责与普通材料供应商和现场评审合格的关键、重要材料的供应商签订"供应商质量保证协议"。

2．"供应商质量保证协议"一式二份，协议双方各执一份，作为供应商提供合格材料的一种契约。

第11条　提出样品需求。

1．如企业有样品需求，由采购部采购人员通知供应商送交样品，质量管理部相关人员须对样品提出详细的技术质量要求，如品名、规格、包装方式要求等。

2．样品应为供应商正常生产情况下的代表性产品，数量应多于两件。

第12条　样品的质检。

1．样品在送达企业后，由设计部、质量管理部完成对样件的材质、性能、尺寸、外观、质量等方面的检验，并填写"样品检验确认表"。

2．经确认合格的样品，须在样品上贴"样品标签"，并注明合格，标识检验状态。

3．合格的样品至少为两件，一件返还供应商，作为供应商进行生产的依据，一件留在质量管理部，作为今后检验的依据。

第13条　供应商调查与评估小组依据评估标准对供应商进行评估，评估结果分为A、B、C三个等级。

1．各项指标综合得分在前5%的供应商等级为A级。

2．各项指标综合得分在前5%（不含）~50%的供应商等级为B级。

3．其余供应商等级划分为C级。

第14条　供应商调查与评估小组负责对各供应商的评估结果进行汇总，由组长签字后上报给招标部主管。招标部主管应于每月25日前将本月供应商评估结果报送给总经理进行审批。

第15条　确定准入的名单。在"供应商基本资料表""供应商现场评审表""供应商质量保证协议"和"样件检验确认表"四份资料的基础上，根据供应商评估结果，采购部将合格的供应商列入"合格供应商名单"，上报总经理进行审批。

【解析】企业在确定"合格供应商名单"后，并不是就可以高枕无忧了，企业应建立供应商管理信息系统和供应商淘汰制度，对供应商提供的物资或劳务的质量、价格，交货及时性、供货条件及其资信、经营状况等进行实时管理和考核评价，并根据考核评价结果，提出供应商淘汰和更换名单，经审批通过后对供应商进行合理选择和调整，并在供应商管理系统中做出相应记录。

第4章　附　则

第16条　本制度由招标部负责编制、解释和修订。

第17条　本制度自××××年××月××日起生效。

编修部门/日期		审核部门/日期		执行部门/日期	

7.1.4 采购方式选择管理制度

制度名称	采购方式选择管理制度	编 号	
		受控状态	

第1章 总 则

第1条 为了规范并选择最优的采购方式，提高企业的经济效益，根据《中华人民共和国政府采购法》及财政部2022年3月1日公布的《政府采购框架协议采购方式管理暂行办法》的相关规定，以及《企业内部控制应用指引第7号——采购业务》及相关法律、法规，结合企业实际情况，特制定本制度。

第2条 本制度适用于企业总部和全资、控股子公司采购方式的选择管理工作。

第2章 采购方式管理

第3条 采购部根据下列因素确定对企业最有利的采购方式。

1．物料使用状况。

2．物料需求数量。

3．物料需求频率。

4．市场供需状况。

5．产品技术复杂性。

6．物料价格。

第4条 凡采购物资涉及管制性、危险性及有毒有害物品时，须取得符合政府安全环保法规的许可或相关证明，并对采购方式及过程进行严格把控。

第3章 采购方式选择

第5条 公开招标采购。适用情形如下。

1．非工程类单项物资、设备或服务一次性采购额超过_____万元人民币的。

2．施工单项合同估算价在_____万元人民币以上的。

3．采购重要设备、材料等，单项合同估算价在_____万元人民币以上的。

4．采购勘测、设计、监理等服务单项合同估算价在_____万元人民币以上的。

第6条 邀请招标采购。适用情形如下。

1．技术复杂或者受到环境限制，只能从有限的供应商中选择的。

2．采用公开招标方式的费用预计占该采购项目总价值的比例较大的。

3．采购项目需求时间紧，公开招标无法满足需求时间的。

【解析】在企业实务中，大宗采购一般采用招标采购的方式进行，这要求企业合理确定招投标的范围、标准、实施程序和评标规则，而一般物资或劳务等的采购可以采用询价或定向采购的方式并签订合同协议，小额零星物资或劳务等的采购则可以采用直接购买等方式。

第7条 竞争性谈判采购。适用情形如下。

1．招标后没有供应商投标或者投标的供应商均不满足条件的。

2．技术复杂或者性质特殊，不能确定详细规格或者具体要求的。

3．非采购人员所能预见的原因或者非采购人员拖延造成采用招标所需时间不能满足用户紧急需要的。

4．因艺术品采购，专利、专有技术或者服务的时间、数量事先不能确定等因素不能事先计算出价格总额的。

第8条　单一来源方式采购。适用情形如下。

1．只能从唯一供应商处采购的。

2．发生了不可预见的紧急情况不能从其他供应商处采购的。

3．必须保证原有采购项目一致性或者服务配套的要求，需要继续从原供应商处添购，且添购资金总额不超过原合同采购金额10%的。

第9条　框架协议采购。适用情形如下。

1．集中采购目录以内品目，以及与之配套的必要耗材、配件等，采购人员需要多频次采购，且单笔采购金额没有达到采购限额标准的。

2．本部门、本系统所需的法律、评估、会计、审计等鉴定咨询服务，采购人需要多频次采购的。

第10条　询价或定向采购。一般物资或劳务等的采购可以采用询价或定向采购的方式并与供应商签订合同、协议。

第4章　采购方式选择程序

第11条　采购人员汇总各部门的采购需求，制订采购计划，上报相关主管进行审核、审批。

第12条　采购部对采购需求物资特点进行分析，根据采购周期、价值高低以及获得难易程度等进行物资分类统计，并计算相应比重。

第13条　采购人员对供应市场进行调查，确定市场供应情况以及供应商数量、地区物资需求情况等。

第14条　采购人员通过对市场调查信息、企业规模和业务特点进行分析，确定企业可行的采购方式。

第15条　采购部分析自身人员配备情况，估算实际承接采购业务能力。

第16条　采购人员根据企业规模和经营管理目标，以及采购物资总量和物资分类特点，选择物资采购业务的内包或外包形式。

第17条　采购人员通过对各种采购方式的优势、劣势分析，在保证企业效益最大化的情况下针对物资特性选择适宜的采购方式。

第18条　采购人员编制采购执行方案，并上报相关主管进行审核、审批。

第19条　采购经理下达采购任务，采购人员按照审批通过的采购方案执行采购工作。

第5章　附　则

第20条　本制度由采购部负责编制、解释和修订。

第21条　本制度自×××× 年××月××日起生效。

编修部门/日期		审核部门/日期		执行部门/日期	

7.1.5 采购物资定价管理制度

制度名称	采购物资定价管理制度	编　号	
		受控状态	

第1章 总 则

第1条　为了规范采购定价管理，降低采购成本，提高企业的经济效益，根据《企业内部控制应用指引第7号——采购业务》及相关法律、法规，结合企业实际情况，特制定本制度。

第2条　本制度适用于采购物资的定价管理工作。

第2章 大宗采购定价管理

第3条　请购部收到采购申请和采购货物的详细信息，经负责人签名后报送采购部。

第4条　采购部应对采购货物的价格、性能、市场供应等情况进行调研，由采购部成立项目调研组并明确调研组长，调研结束后应及时出具调研结论，必要时，由采购经理担任调研组长。

【解析】采购部在进行市场情况调研时，应明确采购的宗旨始终是"用最优性价比采购到符合需求的物资"，这就要求采购调研人员要定期研究大宗通用重要物资的成本构成与市场价格变动趋势，随时掌握重要物资品种的采购执行价格或参考价格，最好能够形成价格数据库，随时掌握价格动向，掌握市场行情和价格变化趋势，为采购工作提供强有力的支持。

第5条　公开招标采购。

1．编制招标文件。采购部应指派专人根据请购部提供的信息草拟招标文件，招标文件应包括所购货物的技术要求、对投标人的资格要求、投标报价要求和评标标准等所有实质性要求和条件。专业技术性较强或者需要方案论证的，采购部应组织专家论证。招标文件由采购部负责审查，编制招标文件时，如遇重大问题，应及时向有关部门反映。

2．发布招标公告。采购部草拟招标公告，经部门负责人审核通过后在企业网站上发布，公告时间不少于3个工作日。

3．发售招标文件。投标人在招标公告规定的时间内到采购部领取或购买招标文件。

4．投标。投标人在招标文件规定的时间内到指定的地点投标。投标截止时间过后，采购部应拒收投标文件。

5．开标并定价。按招标文件中规定的时间和地点进行开标。开标会由采购部组织并主持，开标前应由监督人员负责检查投标书的密封情况，然后由工作人员当众拆封，公开宣读中标人的名称、价格、服务等内容。

第3章 其他商品或劳务采购定价管理

第6条　其他商品或劳务的采购，应根据市场行情制定最高采购限价，并适时对最高采购限价进行调整。最高采购限价标准如下。

1．财务部根据合理的原材料成本、人工成本及作业方法，计算物资的最高采购限价。

2．在实际操作中，若供应商无法接受最高采购限价时，财务部须根据与采购价格相关的资料，逐一分析原因。原因合理的，报财务部经理和总经理审批通过后，修正最高采购限价。

第7条　采购专员根据询价、比价、议价结果编制采购报价单，经采购部经理签字后，提交财务部。

第8条　采购报价单应包含采购物资名称、规格、数量，供货商报价，商定价格，供货商详细信息，交货周期，交货方式等内容。

第9条　财务部根据采购底价和采购部送达的采购报价单，填制"采购价格评估表"的相关内容。

第10条　由财务部、采购部及其他相关部门人员共同组成价格评估小组。财务部将"采购报价单"和"采购价格评估表"一并提交价格评估小组，作为其评估采购价格的工具。

第11条　价格评估小组召开小组会议，根据"采购报价单"和"采购价格评估表"，讨论价格评估方法，并以此对采购价格进行评估。

第12条　价格评估小组在定价之前，须了解、掌握的采购物资的相关信息如下。

1．采购物资的基本信息，如规格、用途、质量标准等。

2．采购物资的安全库存。

3．采购物资库存成本费用情况。

4．采购物资的替代品情况。

5．采购物资的底价。

6．其他须明确的内容。

第13条　价格评价小组在了解采购物资的基础上，根据"采购报价单"提供的信息，调查、了解供应商情况，包括确认供应商实际报价，调查供应商产品质量稳定性，调查供应商信用情况，调查供应商交货期限情况，掌握供应商的优惠政策，调查供应商的经营状况等。

第14条　采购价格的确定。

1．价格评估小组通过对采购物资与供应商两个方面的调查了解后，讨论其采购价格的合理性，经讨论最终确定采购价格。

2．在价格评估过程中，价格评估小组须考虑采购报价日到价格评估日期间，此物资的价格波动情况和市场通货膨胀水平。

3．采购文员做相关会议记录，并根据评估结果填写"采购价格评估表"相关内容。

4．价格评估小组成员会签评估表，采购文员向采购部、财务部等相关部门传达审议结果。

【解析】企业在确定采购价格时，除上述方法外，还应注意可采用协议采购、招标采购、谈判采购、询比价采购等多种方式来确定采购价格。关键在于最大限度地减少市场变化对企业采购价格的影响，使企业可以以最优的性价比完成采购。

第4章　附　则

第15条　本制度由采购部负责编制、解释和修订。

第16条　本制度自××××年××月××日起生效。

编修部门/日期		审核部门/日期		执行部门/日期	

7.1.6 采购合同签订与管理制度

制度名称	采购合同签订与管理制度	编　号	
		受控状态	

第1章 总　则

第1条　为了规范采购合同签订管理，提高企业的经济效益，根据《企业内部控制应用指引第7号——采购业务》及相关法律、法规，结合企业实际情况，特制定本制度。

第2条　本制度适用于采购物资的合同签订与管理工作。

【解析】采购业务内部控制的总体目标有7个。

①保证采购业务的合规性。即采购业务必须符合国家法律法规、国际惯例；必须符合企业有关采购及资金管理制度的规定；必须遵守采购业务流程。

②保证采购业务的计划性。即采购活动必须按计划进行，杜绝无计划、超计划的采购。

③保证采购业务的及时性。采购业务必须及时地满足企业生产、销售和管理的需要。

④保证采购业务的效益性。在满足需要的前提下，尽量降低采购成本，实现效益最大化。

⑤防止采购业务的舞弊行为。即规范采购流程，防止采购环节中违法、舞弊行为的发生。

⑥保证采购物资的安全性。即保证企业付出了货款能够取得相应的货物；保证应付账款的真实性和货款支付的严密性；保证购进货物在装卸、运输、验收等环节的质量、数量安全；保证支付资金的安全、完整。

⑦保证会计信息的真实性、及时性和完整性。即采购业务中的会计信息与实际采购业务活动要保持一致、真实和完整。

第2章 采购合同编写

第3条　采购部是采购合同的归口管理部门，负责采购合同的编制、执行、签订、管理等事项。

第4条　企业一次性采购金额高于_____元以及外地采购都必须签订采购合同。

第5条　采购合同应包括9项基本内容，即当事人姓名、住所和联系方式，标的全称、价款或报酬、数量、规格型号、品质和技术要求，履约方式和期限、地点，验收标准和方式，付款方式和期限，售后服务及其他优惠条款，违约责任和解决争议的方法。

第6条　采购签约权限的规定。

1．合同标的额在5 000元以下的采购合同，企业采购部经理有权签署。

2．合同标的额在5 000~20 000元的采购合同，企业采购总监有权签署。

3．合同标的额在20 000元以上的采购合同，须由企业总经理签署。

4．企业所属分支机构和分公司的采购合同，须在企业总经理的授权范围内签署。

【解析】授权是指授予某个部门或某个人对于某类业务或某项具体业务作出决策的权力；授权控制是指在办理各项经济业务时，必须经过规定程序的授权批准。

第7条　供应商调查。签订采购合同前，采购人员须对供应商的信用（含经营范围，银行资金，履约能力，技术和质量等级，法人资格，签约人是否为法人代表或经法人代表授权的委托代理人等）进行全面了解。标的总价在20 000元以上的采购合同应形成书面报告，并就采购合同对供应商的资信情况形成会审意见。

第8条　起草采购合同。采购合同主管或采购招标小组根据供应商资信和谈判情况起草采购合同。

第9条　采购合同审批程序。采购合同主管或采购招标小组将起草好的采购合同送上级审批。

1．采购合同主管提交合同初稿、会审稿。采购合同文本原则上不得对企业所立项目及有效的"招标会签表"中所确定的重要内容，如标的数量、质量、价款或报酬、中标单位等做出变动或更改。如遇特殊情况，须采用书面形式加以说明，再由企业按照相关规定重新审查确认。

2．采购合同签署前，有关责任人应对合同初稿、会审稿所涉及的内容进行全面审查。

第10条　企业采购部根据对合同初稿、会审稿修订签审后的合同定稿来签订采购合同，零星物资根据财务部、设备部等相关部门签署的零星物资采购合同主要条款来签订采购合同。

第11条　企业采购部、财务部、行政部各留一份采购合同原件，法律顾问留一份采购合同复印件。

第3章　采购合同履行

第12条　采购合同签订后即生效，具有法律约束力，企业必须按采购合同的约定全面履行规定的义务，遵守诚实信用原则，根据合同性质、目的和交易习惯履行通知、协助、保密等义务。

第13条　在合同履行过程中，采购部应根据合同的履行情况编制"履约管理台账"，对合同履行情况作详细、全面的书面记录，并保留相关的，能够证明合同履行情况的原始凭证。

第14条　如果有履行困难的合同，必须及时向相关参与合同管理的部门通报并报告企业相关领导。

第15条　在采购合同履行过程中出现下列情况之一时，采购部应及时报告企业领导，并按照相关法律、法规和企业相关规定及合同约定与对方当事人协商变更或者解除采购合同。

1．由不可抗力因素导致合同不能继续履行的。

2．对方在采购合同约定的期限内没有履行采购合同所规定义务的。

3．由于情况变更，致使我方无法按约定履行合同，或虽能履行但会导致我方重大损失的。

4．出现其他合同约定或法律规定情形的。

第16条　发生合同纠纷时，采购部相关人员应会同法律顾问与合同对方协商解决，协商不成，须进行仲裁或诉讼的，采购部相关人员应协助法律顾问办理有关事宜。

第4章　采购合同管理

第17条　采购部负责采购合同资料的收集、汇总、保存和存档、送档工作。

第18条　财务部负责采购管理过程中所涉及的原始凭证、票据的备份和保存工作。

【解析】采购业务相关财会人员的会计处理工作应实现账账相符、账实相符，会计记录和财务报告要合理揭示采购业务所享有的优惠政策，完整、准确地反映采购业务活动中的货物索赔、返利、折扣和折让等优惠政策的实际情况。

第19条　行政部负责合同资料的归档和查阅工作。

第5章　附　则

第20条　本制度由采购部负责编制、解释和修订。

第21条　本制度自××××年××月××日起生效。

编修部门/日期		审核部门/日期		执行部门/日期	

7.1.7 采购验收制度

制度名称	采购验收制度	编　号	
		受控状态	

第1章 总　则

第1条　为了确保采购的物资和服务的质量符合企业要求及生产经营的需要，防止不合格物资入库、投入使用或流向市场，根据《企业内部控制应用指引第7号——采购业务》及相关法律、法规，结合企业实际情况，特制定本制度。

第2条　本制度适用于企业对采购的所有物资和服务的验收工作。

【解析】验收是指企业对采购的物资和服务的检验、接收，以确保其符合采购合同相关规定或产品质量要求。该环节的主要风险是：验收标准不明确、验收程序不规范、对验收中存在的异常情况不作处理，可能导致账实不符、采购物资受损。

第2章　采购物资验收规划

第3条　采购物资验收应体现制衡性原则。由质量管理部主导，相关使用部门、采购部和仓储部参与，对所购物资或服务的品种、规格、数量和质量以及其他相关内容进行验收，并出具验收报告。

【解析】制衡性原则是指内部控制应当在治理结构、机构设置及权责分配、业务流程等方面形成相互制约、相互监督的机制，同时兼顾运营效率。

第4条　确定验收方式。

1．质量管理部负责确定具体验收方式，其他相关部门为其提供建议。

2．采购物资验收有全验和抽验两种方式。对大批量到货的物资一般只进行抽验。

3．若采用抽验的验收方式，则需要根据物资的特点、价值、物流环境等综合考虑，确定合理的抽验比例。确定抽验的比例时一般应考虑以下6项因素。

（1）价值。采购物资单品价值高的，抽验比例大或全验；有些价值特别大的物资应全验。

（2）性质。采购物资性质不稳定的、质量易变化的和易混杂不良品的，抽验比例大或全验。

（3）气候条件。在雨季或梅雨季节，怕潮商品抽验比例大或全验；在冬季怕冻商品抽验比例大或全验。

（4）运输方式和工具。对采用容易影响物资质量的运输方式和运输工具运送的物资，抽验比例大或全验。

（5）供应商信誉。供应商信誉好的抽验比例小；反之则大。

（6）生产技术。生产技术水平高，物资质量较稳定的，抽验比例小；反之则大。

第5条　选择验收方法。

1．验收人员应根据物资的特性，选择合适的验收方法。

（1）视觉检验。在充足的光线下，利用视力观察货物的颜色、状态、结构等表面状况，检验是否发生变形、破损、脱落、变色、结块等损害情况，对物资质量加以判断。

（2）听觉检验。通过摇动、搬运、轻度敲击等操作，听取声音，以判断物资的质量。

（3）触觉检验。利用手感鉴定货物的光滑度、细度、黏度和柔软度等，判定物资质量。

（4）嗅觉、味觉检验。通过货物特有的气味、滋味，判定物资质量。

（5）测试仪器检验。利用各种专用测试仪器鉴定货物品质，如对物资含水量、密度、黏度、光谱等的测试。

（6）运行检验。对某些特殊货物，如车辆、电器等进行运行检验，判断其是否能够正常运行。

2．采购物资需要理化检验的，技术部应予以协助。

3．涉及大宗物资和新物资、特殊物资验收的，还应做专业测试。

第6条　对不同数量、种类的物资，由于检验复杂程度、工作量不同，质量管理部应规定不同的验收时限。

1．对于外观等易识别的物资的检验，验收人员应于收到物资后＿＿＿＿＿＿＿天内完成物资验收工作。

2．对于须用化学或物理手段检验的物资，验收人员应于收到物资后＿＿＿＿＿＿＿天内完成物资验收工作。

3．对于必须试用才能实施检验的，质量管理部主管应于"物资验收报告"中注明预计完成日期，一般不超过＿＿＿＿＿＿＿天。

第7条　普通物资均须严格执行凭证手续不全不收、品种规格不符不收、品质不符不收、无计划不收、逾期不收5项要求。

第8条　建立台账（采购记录），记录采购物资的名称、生产批号、数量、保质期、供应商具体信息等内容，若新采购物资与已有台账储存信息的规格、质量有出入，应及时反馈至上级主管，对该批次物资进行严格验收。

第3章　物资验收实施管理

第9条　物资运输到达前，采购部应向质量管理部提交"订购单"。质量管理部验收人员按照"订购单"上采购物资的重要程度和需求缓急程度确定验收顺序，并联系仓储部安排存货库位以便于收货作业。

第10条　核对单据。

1．验收人员审核验收依据，包括订货合同、订货协议书。

2．验收人员核对供应商提供的验收凭证，包括发票、质量保证书、发货明细表、装箱单、磅码单、说明书、保修卡及合格证等。

第11条　数量点收。

1．验收人员核对供应商所交物资是否为采购订单所列物资，及物资品种、规格是否与采购订单相符。

2．验收人员清点物资数量，确定物资数量是否与采购合同"订购量"相符，是否有超交、短交或不按期交货的现象。

（1）如果物资数量与采购合同"订购量"相符，验收人员进行外观检验。

（2）如果物资数量与采购合同"订购量"不符，验收人员报质量管理部主管。

第12条　外观检验。

1．验收人员对有外包装的物资检验物资外包装表面状况，对无外包装的物资检验物资表面状况。

2．检查物资和包装容器上是否贴有标签，标签上是否注明物资品名、编码、生产日期、生产厂家和数量等内容。

3．若发现所装载的物资有破损、变质、受潮等异常现象时，应先初步计算损失。不同程度的损失需要区别对待，其要求如下。

（1）损失超过合理损失范围。验收人员应及时通知质量管理部主管进行处理，并尽可能维持异常状态以利于处理作业。

（2）损失未超过合理损失范围。依合格数量办理验收，并于"物资入库检验报告单"上注明实际情况。

4．计算损失后，将物资外观检验结果登记在"采购检验报告单"上。

第13条　质量检验。

1．验收人员选择合适的检验方法，按照质量检验规范，对数量准确、表面完好的物资进行质量检验。

2．验收人员应对检验合格的物资做合格标记，通知仓储部办理物资入库手续；对检验不合格的物资做不合格标记，并作进一步处理。

3．检验完毕后，应按照检验结果填制"采购检验报告单"。

第14条　食品、预包装食品及食品添加剂的物资验收按照《中华人民共和国食品安全法》相关规定进行。

第4章　物资验收结果处理

第15条　验收人员应根据不同检验结果，对采购物资做出处理。

1．合格物资。

（1）在外包装上贴"合格"标签，以示区别。

（2）每日工作结束时，将本日所收合格物资的数量汇总填入"验收日报表"。

（3）通知仓储部办理合格物资入库事宜，并将验收合格的物资的信息及时传递给采购专员。

2．不合格物资。

（1）在外包装上贴"不合格"标签，并于"采购验收单"上注明不合格原因。

（2）经上级主管审核确认后，通知采购专员。

3．交货数量超额物资。

（1）经过验收，若发现交货数量超过采购合同"订购量"时，经上级主管审核确认后，通知采购专员。

（2）对于以重量或长度计算的材料，其超交量在_____%以下时，可在"采购验收单"备注栏内注明超交数量，经请示上级主管同意后通知仓储部入库。

4．交货数量短缺物资。

（1）经过验收，若发现交货数量未达采购合同"订购量"时，经上级主管审核确认后，通知采购专员。

（2）对于以重量或长度计算的材料，其短交量在_____%以下时，可在"采购验收单"备注栏内注明短缺数量，经请示上级主管同意后通知仓储部入库。

第16条　采购专员针对不同验收结果作出不同处理决定。

1．采购专员根据需求部门意见，对数量不符物资作出接收、选择性接收、拒收的处理决定，并告知验收人员。处理结束后，告知财务部按照实际接收数量付款。

2．采购专员根据请购部意见以及供应市场情况，对不合格物资作出全部拒收、拒收不合格品的处理决定，并告知验收人员。处理结束后，采购专员与供应商协商解决措施。

第17条　验收人员根据采购部审批意见对该批物资做出检验标识，以便进行后续作业。

1．对于验收合格的物资应标识允收标签。

2．对于数量不符、质量无重大问题且属于特采的物资标识特采标签，并追踪物资使用过程的质量状况。

3．对于数量严重不符、质量不合格的物资应标识拒收标签。

第18条　处理不合格物资。

1．采购专员收集"采购验收单"、采购订单、采购合同以及技术协议等相关资料。

2．采购专员依据采购质量资料和证明，与供应商沟通、协商解决措施，双方达成一致后重新交货或补足应交货数量。

3．采购专员与供应商协商不一致的，采购专员上报采购经理，由采购经理根据实际情况作出诉讼、仲裁的决策。

第5章　附　则

第19条　本制度由质量管理部负责编制、解释和修订。

第20条　本制度自××××年××月××日起生效。

编修部门/日期		审核部门/日期		执行部门/日期	

7.1.8　采购跟踪、记录、登记与信息管理制度

制度名称	采购跟踪、记录、登记与信息管理制度	编　号	
		受控状态	

第1章　总　则

第1条　为加强对物资采购过程的管理，满足企业物资需求，确保企业生产经营活动的顺利进行，根据《企业内部控制应用指引第7号——采购业务》及相关法律、法规，结合企业实际情况，特制定本制度。

第2条　本制度适用于企业采购部所有采购跟踪、记录、登记与信息管理工作。

第2章　采购跟踪工作

第3条　采购跟踪即采购人员对采购执行的全部过程进行跟踪检查，以保证采购各环节的正常进行，其目的主要有3个方面：促进合同正常执行、满足本企业生产经营的物料需求、保持合理的库存水平。

第4条　建立采购跟踪台账，对订单不同状态下的信息进行跟踪并记录，及时向上级部门反馈可能影响生产或工程进度的异常情况。

第5条　企业采购部设置专门的采购跟单员岗位，负责跟踪采购合同的履行情况，定期向上级领导汇报跟踪情况，对异常情况及时作出书面报告并制定解决措施。

【解析】缺乏对采购合同履行情况的有效跟踪，运输方式选择不合理，忽视运输过程保险风险，可能导致采购物资损失或无法保证供应。

第3章 采购跟踪程序

第6条 跟踪订单接收情况。采购部将采购订单发给供应商后，采购跟单员须对采购订单接收情况进行跟踪，确保供应商及时接收到企业采购订单。

第7条 订单生产跟踪。供应商接收采购订单后，采购跟单员应及时跟踪供应商的订单处理情况，做好信息记录，监督供应商是否及时根据订单要求安排生产或备货、发货。具体跟踪内容如下。

1．原材料的使用是否符合合同要求。

2．是否如期安排生产。

3．生产过程质量控制情况。

4．半成品是否符合初期验收标准。

5．包装印刷效果如何。

6．成品是否符合验收要求。

7．订单发货是否如期。

8．送货安排和运输包装。

9．随货票据和交接说明。

第8条 运输状态跟踪。供应商发货后，采购跟单员应对货物运输情况进行跟踪，确认运输方式、运输路线并做好相关信息记录，确保相关人员能够及时进行到货检验和办理入库手续。

第9条 物资检验跟踪。

1．在质量管理部进行物资验收的时候，跟踪整个验收过程，并做好信息记录。

2．如验收过程中物资出现问题，采购跟单员应及时上报部门主管，由部门主管和采购专员与供应商联系，并协商处理验收过程中出现的问题。

第10条 物资入库跟踪。物资验收后，采购跟单员应协助仓储人员办理物资入库手续。

第11条 付款情况跟踪。财务部按合同规定的支付条款办理付款手续后，采购跟单员须对付款工作进行跟踪，和供应商完成账单核对，确保付款人员按合同约定的时间与数额进行结算。

第12条 退货跟踪。对于货物验收不合格、超交货物的退货过程，采购跟单员应全程跟踪并记录，确保退货工作顺利进行。

第13条 特殊情况跟踪。对于特殊采购、临时采购、采购双方违约等情况，采购跟单员需要及时跟进并记录，确保责任的可追溯性。

【解析】内部控制不仅要实现，而且要有确凿的证据证明它已实现。这些证据，一般是事后可审查的书面证据，包括以纸质或电子形式保存的文档资料、交易系统中留下的控制痕迹等。

第14条 采购物资、服务使用过程跟踪。在使用采购物资、服务的过程中，采购跟单员需要进行一定程度的跟踪，并对使用采购物资和服务的情况及其满意度做好记录，作为后续采购的凭证之一。

第15条 供应商跟踪。

1．对于一般供应商，采购跟单员应采取定期和不定期检查的方式对供应商进行跟踪。

2．对于长期合作、信誉良好的供应商，采购跟单员可以减少订单跟踪或不进行订单跟踪。

3．对于一些重要或紧急的采购，采购跟单员应全力对供应商进行跟踪。

第16条 跟踪对比与反馈。将整个采购过程跟踪信息与以往相同物资的采购过程跟踪信息进行对比，对可能会出现异常情况的环节进行重点跟踪，出具书面报告并给出解决措施，上报至上级主管。

第17条　注意事项。采购跟单员必须保持对供应商、运输商的尊重，在采购跟踪过程中须注意言谈举止，自觉维护企业的良好形象。

第4章　附　则

第18条　本制度由采购部负责编制、解释和修订。

第19条　本制度自××××年××月××日起生效。

编修部门/日期		审核部门/日期		执行部门/日期	

7.2　付款

付款是指企业在对采购预算、合同、相关单据凭证、审批程序等内容审核无误后，按照采购合同规定及时向供应商办理款项支付的过程。企业要制定一系列与采购付款相关的制度及标准，并要求各部门严格按此执行。

7.2.1　采购预付账款、定金、全款管理制度

制度名称	采购预付账款、定金、全款管理制度	编　号	
		受控状态	

第1章　总　则

第1条　为加强对企业物资采购预付账款、定金和付款的管理，保证各项款项使用合理、结算及时，有效控制坏账风险，根据《企业内部控制应用指引第7号——采购业务》及相关法律、法规，结合企业实际情况，特制定本制度。

第2条　本制度适用于企业预付账款、定金和全款的处理工作。

第2章　相关定义

第3条　预付账款是指企业按照购货合同的规定，预先支付给供应商或者劳务单位的账款。在会计核算上一律通过"应付账款"的借方进行核算。

第4条　定金是指为了保证合同的正常履行，双方约定由一方在合同履行前先支付给另一方一定数额的货币作为担保。定金的数额由双方共同约定，但不得超过主合同标的额的_____%。

第5条　预付账款和定金的适用范围。

1. 合同明确约定以"先款后货"方式结算的。

2．合同中规定了超额度进购需要"先款后货"的。

3．合同外临时进购约定的。

第3章 预付账款与定金的申请与审批

第6条 审批原则。

1．原材料采购原则上不得支付预付款或定金，如确须支付预付款或定金的，应经总经理审批，账期不得超过＿＿＿＿天并且金额不得超过总价的＿＿＿＿%。

2．大型设备购置，原则上预付款总额不得超过采购总额的＿＿＿＿%，支付时应严格按照采购总额审批，在设备未试用验收之前，预付款总额不得超过采购总额的＿＿＿＿%。

第7条 签订采购合同时，企业应对各类预付款和定金的数额以及偿付方法做出明确的规定。

第8条 申请流程。

1．工程项目类。

（1）申请人填写"项目付款审批表"，注明预付款，并说明预付款性质、责任人等相关要素。

（2）由责任人签字后，提交付款审批流程。

（3）由采购部持经审批通过的有效合同办妥预付款业务初审手续，经财务部复审后，报总经理审批通过方可支付。

【解析】授权审批控制可细分为授权控制和审批控制。审批是指对某类业务或某项业务的办理必须经过某个权力主体的审查和批准才能付诸实施。审批控制包括对审批人的规定和对审批程序的规定。审批控制要求没有得到审查和批准的业务活动一律不得实施和办理。

2．其他项目。

（1）申请人填写"预付款申请书"，列明合同名称、金额、预付款、预付款性质、责任人等相关要素。

（2）"预付款申请书"由责任人签字后，提交付款审批流程。

（3）由采购部持经审批通过的有效合同办妥预付款业务初审手续，经财务部复审后，报总经理审批通过方可支付。

第9条 因资金调度，间隔30天以上已审批未支付的预付款申请，支付时须经财务部重新签字确认。

第10条 大额或长期的预付款项，应定期进行追踪、核查，综合分析预付账款的期限、占用款项的合理性、不可收回风险等情况，发现预付款项存在问题时，应及时采取措施。

【解析】适应性原则是指内部控制应当与企业经营规模、业务范围、竞争状况和风险水平等相适应，并随着情况的变化及时加以调整。付款业务的内部控制并不是一个固定不变的模式，而必须与企业的具体情况相适应，要随着企业内外部环境、经营业务、管理要求等因素的变化而不断改进和完善。

第4章 付款申请与审批

第11条 付款流程。

1．采购人员应根据采购合同的付款约定，收集采购订单、入库验收单等相关单据和记录，核对采购合同的执行情况，汇总应付货款款项。

2．采购人员应及时填写付款申请单、应付账款表，并自行审核，确保数据准确无误。

3．采购人员应将填写好的付款申请单、应付账款表报送财务部审核。财务部将其与入库验收单、采购合同副本、供应商开立的发票以及其他银行的结算凭证相核对，作为是否支付货款的依据。

4．付款金额在＿＿＿＿＿＿＿元以下的，由采购总监进行审批，并签署意见。

5．付款金额在＿＿＿＿＿＿＿元以上的，在采购总监审批通过并签署意见后须上报总经理审批，如总经理存在异议，则将付款申请单等票据转交采购总监重新进行处理。

6．审批过程中，应严格审查采购发票的真实性、合法性和有效性。若发现虚假发票的，应查明原因，并及时报告处理。

第12条　根据双方约定，合理选择如公对公转账、现金支票等付款方式，并严格遵循合同规定，防范付款方式不当带来的法律风险，确保资金安全。

第13条　支付货款。

1．财务部收到采购总监审批通过的付款申请单等文件后，应根据企业的相关财务制度安排付款事宜。

2．财务部会计人员应及时开立付款凭证，交出纳人员办理相关付款手续。

3．出纳人员付款后，须在进货发票上盖"付讫"章，再转交会计进行账务核算与处理。

第14条　相关采购跟单员应重视采购付款的过程控制和跟踪管理，若发现异常情况，应拒绝付款，避免出现资金损失和信用受损。

第5章　财务处理

第15条　预付账款、定金、全款自支付之日起由财务部负责登记台账，详细反映各供应商和企业本身预付账款、定金、全款的变动、发生时间、负责人等相关信息。

第16条　账务核查。

1．采购部须按月向供应商索取账单，将其与应付账款明细账或未付凭单明细表进行核对。如核对后相关数据存在差异，采购人员应及时查明差异产生的原因。

2．财务部的物资明细账应定期与采购部、仓储部的物资明细账核对，做到账账相符。

第17条　每月初财务部根据预付款台账信息，书面督促采购部经办人员及时结算。

第18条　财务部每月对相关付款款项进行分析，并向采购部提供未清理款项明细报告，督促其及时清理。

第19条　每年年终，企业全面清查预付账款和定金的使用情况，并在与供应商核对无误后书面签章确认。

第20条　企业将逾期未核销的预付款对应的供应商列入禁止交易黑名单，并取消其参与企业采购招标或竞选的资格。

第21条　对确实无法收回或核销的款项，企业应在详细分析原因后及时处理，不得长期挂账。

1．工作人员失误造成预付款或定金无法收回或核销的，要追究有关部门和经办人的责任。

2．供应商因素造成的预付款或定金无法收回或核销，相关人员已尽追索义务的，应按照企业审批权限报批后以坏账处理并予以核销。

第6章　附　则

第22条　本制度由财务部负责编制、解释和修订。

第23条　本制度自×××ｘ年××月××日起生效。

编修部门/日期		审核部门/日期		执行部门/日期	

7.2.2 购买、验收、付款业务会计系统控制制度

制度名称	购买、验收、付款业务会计系统控制制度	编　号	
		受控状态	

第1章 总　则

第1条　为规范购买、验收和付款行为，防范购买、验收和付款中的差错与舞弊，加强对购买、验收、付款业务的会计系统控制，根据《企业内部控制应用指引第7号——采购业务》及相关法律、法规，结合企业实际情况，特制定本制度。

第2条　本制度适用于企业对购买、验收和付款会计系统的控制工作。

第2章 职责分工与授权批准设计

第3条　会计系统控制指通过会计的核算和监督系统所进行的控制，主要包括会计凭证控制、复式记账控制、会计账簿控制、会计报表控制及其财务成果控制。

第4条　采购与付款的不相容岗位。

1．请购与审批岗位分离。

2．询价与确定供应商岗位分离。

3．采购合同的订立与审核岗位分离。

4．采购、验收和会计岗位分离。

5．付款的申请、审批、执行岗位分离。

第5条　轮岗。对于采购、验收、付款相关岗位，企业需要派综合能力较强的人担任，并且定期轮岗，及时撤换不能胜任的人。

第6条　建立投诉举报渠道。企业员工、管理层、外界社会人士可通过采购部设置的实名、匿名举报箱（电子信箱），举报电话等渠道进行举报、投诉，处理举报（投诉）时要求对举报人信息进行保护，不得随意透露举报（投诉）人的相关资料和举报内容。

第3章 采购与验收业务会计控制

第7条　原始凭证整理与收集。采购和验收业务的原始凭证主要有材料采购计划、采购合同、请购申请单、招标书、收货单、退货单、收料溢缺报告单等，在进行采购和验收业务时，经手部门需要将这些原始凭证保存好，以便后期查看和责任追溯。

【解析】该环节可能存在验收标准不明确、验收程序不规范、对验收中存在的异常情况不作处理等风险，造成账实不符、采购物资损失等问题。

第8条　在供应商选择、采购计划编制、合同签订等过程中，由财务部编制财务收支计划，并且会计部需要参与采购合同的会签。

第9条　临时采购申请处理中需要提前通知会计部预备货款来结算。财务部则需要监督临时采购计划的实施。

第10条　会计部在审核请购申请单、收货单、退货单等时，需要设立专门的岗位进行，并要确保各种原始凭证受到严格审核。

第11条　原始凭证的传递。原始凭证例如收货单，需要分别给采购部、财务部、仓储部等部门一份单据，以便后期业务追踪。

【解析】该环节的主要风险是：缺乏有效的采购会计系统控制，未能全面、真实地记录和反映企业采购各环节的资金流和实物流情况，相关会计记录与相关采购记录、仓储记录不一致，可能导致未能如实反映企业采购业务，以及采购物资和资金受损。

第4章　款项支付控制

第12条　应付账款对账一般是应对方要求而开展的对账工作，会计人员应认真、积极应对；同时，在应付账款单位或个人没有要求对账的情况下，会计人员每月应自我检查，重点检查应付账款账面出现负数的项目和大额应付账款项目。

第13条　财务部就应付账款每月与供应商进行一次对账，对账工作由采购专员与会计人员共同完成。

第14条　每季度报表完成后2天内由采购会计或通过采购专员通知供应商提供对账明细资料，一般情况下，应要求供应商将对账单及时传真或递送到企业，对账单除有客户的公章或财务印章外，还必须有经办人员的签字，对账单应列明从上月底至本月＿＿＿＿日止所有采购明细及欠款金额。

第15条　采购专员收到供应商的对账单后，做好核对工作，核对无误后，将对账单移交会计人员。

第16条　会计人员应根据供应商提供的明细资料，与本企业账务记载数进行逐笔核对。如与供应商提供的对账单有差异，应立即上报会计主管，由会计主管查明原因。

第17条　核对完成后，会计人员应保存好明细资料，同时按照供应商提供的对账确认表进行双方签字确认。

第18条　企业应指定专人通过函证等方式，定期与供应商核对应付账款、应付票据、预付账款等往来款项。

第19条　对账结束后，会计人员应编制应付账款汇总表，内容包括应付账款总额、应付账款明细合计数及应付账款金额。

第20条　对账特殊情况处理。

1．如果供应商未能提供对账确认表，企业可以设置"应付账款对账确认表"进行双方确认，并与供应商提供的明细资料一并存档。

2．如果应付账款单位或个人已达3个月没有主动与企业对账，会计人员应主动或通过采购部与应付账款单位或个人进行对账确认。

第21条　付款的审批。

1．所有付款，必须填写"付款申请审批单"。付款申请由应付会计进行核对，财务会计进行审核，总经理进行审批。

2．未对账确认的应付账款在付款时，付款金额不得超过未确认额度的50%。

第22条　出纳根据结算单付款后，盖"付讫"章，并把单据返回给应付账款管理员，应付账款管理员据此核销应付账款。

第23条　付款结算。

1．首先由供应商将按要求开具的发票、本企业入库单结算联以及月结对账单提供给采购专员（发票必须与入库单一一对应，以便核对）。

2．采购专员收到供应商提供的发票、入库单结算联、对账单后，要做好审核工作，审核无误后，填写结算清单，交财务部会计人员。

3．财务部会计人员收到上述单据后，对上述单据进行核对，核对相符后在付款申请表上签字确认，并根据采购合同约定的付款期限，注明付款日期，在所有单据上加盖核销章。

【解析】该环节可能存在付款审核不严格、付款方式不恰当、付款金额控制不严等风险，导致企业资金损失或信用受损。

第5章　会计核算方法

第24条　设置会计科目及账户。财务部应科学设置与采购会计处理有关的科目，包括原材料、包装物及低值易耗品、在途物资、应付账款、应付票据、预付账款、应交税费等科目。

第25条　复式记账。复式记账就是对每一项经济业务，都以相等的金额同时在两个或两个以上的相关账户中进行记录的方法。本企业统一使用借贷复式记账法。

第26条　填制和审核凭证。对于已经发生的经济业务，必须由经办人或经办部门填制原始凭证并签名盖章。所有原始凭证都要经过财务部和其他有关部门的审核，并根据审核后的原始凭证编制记账凭证，作为登记会计账簿的依据。

第27条　设置与登记会计账簿。根据填制和审核无误的记账凭证，在会计账簿上进行全面、连续、系统的记录。

第28条　确定各对象的总成本和单位成本。成本费用经过统计后，要对应计入相应对象的全部费用，并进行归集、计算以确定各对象的总成本和单位成本。

第29条　财产清查。通过实物盘点以及对往来款项的核对，检查财产和资金的实有数额。

第30条　编制会计报表。根据账簿记录的数据资料，采用一定的表格形式，概括、综合地反映各部门和企业一定时期内的经济活动过程和结果。

第6章　附　则

第31条　本制度由财务部负责编制、解释和修订。

第32条　本制度自××××年××月××日起生效。

编修部门/日期		审核部门/日期		执行部门/日期	

7.2.3　退货管理制度

制度名称	退货管理制度	编　号	
		受控状态	

第1章　总　则

第1条　为了规范不合格物资和超交量物资的退货处理工作，加强采购质量控制，避免和减少企业损失，根据《企业内部控制应用指引第7号——采购业务》及相关法律、法规，结合企业实际情况，特制定本制度。

第2条　本制度适用于企业对所有质量不合格物资及超交量物资的退货处理工作。

第2章   相关规定

第3条   采购合同中关于退货的规定。

1．《中华人民共和国民法典》第六百一十条规定："因标的物不符合质量要求，致使不能实现合同目的的，买受人可以拒绝接受标的物或者解除合同。买受人拒绝接受标的物或者解除合同的，标的物毁损、灭失的风险由出卖人承担。"

2．采购合同中规定，因采购物资或服务质量不合格或者没有达到双方约定要求，给企业在生产和工程项目中所造成的损失由供应商承担。

3．采购合同中规定，所购物资在索赔期半年内，可以向供应商申请索赔；所购服务在整个服务期内如发现质量问题均可向供应商申请索赔。

【解析】采购合同的特征如下。

①采购合同的主体比较多。

②采购合同具有同买卖合同的一般特征。

③采购合同是供应商将物料的所有权或经营权转移给采购方而签订的合同。

④采购合同设立的基础是物料采购，而物料又依托现代物流实现交易，因此采购合同与物流过程紧密相连。

第4条   退货条件。

1．不合格物资退货。验收人员需要严格按照企业的物资验收标准进行物资验收，不符合企业物资验收标准的物资，以及未办理验收入库手续或办理验收入库手续后三天内发现有质量问题的物资可视为不合格物资，不合格物资应申请办理退货。具体可办理退货的物资包括以下几类。

（1）破损、短缺、质次、变质、滞期、计量不足、标识不全、假冒伪劣、"三无"或存在重大安全隐患的物资。

（2）临近有效期（有效期不足1/3）或超过有效期的物资。

（3）不符合有关法律法规相关规定的订货单、采购合同或者协议上的订购物资。

（4）供应商在运输过程中因保护不善造成质量受损的物资。

（5）其他可以申请办理退货的物资。

2．超交量物资退货。交货数量超过订购数量时，以退回多交物资为原则，但经请购部经理同意后，可接受多交物资。

第5条   退货手续。进行退货办理时，需要验收人员在"采购物资检验报告单"上标识"不合格"并开具"不合格品退货单"，经质量管理部主管、物资请购部主管以及采购部主管共同签字确认后才能办理退货手续，并通知财会部门进行相应的退货台账变动。

【解析】此处体现了内部控制的制衡性原则。质量管理部主管、物资请购部主管以及采购部主管共同签字，体现了在办理退货业务时在权责分配和业务流程上的相互制约、相互监督的制衡关系。

第3章   退货流程

第6条   验收标记。

1．验收后发现不合格物资时，验收人员应在采购物资上做"不合格"标识。

2．仓储部将不合格物资进行分区、隔离保管。

3．验收人员出具检验报告，清晰描述不合格品的类型及程度，并作出物资验收结论。

第7条 确定退货数量。

1．对于不合格的采购物资原则上应全部安排退货，以保证物资质量的统一。

2．在特殊情况下，如不违反国家相关法律、法规，不损害企业利益和社会公共利益，并且可以采取要求供应商提供折扣等补救措施时，此类物资经请购部经理同意后可酌情作出不退货处理决定。

第8条 退货确认。

1．对于判定退货的不合格物资，验收人员应在物资上用红色标识"退货"，并在"采购物资检验报告单"内注明退货。

2．验收人员开立"不合格物资退货单"时，应注明拟退货物资的名称、规格、型号、数量、金额、批号、订货单编号、退货原因、供应商、生产厂家等信息。

3．质量管理部主管、物资请购部主管以及采购部主管共同签字确认，特殊情况或者退货金额超过一定限额的，应报总经理审批。

第9条 退货物资属于已入库物资的，企业仓储部应及时清点、统计、封存、贴上"退货"标签、进行出库登记，并录入企业库存管理信息系统。

第10条 联系供应商。

1．供应商不按照采购合同履行退货手续的，采购专员应上报采购部主管和采购部经理，并由采购部经理作出调解、诉讼或仲裁的决定。

2．采购专员与供应商协商一致后，采购专员通知仓储部做好退货安排。

3．供应商对退货有异议的，应由采购部会同请购部依照"采购合同"（或相关协议）与供应商进行协调，并将协商解决办法以及处理意见报企业总经理审批。

4．对不合格物资，采购部应及时要求供应商重新提供物资或寻找其他供应商补充相应的货物量，以减少退货给企业的正常生产经营带来的不良影响。

第11条 货物出库。供应商同意退货后，采购专员编制"退货通知单"，一式三份，其中两份分别发给采购部和财务部，授权运输部进行货物运输，同时将"退货通知单"副本发给供应商。运输部运输结束后需要反馈至财务部和采购部。

第12条 采购专员整理退货信息，并将最终整理好的文档上报给采购主管和采购经理，由采购经理签字后进行存档。

第13条 退货款项回收。

1．运输部结束运输并反馈至采购部后，采购部编制借项凭单，凭单内容包括所退物资的名称、型号、价格等信息。经采购部经理审核通过后，交财务部经理审批。

2．财务部经理审批通过后，财务部相关人员根据借项凭单调整应付账款或者办理退货货款的回收手续。

3．如有因货物质量问题致使企业损失的，财务部应按照合同规定向供应商进行索赔。

第14条 供应商物资问题导致的退货的处理。

1．在验收供应商所提供的物资的过程中，若发现问题，应立即停止对其进行的采购行为，终止当下合作。

2．供应商所提供的货物导致企业经营过程中的经济利益受到损害，或者违反法律、法规的，企业有权要求经济赔偿，并依法追究其刑事责任。

第4章　退货管理注意事项					
第15条　企业采购过程中如果发现供应商资信状况发生变化，或者在货物售卖过程中抽检发现存在问题，应立即向上级主管报告，按"紧急事件"进行处理，相关人员必须按照上级的指示采取对策，不允许擅自做主。					
第16条　验收人员、采购专员以及其他相关人员在进行物资验收的过程中以及退货过程中应实事求是，不得弄虚作假，严重损害企业经济利益的，须承担相应法律责任。					
第5章　附　则					
第17条　本制度由采购部负责编制、解释和修订。					
第18条　本制度自××××年××月××日起生效。					
编修部门/日期		审核部门/日期		执行部门/日期	

第 8 章

资产管理

8.1　存货

　　企业的存货主要包括原材料、在制品、产成品、半成品、商品及周转材料等。存货管理不规范，可能会造成企业面临经营成本增加、存货贬值、生产经营中断等风险。因此，企业应建立和完善存货内部控制制度，确保存货管理全过程的风险得到有效控制。

8.1.1　存货管理岗位责任制

岗位名称	职责概括	主要职责明细	不相容岗位
生产主管	存货请购	1. 分析生产的实际需要，确定存货需求 2. 根据存货使用情况，判定存货买需求，并提交存货请购申请	◆存货请购申请与审批 ◆存货验收与存货账务管理
	存货验收	1. 协助存货保管员验收采购的存货 2. 出具验收意见，确定验收结果	
	存货使用	1. 依据生产任务，合理使用存货 2. 安排人员报告存货 3. 根据生产需求及存货的实际情况，提出存货处置申请，并进行存货处置	
财务部经理	存货请购申请审批	1. 核实生产情况，判定申请内容的真实性 2. 依据资产管理预算，审批存货请购申请	◆存货请购申请与审批 ◆存货处置申请与审批 ◆存货采购与处置
	存货处置申请审批	1. 核实存货使用情况 2. 根据存货管理预算，审批存货处置申请	
采购主管	存货采购	1. 根据存货请购申请编制存货采购计划 2. 分析市场情况，确定采购价格 3. 组织实施存货采购工作 4. 协助存货保管员验收采购的存货	◆存货请购申请与审批 ◆存货询价与确定供应商 ◆存货保管与使用

岗位名称	职责概括	主要职责明细	不相容岗位
存货管理员	存货出入库管理	1. 核对与验收出库、入库存货的规格、数量等，填写入库单或出库单 2. 编制收货、出货报告	◆存货请购申请与审批 ◆存货采购与验收 ◆存货采购与使用
	存货保管	1. 存货日常检查与维护 2. 提出在库废品处理意见并进行具体处理 3. 登记存货明细账	
存货管理会计	存货会计核算	1. 负责存货明细账与总账的核对 2. 依照企业存货管理规定及时对存货进行摊销 3. 将已验收入库但尚未收到发票的货物在月终估计入账 4. 负责完善存货管理活动中会计核算的二、三级科目	◆存货请购申请与审批
	存货账务管理	1. 监控各项存货的使用情况 2. 及时登记存货明细账 3. 定期检查企业实际存货数量是否与账面相符 4. 参与存货盘点及清查工作 5. 整理并汇总存货账户的相关会计凭证、账簿等资料	
入库主管	存货入库管理	1. 存货入库手续的审核 2. 组织办理相应的入库事宜 3. 定期编制入库货物的入库台账 4. 根据库存和货物情况对库房布局进行合理的规划与调整 5. 定期编制相关库房报表	◆存货请购申请与审批 ◆入库登记与会计记录
入库管理员	存货入库	1. 根据入库通知，切实做好入库准备工作，按照仓库货物码放规则合理安排储位 2. 根据运输单对货物数量、种类进行核对，验收货物外观及质量是否完好，并及时上报不合理情况 3. 将已通过验收的货物进行堆垛和码放，并做好防损准备工作 4. 与相关人员办理入库交接手续	—

8.1.2　存货取得与验收入库管理制度

制度名称	存货取得与验收入库管理制度	编　号	
		受控状态	

第1章　总　则

第1条　为了规范企业存货的取得与验收入库程序，确保企业的存货安全，根据《企业内部控制应用指引第8号——资产管理》及相关法律、法规，结合企业实际情况，特制定本制度。

第2条　本制度适用于企业存货取得与验收入库相关管理工作。

【解析】存货主要包括原材料、在制品、半成品、产成品、商品及周转材料等。存货管理是企业为了实现企业价值的最大化而进行的一种核算，是对存货的收发情况进行跟踪处理，从而为管理者提供存货的动态信息。在保证生产经营的同时，使存货成本达到最小。

第2章　存货取得管理

第3条　确定存货取得方式。存货的取得方式有外购、委托加工和自行生产。企业应结合行业特点、生产经营计划和市场因素等综合考虑后，进行存货取得方式的选择及确定。存货的取得，应根据存货的不同，本着成本效益原则，确定不同类型存货的取得方式。

【解析】该环节的主要风险：存货预算编制不科学、采购计划不合理，可能导致存货积压或短缺。主要管控措施：企业在存货管理实务中，应当根据各种存货的采购间隔期和当前库存，充分利用信息系统，合理确定存货采购日期和数量，确保存货处于最佳库存状态。考虑到存货取得的风险管控措施主要体现在预算编制和采购环节，将由相关的预算和采购内部控制应用指引加以规范。

第4条　存货预算编制。存货取得前，应进行存货预算编制，进行全面的预算预测及确定，减少企业费用消耗。

第5条　确定存货采购间隔期，制订采购计划。企业应根据订货周期、数量及存货周转率等因素，确定存货采购间隔期，进而制订完备的采购计划，采购计划的编制须合理，避免存货积压或短缺。

第6条　确定当前库存。企业应及时确定当前库存状况，综合考虑企业生产经营计划、市场供求等因素，充分利用信息系统，合理确定存货采购日期和数量，确保存货处于最佳库存状态。

第7条　采购预算编制。根据企业的财务状况及需求，进行采购预算编制工作。采购预算编制分为月度预算及年度预算，财务部负责组织整理、汇总"月度采购预算草案"，最后形成"年度采购预算草案"。

【解析】具有请购权的部门对于预算内采购项目，应当严格按照预算执行进度办理请购手续，并根据市场变化提出合理采购申请。对于超预算和预算外采购项目，应先履行预算调整审批程序，由具备相应审批权限的部门或人员审批通过后，再行办理请购手续。具备相应审批权限的部门或人员审批采购申请时，应重点关注采购申请的内容是否准确、完整，是否符合生产经营需要，是否符合采购计划，是否在采购预算范围内等。

第3章　存货验收入库管理

第8条　仓储部负责所有存货的数量、规格的验收，并检查包装及外观情况。质检部负责所有存货的质量检验工作。财务部负责核对发票与收料单，按合同及付款手续填制付款凭证。

第9条　不论是外购的原材料或商品，还是本企业生产的商品，都必须经过验收、质检环节，以保证存货的数量和质量符合合同等相关规定或商品质量要求。

第10条　收到货物后，验收人员应该准备验收单据，包括收货单、发票、运输单等，并核对这些单据的准确性和完整性。

第11条　验收人员应该按照采购订单和供应商发出的货物清单，对收到的货物进行数量和质量的检查。如果发现货物有损坏、短缺或者不符合质量标准的，应该及时通知采购部或供应商并记录在验收单据中。

第12条　验收人员应该对已经检查合格的货物进行标识，以避免混淆或错误。

第13条　验收合格的货物应该及时进行入库操作，并填写相应的入库单据，包括货物名称、规格、数量等信息。

第14条　对所有验收单据和入库单据进行存档管理，以备将来审计或调查需要。

第15条　对不经仓储直接投入生产或使用的货物，应当采取适当的方法进行检验。主要检验方法如下。

1．抽样检验。对于大宗货物或者数量较多的货物，可以采取抽样检验的方法。抽样检验需要按照一定的比例或数量，从整批货物中抽取部分货物进行检验，以代表整批货物的质量水平。

2．重量计量或计数检验。对于以重量或数量为主要特征的货物，可以采取重量计量或计数的方法进行检验或验收。通过测量货物的重量或数量，来确认货物的准确性和完整性。

3．目测检验。对于外观特征比较明显的货物，可以采取目测检验的方法。通过直接观察货物的外观，如颜色、形状、尺寸等特征，来判断货物的质量是否符合要求。

4．实验室检验。对于一些需要进行化学、物理或生物实验检验的货物，需要采取实验室检验的方法。实验室检验需要使用专业的设备和技术，对货物进行定性、定量、鉴别等分析，以确保货物的质量符合要求。

第16条　拟入库的自制存货，生产部应组织专人对其进行检验，只有检验合格的产成品才可以作为存货办理入库手续。

第17条　由生产车间直接发至客户不入库的产成品，以及采购后实物不入库而直接发至使用现场的外购存货，应当采取适当方法办理出库、入库手续。

第4章　存货验收结果处理

第18条　经验收合格的存货，仓库管理员应在外包装上贴"合格"标签，以示区别，仓库管理员可根据标识办理合格品入库手续，仓库管理员于每日工作结束时，将本日所收存货的数量汇总填入"验收日报表"，以作为入账清单的依据。

第19条　经验收不合格的存货，仓库管理员应在外包装上贴"不合格"标签，并于"验收报告"上注明不合格原因后，报仓储部经理请示处理办法。

第5章　存货验收注意事项

第20条　外购存货的验收应当重点关注合同、发票等原始单据上存货数量、质量、规格等数据与实际的存货数量、质量、规格等是否一致，涉及技术含量较高的货物，必要时可委托具有检验资质的机构或聘请外部专家协助验收。

第21条　自制存货的验收，应当重点关注商品的质量，通过检验合格的半成品、产成品才能办理入库手续，不合格品应及时查明原因、落实责任、报告处理。

第22条　其他方式取得的存货的验收，应当重点关注存货来源、质量状况、实际价值是否符合有关合同或协议的约定。

第23条　仓储部对于入库的存货，应根据入库单的内容对存货的数量、质量、品种等进行检查，符合要求的予以入库，不符合要求的，应当及时办理退货、换货等相关事宜。

第24条　存货入库记录要真实、完整，定期与财务部等相关部门核对，不得擅自修改。

第25条　定期、定时做好存货的清洁和整理工作，保证存货摆放整齐、有序、合理、规范。

第6章　附　则

第26条　本制度由仓储部负责编制、解释和修订。

第27条　本制度自××××年××月××日起生效。

编修部门/日期		审核部门/日期		执行部门/日期	

8.1.3　存货保管制度

制度名称	存货保管制度	编　号	
		受控状态	

第1章　总　则

第1条　为了使存货保管程序有序、规范地运行，提高存货保管工作的效率，确保存货适量、安全，根据《企业内部控制应用指引第8号——资产管理》及相关法律、法规，结合企业实际情况，特制定本制度。

第2条　本制度适用于存放在仓库内的和生产现场的存货的保管管理工作。

【解析】企业为保证生产过程的连续性，需要对存货进行仓储保管。企业的存货从购入到销往客户之间也存在仓储保管环节。该环节的主要风险有仓储保管方法不适当、监管不严密，可能导致存货损坏、变质、价值贬损、资源浪费。

第2章　仓库内存货保管

第3条　由入库主管进行统筹，规范仓库保管人员的操作，监督相关人员对货物进行合理储存和保管。

第4条　仓储部要与其他部门加强信息沟通，了解存货使用情况，加快存货周转速度，确保存货供应及时，尽量减少存货耗损。

第5条　仓储部要对仓库资源进行合理配置，仓储现场要注意节水、节电，尽可能降低库存成本。

第6条　存货在不同仓库之间流动时，应当按照相关规定办理出库、入库手续。

第7条　存货在储存期间要按照仓储物资所要求的储存条件妥善储存，不同批次、型号和用途的商品要分类存放，并做好防火、防洪、防盗、防潮、防病虫害、防变质等工作，确保货物质量不受损害。

【解析】仓储部应该按照存货的性质、类型，对特定储存条件的需求来对仓储区域进行划分，设置相应的标线和仓位牌，确保收发渠道的畅通，有利于货物的安全存取。

第8条 对生产现场的加工原料、周转材料、半成品等要按照有助于提高生产效率的方式摆放，同时防止浪费、被盗和流失。

第9条 对代管、代销、暂存、受托加工的存货，应单独存放和记录，避免与本单位存货混淆。

第10条 结合企业实际情况，加强存货的保险投保工作，保证存货安全，合理降低存货意外损失风险。

第11条 仓储部应对库存物料和商品进行每日巡查和定期抽检，详细记录库存情况，若发现存在毁损、跌价迹象的，应及时与生产、采购、财务等相关部门沟通。进入仓库的人员应办理进、出登记手续。未经授权，任何人员不得接触存货。

第3章 生产现场存货保管

第12条 生产部应做好生产现场存货的防损、防潮、防火工作，并对易变质、已损坏材料进行妥善保管。

第13条 生产部应根据生产计划填写存货使用申请，并向仓储部申领原材料等存货。

第14条 生产部应根据生产的实际情况及存货的特性，在生产现场划分存货储存区域。

第15条 生产部应安排专人负责生产现场存货的保管工作。收到存货时，保管人员须根据存货使用申请，认真盘点现场存货，核对存货型号、数量、质量等内容，并做好登记。

第16条 保管人员须核实"存货领用单"信息，并在核实无误后，根据领用单发放存货。如出现现场存货不足的情况，保管人员须根据生产需要填写"存货补领单"，并注明补领存货名称、规格、数量及补领原因，经生产主管审批通过后，到仓库领取存货。如出现现场存货剩余的情况，保管人员须进行存货盘点，并编制"存货退料单"，注明退料存货名称、规格、数量等信息，经生产主管审批通过后，将存货退回仓库。

第4章 仓储部管理人员岗位职责控制

第17条 根据存货类别、出入库情况等内容合理划分库位。建立码放位置图、标记、物料卡并将其置于明显位置，以便出入库取。物料卡上须载明物资名称、编号、规格、型号、产地、厂商、有效期限、储备定额等信息。

第18条 仓库内须设有防水、防火、防盗等设施，并定期对其进行检查与保养，发现故障应及时维修，保证库内物品的安全。注意仓储区的温度与湿度，保持良好的通风，保持干燥。

第19条 每日做好仓库环境卫生的保洁工作，做好防潮、防锈、防腐、防鼠、防霉、防虫、防尘等各项工作，每次作业完毕要及时清理现场，保证库容整洁。

第20条 库存物资在装卸、搬运过程中要轻拿轻放，不可倒置，注意保证库存物资完好无损。

第21条 建立和健全出库、入库登记制度，对因工作需要出库、入库的人员、车辆按规定进行盘查和登记，签收"出门证"或填写"出、入门证"，夜间应定时巡逻。

第22条 仓储部管理人员与财务部、采购部等部门协商制定合理的采购批量和库存安全量。

第23条 落实存货保管岗位责任制，安排专人负责入库存货的保管工作，禁止无关人员接触存货。

第24条 全面掌握仓库存货的储存环境、堆放与搬运注意事项、存货特性及相关故障排除方法，严格遵照存货的储存环境要求保管、储存存货，并定期对存货进行清洁和整理。

第25条 根据存货的销售类别或原材料类别，将存货在指定库位上分类存放，并注明品名、规格、型号、款式、数量、质量（等级）、产地、生产厂家、生产日期、保质期等信息。

第26条　根据存货的入库、出库情况，及时登记存货明细账，记录存货类别、编号、规格、数量、计量单位等内容，并定期同财务部进行核算，确保账实相符。

第27条　定期检查存货的情况，检查项目如下。

1．防潮、防水、防火、防盗等安全设施是否完好。

2．存储环境中是否存在易燃、易爆等危险品。

3．存货是否出现变质、残损、积压、短缺等情况。

第5章　附　则

第28条　本制度由仓储部负责编制、解释和修订。

第29条　本制度自××××年××月××日起生效。

编修部门/日期		审核部门/日期		执行部门/日期	

8.1.4　存货发出、领用与核对管理制度

制度名称	存货发出、领用与核对管理制度	编　号	
		受控状态	

第1章　总　则

第1条　为了使存货的发出、领用、核对管理工作能够有序推进，提高存货发出、领用、核对管理工作的效率，根据《企业内部控制应用指引第8号——资产管理》及相关法律、法规，结合企业实际情况，特制定本制度。

第2条　本制度适用于存货的发出、领用、核对管理工作。

【解析】企业应当根据自身的业务特点，确定适用的存货发出管理模式，制定严格的存货准出制度，明确存货发出和领用的审批权限，健全存货出库手续，加强存货领用记录。存货领用、发出环节的主要风险有存货领用、发出审核不严格，手续不完备，可能导致货物流失。

第2章　存货发出管理

第3条　企业生产部领用原材料、辅料、燃料和零部件等用于生产加工时，仓储部应根据销售部开出的发货单向经销商或用户发出产成品，以相应减少产成品库存。

第4条　企业生产部发出存货时要先填写"存货发出申请单"，上交总经理审批通过后，再通知仓储部组织分拣存货、发出存货。

第5条　存货发出前要对存货使用方所提供的资料进行审核，主要审核资料的完整性、真实性、合理性。

【解析】仓储部应当落实出库、计量、运输等环节的岗位责任，对销售通知进行审核，严格按照所列的发货品种和规格、发货数量、发货时间、发货方式、接货地点等展开工作，按规定时间组织发货，形成相应的发货单据，并应连续编号。

第6条　对于大批存货、贵重商品、危险品的发出，应当实行特别授权，仓储部必须根据经审批通过的"出库通知单"发出货物。

第7条　仓储部应做到单据齐全，核对经过审核的"领料单或发货通知单"的内容，主要核对名称、规格、计量单位是否准确。对符合条件的存货准予发出时，应与领用人当面核对、点清交付。

第8条　在商场、超市等商品流通渠道，存货发出环节应侧重于防止商品失窃、随时整理弃置商品、每日核对销售记录和库存记录等。

第9条　仓储部应当根据经审批通过的"销售（出库）通知单"发出货物。

第3章　存货领用管理

第10条　企业存货使用部门负责本部门所需存货的领用。

【解析】除物资管理部及仓储人员外，其他部门和人员接触或领用物资时，应当由授权部门和授权人批准；大批物资和属于贵重物资、危险物资或需保密的物资，应当单独制定管理制度，规定严格的审批程序和接触限制条件。

第11条　生产部等存货使用部门领用存货时，须填写"存货领用申请单"并办理相应的审批手续，再凭审批通过的"存货领用申请单"到仓储部领用存货，超出存货领用限制的，应当经过特别授权。

第12条　领用存货时，存货领用负责人必须与仓储部工作人员当面办理交接手续，当场清点存货数量，并在"存货领用申请单"上签字确认。

第13条　存货领用涉及部门及工作如下。

1．生产部领用原材料、辅料、燃料及零部件。

2．仓储部根据销售部开出的领用单向经销商或客户发出产成品。

3．商品流通领域的批发商根据合同或订货单等凭证，向下游经销商或零售商发出商品，消费者凭交款凭证等有效文件从零售商处取走商品。

第14条　对存货领用进行全流程地存货领用记录，并做到记录及时、更新及时。

第4章　存货核对管理

第15条　仓储部应定期对存货进行检查，及时、充分了解存货的存储状态，对于存货变质、毁损、报废或流失的处理要及时、合理、分清责任、分析原因。

第16条　仓储部要定期进行存货记录核对，核对存货记录的内容是否规范、完整。

第17条　仓储部核对存货时，要注意存货确认方法是否符合会计准则的规定，前后期是否一致，同时与税法规定的存货确认原则进行比较，核对有无差异，若有差异，则根据实际情况及时进行调整。

第18条　仓储部要注意核对有无特殊的存货，如委托加工、承受投资、以物易物、进料加工、来料加工、分期收款发出商品、代别人保管的存货、债务重组、非货币性交易获得、受托代销等，核对是否按照税法的规定处理。

第19条　仓储部要注意核对存货领用及发出的表格编制是否正确，确认无误后再对存货进行盘点核对，保证账实相符。

【解析】仓储部应当建立存货台账，保持完整的存货动态记录，并定期对存货进行清查盘点，确保账实相符。财会部门的存货明细账与存货台账应当定期进行相互核对，如发现不符，应当及时查明原因。

	第5章　附　则				
第20条　本制度由仓储部负责编制、解释和修订。					
第21条　本制度自××××年××月××日起生效。					
编修部门/日期		审核部门/日期		执行部门/日期	

8.1.5　存货盘点清查制度

制度名称	存货盘点清查制度	编　号	
		受控状态	

第1章　总　则

第1条　为了保证企业各项资产的安全、完整，规范存货盘点清查工作，有效管理库存存货，根据《企业内部控制应用指引第8号——资产管理》及相关法律、法规，结合企业实际情况，特制定本制度。

第2条　本制度适用于企业存货盘点清查的各项管理工作，包括存货盘点清查流程、存货盘点清查准备、存货盘点清查实施。

【解析】存货盘点清查一方面是要核对存货的数量是否与相关记录相符、账实相符；另一方面也要关注存货的质量是否有明显的损坏。企业应当于每年年终时开展全面的存货盘点清查，及时发现存货减值迹象，将盘点清查结果形成书面报告。

该环节的主要风险有存货盘点清查制度不完善、计划不可行，可能导致工作流于形式、无法查清存货真实状况。

第2章　存货盘点清查流程

第3条　存货盘点工作流程。

1．存货盘点前须做好盘点前准备。

（1）做好相关的人力配置与任务分工工作，组织仓库管理人员和财务部人员组成盘点小组，包括盘点、复盘、监督人员。

（2）明确盘点存货的计量根据与计量方法。

（3）存货整理与排列。

（4）盘点所需的相关库存资料与档案准备。

（5）打印盘点所需的表单等。

2．进行盘点工作，盘点过程必须严格、认真，盘点人员将盘点工作结果记录于"盘点工作报表"，并转交财务部。

3．财务部根据盘点工作结果记录的存货实物品种、规格、数量与财务账册上的存货信息进行核对与分析，编制"盘点情况汇总表"，同时列出差异情况。

4．财务部根据盘点结果的差异情况，追究差异产生原因及责任部门或人员，并提出相应的处理意见，提交企业总经理审批。

5．经企业总经理审批通过后，执行差异处理决定和对相关责任人的处罚决定。同时财务部根据企业管理层的决定再对存货的盘盈、盘亏按照会计核算的要求进行处理。

6.有些存货的价格会因为市场、时间等因素而产生增减，这些变化在经企业总经理审核通过后必须利用"货品盘点盈亏及价目增减更正表"进行修改。

第3章 存货盘点清查准备

第4条 存货盘点工作必须统一领导，事先制订存货盘点计划，存货盘点计划内容应包括盘点方式、盘点时间、盘点时的计量工具和计量方法、盘点分组、盘点人员分配、盘点程序、特殊存货的盘点方法等。

第5条 设计盘点表和盘点标签，制定盘点期间存货移动的控制措施。

第6条 盘点前应进行仓库清理、整顿，按规定分类、分区域存放存货，并张贴好存货标识卡。

第7条 存货应按品种、类别、规格分类堆放，有序排列，按数码齐，以方便盘点，严格区分原材料与半成品、产成品，不同工序半成品、成品与废品，本企业商品与其他企业商品。

第8条 各项财务账册应于盘点前登记完毕，如因特殊因素无法完成时，应由财务部将尚未入账的有关单据如入库单、领料单、退料单、交运单、收料单等利用结存调整，将账面数据调整为正确的账面结存数。

第9条 盘点期间已收到而未办妥入账手续的原材料、物料，应另行分别存放，并予以标示。

第4章 存货盘点清查实施

第10条 盘点人员根据盘点计划的安排进行存货的盘点，并在盘点单上记录存货品种、规格、数量等内容，盘点负责人进行账目和支持文件的核对。其间，盘点人员应采取科学的计量方法，按顺序进行盘点，应在确认每项财物数量后再进行下一项盘点，盘点后不得更改相关内容。

【解析】对盘点清查结果要及时编制盘点表，形成书面报告，包括盘点人员、时间、地点、实际所盘点存货名称、品种、数量、存放情况以及盘点过程中发现的账实不符情况等内容，对盘点清查中发现的问题，应及时查明原因，落实责任，按照规定权限报经批准后处理。

第11条 盘点存货时，盘点人员应依据盘点实际数量做翔实记录，并保证由两位盘点人员共同进行一项盘点工作，一名盘点人员按事先确定的方法进行盘点，另一名盘点人员要做好协助及监督工作。

第12条 盘点期间原则上暂停收发物料，对于各生产单位在盘点期间所需用料，经相关领导批准后，可以做特殊处理。

第13条 初盘完成后，初盘人员应将初盘数量记录于"盘点统计表"上，再将"盘点统计表"转交给复盘人员。

第14条 复盘时，由初盘人员带领复盘人员到盘点地点，复盘人员在盘点时不应受到初盘结果的影响。

第15条 盘点结果必须经相关盘点人员共同签名确认，一经确认不得更改。

第16条 盘点完毕，盘点人员应汇总"盘点统计表"并编制"盘存表"，"盘存表"一式两联，第一联由仓储部自存，第二联送往财务部，以供核算盘盈、盈亏金额。

第17条 监督人员应在场进行监督，确保盘点人员在盘点过程中使用了正确的计量方法并遵守了盘点规则，且盘点没有遗漏和重复。

第18条 由仓库、生产部配合财务部进行盘盈、盘亏的分析、调查与处理。

1.财务部根据盘点结果的差异情况，追究差异原因及责任部门或人员并提出相应的处理意见，提交企业总经理审批。

2．经企业总经理审批后，执行差异处理决定和对相关责任人的处罚决定，财务部根据企业管理层的决定及会计核算的要求对存货的盘盈、盘亏进行处理。

3．盘盈的存货，应冲减当期的管理费用；盘亏的存货，在减去过失人或者保险企业等赔款和残料价值之后，计入当期管理费用，属于非常损失的，计入营业外支出。

【解析】多部门人员共同盘点，应当充分体现相互制衡原则，避免盘点过程存在疏漏，并严格按照盘点计划，认真记录盘点情况。

第5章　附　则

第19条　本制度由财务部负责编制、解释和修订。

第20条　本制度自××××年××月××日起生效。

编修部门/日期		审核部门/日期		执行部门/日期	

8.1.6　存货处置与责任追究制度

制度名称	存货处置与责任追究制度	编　　号	
		受控状态	

第1章　总　则

第1条　为了规范存货处置程序，完善存货责任追究制度，有效控制库存存货，明确存货业务管理的相关部门和岗位的职责权限，确保办理存货业务的不相容岗位相互分离、制约和监督，根据《企业内部控制应用指引第8号——资产管理》及相关法律、法规，结合企业实际情况，特制定本制度。

第2条　本制度适用于企业存货处置及责任追究各项管理工作。

【解析】企业应定期对存货进行检查，及时、充分了解存货的存储状态，对于存货变质、毁损、报废或流失的处理要分析原因、分清责任、及时合理。

第2章　存货处置

第3条　财务部会同仓库管理员根据盘点结果对存货进行库龄分析，确定是否需要计提存货跌价准备，财务部编制存货跌价准备方案并会同"存货盘点汇总表"及其他相关资料，经企业总经理批准后执行。

【解析】存货处置是存货退出企业生产经营活动的环节，包括商品和产成品的正常对外销售以及对存货因变质、毁损等进行的处置。该环节的主要风险有存货处置责任不明确、审批不到位，可能导致企业利益受损。

第4条　存货废损处理及审批。

1．存货在库保管期间，由各种因素造成存货毁损、变质、霉烂等损失的，仓库管理员应及时填制"废损报告单"，并交财务部审批。

2．财务部根据"废损报告单"编制处理存货跌价损失意见，包括注明废损存货名称、账面数量、账面价值及残值、废损原因及责任和处理方法，会同"废损报告单"一同上交企业总经理审批。

3．根据总经理审批意见，仓库管理员减少相关存货的账务记录，财务部做账务处理。

4．因仓库管理员人为因素造成废损的，除按损失数处以赔偿外，还须视情节严重程度对责任人员予以行政处分或移送有关部门追究法律责任。

第5条 以下几类存货的账面价值全部转入当期损益。

1．霉烂变质的存货。

2．已经过期且无转让价值的存货。

3．企业经营活动中已不再需要，并且已无使用价值和转让价值的存货。

4．其他足以证明已无使用价值和转让价值的存货。

对于上述几类存货，财务部应按存货的账面价值借记"管理费用——计提存货跌价准备"，按已计提的存货跌价准备借记"存货跌价准备"，并按存货的账面余额贷记"库存商品"等科目。

第3章 存货责任追究

第6条 仓储部经理负责复核仓库存货管理的台账，复核月收货、出货报告，审核并确认盘点报告及在权限范围内审核、审批存货保险购买申请和存货补仓申请。

第7条 仓库管理员负责进行存货的验收和出库、入库手续办理，建立、更新仓库存货台账、卡片；进行在库存货的日常盘点，编制"在库存货日常盘点表"；参与存货月度、年度盘点；提出存货补仓申请及存货投保申请，并负责办理各项申请手续；制作月收货报告和年收货报告并对在库存货进行日常管理，提出库存呆废品处理意见。

第8条 财务部经理负责制定存货账目调整的政策；根据管理层的意见调整存货账目；审核存货采购、保管、使用、处置过程中形成的账务和会计报表；组织开展月度存货盘点和年度存货盘点；参与决策存货保险。

第9条 财务部相关人员负责编制存货采购、保管、使用、处置过程中形成的账务和会计报表；审核存货采购费用和金额；支付存货采购的货款；复核仓库台账；上报存货出库、入库单，盘点表以及汇总表等。

第10条 根据仓储部相关规定，仓储部各岗位人员对仓储部各区域的安全稳定工作负全部责任。

第11条 对于出现影响存货安全的重大事项的相关责任人，相应的责任追究措施有警告、严重警告、降职、开除。

第12条 为防止货物失窃、破损事故的发生，依照法律、行政法规和企业内部规定，失职、渎职或者有直接领导责任的，依照本制度给予行政处分或经济处罚，构成玩忽职守罪或其他罪的，依法追究其刑事责任。

第13条 对分管范围内工作效能低下，出现事故不主动应对，处理措施不到位的情形，追究仓储部区域分管员的责任。

第14条 对分管范围内所负责的事项处理不及时，仓库内部常常出现差错的，对相关负责人进行严肃处理。

第15条 仓储部存在和其他部门工作协调严重困难的情况时，仓储部主管负主要责任。

第16条 存货出现霉变、受潮、破损等非自然损坏情况时，应及时追究仓库管理员岗位责任，进行教育并督促仓库管理员及时改正；造成重大失误的，立即追究其责任并调离原岗位。

第4章 附 则

第17条 本制度由仓储部负责编制、解释和修订。

第18条 本制度自××××年××月××日起生效。

编修部门/日期		审核部门/日期		执行部门/日期	

8.2 固定资产

固定资产的取得与登记造册、运行与维护、抵押、清查与处置等，都会影响固定资产的安全。所以，企业规范固定资产的运行程序，建设并完善相关规章制度，做好企业固定资产的进出管理工作，有利于加强固定资产的内部控制，保证固定资产的安全。

8.2.1 固定资产取得与登记造册管理制度

制度名称	固定资产取得与登记造册管理制度	编　号	
		受控状态	

第1章 总 则

第1条 为了规范企业固定资产的取得程序，完善企业固定资产取得及登记造册管理工作，规避该环节可能存在的风险，根据《企业内部控制应用指引第8号——资产管理》及相关法律、法规，结合企业实际情况，特制定本制度。

第2条 本制度适用于企业固定资产取得与登记造册管理工作。

第2章 固定资产取得流程、采购预算与申请

第3条 企业固定资产的取得途径包括外购、自建、投资者投入、接受捐赠、债务重组、企业合并、无偿转入等。企业外购固定资产应按照以下流程办理。

【解析】固定资产主要包括房屋、建筑物、机器、机械、运输工具，以及其他与生产经营活动有关的设备、器具、工具等。固定资产属于企业的非流动资产，是企业开展正常的生产经营活动所必要的物资条件，其价值随着企业生产经营活动逐渐转移到产品成本中。

1．确定采购方式。采购人员根据"固定资产采购申请表"所列的固定资产型号、规格、数量及技术等要求，查询相关市场信息后，选择合适的采购方式（如招标、询价、单一来源采购等）。

2．确定采购对象。

（1）采购人员在选择采购对象时，应着重考虑采购对象的资质、能力、信誉以及质量保证体系。同时，根据采购对象的报价函及其他书面资料填写"固定资产供货商综合评估表"，书面记录选择过程，并根据价格、品质、交货期、付款条件、厂商信誉以及历史使用情况等遴选出最优者。

（2）对采购频繁的固定资产可采取与指定供货商签订长期协议的方式获得价格和付款条件上的优惠，以及质量上的保证。

（3）定期获取指定供应商与其他供应商的报价，分析指定供货商报价的合理性，充分研究采购替代商品的可能性，并保存相关记录与资料。

3．拟定采购合同草案。采购部根据与供货商协商一致后的结果拟定采购合同草案，采购合同草案应至少包含合同双方名称、地址、联系电话、法定代表人，采购标的名称、型号、规格、技术品质要求、采购价格、交货期、交货方式、交货地点、付款条件及违约责任等内容。

4．审阅采购合同草案。财务部对采购合同草案进行审阅，审阅的内容包括合同列式的采购固定资产的名称与金额是否与"固定资产采购申请表"一致、相关付款条款是否合理、是否仔细填列"固定资产供货商综合评估表"等。财务部根据审阅的结果提出修改意见，并及时将修改意见反馈给采购部采购人员。

5．签订正式的采购合同。采购部与供货商签订正式的采购合同，采购合同原件交财务部存档，同时，采购部保留复印件，作为付款依据和到货验收的凭证。

6．按合同约定付款。财务部检查相关凭证后，根据采购合同约定条款进行付款，并做好相关的会计处理。

第4条　固定资产的购置计划与预算审批。财务部应于每年年底制订下一年度的固定资产购置计划与预算，从而对企业的固定资产采购进行有效的控制和管理。以下为固定资产的购置计划和预算审批流程。

1．企业各部门在每年年底，根据实际使用的需要编制部门的固定资产年度购置计划，填制"固定资产新增计划表"以及部门的"固定资产购置预算表"，经部门经理审核批准后，报采购部汇总。

2．采购部对各部门上报的"固定资产新增计划表"和"固定资产购置预算表"进行审核、汇总，审核内容包括购置的原因、拟购入时间以及拟购入数量等，对于由于现有固定资产折旧年限已到须新增的，应审核其相应的购入时间和实际折旧年限，并据此编制企业的"固定资产购置预算表"，报财务部批准备案。

3．财务部审批"固定资产新增计划表"和"固定资产购置预算表"，制订企业下一年度的固定资产新增计划，报企业总经理审批。

4．在经总经理批准后，形成正式的下一年度"固定资产购置预算表"和"固定资产新增计划表"，并在财务部和采购部归档保存。

第5条　固定资产的购置申请。

1．企业各部门根据年度固定资产新增计划以及实际使用需要，详细填列"固定资产购置申请表"，并由部门领导签字，进行固定资产购置申请。

2．"固定资产购置申请表"内容主要包括固定资产名称、规格、型号、预算金额、主要制造厂商以及购置原因等，若属计划外采购的，还须递交计划外"固定资产购置说明"，并对计划外固定资产购置的原因进行详细说明。

第6条　财务部应对"固定资产购置申请表"进行审核，审核的内容包括购置金额的大小、购置申请是否经部门经理合理审批，是否属于计划内购置等，对于计划外的固定资产购置申请，无论金额大小，都须连同计划外"固定资产购置说明表"上报企业总经理审核批准。

第7条　对于金额大于10万元的固定资产购置申请，无论是否有购置计划，都须上报企业总经理审核批准。

第8条　按申请受理的时间先后顺序，采购人员对"固定资产购置申请表"进行连续编号并开展采购工作。

第3章　固定资产登记造册

第9条　采购的固定资产运送到仓库后，采购人员、仓库管理员和使用部门应对其进行开箱检查，并填列固定资产验收单，在固定资产验收单上，应仔细填列所收到固定资产的名称、数量、规格、型号、相关参数、出厂日期、制造单位等，以及附属品和技术文件。

【解析】该环节的主要风险有新增固定资产验收程序不规范，可能导致新增固定资产质量不符合企业要求，进而影响固定资产运行。

主要管控措施：建立严格的固定资产交付使用验收制度。企业外购固定资产应当根据采购合同、供应商发货单等对所购固定资产的品种、规格、数量、质量、技术要求及其他内容进行验收，并出具验收单，编制验收报告。企业自行建造的固定资产，应由固定资产建造部门、管理部门、使用部门共同填制"固定资产移交使用验收单"，验收合格后移交使用部门投入使用。未通过验收的不合格固定资产，不得接收，必须按照采购合同等有关规定办理退换货或其他弥补措施。对于具有权属证明的固定资产，取得时必须有合法的权属证书。

第10条　"固定资产移交使用验收单"一式三联，在与"固定资产订购单"核对一致后，由仓库管理员、使用部门和供应商分别签字确认，并由三方分别归档保存。

第11条　若购买的固定资产无须试运行，在对固定资产进行验收后，仓库管理员应填制"固定资产移交单"，将验收合格的固定资产移交给使用部门，并由仓库管理员和使用部门相关人员分别在"固定资产移交单"上签字确认。

第12条　若购买的固定资产需要试运行，在进行验收确保与采购合同一致后，应先由使用部门进行试运行。在试运行过程中，应详细填列相关的试运行记录，在试运行合格后，应由采购人员、试运行部门、安装技术人员、检验员以及供应商签字确认。同时，使用部门应填列"固定资产移交单"，与仓储部办理移交手续。

第13条　"固定资产移交单"一式三联，第一联由使用部门保管，第二联由仓库管理员归档保存，并以此作为固定资产转交的依据，第三联交财务部保存。

第14条　仓库管理员在对购入的固定资产办完移交手续后，固定资产管理人员应对固定资产及时进行编号。固定资产编号后，不得改变，也不能重复编号，同一编号不能重复使用。验收固定资产后，应及时生成该固定资产序号并及时贴于固定资产上。

第15条　固定资产管理人员应同时登记固定资产台账，固定资产台账至少应包括固定资产编号、名称、规格、型号、制造厂家、使用部门、存放地点、出厂日期、出厂编号、使用日期、价值、折旧年限和残值率等内容。

第16条　固定资产价值应包括买价、增值税、进口关税等相关税费，以及为使固定资产达到预定可使用状态前所发生的可直接归属于该固定资产的其他支出，如场地整理费、运输费、装卸费、安装调试费和专业人员服务费等。如果不能及时取得发票，可按合同金额或"固定资产订购单"上的金额登记固定资产台账，待取得发票后，再对固定资产原值进行调整。

第17条　使用部门在固定资产到达可使用状态后，固定资产管理人员应填制"转固申请表"，随"固定资产移交单"一同报给财务部进行审批和相关的账务处理。"转固申请表"至少应包括固定资产编号、名称、规格、型号、制造厂家、原值、残值率、折旧年限、出厂日期、验收日期、开始使用日期等。"转固申请表"一式两联，一联由采购部归档备查，另一联作为财务转固的依据。

第18条　财务部固定资产核算会计对"转固申请表"进行审核，审核的内容包括转固金额是否与合同或"固定资产订购单"一致，选用的折旧年限是否合理以及是否满足转固条件。同时，审核相应的"固定资产移交单"，对该固定资产开始使用的时间进行核实。

第19条　固定资产核算人员在对"转固申请表"核实无误后，录入会计系统，并生成相关的转固凭证。同时，从下月起开始对当月转固的固定资产计提折旧，如果转固时间与财务入账时间出现差异，应对开始计提折旧时间进行适当调整。

第20条　财务部固定资产核算会计应于每月月末与固定资产管理人员核对当月新增固定资产，从而保证达到可使用状态的固定资产能够及时转固。同时，在每年年末进行固定资产盘点前，固定资产核算会计应与固定资产管理人员对账，保证会计记录和固定资产台账一致。

第21条　自建固定资产的验收由固定资产建造部门、管理人员、使用部门共同填制"固定资产移交使用验收单"，经财务部及企业总经理审批通过后交由使用部门使用，财务部按规定做相关的会计处理。

第22条　其他方式取得的固定资产，如接受捐赠、债务重组、合并、无偿转入及其他方式取得的固定资产，须由相关部门人员进行验收后投入使用。

第4章　附　则

第23条　本制度由采购部负责编制、解释和修订。

第24条　本制度自××××年××月××日起生效。

编修部门/日期		审核部门/日期		执行部门/日期	

8.2.2　固定资产运行与维护管理制度

制度名称	固定资产运行与维护管理制度	编　号	
		受控状态	

第1章　总　则

第1条　为了加强固定资产的日常管理，保证固定资产的安全与完整，根据《企业内部控制应用指引第8号——资产管理》及相关法律、法规，结合企业实际情况，特制定本制度。

第2条　本制度适用于企业固定资产运行与维护管理相关工作。

第2章　固定资产运行与维护责任

第3条　财务部负责建立健全固定资产财务台账、登记固定资产卡片并对固定资产价值进行统一核算，实施财务监督。

第4条　仓储部工作人员负责固定资产台账的记录、盘点、日常使用、维护等工作。

【解析】该环节的主要风险有固定资产操作不当、失修或维护过剩，可能造成固定资产使用效率低下、产品残次率高，甚至造成生产事故或资源浪费。

第5条　企业内的各部门对所使用的固定资产负有保管及保护的责任。

第3章　固定资产的使用与维护

第6条　对企业内部办公用房、员工宿舍、其他用房等各种建筑及附属设施的使用要合规，不得在房屋内进行违规、违法行为。

第7条　对机器设备，包括电力设备、空调、仪器和仪表等各种设备的使用要遵照使用说明，按照规定操作使用。

第8条　对电脑、传真机、打印机、复印机、投影仪、电冰箱、通信设备等电子设备，企业内部员工须加强日常维护意识，爱护公共财产。

第9条　使用部门须定期检查、清洁各固定资产，发现故障或损坏时应及时通知相关部门和人员进行检修。

第10条　维修人员按照维修安全管理规定对固定资产进行维修工作，企业内部不能解决的应请外部专业人员进行维修，并登记固定资产维修台账。

【解析】固定资产使用部门及管理部门应建立固定资产运行管理档案，并据此制定合理的日常维修和大修理计划，报经主管领导审批。

第11条　在固定资产维修过程中，如涉及要增减备件或修理费的，应由使用部门提出申请，经财务部和总经理审批通过后再办理，同时固定资产管理人员应建立固定资产维修支出台账，作为固定资产报废或新购的判断依据。

第12条　固定资产移交或报废须办理相关手续，实物上的标识（如某库房专用等字样）须及时消除或更改。

第13条　由人为操作不当等因素造成设备损坏的，责任人按相关规定进行赔偿。

第14条　大型设备等固定资产的维修须由使用部门提出"固定资产大维修申请表"和费用预算草案，财务部对其进行审核后编制正式的"固定资产大维修申请表"并交企业总经理审批通过后实施。

第15条　固定资产技术改造计划。各部门要根据改造需求编制固定资产技术改造计划，计划内容包括固定资产名称、项目计划费用、负责人等。

第16条　固定资产技术改造方案。财务部组织技术人员、采购部、使用部门进行可行性论证，根据论证结果编制固定资产技术改造方案，报企业总经理审批通过后实施。

第4章　附　则

第17条　本制度由总经办负责编制、解释和修订。

第18条　本制度自××××年××月××日起生效。

编修部门/日期		审核部门/日期		执行部门/日期	

8.2.3　固定资产抵押管理制度

制度名称	固定资产抵押管理制度	编　号	
		受控状态	

第1章　总　则

第1条　为了加强企业固定资产抵押业务控制，防范企业资金运营的潜在风险，规范抵押业务程序，减少或避免可能发生的负债和损失，根据《企业内部控制应用指引第8号——资产管理》及相关法律、法规，结合企业实际情况，特制定本制度。

第2条 本制度适用于企业固定资产抵押工作的管理。

第2章 固定资产抵押说明

第3条 本企业内的固定资产主要指企业为生产商品、提供劳务、出租或者经营管理而持有的、使用时间超过12个月的、单位价值达到1000元以上（含1000元）的非货币性资产；单位价值未达到1000元，但耐用时间在一年以上的大批同类物资，同样作为固定资产管理；对达不到本制度所规定标准的资产，作低值资产处理。

第4条 抵押资产划分范围。该制度所规定的抵押资产范围，主要指依据法律、法规及本企业相关规定，经国家指定的有权登记的部门办理抵押登记，并在企业内部登记过的各种抵押资产。主要包括以下几类。

1．土地使用权。

2．房屋所有权。

3．机器设备。

4．权利凭证。

5．其他抵押资产。

第3章 固定资产抵押程序

第5条 财务部根据企业资金运营规划，提起固定资产抵押申请。

【解析】财务部办理固定资产抵押时，如需要委托专业中介机构鉴定和评估固定资产的实际价值，应当会同金融机构有关人员、固定资产管理部门、固定资产使用部门现场勘验抵押资产，从而对抵押资产的价值进行评估。对于抵押资产，应编制专门的抵押资产目录。

第6条 抵押资产确认。根据企业资金需求，进行抵押资产的确认及估值，并由财务部联合审计部出具"抵押资产估值报告"。

第7条 抵押业务风险评估。财务部与审计部对所提供的资料进行审核，对企业固定资产价值、潜在风险进行评估，并出具抵押业务风险评估报告。

第8条 审核外部金融机构资质。企业在进行抵押业务时，财务部应联合审计部，对外部金融机构的资质进行审核，以充分了解风险并进行风险规避。

第9条 外部金融机构确认。外部金融机构可选择银行、抵押担保企业等，但必须通过董事会决议来进行外部金融机构确认，且参会人数须大于董事会总人数的2/3，当外部金融机构的选择决议经过半数参会人员同意时，即为通过。

第10条 抵押审批文件准备。所须提交的文件资料有抵押申请单、企业上一年度审计报告、企业抵押资产信息、抵押资产所有权证明、企业营业执照复印件等。

【解析】加强对固定资产抵押的管理，明晰固定资产抵押流程，规定固定资产抵押的程序和审批权限等，确保固定资产抵押经过授权审批及适当程序。同时，相关部门应做好相应记录，保障企业固定资产安全。

第4章 固定资产抵押注意事项

第11条 对本企业的抵押资产实行统一领导、归口管理、分级负责、责任到人的管理体制。

【解析】企业有时因资金周转等因素以其固定资产作抵押资产向银行等金融机构借款，如到期不能归还借款，银行则有权依法对该固定资产折价或拍卖。

该环节的主要风险有固定资产抵押制度不完善，可能导致抵押资产价值被低估和资产流失。

第12条　合同到期，抵押业务解除时，须填制还款凭证，出具"抵押资产领取单"，列明抵押资产名称、编号、领取人姓名、身份证号码。

第13条　财务部相关负责人进行抵押资产确认及回收，质量管理部质检人员协助检查抵押资产，确保抵押资产与到期收回的担保贷款相匹配。

第14条　抵押资产对保质期限有要求的，抵押期限要在保质期限内，并预留出足够的抵押资产处置期限。

第15条　抵押资产在保管期限内对保管有特殊要求的，企业要在签订抵押合同前向出资方作出详细的书面说明，并负责审查、确认出资方是否具备抵押资产保管条件和保管能力，能否达到保管要求。

第5章　附　则

第16条　本制度由总经办负责编制、解释和修订。

第17条　本制度自××××年××月××日起生效。

编修部门/日期		审核部门/日期		执行部门/日期	

8.2.4　固定资产清查与处置制度

制度名称	固定资产清查与处置制度	编　号	
		受控状态	

第1章　总　则

第1条　为了有效进行企业固定资产管理及保全工作，规范企业固定资产经营管理行为，根据《企业内部控制应用指引第8号——资产管理》及相关法律、法规，结合企业实际情况，特制定本制度。

【解析】企业应建立固定资产清查与处置制度，至少每年进行一次全面清查，保证固定资产账实相符，及时掌握固定资产盈利能力和市场价值。在固定资产清查中若发现问题，应当查明原因，追究责任，妥善处理。

该环节的主要风险有固定资产丢失、毁损等造成账实不符、资产贬值严重等。

第2条　本制度适用于企业固定资产清查与处置工作的管理。

第2章　固定资产清查方法

第3条　企业应根据固定资产类型、清查时间等因素，选择合适的固定资产清查方法。以下是固定资产清查的常见方法。

1．定期清查法。根据企业相关制度规定，定期进行常规的固定资产清查。

2．不定期清查法。根据企业经营需要或其他突发事项的需要，不定期进行固定资产清查。

第4条　对于企业内存放使用的固定资产，应按规定程序到保管或使用现场，对固定资产的实物数量、质量等进行清查。

第5条　对于存放在异地的固定资产,采取派出专门清查盘点人员进行实地盘存和账物核对两种方法并用的方式,进行固定资产状况的清查工作。

第3章　固定资产清查具体情形

第6条　为确保年度会计报表的正确性与可靠性,年度决算前应进行固定资产全面清查盘点。

第7条　企业合并、分立、撤销或改变隶属关系时,为了明确经营责任,确定资产负债实际数量和金额,必须进行固定资产全面清查盘点。

第8条　改变固定资产管辖权限或更换固定资产管理人员时,须针对保管的固定资产进行清查盘点,以确定前固定资产管理部门或保管人员的管理责任。

第9条　发生意外灾害或者损失时,企业须对受损货物进行清查盘点,以查明固定资产受损状况。

第10条　在企业进行并购、重组或吸引外资前,须先进行固定资产的盘点清查工作。

第4章　固定资产清查前准备

第11条　确定固定资产清查的组织领导与分工,具体如下。

1.开展全面清查时,应成立由企业高层领导、财务部、行政部及相关专业人员组成的固定资产清查小组,对清查工作进行指导。

2.开展局部清查时,由专人负责,制订好清查计划,确定相关人员的分工和职责,以使清查工作不重复、不遗漏。

3.固定资产中的生产设备由生产部或投资发展部负责清查,其余的固定资产由财务部负责清查。

4.明确职责划分以及清查出现问题时的处理机制。

5.财务部工作人员应与资产管理部相关工作人员进行沟通,确定固定资产清查时间及固定资产清查方式。

6.财务部按照固定资产类型编制"固定资产清查明细表"。

7.资产管理部根据固定资产的种类编制固定资产清查标识卡。

第12条　企业行政部应当编制固定资产目录,对每项固定资产进行编号,按照单项资产建立固定资产卡片,详细记录固定资产的各项信息。

第13条　企业应至少提前一周进行清查动员工作,并对有关固定资产清查人员进行业务培训。

第14条　正式清查前,各使用部门对其所使用和占有的固定资产进行自查,并根据固定资产的实际权属、折旧、分布等情况编制"固定资产部门清查表",由行政部进行汇总后上报固定资产清查小组。

第15条　财务部选定清查前某天为基准日,编制"固定资产明细表",提交固定资产清查小组。

第16条　固定资产清查小组将汇总的"固定资产部门清查表"与财务部提供的"固定资产明细表"进行对比,初步判断固定资产出现的问题,再根据问题严重程度和固定资产的分类和分布情况,制订实地清查计划,包括清查进度规划、具体项目清查负责人、清查方法、计划时间等。

第5章　固定资产的清查与核算

第17条　固定资产清查小组对企业内所有固定资产进行现场清查,清查内容如下。

1.清查盘点时要以账查物,确认账、卡、物是否相符。

2.查明固定资产的使用情况。

3.计算固定资产当前的价值状况。

4.查证固定资产的变动情况,并收集相关产权证明文件,明确固定资产的产权归属。

5. 如在清查过程中发现盘盈、盘亏，还须进行相关证明文件的取证。

第18条　清查人员根据实际清查结果填制"固定资产清查表"，并由清查人员和使用部门负责人签字确认。

第19条　清查过程中，如发现盘盈、盘亏，应与固定资产使用部门和管理部门共同查明或分析原因，落实责任人，及时提出处理意见报告，经财务副总、总经理批准后，追究相关人员责任，情节严重的要追究其法律责任，财务部及时调整固定资产账面价值，确保账实相符。

第20条　清查核算结束后，行政部、财务部应当根据固定资产的实际情况，进行内部资源调配或相关处理。

第6章　固定资产清查后的处置

第21条　固定资产清查后涉及的处置措施，如固定资产的转移、出售与报废等，均须按照国家相关法律规定执行。

【解析】该环节的主要风险有固定资产处置方式不合理，可能造成企业经济损失。

主要管控措施：企业应当建立健全固定资产处置的相关制度，区分固定资产不同的处置方式，采取相应控制措施，确定固定资产处置的范围、标准、程序和审批权限，保证固定资产处置的科学性，使企业的资源得到有效的运用。

第22条　固定资产清查后的处置应由除财务部和使用部门外的其他部门或人员办理。

第23条　经清查后，固定资产转移、调拨的具体实施，应当遵循下列两个步骤进行。

1. 固定资产在企业内部转移调拨，须到行政部办理固定资产转移登记。

2. 行政部将固定资产转移登记情况书面通知财务部，以便进行账务处理。

第24条　自有固定资产报废，由固定资产使用部门或管理部门根据不同情况，提出相应的报废申请报告，之后遵照相关法律、法规，经企业授权部门或人员批准后，由专人予以出售或转让。

第25条　资产管理部首先对财务账目数据、固定资产卡片和固定资产实际清查信息相互核实，并对差异部分进行分析，提出解决意见和整改方案并报总经理审批，以保证会计信息的完整、清晰与可靠。

第26条　已超过使用年限且不能继续使用的商品，要进行报废处理。

【解析】对拟出售或投资转出及非货币交换的固定资产，应由有关部门或人员提出处置申请，对固定资产价值进行评估，并出具资产评估报告。报经企业授权部门或人员批准后予以出售或转让。企业应特别关注固定资产处置中的关联交易和处置定价，固定资产的处置应由独立于固定资产管理部门和使用部门的相关授权人员办理，固定资产处置价格应报经企业授权部门或人员审批后确定。对重大固定资产的处置，应当考虑聘请具有资质的中介机构进行资产评估，采取集体审议或联签制度。涉及产权变更的，应及时办理产权变更手续。

对出租的固定资产由相关管理部门提出出租或出借的申请，写明申请的理由和原因，并由相关授权人员和部门就申请进行审核。审核通过后应签订出租或出借合同，内容应包括合同双方的具体情况，出租或出借的原因和期限等。

第7章　附　则

第27条　本制度由总经办负责编制、解释和修订。

第28条　本制度自××××年××月××日起生效。

编修部门/日期		审核部门/日期		执行部门/日期	

8.3　无形资产

　　无形资产是企业的核心竞争力之一，企业应当加强对企业品牌、商标、专利、专有技术、土地使用权等无形资产的管理，促进对企业无形资产的有效利用，提高企业无形资产对企业核心竞争力的影响。

8.3.1　无形资产管理办法

办法名称	无形资产管理办法	编　　号	
		受控状态	

第1章　总　则

第1条　为了规范对无形资产的管理，规避无形资产业务中的错误操作，保护无形资产的安全，根据《企业内部控制应用指引第8号——资产管理》及相关法律、法规，结合企业实际情况，特制定本办法。

第2条　本办法适用于企业对无形资产相关工作的管理。

【解析】无形资产是企业拥有或控制的没有实物形态的可辨认非货币性资产，通常包括专利权、非专利技术、商标权、著作权、特许权、土地使用权等。无形资产存在的问题主要有缺乏核心技术、权属不清、技术落后、存在重大技术安全隐患，可能导致企业陷入法律纠纷，缺乏可持续发展能力。

第2章　无形资产取得管理

第3条　外购无形资产内容如下。

1．各有关部门根据年度预算提出无形资产的外购申请，对无形资产采购项目进行可行性论证并确认结果可行，对请购的无形资产的性能、技术参数做出明确且详细的要求，编制"无形资产购置申请表"并上报主管副总和总经理进行审批。

2．外购部门负责与无形资产卖方确定采购合同的各项条款，并由法务部审核该合同条款的合法性、合规性。

3．由申请外购的部门负责组织无形资产外购的具体工作，并与卖方签订采购合同，明确双方的权利和义务。对于非专有技术等具有非公开性的无形资产，还应注意外购过程中的保密、保全措施。

第4条　自主研发无形资产内容如下。

1．无形资产在研究阶段产生的各项支出应记入当期损益，一般计入"管理费用"科目，在开发阶段发生的支出须进行资本化处理，计入到无形资产成本中。

2．自制无形资产开发完成后，技术研发部会同无形资产的使用部门进行验收，必要时可聘请外部专家对自主研发的无形资产进行验收，并根据验收结果填写验收报告。

3．财务部依据验收报告、相关验收单据进行相应的账务处理工作。

4．企业自主研发并按照法律程序申请取得的无形资产，按依法取得时发生的注册费、聘请律师费等费用，作为无形资产的实际成本。

第5条　对于投资者投入的无形资产，财务部应当按照投资合同或协议约定的价值入账，但合同或协议约定价值不公允的除外，此时会计人员应借记"无形资产"，贷记"实收资本"。

第6条　财务部应该在有关法律和会计准则规定的范围内取得无形资产。

第7条　财务部必须保证无形资产占注册资本的比例不超过70%。

第3章　无形资产投资预算管理

第8条　企业无形资产投资预算的编制、调整、审批、执行等环节，按"预算控制制度"执行。对于超出预算或预算外无形资产的投资项目，由无形资产相关责任部门提出申请，按照审批权限审批通过后再办理相关手续。

第9条　财务部应根据企业发展战略和生产经营的实际需要，并综合考虑无形资产投资方向、规模、资金占用成本、预计盈利水平和风险程度等因素编制无形资产投资预算。

第10条　财务部在对无形资产投资项目进行可行性研究和分析论证的基础上，合理安排投资进度和资金投放。

第4章　无形资产日常管理

第11条　无形资产使用或管理部门负责根据无形资产的使用状况，及时维护本部门无形资产管理台账。无形资产管理台账登记的内容包括：无形资产的名称、价值、数量、使用部门、摊销年限、使用状态等。

【解析】无形资产管理的基本流程包括无形资产的取得、验收并落实权属、自用或授权其他单位使用、安全防范、技术升级与更新换代、处置与转移等环节。

第12条　财务部应根据购置合同明确的使用期限与估计使用年限孰低，确定无形资产的摊销年限并进行摊销，摊销的具体要求如下。

1．摊销时间。财务部应从无形资产取得的当月起，在法律规定的有效使用期内平摊管理费用，法律没有规定使用年限的按照合同或单位申请书的受益年限摊销，法律和合同或单位申请书都没有规定使用年限的，按照不少于十年的期限摊销。

2．摊销方法。企业选择的无形资产摊销方法，应当反映与该无形资产有关的经济利益的预期实现方式。无法确定预期实现方式的，应当采用直线摊销法。无形资产的摊销方法由主管副总确定，该摊销方法应当反映与该无形资产有关的经济利益的预期实现方式。

3．摊销科目。无形资产的摊销金额一般计入当期损益，会计准则中另有规定的除外

4．摊销金额。无形资产的摊销金额为其成本扣除预计残值后的金额，对已计提减值准备的无形资产，有关会计人员还应扣除已计提的减值准备金额。

第13条　财务部应定期对无形资产进行减值测试，且保证频率不低于一年1次，按照账面价值与可收回金额孰低计量，对可收回金额低于账面价值的差额计提无形资产减值准备。

第14条　无形资产若存在以下状况，财务部应进行资产减值测试，如有需要，则计提无形资产减值准备。

1．某项无形资产被其他新技术所替代，使其为企业创造经济利益的能力受到重大不利影响。

2．某项无形资产的市价在当期大幅下降，在剩余摊销年限预期不能恢复。

3．某项无形资产已超过法律保护期限，但仍具有部分使用价值。

4．其他足以证明某项无形资产实质上已发生了减值的情形。

第5章　无形资产使用管理

第15条　企业按照"全员监督，重点负责"的原则使用无形资产。

【解析】无形资产的使用与保全的风险主要有无形资产使用效率低下，效能发挥不到位；缺乏严格的保密制度，体现在无形资产中的商业机密泄露；由于商标等无形资产疏于管理，导致其他企业侵权，严重损害企业利益。

第16条　凡使用企业无形资产的，必须向无形资产的归口管理部门提出申请，由无形资产的归口管理部门向财务部进行申报，该申报经总经办审批通过后，方可以执行。

第17条　企业出租、出借无形资产，应由无形资产管理部门会同财会部门按规定报经批准后予以办理；通过审批后，无形资产的管理部门签订合同，明确无形资产特许使用期间的权利与义务。

第18条　企业所有员工都有权利和义务监督企业无形资产的管理情况，有责任劝阻、制止和举报违反无形资产管理规定的人员，对检举有功的部门和个人，企业将给予保护和一定的物质奖励。

第19条　企业内部员工侵犯企业无形资产，违反有关法律与规定者，企业视情节轻重给予处罚。

第20条　对于侵犯企业无形资产权益的外部单位或个人，企业将运用法律手段保护自身利益不受损害。

第21条　无形资产的保管。无形资产管理部门应根据无形资产性质确定无形资产保全范围和政策，并应当限制未经授权人员直接接触技术资料等无形资产，对技术资料等无形资产的保管及接触应保有记录，对重要的无形资产应及时申请法律保护。

第6章　无形资产的处置管理

第22条　对无形资产进行处置时，审批与执行岗位要分离。

【解析】无形资产处置的主要问题有无形资产长期闲置或低效使用，就会逐渐失去其使用价值；对无形资产处置不当，往往造成企业资产流失。

第23条　无形资产出售。企业出售无形资产的工作程序如下。

1．确定无形资产不能为企业继续创造价值，由无形资产管理部门提出将该项无形资产出售的申请。

2．主管副总和总经办对无形资产的出售申请予以审批。

3．审批通过后，由无形资产管理部门负责无形资产的具体出售事宜，财务部负责有关账务处理，取得的价款与无形资产账面价值间的差额计入当期损益。

第24条　无形资产报废处置。无形资产的报废应按照以下程序进行。

1．无形资产不能继续使用时，由无形资产管理部门详细填写"无形资产处置申请表"，注明报废理由，估计清理费用、可回收残值，预计出售价值等。

2．各级负责人按权限对无形资产管理部门上报的"无形资产处置申请表"进行审查，并签署意见。

3．审计部在处置前会同相关部门或人员对无形资产的处置依据、处置方式、处置价格等进行审核，重点审核处置依据是否充分、处置方式是否适当、处置价格是否合理。

4．财务部在处置后根据审计结果进行财务报表更新。

第7章　附　则

第25条　本办法由总经办负责编制、解释和修订。

第26条　本办法自××××年××月××日起生效。

编修部门/日期		审核部门/日期		执行部门/日期	

8.3.2　无形资产分类与摊销管理制度

制度名称	无形资产分类与摊销管理制度	编　号	
		受控状态	

第1章　总　则

第1条　为了规范企业无形资产的分类与摊销，确保企业能够及时跟踪不同类别无形资产的状态，正确地将无形资产的应摊销金额在无形资产的使用寿命内系统而合理地进行摊销，根据《企业内部控制应用指引第8号——资产管理》及相关法律、法规，结合企业实际情况，特制定本制度。

第2条　本制度适用于指导企业无形资产分类管理与摊销的相关工作。

第2章　无形资产的分类

第3条　无形资产的特征主要有特定主体拥有或者控制、不具有实物形态、能持续发挥作用并给其拥有者带来经济利益。

第4条　确认无形资产，主要关注无形资产能否产生经济利益、能否用货币估价并可以依法转让。

【解析】企业应当定期对专利、专有技术等无形资产的先进性进行评估。发现某项无形资产给企业带来经济利益的能力受到重大不利影响时，应当考虑淘汰落后技术，同时加大研发投入，不断推动企业自主创新与技术升级，确保企业在市场经济竞争中始终处于优势地位。

第5条　常见的无形资产包括专利权、商标权、著作权、专有技术、销售网络、客户关系、特许经营权、合同权益、商誉等。

第6条　企业常见的无形资产获得形式有外购、投资者投入、应收债权换入、以非货币性交易换入、企业自行研发等。

第7条　无形资产的分类如下。

1．按无形资产取得来源不同分类，可分为外购的无形资产、自行开发的无形资产、投资者投入的无形资产、企业合并取得的无形资产、债务重组取得的无形资产、以非货币性资产交换取得的无形资产以及政府补助取得的无形资产等。

2．按无形资产的使用寿命是否有期限分类，可分为有期限无形资产和无期限无形资产。无形资产的使用寿命是否有期限应在企业取得无形资产时就应加以分析和判断。

第8条　无形资产处置涉及产权变更的，企业无形资产业务主管部门会同归口管理部门组织无形资产技术鉴定，督促相关人员及时办理无形资产的产权确认手续。

第9条　自创无形资产是企业通过自行研究、开发、设计或在生产经营活动过程中形成的无形资产。例如，自创专利权、自创商标权、自创技术秘密等。客户关系是企业为达到其经营目的，主动与客户建立起的某种关系，故属于自创无形资产。

第10条　外购无形资产是企业从外部购入或接受投资形成的无形资产。企业从外部购入的无形资产是指以货币资产或可以变现的其他资产相交换，或以承担债务方式从企业外部获得的无形资产，包括外购专利权、外购商标权、外购技术秘密及著作权等。企业接收捐赠的无形资产属于外购无形资产。

第11条　投资者以投资方式将持有的无形资产如专利权、专有技术、商标权等投入企业而形成的无形资产，视为企业接受投资形成的无形资产。专有技术（非专利技术）、商业秘密属于无专门法律保护的无形资产，须加强法律保护，未经董事会允许，不得公开。

第12条　有专门法律保护的无形资产一般在取得时需要经过一定的法律程序，保护的时间也有一定的限制。

第13条　无专门法律保护的无形资产，受企业自身保密原则的保护，但此类无形资产受法律保护的力度远远小于受专门法律保护的无形资产。如专有技术(非专利技术)、商业秘密等。

第14条　知识型无形资产通常是指通过人类智力劳动而创造形成的成果，以及包含、凝结和体现人类智力劳动成果的无形资产。如知识产权范畴的无形资产，知识产权具体包括工业产权和著作权等。

第15条　权利型无形资产是指特定当事人经由他人授权，并通常会通过书面（也有非书面的）契约的形式，以特定当事人付费（也有不付费）为代价，获得的能给特定当事人带来超额收益的相关权利。例如，租赁权、特许经营权和专卖权等。

第16条　关系型无形资产是指特定主体通过提高企业经营管理水平、商品质量、服务质量和商业信誉等方面逐渐建立起来的经济资源，主要依赖于与相关业务当事人建立非契约性的信任关系。如销售网络、客户关系和专家网络等。

第17条　组合型无形资产指运用多种因素综合形成的无形资产，是各种难以独立存在和辨识的无形资产的总和。

第3章　无形资产的分类管理

第18条　对外购取得的无形资产，要建立无形资产变更台账，对取得的无形资产进行详细登记。

第19条　对自行研发的无形资产，要进行无形资产保密管理，实行无形资产分级保密管理制度，严格限制无形资产信息权限。

第20条　对于无专门法律保护的无形资产，要定期进行信息更新及风险监控，及时排除风险，保障无形资产的安全。

第21条　对于知识型、权利型、关系型及组合型等无形资产，要密切关注与其作用的发挥及其价值体现相关的实体资产，确保实体资产的良好运作，保障无形资产的价值。具体情形如下。

1．专利技术或非专利技术的优越性及其获利能力通常需要借助于单台设备、机组、生产线及其工艺发挥出来。

2．商标及品牌的知名度、市场影响力及其获利能力通常需要借助于商品或服务表现出来。

3．著作权无形资产的获利能力通常需要借助于影视作品、小说、图书、软件等物质载体表现其客观存在。

4．商誉通过企业整体的经营管理水平和效益体现。

第22条　无形资产的共益管理。无形资产的共益性可能受到市场有限性和竞争性的制约，所以其间须注意企业无形资产运作的有序性和合规性。

第23条　根据时间及市场的变化，监控无形资产的成熟程度、影响范围和获利能力的变化，确保无形资产的价值最大化。

第24条　根据分类的不同及作用方式的不同，相关无形资产权属部门可进行无形资产的良性替代，提高企业核心竞争力。

第4章　无形资产的摊销管理

第25条　根据《企业会计准则》，企业应当于无形资产取得的当月起，在预计使用年限或不少于10年的期限分期平均摊销，并将摊销额计入管理费用，由本期损益负担。

【解析】无形资产的摊销有以下两种方法。①平均摊销法：平均摊销法包括直线法和产量法。直线法是指将无形资产的应摊销金额均衡地分配于每一会计期间，因此又叫平均年限法；产量法是以无形资产在整段使用期间所提供的产量为基础来计算应摊销额。②加速摊销法：加速摊销法包括余额递减法和年数总和法，是相对于每年摊销额相等的直线摊销法而言的，加速摊销法的摊销额逐年递减。

第26条　如果预计使用年限超过了相关合同规定的受益年限或法律规定的有效年限，该无形资产的摊销年限按以下原则确定。

1．合同规定受益年限但法律没有规定有效年限的，摊销年限不应超过合同规定的受益年限。

2．合同没有规定受益年限但法律规定有效年限的，摊销年限不应超过法律规定的有效年限。

3．合同规定了受益年限，法律也规定了有效年限的，摊销年限不应超过合同规定的受益年限和法律规定的有效年限两者之中的较短者。

第27条　如果合同没有规定受益年限，法律也没有规定有效年限的，摊销年限不应超过10年。

第28条　使用寿命不确定的无形资产不予摊销。

第5章　附　则

第29条　本制度由董事会负责编制、解释和修订。

第30条　本制度自×××年××月××日起生效。

编修部门/日期		审核部门/日期		执行部门/日期	

第 9 章

销售业务

9.1 销售

销售业务是企业实现盈利的主要业务。销售环节在企业中占据重要的一环。企业通过销售业务中的客户管理、合同管理、货物发货及退回管理、客户服务管理等，提高销售业绩，为企业获取更大利润。

9.1.1 客户开发、信用档案与信用保证制度

制度名称	客户开发、信用档案与信用保证制度	编　号	
		受控状态	

第1章 总 则

第1条　为了建立和规范客户信用档案及信用保证管理工作体系，完善客户开发程序，科学、严谨地评估客户信用等级、设定客户信用额度，有效规避和预防企业经营风险、保障销售应收账款按时收回，根据《企业内部控制应用指引第9号——销售业务》及相关法律、法规，结合企业实际情况，特制定本制度。

第2条　本制度适用于企业客户开发、信用档案及信用保证管理相关工作。

第2章　客户开发管理

第3条　在与客户合作之前，尤其针对首次合作、成交额较大的客户，要先对客户信用情况进行调查，保证客户信息真实有效。

第4条　客户信息获取与分析相关内容如下。

1. 客户开发专员收集潜在客户资料，初步分析潜在客户的相关情况，并编制"潜在客户目录"。

2. 为保障企业客户质量，维护企业利益，客户开发专员应对"潜在客户目录"中的客户进行深入分析，选择符合以下四项标准的潜在客户作为开发对象。

（1）客户的信用情况良好，不存在不良信用记录。

（2）客户信誉良好，无泄露商业机密行为。

（3）客户的企业经营稳定，有较强的财务能力。

（4）客户的成本管理和成本水平符合本企业要求。

【解析】客户信用主要从客户经营能力、盈利能力、偿债能力、发展能力以及客户素质几个方面来判定。

第5条　客户开发专员与拟开发客户进行初步沟通，进一步确定拟开发客户符合新客户要求后，填写"新客户认定表"，并将其提交营销总监进行审核。

第6条　客户开发专员在执行客户开发工作时，应遵守以下两点要求。

1. 客户开发专员应及时将开发进度及客户要求向销售经理进行报告。

2. 客户开发专员如在开发工作中发现客户信用存在问题，应立即报告销售经理并请求终止业务治谈。

第7条　业务洽谈完成后，由销售经理出面与客户企业代表签订业务合作合同，销售经理须仔细检查合同的各项条款，确保企业利益，降低合同风险。

第8条　客户信用调查渠道如下。

1．通过金融机构调查。该渠道可信度比较高，所需费用少，但很难掌握客户全部资产情况及具体细节，并且因客户的业务银行不同，所花费的调查时间也会较长。

2．通过专业资信调查机构调查。该渠道能够在短期内完成调查，并满足本企业的需求，但经费支出较大。另外，调查人员的素质和能力对调查结果影响很大，所以应选择声誉高、能力强的资信调查机构。

3．通过客户或行业组织调查。该渠道可以深入、具体地进行调查，但会受地域限制，难以把握整体信息，并且难辨真伪。

4．询问或委托同事了解客户的信用状况，或从本企业派生机构、新闻报道中获取客户的有关信用情况。

第9条　对客户信用实施分类、分级管理，可将其分为以下三类。

1．A类客户是指规模大、信誉高、资金雄厚，属超一流企业的客户。

2．B类客户是指信用状况一般、信誉较好的客户。

3．C类客户主要包括一般的中小客户、新客户、警示客户、失信客户、严重失信客户。

第3章　客户信用档案及信用保证管理

第10条　对于已确定合作关系（签订合同）的客户，客户开发专员应根据客户信用信息建立客户信用档案，并及时更新企业客户资料数据库。

第11条　在进行客户信用评级时，做好有关知识准备工作，熟悉客户信用评级的内容，掌握客户信用分析的步骤。

第12条　在与客户接触的过程中，掌握客户需求，获取客户相关信用资料，包括营业执照信息、相关资质证明、信用等级证明、客户销售规模、人员状况、商品状况、经营状况等。

第13条　客户信用档案的主要内容如下。

1．身份信息（客户个人基本情况、客户家庭情况、社会信用情况）。

2．良好信息（客户良好信用信息记录情况）。

3．提示信息（客户不良信用信息记录情况）。

4．警示信息（客户被企业处罚情况）。

第14条　客户信用档案归档注意事项如下。

1．在企业内建立统一的客户信用信息管理体系，实现信息共享。

2．客户服务部指定专门的客户调查人员负责客户信用信息收集工作。对需要归档的客户信用信息资料，先由客户信息专员填写"客户信用信息资料归档表"，经客户服务部经理审定签字后，方可归档。

3．客户调查人员要对所提供的信用信息资料的真实性负责。

第15条　按照企业与客户信用管理有关规定，对客户信用进行评估，评估内容包括企业基本经营情况、信用状况、盈利能力和偿债能力等。

【解析】企业基本经营情况包括年营业额、平均毛利、税负率、应收账款天数、坏账率等；企业信用状况包括企业资产负债、损益、现金流情况和欠税、行政处罚、法院判决、执行信息等；企业盈利能力主要看营业利润率、成本费用利润率、盈余现金保障倍数、总资产报酬率、净资产收益率和资本收益率六项指标；企业偿债能力主要看短期偿债能力指标（包含流动比率、速动比率、现金流动负债比率等）和长期偿债能力指标（包含资产负债率、产权比率等）。

第16条　信息管理小组成员根据客户信用评定结果，授予客户相应的信用级别，并报总经理审批。

第17条　财务部应及时统计客户付款情况，评估客户信用状况，并将其纳入客户信息资料库。客户服务部及时进行客户信用档案更新，并提交销售部。销售部人员应对信用不好的客户采取相应措施。

第18条　与客户进行合作时，明确标明双方违约赔偿责任，约束双方行为，确保双方履行合同职责。

第19条　企业根据客户信用等级及交易的商品种类，对授信种类、数量等实行限制。

<h3 style="text-align:center">第4章　附　则</h3>

第20条　本制度由客户服务部负责编制、解释和修订。

第21条　本制度自××××年××月××日起生效。

编修部门/日期		审核部门/日期		执行部门/日期	

9.1.2　销售合同订立与审核管理制度

制度名称	销售合同订立与审核管理制度	编　号	
		受控状态	

<h3 style="text-align:center">第1章　总　则</h3>

第1条　为了进一步规范企业销售合同订立流程，完善销售合同审核程序，根据《企业内部控制应用指引第9号——销售业务》及相关法律、法规，结合企业实际情况，特制定本制度。

第2条　本制度适用于企业销售合同订立与审核相关管理工作。

【解析】企业对销售合同进行审核，是为了判断销售合同是否能够保证企业自身达到交易目的，合同条款是否能够有效保护双方的权益，以及避免双方履行过程中产生争议。

<h3 style="text-align:center">第2章　销售合同订立过程控制</h3>

第3条　了解合作意向，根据合作内容拟定销售合同初稿。

第4条　进行销售合同会审。销售合同在拟稿以后、正式生效之前，由销售合同关键条款涉及的相关部门（如技术、财务、审计等）会同企业法律顾问，对销售合同文本进行审查。

第5条　进行销售合同订立时，要进行销售合同内容的综合审查和细节审查。具体审查内容如下。

1. 综合审查。对销售合同的合法性、有效性、公平性以及销售合同文本的规范性进行的审查。

2. 细节审查。对销售合同中技术细节的正确性、销售合同的可操作性、销售合同中权利与义务的对等性进行的审查。

第6条　销售合同各拟稿部门的职责如下。

1. 企业各拟稿部门负责签订本部门生产经营及管理业务往来的销售合同。

2. 各拟稿部门负责销售合同的拟定和销售合同在会审过程中的传递。

第7条　销售合同拟稿人的职责如下。

1．销售合同拟稿人为该销售合同所指业务的经办人，负责拟定对外签订的销售合同的草稿。

2．销售合同拟稿人负责在本制度规定的"销售合同会审单"上填明须对销售合同进行会审的部门。

3．销售合同拟稿人负责销售合同与"销售合同会审单"在整个会审过程的传递，直到销售合同盖上合同专用章后结束。

第8条　销售合同各拟稿部门负责人的职责如下。

1．销售合同各拟稿部门负责销售合同草稿的初审，审核销售合同草稿的文字表达及内容的清晰度和完整度，并负责定出初稿。

2．销售合同各拟稿部门负责审查"销售合同会审单"上所列内容是否按照本制度规定填列齐全。

第9条　销售合同会审部门的职责如下。

1．法律顾问主要负责对销售合同对方当事人身份和资格的审查及销售合同争议解决方式的审核。

2．质量部主要负责对销售合同标的物是否符合国家商品质量标准、卫生免疫检测标准、技术标准等进行审查。

3．财务部主要负责对销售合同对方当事人资信情况、价款支付进行审查。

4．法律顾问和财务部负责对违约责任条款进行审查，包括违约金的赔偿及经济损失的计算。

第3章　销售合同审核程序控制

第10条　联合各部门人员，进行销售合同审核。具体审核程序如下。

1．拟稿人拟出销售合同草稿，并在"销售合同会审单"上签字。

2．拟稿人将销售合同草稿连同"销售合同会审单"报送本部门负责人初审，负责人确认合格后在"销售合同会审单"上签字，并定出销售合同初稿。

3．拟稿人将销售合同初稿连同"销售合同会审单"报送各会审部门或人员进行会审，会审完成后，确认不需要修改的，会审部门或人员在"销售合同会审单"上签字。

4．全部会审环节通过后，拟稿人将销售合同连同"销售合同会审单"报送具有销售合同签订权的有关领导签字。

5．拟稿人将销售合同连同"销售合同会审单"报送合同专用章保管人员处盖章，合同专用章保管人员应审查"销售合同会审单"上所列内容是否齐全，若会审部门与人员签字手续不全，应退还拟稿人并要求补办相关会审手续，所有参与会审的部门或人员都应在"销售合同会审单"上签字。

6．会审通过后，经企业总经理审批后，方可使用合同专用章盖章。

7．合同盖章后，拟稿人将销售合同连同"销售合同会审单"报送合同档案管理人员，合同档案管理人员在"销售合同会审单"上填写合同编号及合同归档号，签字后将销售合同连同"销售合同会审单"一并妥善保管。

第4章　销售合同审核管理

第11条　进行销售合同合法性审核。审核内容主要包括销售合同的主体、内容和形式是否合法；销售合同订立程序是否符合规定；对销售合同的会审意见是否完备；资金的来源、使用及结算是否合法；资产动用的审批手续是否齐备；销售合同条款及有关附件是否完整、全面。

第12条　进行销售合同严密性审核。审核内容主要包括文字表达是否准确；附加条件是否适当、合法；销售合同约定的权利与义务是否明确；数量、价款、金额等标示是否准确。

第13条　进行销售合同经济性审核。审核销售合同内容是否符合企业的经济利益。

【解析】企业经济利益有如下两个指标：①企业经济效益，指企业的生产总值与生产成本之间的比例关系。②企业利润，指生产总值与生产成本之间的差额。在成本一定的情况下，只有获得更多的利润，才算经济效益有了提高。

第14条　进行销售合同可行性审核。审核签订方是否具有资信及履约能力、签约资格；担保方式是否可靠；担保资产的权属是否明确。

第15条　对销售合同档案实行信息化管理，由企业合同管理主管部门集中统一管理，以确保档案完整和能被有效利用。

第16条　企业合同管理主管部门负责统筹、协调、组织、整理、保管企业所有合同文档，并负责监督和指导各业务分企业、各部门的合同管理工作。

第17条　各业务分企业、各部门应分别建立健全销售合同文档的形成、积累、整理、归档工作体系，并确定一名人员负责销售合同文档管理。

第5章　附　则

第18条　本制度由总经办负责编制、解释和修订。

第19条　本制度自××××年××月××日起生效。

编修部门/日期		审核部门/日期		执行部门/日期	

9.1.3　发货与退货管理制度

制度名称	发货与退货管理制度	编　　号	
		受控状态	

第1章　总　则

第1条　为了规范企业发货与退货程序，确保可追溯商品销售的去向，有效规避销售各环节风险，根据《企业内部控制应用指引第9号——销售业务》及相关法律、法规，结合企业实际情况，特制定本制度。

第2条　本制度适用于企业所有商品的发货与退货管理工作。

第2章　发货管理

第3条　仓储部负责成品发货管理的整个流程，如办理成品发货手续、准备发货商品等。

第4条　订单接收管理。销售部负责订单的受理、填写和下发，并对订单的真实性、准确性、完整性承担相应责任。订单填写人应保证填写字迹清晰、内容准确、具体、完整无误，填写完毕后交给订单审核人。

第5条　订单确认流程如下。

1．订单审核人要按照合同要求审核订单信息，确定订单无误后，补充填写"订货通知单"。

2．针对库存不足的订单，订单审核人要及时下发"生产任务单"至生产部。

第6条　下发"订货通知单"相关内容如下。

1．仓储管理员应依据"订货通知单"开立"成品发货单"，由销售部填开发票，对客户联发票核对无误后寄交客户，存根与未用的发票应于下月上旬汇送会计部。

【解析】客户联发票指发票联次中给客户的抵扣联和发票联；存根指票据、证件等开出后所留的底子，其内容与票据、证件等相同，可方便留存备查。

2．"订货通知单"上注明有预收款的，在开列"成品发货单"时，应于预收款栏内注明预收款金额及发票号码，分批发货的，其收款以最后一批交货时间为原则，但"订货通知单"内有特殊规定的除外。

第7条　订单物品出库工作如下。

1．仓储部接收并汇总订单信息，下达"订货通知单"。

2．出库专员根据出库主管签发的"出库通知单"等出库凭证备货、理货，做好货物出库准备。

3．出库专员根据货物运输的要求，对待发货物进行组配封装或拆卸零件分装，并对运输物资包装进行加固。

4．包装完成后，出库专员应于货物包装的明显位置添加标识，标明货物的名称、规格、收货地址、注意事项。

5．出库专员按企业相关规定对出库货物进行登记，并办理出库交接手续。

第8条　仓储部保存好提货单、结算单等相关票据，建立销售台账，记录商品销售去向、数量等，以防出现问题也能够追本溯源。

第9条　合作方的订货、交货地点非其营业所在地的，其"订货通知单"应经业务部门主管核签后，方可办理发货。

第10条　收货人非订购客户的，应有订购客户出具的收货指定通知，方可办理发货。

第11条　仓储管理员接获"订货通知单"后方可发货，但有指定发货日期的，依其指定发货日期发货。

第12条　未办理入库手续的成品不得发货，若须紧急发货的，须在发货同时办理入库手续。

第13条　订制品发货前，仓储管理员若接到业务部门的暂缓出货通知，应立即暂缓发货，等收到业务部门的出货通知后再办理发货，紧急时可由销售主管先以电话通知仓储主管，但事后仍应及时补办手续。

第14条　"成品发货单"填好后须于"订货通知单"上填注日期，"成品发货单"编号及发货数量等用以了解发货情况。若订单已完成，则依流水号顺序整理归档。

第15条　确保商品质量、数量无其他问题后，仓储管理员按实际信息填写发货单。发货单一式四联（仓储部一联，财务部一联，送货人一联，收货人一联）。

第16条　业务员负责与运输人员保持联系，跟踪商品运输全过程，保证商品能够及时到达。商品到达后，发货单、货运单、回单、发票等原始单据要保留完整。

第17条　商品送达后，业务员要及时与客户沟通，并将沟通信息反馈给相关负责人，避免客户投诉。

第3章　退货管理

第18条　销售部受理客户退货请求，并对以下退货原因进行询问及分析。

1．若因本企业过错造成退货的，应受理客户退货请求。

2．若因客户方过错造成退货的，应报上级进行审批后处理。

第19条　销售部相关人员与客户方协商一致后填写商品退货凭证，上交销售主管审批。

第20条　仓储部应通知质检部对退货商品进行质量检验，明确退货商品存在的质量问题，并提供相应的处理措施。

第21条　对于退货商品的入库，仓储部应根据销售部填写的商品退货凭证办理入库手续，经总经理审批后进行验收。

【解析】退货凭证办理办法：①凡是本月发出且已确认收入的商品遭退回，无论该商品是本年度还是以前年度销售的，都算作本月销售收入的冲减，一般借记"主营业务收入"科目，贷记"银行存款""应收账款""应付账款"科目，并红字贷记"应交税金——应交增值税（销项税额）"科目；②对未确认收入的发出商品的退回，按计入"发出商品"科目的金额，借记"库存商品"等科目，贷记"发出商品"科目；③纳税人发生销货遭退回时，不论是属于本年度还是以前年度销售的，都算作本期销售收入的冲减。

第22条　对于因质量问题发生的退货，应查明原因，分清责任，确定责任人，提交企业人力资源部进行处理。其中，劣质商品应提交生产部进行修复，确认无法修复的，应由仓储部按企业相关规定进行报废处理。

第23条　财务部根据退货凭证，进行账务处理。退货流程处理完毕后，销售部及仓储部应及时进行资料存档。

第4章　附　则

第24条　本制度由总经办负责编制、解释和修订。

第25条　本制度自××××年××月××日起生效。

编修部门/日期		审核部门/日期		执行部门/日期	

9.1.4　客户服务制度

制度名称	客户服务制度	编　号	
		受控状态	

第1章　总　则

第1条　为了进一步做好客户服务工作，加强与客户的业务联系，树立良好的企业形象，提高客户服务水平和客户满意度，根据《企业内部控制应用指引第9号——销售业务》及相关法律、法规，结合企业实际情况，特制定本制度。

第2条　本制度适用于企业客户服务部全体人员及本企业与客户服务工作相关的部门的客户服务管理工作。

第2章　客户服务岗位职责控制

第3条　客户服务部经理负责确定部门客户服务目标，制订目标实施计划并督促有效执行，对客户信息的收集工作进行监督和检查，并审核客户等级划分方案，组织处理紧急客户投诉，努力让客户满意。

【解析】企业做好"客户服务"，本质是在传达一种"以客户满意为导向"的价值观。企业间的竞争越来越激烈，客户服务正在成为一个关键的品牌差异化的因素，甚至成为影响客户选择的一项重要因素。高水平的客户服务可以让企业、品牌脱颖而出，并建立好的口碑。

第4条　客户服务主管负责协助客户服务部经理制订部门客户服务目标及实施计划，并监督执行，同时组织客户服务专员进行客户资料收集、资信审核和等级划分工作，合理调配内部人员，协调相关部门间的关系，确保客户服务工作顺利开展。

第5条　客户服务专员负责收集、整理客户信息，建立客户档案，执行客户资信评审，按企业要求划分等级，办理客户订单处理和查询业务，并受理客户投诉，及时向上级反馈客户意见，不断改进企业的客户服务水平。

第6条　相关部门和人员按企业相关规范协助客户服务部办理客户相关业务。

第3章　客户服务分级管理

第7条　为促成企业经营目标的实现，企业的客户服务工作应采用分级管理制度，具体分级依据包括以下几点。

1．行业水平。客户所在行业的水平，决定客户所在企业的消费水平。客户所在企业行业水平越高，对企业的发展贡献就越大，带给企业的收入也就越多。

【解析】行业水平由以下几个指标决定：行业每年利润、行业投资金额、行业产出产品的需求、行业创新程度、行业政策扶持强度、行业中企业前景等。

2．客户与本企业合作的频率。在一段固定时间内，客户与本企业合作的次数越多，说明其为企业带来利润的潜力越大，因此应该受到企业重视。

3．客户与本企业合作次数占其对外合作次数的比例。该比例越高，说明客户对本企业商品及服务越信赖。

4．客户对本企业品牌的关心程度。客户对本企业品牌越关心，代表其越信赖本企业，愿意寻找机会与本企业展开长期合作，并能为本企业带来长久利润。

5．客户对本企业服务质量事故的容忍度。客户对本企业服务质量事故的容忍度越高，说明该客户与本企业合作的诚意越深。

6．客户对本企业商品价格的敏感度。客户对本企业商品价格的敏感程度越低，说明该客户对本企业越忠诚。

第8条　客户服务专员应根据实际情况对以上因素赋予相应权值，并结合客户档案信息进行评价，通过最终的评价排序得到客户的级别，从而确定核心客户、重要客户以及普通客户等各级客户的名单，之后提交客户服务部经理审批。

第4章　客户服务标准

第9条　制定客户服务标准内容如下。

1．企业的客户服务标准由客户服务主管起草，客户服务部经理审批。在客户服务标准制定过程中，相关工作人员应与仓储部、配送部等相关部门共同讨论，明确客户服务规范以及相关服务考评指标。

2．最终确定各类客户服务标准后，由客户服务部将审批通过的客户服务标准文件发送至相关部门，并由客户服务部进行统一培训、解释。

【解析】客户服务标准包括客户服务态度、帮助客户解决问题的能力、响应客户需求的速度、提供优质服务的持续力等方面的内容。

第10条　执行客户服务标准内容如下。

1．各部门经理应指导本部门员工按客户服务标准为客户提供优质服务。

2．对于企业核心客户，由客户服务部经理单独为其设定服务标准，并上报领导审核。审核通过后，由客户服务部向有关部门进行通知，并定期对其服务情况进行跟踪。

第5章　客户服务实施管理

第11条　构建客户服务管理体系。企业的客户服务管理体系指为实施客户服务管理所需的组织结构、程序、过程和资源。

第12条　企业以全面管理思想为指导，明确客户服务管理体系应具备的管理体系结构、组织结构、程序文件、控制过程以及资源要素。

第13条　客户服务实施过程控制。为严格控制客户服务实施过程的质量水平，企业的客户服务人员应做到以下3点。

1．客户服务调查。包括内部调查和外部调查。

2．客户服务评价。客户服务部经理根据客户服务调查统计、客户服务标准及相关服务指标，会同相关部门经理对其部门的工作进行讨论、评价，最终得出某一阶段的客户服务评价结果，形成"客户服务评价表"。

3．客户服务分析。客户服务部经理与相关部门经理根据客户服务评价结果展开讨论，对存在的问题及时进行纠正。当出现核心客户或特殊问题要进行单独分析时，若有必要，要列出详尽的客户服务改进计划、方案，并征求客户意见。

第14条　客户服务绩效评价。企业应定期对客户服务工作进行绩效评价，以不断提升服务水平和经营效益。评价指标有客户满意度、客户所在企业的市场份额、企业形象、客户忠诚度等。

第15条　客户服务改进。相关服务部门根据评价结果，进行客户服务体系更新与设计，以改进客户服务。

第6章　附　则

第16条　本制度由客户服务部负责编制、解释和修订。

第17条　本制度自×××× 年×× 月×× 日起生效。

编修部门/日期		审核部门/日期		执行部门/日期	

9.2 收款

收款是企业销售业务中，对财务影响最直接的环节，也是企业建立企业信誉最重要的环节。收款规范、及时，有利于营造有原则、有信誉的企业形象。收款程序规范，能够有效加速企业相关业务回款，保障企业现金流充足。

9.2.1 应收款项管理制度

制度名称	应收款项管理制度	编　号	
		受控状态	

第1章　总　则

第1条　为了规范企业应收款项的管理，保证企业资金的良性循环，防止坏账的产生，减少收账费用与损失，根据《企业内部控制应用指引第9号——销售业务》及相关法律、法规，结合企业实际情况，特制定本制度。

第2条　本制度适用于企业应收账款管理、赊销及支票管理、坏账处理工作。

第2章　应收账款管理

第3条　加强客户信用管理。应收账款管理人员与销售人员应依照企业相关规定，对客户的信用进行调查，并随时监测客户信用的变化，建立客户信用档案，以此作为合同签订与赊销商品的依据。

【解析】调查客户的信用，即充分了解和掌握客户的信誉、资信状况，随时把握客户的信用变化状态，避免在收款活动中因信用问题给企业带来损失。

第4条　强化账款收回意识，加大账款回收约束力。具体内容如下。

1．销售部最迟应于发货日起_____日内收款，某些特殊情况应依同行习惯于_____日内收款。

2．如果某一账款超过上述期限仍未收回，财务部应及时把未收回的账款详细列表并通知销售主管审阅，以督促催收。

3．如果超过_____天仍未收回，且金额超过_____万元，销售部应立即填写"应收账款报告表"，送财务部及法务部联合办理。

第5条　财务部对相关票据进行妥善管理并存档。

第6条　纪检部对财务部的账款回收行为加强监督，避免收款过程中出现舞弊、程序不合规的行为。

第7条　财务部相关工作人员根据合同规定，合理选择账款结算方式并进行催收。

第8条　应收账款催收管理。具体内容如下。

1．账龄分析。应收账款主管应督促下属在每月_____日之前清理上月应收账款，并根据销售合同及企业的相关规定进行应收账款账龄分析，理出拖欠账款清单及潜在核销账款，将其上交主管领导，最后由销售部提出解决办法，经主管领导批准后执行。

【解析】账龄分析就是按应收账款拖欠时间的长短来分析和判断金额、坏账是否可收回。按照账龄，可将应收账款编制成一张账龄分析表，通过账龄分析表，可以了解当前收款、欠款及拖欠时间长短等情况。一般来说，应收账款账龄越长，对应坏账损失的可能性越大。

2．应收账款明细的调减。应收账款明细账的调减必须经过有管理权限的分管领导的书面批准后，方可执行。

3．应收账款催收。销售部在接到"超期应收账款通知单"24小时内，须制定收款时限及措施，对所有超期应收账款限期开展追收工作，并将有关工作内容填入催收单，形成文件记录，妥善地存入客户资信档案。

4．损失责任。账款的经办人是追收账款的第一责任人。因追收不力造成呆坏账的，企业相关部门应视情节轻重和损失大小，对有关责任人给予经济与行政处罚。情节严重、损失巨大的，要追究其法律责任。

第9条　应收账款内部管理与报告。具体内容如下。

1．根据企业内部管理报告制度，销售部、财务部应分别建立应收账款台账，并将其按客户、销售人员、销售区域等建立周统计报表，按时上报主管领导。

2．销售部和财务部每月应定期核对应收账款的情况，如有差异，须及时找出原因，并限期解决。

第3章　赊销与支票管理

第10条　赊销商品时，销售部必须办好下列事项。

1．签订赊销合同。

2．确定结算方式及付款期限，及时获取付款保证书。

3．明确延期付款的违约责任。

第11条　销售部收受赊销单位支票时，应注意以下事项。

1．发票人有无权限签发支票。

2．查明支票有效的记载事项，如用途、到期日、发票人盖章等是否齐全。

3．非该企业或本人签发的支票，应要求交付支票人背书。

4．所收支票账户与银行往来的时间、金额、退票记录情形。

5．所收支票账户号码越少，表示与该银行往来时间越长，信用越可靠。

6．支票记载可更改处是否已加盖原印签章，有背书人时，还应同时盖章。

7．支票上文字有无涂改、涂销与变造。

8．注意支票是否逾期。

第12条　本企业收受的支票的"到期日"与"兑换日"按下列方法办理。

1．本埠支票到期日当日兑现。

2．近郊支票到期日两日内兑现。

第13条　票据撤回。

1．所收支票已交者，如退票或因客户存款不足要求退回兑现或换票时，销售部应填具票据退回申请书，经销售部经理核准后，送财务部办理相关事宜。

2．销售部取回原支票后，必须先向客户取得相当于原支票金额的现金或担保金或新支票。销售部在取得现金或担保金或新支票后，应将原支票退还客户。

第4章　坏账处理

第14条　坏账确认。 应收款项为下列条件之一的，财务部可将其确认为坏账。

1．因债务人破产或死亡，以其破产财产或遗产偿还后，确实不能收回的。

2．因债务单位撤资、资不抵债或现金流量严重不足，确实不能收回的。

3．因发生严重自然灾害等导致债务单位停产，在短时间内无法偿还债务，确实无法收回的。

4．因债务人逾期未履行偿债义务超过三年，经核查确实无法收回的。

第15条　科目列示。 具体内容如下。

1．应收款项因发生问题未能收回的，经办的销售人员要作出书面说明，财务部应单独设立明细科目，予以列示。

【解析】列示一般是对报表中的某一个具体项目的内容或数据进行填列，相对来说，更为细致、具体。

2．发生坏账时，财务部应确认坏账损失，将其冲销计提的坏账准备，借记"坏账准备"，贷记"应收账款"。如果已冲销的坏账以后又收回，财务人员应按实际收回的金额，借记"银行存款"科目，贷记"应收账款"科目。同时，借记"应收账款"科目，贷记"坏账准备"科目。

【解析】冲销是指将原有的一笔或数笔账的金额减掉；计提是指将当前未发生但将来会发生的会计事项的金额加入账上。

第16条　提取坏账准备。 具体内容如下。

1．企业按期对各类应用款项提取坏账准备。具体情形参照企业最新规定。

2．当应收款项被确认为坏账时，财务部应根据其金额冲减坏账准备，同时转销相应的应收账款金额。

第5章　附　则

第17条　本制度由财务部负责编制、修订和解释。

第18条　本制度自××××年××月××日起生效。

编修部门/日期		审核部门/日期		执行部门/日期	

9.2.2　商业票据管理制度

制度名称	商业票据管理制度	编　号	
		受控状态	

第1章　总　则

第1条　为了加强对商业票据业务的管理，合理控制企业财务规模，根据《企业内部控制应用指引第9号——销售业务》及相关法律、法规，结合企业实际情况，特制定本制度。

第2条　本制度适用于对企业商业票据的管理工作。

第2章　商业票据岗位职责控制

第3条　商业票据管理岗位包括企业财务部门票据管理岗位及各业务部门负责收取和支领票据的岗位。各岗位人员按照不相容职务相分离的要求，设置票据收取、保管及支出的岗位，负责票据的管理工作。

【解析】不相容职务指那些由个人担任就可能发生甚至掩盖错误和舞弊行为的职务，不相容职务相分离强调每项业务至少经过两个部门或两个所在职位人员的处理，这样能起到互相监督、制约的作用。

第4条　各业务部门票据收取和支领岗位工作人员须对所收取的票据进行初步审核，审核其票面、日期、出票行、签章等。

第5条　财务部票据收取岗位工作人员须对收到的票据进行进一步审核、签收、银行查询并进行登记。

第6条　财务部票据保管员对"应收票据备查簿"及票据进行账实核对后签字，妥善保管票据并进行问题票据的跟踪。

第7条　财务部票据支领岗位工作人员对新开票据予以支持，向用户收回收据。同时，企业开出的商业票据到期承付签，所有的管理工作及票据到期的承付及登记，都由该岗位工作人员负责。

第8条　业务部门及财务部设定专人负责票据相关的管理工作，以保证收与支、账与实相互分离且相互制约，确保票据的安全，防范资金风险。

第3章　商业票据统筹管理

第9条　商业票据主要是指由金融企业（如银行）或某些信用较高的企业开出的无担保短期票据。

第10条　商业票据的信用依据。商业票据的可靠程度依赖于发行企业的信用程度。

第11条　商业票据主要作用方式为背书转让和贴现。

【解析】背书转让指收款人以转让票据权利为目的，在汇票上签章并作必要的记载。《中华人民共和国票据法》规定，持票人将票据权利转让给他人，应当背书并交付票据，这样才具有法律效力；贴现指商业票据的持票人在汇票到期日前，通过贴付一定利息将票据权利转让给银行来取得资金。

第12条　商业票据期限在一年以下的，商业票据可以由企业直接发售，也可以由经销商代为发售。

第13条　商业票据承兑时间。纸质商业承兑汇票最长不超过6个月，电子商业承兑汇票最长不超过1年。

第14条　根据《中华人民共和国票据法》的规定，在商业票据到期之前，可以将票据转让。在背书转让过程中，就算有一手背书是虚伪交易，也不影响善意取得人对票据承兑的权利。

第15条　企业财务部设置票据备查簿，详细登记每类票据的种类、票据号、出票单位、出票行、出票日、到期日、票面金额、交易合同内容、收款单位及其他需要登记的信息。

第16条　备查簿的具体类型主要有"应收票据备查簿""托管票据备查簿""质押票据备查簿"等。

第17条　结合企业销售政策，选择恰当的结算方式加快款项回收，提高资金的使用效率。对于商业票据，结合销售政策和信用政策，明确应收票据的受理范围和管理措施。

第4章　商业票据收取、保管管理

第18条　收取的现金、银行本票、汇票等应及时缴存银行并登记入账，防止由销售人员直接收取款项。若必须由销售人员收取的，应由财会部门加强监控。

第19条　各部门票据收取负责人须对所收取的票据的真实性、合法性和有效性负责，负责所支领票据的在途安全性和支付业务的真实性。

第20条　对于销售合同收取的商业票据，业务人员还须对票据的要素进行严格审核。对有问题的票据，要拒收并进一步沟通。

第21条　财务部票据收取人根据票据要素，对票据进行进一步的核查与判别，审查无误后开具收据。

第22条　票据保管人将收取人交来的票据与备查簿核实无误后签字，并将票据整理归档。

第23条　票据保管人要随时检查票据状态，对即将到期的票据，应及时提示银行办理托收。

第24条　票据托管。票据保管人根据托管银行的要求编制票据托管交接清单，向托管银行交存票据时，至少应有两名银行人员签字，并做好交接记录。

【解析】票据托管是指根据客户的申请，银行为客户提供票据保管和信息查询，代为保管票据。在票据托管基础上，客户还可开展质押授信、贴现等相关业务。

第25条　票据质押。票据保管人根据支领人提供的"票据支领单"填制"票据质押清单"，并进行账实核对，核查无误后进行交接。

【解析】票据质押是指票据持票人以其持有的未到期的票据，为自己或第三人的债务向债权人提供担保的票据行为。

第5章　商业票据处理

第26条　应付票据的到期处理。应付票据到期结清时，财务人员应当在备查簿内逐笔注销。

第27条　票据支付。对于开出的票据，支领人应在到期日前，安排好承付资金并进行处理。

第28条　应付票据的到期贴现。应付票据的到期贴现应在票据的一年续存期内分期转作利息费用，通常采用直线法进行摊销。

第6章　附　则

第29条　本制度由财务部负责编制、解释和修订。

第30条　本制度自××××年××月××日起生效。

编修部门/日期		审核部门/日期		执行部门/日期	

第 10 章

研究与开发

10.1 立项与研究

企业应当根据实际需要，结合研发计划，提出研究项目立项申请，开展可行性研究，编制可行性研究报告。企业可以组织独立于申请及立项审批之外的专业机构和人员进行项目可行性的评估论证，并出具评估意见。

项目立项申请
可行性研究报告

10.1.1 研究项目评估、审批、跟踪管理制度

制度名称	研究项目评估、审批、跟踪管理制度	编　号	
		受控状态	

第1章 总 则

第1条 为了规范、约束和指导企业研究项目评估、审批、跟踪管理工作，加强研究项目的内部控制，防范相关风险，根据《企业内部控制应用指引第10号——研究与开发》及相关法律、法规，结合企业实际情况，特制定本制度。

第2条 本制度适用于企业研究项目的评估、审批、跟踪管理工作。

第2章 研究项目评估管理

第3条 对于研究立项，研发部应当根据企业实际需要，结合研发计划，提出研究项目立项申请，开展关于研究项目立项的可行性研究工作。

【解析】立项主要包括立项申请、评审和审批。该环节的主要风险：研发计划与国家（或企业）科技发展战略不匹配，研发承办单位或专题负责人不具有相应资质，研究项目未经科学论证或论证不充分，评审和审批环节把关不严，可能导致创新不足或资源浪费。

第4条 研发部经理以不相容岗位分离控制为原则，负责组建研究项目立项可行性调查研究小组（以下简称可行性研究小组）。

第5条 可行性研究小组应遵循实事求是的原则，就研究项目的市场需求状况、建设规模、产品方案、生产工艺、设备采购、研发条件、融资方案、投资估算、财务和经济效益、环境和社会影响以及可能产生的风险等方面进行全面且深入的调查、统计、研究和充分的分析、比较、论证。

第6条 可行性研究小组规范撰写研究项目立项可行性研究报告，报研发部经理审核，研发部经理审核通过后呈报总经理审批。

第7条 对于重大且复杂的研究项目，企业应聘请独立于申请及立项审批之外的专业机构和人员进行评估论证，并出具评估意见。

第3章 研究项目审批管理

第8条 研究项目的审批工作应建立在研究项目立项申请书和可行性研究的基础上，总经理和研发部经理对研究项目立项申请书和可行性研究报告的真实性与完整性负责。

第9条 单笔研究开发费用在20万元及以内的，由研发部经理审批；单笔研究开发费用大于20万元的，由总经理审批；单笔研究开发费超过200万元的，则由董事会和董事长审议批准。

第10条 研究项目审核、审批流程如下。

1．研发部经理审核研究项目主管提交的研究项目立项申请书和可行性研究报告，审核通过后呈报总经理和总经办审议批准。

2．若该项目超出总经理审批权限，还应由总经理报董事长审批。

第11条 重大研究项目应当报经董事会或战略委员会审议决策。

第12条 在研究项目的审批过程中，应当重点关注研究项目对促进企业发展的必要性、技术的先进性以及成果转化的可行性。

第4章 研究项目跟踪管理

第13条 研发部经理应当加强对研究过程的管理，合理配备专业人员，严格落实岗位责任制，确保研究过程高效、可控。

第14条 研发部经理应当设立研究跟踪小组，跟踪并检查研究项目进展情况，评估各阶段研究成果，提供足够的经费支持，确保研究项目按期、保质完成，有效规避研究失败的风险。

第15条 企业研究项目委托外部单位承担的，应当采用招标、协议等适当方式确定受托单位，并签订外包合同，约定研究成果的产权归属、研究进度和质量标准等相关内容。

【解析】委托研发是指企业委托具有资质的外部承办单位进行研究和开发。委托研发的主要风险是委托单位选择不当，知识产权界定不清。

主要的管控措施：第一，加强对委托研发单位资信、专业能力等方面的调查；第二，委托研发应采用招标、议标等方式确定受托单位，制定规范、详尽的委托研发合同，明确产权归属、研究进度和质量标准等相关内容。

第5章 附 则

第16条 本制度由研发部负责编制、解释和修订。

第17条 本制度自××××年××月××日起生效。

编修部门/日期		审核部门/日期		执行部门/日期	

10.1.2 研究项目委外管理制度

制度名称	研究项目委外管理制度	编 号	
		受控状态	

第1章 总 则

第1条 为了规范、约束和指导企业研究项目委托外部单位承担的相关工作，加强招标和协议签订工作的内部控制，选择最佳的受托方，防范相关风险，根据《企业内部控制应用指引第10号——研究与开发》及相关法律、法规，结合企业实际情况，特制定本制度。

第2条 本制度适用于企业的研究项目委外管理工作。

第2章　研究项目招标管理

第3条　研发部应当基于技术和成本效益原则，认真研究、判断企业是否应将研究项目委托给外部单位承担，并出具研究报告，同时在报告中厘清应实施的内部控制。

【解析】成本效益原则是指企业实施内部控制时，应当权衡实施的成本与预期的效益，以适当的成本达成有效的控制。研发活动内部控制的建立与实施应当统筹考虑投入成本和产出效益之比，实现以合理的控制成本达到最佳的控制效益。也就是说，企业因实行内部控制所花费的代价不能超过由此而取得的效益，否则就会得不偿失、明珠弹雀。

与此同时，关于研发活动，对其成本效益原则的判断，需要从企业整体且长远的利益出发，避免短视行为。若实施某些控制可能会影响当前的利益和运营效率，但可以长远地避免整个企业可能面临的巨大损失和风险，此种情况就应果断地建立和实施相应的内部控制。

第4条　若确须将研究项目外包给外部单位，应组建招标小组，开展招标工作，招标小组应由招标委员会、总经理、总经办、财务部、法务部、研发部等相关机构或人员组成。

第5条　招标小组负责本企业研究项目招标的各项具体工作，包括招标立项报批、招标文件编制、收集投标单位信息、组织资格预审、考察投标单位、投标入围单位报审、组织开标与评标、发放中标及中标通知等。

第6条　财务部是招标工作的配合部门，负责招标文件中财务状况以及投标单位的财务状况审核等。

第7条　一旦招标立项通过审批，招标小组应立即着手招标的准备工作，招标组长应严格审核是否准备充分，然后按规定程序组织开展招标工作。

【解析】业务外包流程主要包括制定业务外包实施方案、审核批准、选择承包方、签订业务外包合同、组织实施业务外包活动、业务外包过程管理、验收、会计控制等环节。

第3章　研究项目招标程序

第8条　编制招标文件。完整的招标文件主要包括招标邀请书、投标须知、合同条款、招标目标任务说明、技术规格、投标文件格式和投标保证金七项内容。

第9条　发布招标信息。招标小组研究讨论是采用招标公告还是邀请招标的方式发布招标信息。

第10条　资格预审。正式组织招标前，须对投标单位的基本资格和专业资格进行预审。基本资格指投标单位的合法地位和信誉，具体包括是否注册、是否破产、是否存在违法违纪等行为。专业资格指已具备基本资格的投标单位完成研究项目的能力。

第11条　发售招标文件。招标小组将招标文件按照招标公告或投标邀请书中所规定的时间、地点发放给投标单位。

第12条　开标。开标应在招标通告所规定的时间、地点公开进行，并邀请投标单位或其委派的代表参加。

第13条　评标。评标人员首先对所有投标文件进行审查，对不符合招标文件基本条件的投标文件确定为无效，其次对投标文件中不明确的地方进行必要的提问，但不能做实质性修改，最后采取适合的评标方法，保证企业的利益。

第14条　撰写评标报告。在评标结束后，评标人员要及时撰写评标报告，经招标小组组长审核后报总经办审批。

第15条　定标。总经办确认招标过程和结果都合理后，方能确定评标结果，中标单位确定后，招标小组应向中标的投标单位发出中标通知书，并通知所有未中标的投标单位。

第4章 研究项目外包合同管理

第16条 总经理授权研发部经理与中标单位签订合同，重大外包研究项目应由总经理或董事长签字。

第17条 外包合同应约定研究成果的产权归属、研究进度、质量标准、违约责任等相关内容，法务部应参与外包合同的编制。

第5章 附 则

第18条 本制度由总经办负责编制、解释和修订。

第19条 本制度自××××年××月××日起生效。

编修部门/日期		审核部门/日期		执行部门/日期	

10.1.3 研究成果验收制度

制度名称	研究成果验收制度	编　号	
		受控状态	

第1章 总 则

第1条 为了规范、约束和指导企业研究成果的验收工作，提高研究管理水平，客观评审和验收研究项目成果，防范相关风险，根据《企业内部控制应用指引第10号——研究与开发》及相关法律、法规，结合企业实际情况，特制定本制度。

第2条 本制度适用于企业研究成果评审小组开展研究成果的验收工作。

【解析】本环节的主要风险：由于验收人员的技术、能力、独立性不足等，造成验收成果与事实不符；由于测试与鉴定投入不足，导致测试与鉴定不充分，不能有效降低技术失败的风险；由于验收方式与业务外包成果交付方式不匹配、验收标准不明确、验收程序不规范，使验收工作流于形式，不能及时发现外包业务质量低劣等情况，可能导致企业遭受损失。

主要管控措施：第一，建立健全技术验收制度，严格执行测试程序；第二，对验收过程中发现的异常情况应申请重新进行验收或研发，直至研发项目达到研发标准为止；第三，落实技术主管部门验收责任，由独立且具备专业胜任能力的测试人员进行鉴定试验，并按计划进行正式的、系统的、严格的评审；第四，加大企业在测试和鉴定阶段的投入，对于重要的研究项目，可以组织外部专家参加鉴定。

第2章 研究成果验收管理

第3条 研发部经理负责以不相容岗位分离控制为原则，初步组建研究成果验收小组。研究成果验收小组应包含财务部、法务部等部门的专业人员，其他部门负责人应积极配合组建研究成果验收小组。

第4条 研发总监负责监督研究成果验收小组的组建，并审核研究成果验收小组的专业性、合规性、完整性。

第5条 对于重大、难度大、复杂的研究项目，还应委托相关机构或行业专家验收或参与鉴定。

第6条　研究成果验收小组应秉承科学、严谨、不走过场的原则开展研究成果的评审、鉴定和验收工作。研发部应对其提交的验收文件资料的真实性、准确性和完整性负责。研究成果验收小组应对验收结论的真实性、准确性负责。

第7条　对在验收工作中出现的弄虚作假及渎职等行为，一经查实，立即终止并取消其继续承担企业科技项目和参与验收工作的资格。造成损失的，将依法追究责任。

第8条　参与验收工作的有关人员，不得擅自披露、使用或向他人提供被验收的内容。对造成损失和恶劣影响的，将依照有关法律，追究其法律责任。

第9条　严禁任何部门或个人阻挠研究成果验收小组的工作，企业监事会应做好重大研究成果验收的监督工作。

第10条　研究成果验收小组主要依据研究项目计划书、外包合同或合作合同文本中的有关技术、经济指标进行评价和验收。

第11条　验收内容如下。

1．研究成果的指标、效果、质量是否符合相关文件载明的预期。

2．对研究成果的创新程度、应用情况及前景作出评价。

3．研究经费决算及使用情况。

4．研究成果的不足之处。

5．对研究成果的过程管理进行综合评价等。

第3章　研究成果验收程序

第12条　项目合同期限结束后，研发部提出验收申请，并将所需的验收文件资料及"验收申请表"报送给研究总监。

第13条　研究总监审核"验收申请表"，下发验收文件，确定验收方式和研究成果验收小组成员。

第14条　申请验收的项目须提交"研究成果验收申请表"、研究成果验收评价报告、研究成果技术研究报告、研究成果专项合同、研究成果检验报告等文件。

第15条　研究成果验收小组开展验收工作，独立提出验收评估意见，并形成验收结论。

第16条　验收结论分四种：通过验收并有重大突破、通过验收、需要复议、未通过验收。

第17条　完成合同并取得重大成果的（科技成果有重大创新，经济社会效益显著），视为通过验收并有重大突破；完成合同的，视为通过验收；提供的文件资料不详细或验收结论争议较大的，视为需要复议。

第18条　凡具有下列情况之一的，按未通过验收处理。

1．未按合同要求达到所预定的主要技术和经济指标。

2．所提供的验收文件材料不真实的。

3．依托工程尚未在相关工程中应用和未取得效果的。

4．对研究内容、目标、技术路线进行了较大调整，但未获合同甲方认可的。

5．实施过程中出现重大问题，又未解决和作出说明的。

6．未按验收通知期限提交验收材料，又未作出说明的。

第19条　未通过验收和需要复议的研究项目，可在半年之内再次申请验收。仍未通过验收的，有关责任部门和责任人3年内不得再承担企业的研究项目，由总经办负责追究相关人员的责任。

第20条 验收通过后，研发部将全部验收材料装订成册，并归档保存。

第4章 附 则

第21条 本制度由总经办负责编制、解释和修订。

第22条 本制度自××××年××月××日起生效。

编修部门/日期		审核部门/日期		执行部门/日期	

10.1.4 核心研究人员管理制度

制度名称	核心研究人员管理制度	编 号	
		受控状态	

第1章 总 则

第1条 为了规范、约束和指导企业核心研究人员的管理工作，吸引、凝聚和留住核心研究人员，充分调动和发挥核心研究人员的工作积极性，实现核心研究人员和企业双方的价值，根据《企业内部控制应用指引第10号——研究与开发》及相关法律、法规，结合企业实际情况，特制定本制度。

第2条 本制度适用于人力资源部和研发部对核心研究人员的管理工作。

第2章 对核心研究人员的认定

第3条 董事会负责确定核心研究人员的认定数量，研发总监和人力资源总监负责对核心研究人员进行认定。

【解析】运用正确的制衡机制，可以提升核心研究人员认定工作的公平性与高效性，研发总监和人力资源总监相互制衡，董事会作为监督者。

第4条 人力资源总监和研发总监应结合企业战略发展规划、研发战略规划和人力资源发展规划，通过建立研发关键岗位，进行岗位评估等方法，确认核心研究人员的胜任特征。

第5条 核心研究人员应具备良好的社会道德素质，并遵守职业道德，具有奉献精神；有事业心、责任心、进取心，有不断学习、提高的愿望；认同企业核心价值观和企业文化，忠诚于企业。

【解析】对核心研究人员的认定，既要注重其专业素质、科研能力，同时也应注意其道德素质、协作精神以及对企业价值观和文化的认同感；同时关注核心研究人员的事业心、责任感和使命感。

第6条 核心研究人员应具备的专业条件包含但不限于以下几点。

1．具备本科及以上学历，中级及以上职称，所学专业是国家高精尖专业。

2．获得市级及以上的科技进步奖、自然发明奖、重大管理成果奖。

3．获得国家发明专利或实用新型专利，且研究成果转化取得较好的经济效益和社会效益。

4．在引进、消化、开发、推广国内外先进科学技术中，解决了关键技术问题，技术处于同行领先水平，并取得显著效益。

5．被列为市级以上重点工程的主要技术完成人或负责人，研究成果处于同行领先地位。

第7条　人力资源部相关人员组成核心研究人员认定小组，在人力资源总监和研发总监的领导下，开展对核心研究人员的认定工作，以实事求是的原则编写认定报告，收集、整理核心研究人员的相关资料。

第8条　人力资源总监和研发总监联合审核核心研究人员认定小组上报的资料，审核通过后，由人力资源总监将资料上报总经办审议、总经理审批，总经理审批通过后，呈报董事会审议、董事长审批。

第9条　核心研究人员名单确定后，企业应将名单公示，在五个工作日内接受其他员工的监督，并对相关疑问给出解释。

【解析】核心研究人员的管理属于研究成果保护的范畴，如果缺乏对核心研究人员的管理激励制度，可能会导致形成新的竞争对手或技术秘密外泄等问题。

第3章　对核心研究人员的管理

第10条　人力资源部根据董事会拟订的核心研究人员管理方案，建立沟通机制，与核心研究人员建立联系，了解核心研究人员的需求。

第11条　人力资源部定期组织核心研究人员学习企业的重大方针政策，不断提高其综合素养和全局观念。

第12条　研发部组织核心研究人员参加国内外研发技术交流会，及时更新研发的相关知识，不断提高其研发能力。

第13条　人力资源部、财务部、研发部根据董事会指示，合理划分核心研究人员的贡献等级，初步拟订核心研究人员的激励方案。

第14条　人力资源部应制定核心研究人员的绩效考核制度，用于对核心研究人员的考核，并为激励核心研究人员做准备。

第4章　对核心研究人员的激励

第15条　物质激励如下。

1．人力资源部采取多劳多得、多得光荣的原则，将绩效考核与薪酬挂钩，同时对参与项目并获奖的核心研究人员，根据其所获奖项，给予物质奖励。

2．企业核心研究人员应享受核心研究人员特殊工作津贴，在每年春节前由企业一次性发放，以改善核心研究人员的生活条件。

3．对核心研究人员生活上遇到的困难和问题，积极施以援手，对引进的核心研究人员帮助解决其户籍问题、住房问题、配偶工作安置和子女就读问题等。

第16条　精神激励如下。

1．人力资源部可采取精神激励的方法，让核心研究人员参加高层领导的工作会议，给予他们知情权。

2．核心研究人员完成了工作任务，并取得成果后，人力资源部对核心研究人员给予相应的表扬和奖励，并表达企业对核心研究人员劳动的尊重和工作的认可，以使其获得成就感。

第17条　目标激励如下。

1．研发部应积极向核心研究人员宣传企业的长期目标、中期目标和短期目标，以及强调企业战略目标的实现与核心研究人员个人目标实现的一致性。

2．对核心研究人员申报的科研项目，所需的科研经费、图书资料、仪器设备或参加国内外学术交流等活动，给予积极支持并优先安排。

3．为需要助手的核心研究人员配备助手。					
第18条　股权激励。董事会应尽快制定针对核心研究人员的股权激励方案。					
第5章　附　则					
第19条　本制度由总经办负责编制、解释和修订。					
第20条　本制度自××××年××月××日起生效。					
编修部门/日期		审核部门/日期		执行部门/日期	

10.2　开发与保护

　　若企业重研究而轻开发，缺乏研究成果向生产过程转化的能力和措施，可能会导致研究成果发挥不出应有的效能，挫伤企业开展创新研究的积极性。若缺乏保护研究成果的有效措施，则可能导致研究成果流失、泄露或内外人员勾结、重大舞弊，最终导致企业利益受损。

10.2.1　研究成果转化制度

制度名称	研究成果转化制度	编　号	
		受控状态	
第1章　总　则			
第1条　为了规范、约束和指导企业研究成果的转化和开发工作，促进研究成果及时、有效地转化和应用，防范研究开发与保护的相关风险，根据《企业内部控制应用指引第10号——研究与开发》及相关法律、法规，结合企业实际情况，特制定本制度。			
第2条　本制度适用于研发部、生产部和市场部的研究成果转化协同工作。			
第2章　研究成果转化管理			
第3条　研究成果转化方式如下。			
1．企业自行投资实施转化。			
2．向其他企业转让该研究成果。			
3．许可其他企业使用该研究成果。			
4．以该研究成果作为合作条件，与其他企业共同实施转化。			
5．以该研究成果作价投资，折算股份或者出资比例。			

【解析】本环节的主要风险包括：研究成果转化应用不足导致资源闲置；研究成果转化保护措施不力导致企业利益受损；新产品未经充分测试导致大批量生产不成熟或成本过高；营销策略与市场需求不符导致营销失败。

第4条　企业应当重点出于对企业发展战略和成本效益的考量，选择合适的研究成果转化方式。

【解析】若研究成果的自行转化不在企业发展战略的规划之内，且自行转化的成本过高、效益过低，远低于其他方式，企业应选择其他经济效益较高的方式。

第5条　企业应尽量采用自行投资实施研究成果转化的方式，开展研究成果转化工作。

【解析】科技创新是第一生产力，自行转化可以延长产业链，为企业提供巨大的经济利益。企业应认真研究，及时调整战略，有选择地选取合适的研究成果进行自行转化，并积极创造条件，提升研究成果自行转化的成功率。

第6条　研究成果的转化工作是一个系统性工程，总经办应组织、协调研发部、生产部和市场部共同成立研究成果转化管理小组（以下简称管理小组），制定研究成果转化方案。

第7条　管理小组职责如下。

1．开展市场调研工作，了解和预测研究成果转化的产品的市场需求、竞争状况、市场前景等。

2．反复研究和测试，多次改进产品，力求降低产品成本。

3．根据研究成果转化方案，拟订研究成果转化计划。

第8条　管理小组应研究《中华人民共和国促进科技成果转化法》，积极响应国家的号召，利用国家的优惠政策，促进研究成果的高效率转化，提升企业生产力和竞争力水平。

第9条　管理小组的研究成果转化活动应当有利于企业加快实施创新驱动发展战略，促进科技与经济的结合，有利于提高经济效益、社会效益和保护环境、合理利用资源，有利于促进经济建设、社会发展和维护国家安全。

第10条　研究成果转化活动应当遵守法律法规，维护国家利益，不得损害社会公共利益和他人合法权益。

第3章　研究成果转化程序

第11条　管理小组根据研究成果验收评审报告、研究成果转化方案，拟订研究成果转化计划，报研发部、生产部和市场部经理审核，审核通过后报总经办审议，审议通过后由总经理审批。

第12条　管理小组根据成果转化计划，与研发部和生产部确定产品，应选择可大批量生产且技术成熟度高的产品，并通过多次改进，力求降低产品成本与费用。

第13条　新产品开发出来后，管理小组应开展以市场为导向的新产品开发消费者测试，认真听取消费者的意见。

第14条　管理小组编制新产品开发报告，报告中应明确新产品的基本属性、原材料、成本、市场占有率预测等内容，报告通过审批后，由生产部对新产品进行批量生产。

第15条　建立研究成果转化项目档案，推进有关信息资源的各项应用。

第4章　附　则

第16条　本制度由总经办负责编制、解释和修订。

第17条　本制度自××××年××月××日起生效。

编修部门/日期		审核部门/日期		执行部门/日期	

10.2.2　研究成果保护制度

制度名称	研究成果保护制度	编　　号	
		受控状态	

第1章　总　则

第1条　为了规范、约束和指导企业研究成果的保护工作，保护企业的合法权益，防止研究成果流失或泄露，根据《企业内部控制应用指引第10号——研究与开发》及相关法律、法规，结合企业实际情况，特制定本制度。

第2条　本制度适用于企业研究成果的保护工作。

第2章　专利管理

第3条　对研究成果符合专利授予条件的，研发部应及时向国家专利局申请专利，以取得法律的保护。

【解析】研究成果保护是企业研发管理工作的有机组成部分。有效的研究成果保护，可保护研发企业的合法权益。该环节的主要风险有：未能有效识别和保护知识产权，权属未能得到明确规范，导致开发出的新技术或产品被限制使用；核心研究人员缺乏管理激励制度，导致形成新的竞争对手或技术秘密外泄。

第4条　研发部申请专利前，应填写本企业的"专利申报表"，对研究成果的技术特点，包括新颖性、创造性、实用性、效益性等，作出清楚、完整的说明，并根据已知技术对发明创造的专利性作出评价。

第5条　研发部专利管理员应在"部门初审的意见"栏里，就专利申请是否符合《中华人民共和国专利法》（以下简称《专利法》）的相关规定作出初审意见，然后将此表交至知识产权室。

【解析】内部控制与合规存在一体两面的关系。内部控制存在的原因在于风险的存在，合规管理是基于对法律法规、政策要求与监督、社会承诺的遵守与执行的维度所提出的体系思路。无论是侧重外部的合规，还是侧重内部的内控，均是在助力企业规避风险。

第6条　专利申请内部审批流程如下。

1．由知识产权室专职人员对研究成果的专利申请进行专利文献检索和专利性审查，并将检索的情况及专利三性（新颖性、创造性、实用性）审查意见填入"专利申报表"中。

2．知识产权室领导审查"专利申报表"并签字。

3．知识产权室将"专利申报表"报企业主管技术副总审批。

4．企业主管技术副总审批后，知识产权室将"专利申报表"复印件返回研发部，进行专利申请的办理工作。

第7条　专利的受理、审查、授权或驳回。具体内容如下。

1．研发部将研究成果的相关资料交知识产权室，由知识产权室将研究成果报国家专利局进行审批。

2．国家专利局按《专利法》及相关规定对研究成果进行初审、实质性审查。若专利局认为申请专利的文件资料不符合《专利法》要求，须补正的，则知识产权室的承办人必须及时与研发部联系，要求其在15个工作日内予以补正。

3．国家专利局根据审查情况，并依据《专利法》及相关规定，对符合《专利法》要求的研究成果分别授予专利权并颁发专利证书，对不符合要求的作出予以驳回的决定。

第8条 对获得国家专利的研究成果，知识产权室须指定专人负责整理、编号、登记在册，做好归档管理工作。

第9条 专利使用程序如下。

1．使用部门提出书面报告，说明需要使用专利文献资料的原因、用途及使用范围。

2．由知识产权室对书面申请内容的必要性及合法性进行审查，并在3个工作日出具审查意见。

第10条 专利许可他人使用程序如下。

1．使用人以书面报告向知识产权室提出使用申请，知识产权室审查后作出是普通许可、排他许可还是独占许可的意见，并报送企业领导批示。

2．企业领导给出批准后，由使用人与企业签订专利许可使用合同，明确双方的权利与义务。专利许可使用合同应当到合同签订地或被许可方机构注册地或专利实施地专利管理机关认定登记。

3．专利许可合同生效后，知识产权室应将合同编号，做好归档管理工作。

第11条 专利技术转让内容如下。

企业转让专利技术的，应当经企业领导批准后进行。

1．法律事务部根据企业的指示，获得总经理授权，与受让人签订专利技术转让合同。

2．合同签订后，法务部指定知识产权室在3个工作日内将专利技术转让合同报国家专利局审查批准并公告。

3．专利技术转让后，知识产权室应及时做好档案管理。

第12条 专利跟踪。知识产权室应充分利用专利信息，掌握与本企业有关的国内和国外申请专利的动向，及时发现侵犯本企业专利权的行为。

第13条 专利诉讼内容如下。

1．对于侵犯本企业专利权的，知识产权室须请求调查、处理专利纠纷和进行专利诉讼，必要时也可委托专利代理机构或法务部办理。

2．对委托专利代理机构办理专利诉讼的，应有法务部人员参与，并将有关材料送法务部备案。

第14条 专利权保护要求如下。

1．企业及员工有权保护本企业专利权不受侵犯，维护企业的合法权益。一旦发现侵权行为，应及时报知识产权室，并帮助做好调查取证工作。

2．企业在保护自有专利权的同时，也应避免侵犯他人的专利权。

3．企业专利权涉及海关保护的，要按照知识产权海关保护条例要求，及时向海关总署申请办理专利权海关保护并备案。

第3章 保密管理

第15条 研发部应加强对专利权、非专利技术、商业秘密及研发过程中形成的各类涉密图纸、程序、资料的管理，对各类资料合理划分密级，注明保密和密级字样，严格按照规定程序借阅和使用，严禁无关人员接触研究成果。

第16条 人力资源部对参与和可能涉及研究成果的人员办理入职时，应当主动了解该人员在原企业所承担的保密义务和竞业限制义务，以免侵犯其他企业的合法权益。

第17条　人力资源部应与业务上可能知悉企业研究成果秘密的人员签订保密协议。

第18条　离职处理相关内容如下。

1．对涉密的科技人员，在科研任务尚未结束前要求离职，并可能泄露研究成果秘密，损害企业利益的，原则上不予批准。

2．确有特殊情况须离职的，须向该人员重申其保密义务，并建档跟踪其履行情况。

第19条　离休、退休、辞职或调离的职工在离开企业前，必须将在企业从事研发工作的技术资料、实验材料、实验设备和产品等交回企业，不得擅自复制、发表、泄露、使用或转让涉及企业技术秘密的技术资料和物品等。

第4章　附　则

第20条　本制度由研发部负责编制、解释和修订。

第21条　本制度自××××年××月××日起生效。

编修部门/日期		审核部门/日期		执行部门/日期	

10.2.3　研发活动评估制度

制度名称	研发活动评估制度	编　号	
		受控状态	

第1章　总　则

第1条　为了规范、约束和指导企业研发活动的评估工作，对研发活动立项、研究、研发、保护等过程进行全面评估，总结研发管理经验，分析存在的薄弱环节，改进和提升研发活动的管理水平，防范相关风险，根据《企业内部控制应用指引第10号——研究与开发》及相关法律、法规，结合企业实际情况，特制定本制度。

第2条　本制度适用于企业研发活动评估管理工作。

第2章　研发活动评估管理

第3条　研发总监应以不相容岗位分离控制为原则，组建一个针对研发活动全过程的评估小组，以及时找出研发活动的薄弱环节，完善相关制度或办法，加强研发活动的内部控制。

【解析】研发活动评估是研究与开发内部控制的重要环节。其主要管控措施：第一，增强高层管理者对评估作用的认可，为评估小组的评估工作赋能；第二，设计详细、科学、合理的制度和流程，从制度和流程上保证研发评估工作的开展；第三，因地制宜，构建具有针对性的评估指标体系，并保证人员和经费到位；第四，构建项目评估信息反馈和应用机制。

第4条　评估小组应制订工作计划，拥有高度的独立性，以提升研发效率、管理水平为工作目标，以实事求是、不搞形式主义为原则，采取多种方式，科学、严谨地开展评估工作。

第5条　评估过程中，若发现薄弱环节，应在评估工作手册上作记录，并要求相关人员整改；若发现弄虚作假的现象，应向研发总监报告。

第6条　工作计划主要内容如下。

1．对发现的主要问题进行清楚的描述。

2．问题如果不被解决，将造成什么样的后果。

3．提供解决问题的办法。

4．提供解决问题的负责人。

5．提供解决问题的时间表。

第7条　评估等级。

1．一级，可控。

2．二级，存在小问题，但研发经理已经制订了有效的计划来解决该问题，没有发现其他潜在问题。

3．三级，目前可控，但存在潜在问题需要解决，以避免问题恶化。

4．四级，有严重问题，有可能超预算或延误进度，需要立即制订纠偏计划，并采取有效的手段来控制局面。

5．五级，出现重大问题，甚至影响用户对研发结果的接受与否，或对用户有负面影响，要经过彻底的评估以寻求解决问题的方法。

第8条　研发活动评估报告内容如下。

1．研发活动名称、研发分类、研发内容、评估日期、评估小组人员名单、其他参与人员。

2．对采集到的信息进行结果分析。

3．研发活动评估等级。

4．研发活动进展情况。

5．问题和建议。

6．附录。

第3章　立项评估管理

第9条　评估小组应重点对立项申请、评审和审批三个环节进行评估。评估立项申请书的合理性、真实性和完整性；评估立项申请可行性研究报告是否客观、实事求是和经过充分论证；评估立项审批是否严格按照规定程序授权和审批。

【解析】虽然全面性原则有助于从企业生产经营活动的全过程来构建内部控制体系，但是实际情况中，绝对的全面控制既不可能也没有必要。而重要性原则是指内部控制应当在全面控制的基础上，关注重要业务事项和高风险领域。选择关键控制环节，关注重要业务事项和高风险领域，并采取更为严格的控制措施，确保不存在重大缺陷，有时候反而会事半功倍。

第10条　评估小组具体应当对研究项目的目标、规模、投资、技术、基本方案和预期收益进行评估。

第11条　评估工作完成后，应编制立项评估报告，报研发总监审核。

第4章　研究评估管理

第12条　评估小组应重点关注研究成果转化不足的风险。评估企业是否重视研究开发；评估对核心研究人员的管理工作是否到位；评估激励机制是否能够长效运转。

第13条　评估工作完成后，应编制研究评估报告，报研发总监审核。

第5章　研发评估管理

第14条　初始阶段。研发活动开始1个月以后，评估研究人员的安排情况、研究人员的技能和经验；评估关键任务的分配是否合理；评估计划的初始执行情况是否正常。

第15条　中期阶段。研发活动进行3~4个月时，将研发计划与研发实际执行情况进行对比，评估研发的进程与绩效；评估原始假设的有效性；评估研发优先级是否有变化；评估研发范围是否有偏离。

第16条　完成阶段。研发活动完成时，对研发在企业中所起的作用重新评估。评估研发预期的战略是否实现；评估研发是否给所有股东带来了期望收益；评估客户是否满意；评估研发管理是否良好；评估哪些做法是正确的，哪些做法是错误的。最后，确认可能改变研发未来发展方向和重要性的外部因素，如技术、法律、竞争等因素。

第17条　评估工作完成后，应编制研发评估报告，报研发总监审核。

第6章　保护评估管理

第18条　评估小组应重点评估研发活动保护制度是否建立健全，找出其薄弱环节并提出建议；评估知识产权的评审工作是否及时；评估知识产权的取得是否及时。

第19条　评估工作完成后，应编制保护评估报告，报研发总监审核。

第7章　附　则

第20条　本制度由总经办负责编制、解释和修订。

第21条　本制度自××××年××月××日起生效。

编修部门/日期		审核部门/日期		执行部门/日期	

第 11 章

工程项目

11.1　工程立项

工程立项是对拟建项目的必要性和可行性进行技术经济论证，对不同建设方案进行技术经济比较并作出判断和决定的过程。

企业在工程立项工作过程中，要严格把控各个环节。立项的正确与否，直接关系到项目建设的成败。

项目建议书　可行性研究报告

11.1.1　项目内部评审与外部评审制度

制度名称	项目内部评审与外部评审制度	编　号	
		受控状态	

第1章　总　则

第1条　为了规范对项目建议书和可行性研究报告的论证及评审，提高项目的效益，根据《企业内部控制应用指引第11号——工程项目》及相关法律、法规，结合企业实际情况，特制定本制度。

第2条　本制度适用于企业内部评审和外部评审工作。

第2章　内部评审

第3条　成立评审小组。企业应当组织规划、工程、技术、财会、法律等部门的专家，成立评审小组。项目部经理负责组织整个评审工作。

【解析】项目内审的目的是通过改善内部管理，纠正、预防发现的问题，从而推动质量改进；项目外审的目的是通过对项目质量管理体系和技术水平的评估，获得顾客认同或第三方认可。

第4条　制定评审方案。由项目部根据项目建议书和可行性研究报告中的项目投资方案、投资规模、资金筹措、生产规模、投资效益、布局选址、技术、安全、设备、环境保护等方面内容，制定评审方案，由项目部经理审核之后实施。

第5条　组织调研。由评审小组对项目建议书和可行性研究报告进行调研，在充分理解资料的基础上，评审小组根据核实、测算和审查后的资料数据进行对比分析与论证。

第6条　召开评审会议。由评审小组展开对项目建议书和可行性研究报告的评审，主要包括以下几个方面。

1．是否符合项目目标要求。

【解析】项目目标要求：明确（具体做什么）、可度量（具体达到什么数值/金额）、可达到（可行的实施方法、措施）、结果驱动（以结果为导向）、时间性（在什么时间范围完成）。

2．是否能满足项目可交付成果的需求。

3．是否能满足项目关键干系人的需求。

【解析】项目关键干系人包括企业最高决策人、承接项目方的最高决策人、项目经理。

4．是否符合企业目前的实际情况，包括资金、人力、技术等。

5. 是否考虑了项目内部及外部可能产生的风险。

6. 是否满足项目其他的假设条件和制约因素，如环境要求、相关政策法规等。

第7条　出具整改意见。评审结束之后，评审小组出具整改意见，企业相关部门根据整改意见及时修改项目建议书和可行性研究报告。

第8条　编制评审报告。评审报告由各组员单独出具评审意见并签字确认。项目规划经理将各组员的评审意见汇总后，再出具项目评审组的整体意见，提交项目部经理审核。

第3章　外部评审

第9条　企业可以委托具有相应资质的专业机构对可行性研究报告进行评审。其中，评审小组成员不得参与可行性研究。委托专业机构进行评审的，该专业机构不得参与项目可行性研究。

第10条　开展评审。进行外部评审时，企业相关部门需要满足外部评审专家的需求，外部评审专家通过检查体系文件开展调研，并出具评审意见。

第11条　项目部对于外部评审专家提出的整改意见需要及时响应，在规定的时间进行整改，并将整改后的项目建议书和可行性研究报告提交给外部评审专家，由外部评审专家确认整改效果。

第12条　评审组的决策机制不能简单采用"少数服从多数"原则，而要充分兼顾各评审组成员对项目投资、质量、进度等各方面情况的不同意见。

第4章　编制项目评审报告

第13条　项目评审报告主要包括以下6个方面的内容。

1. 项目名称、项目分类、评审日期、评审小组成员名单、其他参与人员。

2. 对采集到的信息进行结果分析。

3. 项目评审等级。

4. 项目进展情况。

5. 问题和建议。

6. 附录。

第14条　项目评审等级包括以下5个等级。

1. 一级，可控。

2. 二级，存在小问题，但是项目经理已经制订了有效的计划来解决该问题，没有发现其他潜在问题。

3. 三级，目前可控，但存在潜在问题需要解决，以避免问题恶化。

4. 四级，有严重问题，有可能超预算或延误进度，需要立即制订纠偏计划，并采取有效的手段来控制局面。

5. 五级，出现重大问题，甚至影响用户对项目结果的接受与否，或对用户有负面影响，需要经过彻底的评审以寻求解决问题的方法。

第15条　评审小组须制订项目改进行动计划，其主要内容如下。

1. 对发现的主要问题进行清楚的描述。

2. 问题如果不被解决，将造成什么样的后果。

3. 提供解决问题的办法。

4. 提供解决问题的负责人。

5. 提供解决问题的时间表。

第16条　档案管理。评审小组须将评审过程中包括项目评审过程和评审报告在内的所有资料备案，并按项目分类，统一编号归档，以确保保管和保密工作万无一失。

<h3 align="center">第5章　附　则</h3>

第17条　本制度由项目部负责编制、解释和修订。

第18条　本制度自×××× 年××月××日起生效。

编修部门/日期		审核部门/日期		执行部门/日期	

11.1.2　工程项目决策与决策失误责任追究制度

制度名称	工程项目决策与决策失误责任追究制度	编　号	
		受控状态	

<h3 align="center">第1章　总　则</h3>

第1条　为了规范企业工程项目决策与决策失误的责任追究管理，根据《企业内部控制应用指引第11号——工程项目》及相关法律、法规，结合企业实际情况，特制定本制度。

第2条　本制度适用于企业工程项目决策与决策失误责任追究工作。

<h3 align="center">第2章　工程项目决策相关规定</h3>

第3条　在工程项目决策过程中，企业的相关部门应履行其职能，提供必要、合理的建议。具体内容如下。

1. 工程部，负责编制"项目建议书"和"项目可行性研究报告"。

2. 技术部，为工程项目提供技术方面的支持。

3. 财务部，为工程项目提供财务方面的支持。

4. 审计部，对工程项目决策的过程实施审计监督。

5. 法务部，为工程项目提供法律方面的支持。

6. 其他相关部门，根据需要给予必要支持和配合。

第4条　项目决策方法如下。

1. 矩阵法：通过对项目的市场成长率、市场份额两项内容进行综合对比，确定项目所属的类型（问题型、明星型、现金牛型和瘦狗型），并根据项目类型及企业的发展需求作出决策的一种项目决策方法。

【解析】问题型项目指一些相对市场份额还不高，但市场增长率提高很快的项目；明星型项目指着眼点符合当下热点、极具前景的项目；现金牛型项目指占有相对较高的市场份额，但市场增长率并不高的项目；瘦狗型项目指相对市场份额很低，也看不到什么增长机会的项目。

（1）优点：有助于决策人员了解企业各项业务项目之间的关系，从而有利于决策人员的分析与决策能力的提高。

（2）缺点：评分等级宽泛，可能会造成多项不同项目业务处于同一个象限中；评分等级具有折中性，从而会导致难以对处于中间区域的项目进行决策。

2．盈亏平衡法：通过对项目产量、成本、收入之间的相互制约关系的综合分析，预测利润，控制成本，判断项目对不确定因素变化的承受能力，为工程项目决策提供依据的一种项目决策方法。

（1）优点：简单直观，可用于多个方案的比选，同时适用于不确定性分析。

（2）缺点：假设条件较多，适用范围有限，需要进行敏感性分析。

3．决策树法：通过绘制决策树来求取综合损益值，从而评估项目风险，判断其可行性的一种项目决策方法。

【解析】综合损益值指一段时间内，一家企业或者一个项目的运营状况，即企业或项目损失了多少、获利了多少。

（1）优点：简洁清晰，数据准备简单，易于理解、实施。

（2）缺点：难以预测连续性数据，项目风险类别过多时，出现错误的可能性大幅提高。

第5条　工程项目内部审批权限如下。

1．工程项目投资未超过最近一个会计年度净资产值的_____%，由总经理办公会议评估、论证并批准。

2．工程项目投资未超过最近一个会计年度净资产值的_____%，由总经理办公会议评估、论证，并报董事会批准。

3．超过以上投资额的项目，由总经理办公会议评估、论证，并经董事会审议通过后，提交股东大会审议批准。

第6条　企业应当按照规定的权限和程序对工程项目进行决策，决策过程必须有完整的书面记录，并实行决策责任追究制度。

第7条　重大工程项目，应当报经董事会或者类似决策机构集体审议批准，任何个人不得单独决策或者擅自改变集体决策意见。

第3章　工程项目决策程序

第8条　项目申请部门发起立项申请，并在1个月内完成"项目可行性研究报告"编制、"项目建议书"编制。企业也可以委托具有相应资质的专业机构开展可行性研究，并按照有关要求形成项目可行性研究报告。

第9条　开展评审相关内容如下。

1．内部评审。企业组织规划、工程、技术、财会、法律等部门的专家，成立评审小组，由评审小组展开对"项目建议书"和"项目可行性研究报告"的评审。

2．进行外部评审时，企业相关部门需要满足外部评审专家的需求，外部评审专家通过检查体系文件开展调研，并出具评审意见。

第10条　评审表决。项目发起人组织相关人员通过辩论、商议等方式进行评审表决。

第11条　决策者审批。决策者须对表决通过的项目的目标、性质、方针、时限责任、权益等内容进行审批。

第4章　工程项目决策失误责任追究

第12条　决策者责任追究情况如下。

1．决策者未按决策程序执行，导致工程项目决策失误的。

2．决策者越级决策，导致工程项目决策失误的。

3．决策者明知决策错误但未采取改进措施，导致工程项目决策失误的。

4．决策者违反法律、法规，导致工程项目决策失误的。

5．决策者对决策任务推诿或拖延，导致工程项目决策失误的。

6．其他情况。

第13条 在集体决策中，对造成企业重大工程项目决策失误的决策人员，应根据其在决策中所持意见，认定其相应责任：持赞同意见的成员为主要责任人，弃权的成员为次要责任人，持反对意见并记载于会议记录或会议纪要的成员，免除该决策人员的责任；在部门或个人决策中，个人直接作出决策的为主要责任；在专项决策中，直接负责人提出议案的为主要责任，参与决策的为次要责任。

第14条 责任追究方式。根据工程项目决策失误具体情况，选择相应的以下一项或几项追究方式。

1．责令修改。

2．责令书面检讨。

3．通报批评。

4．调岗、降薪、停职。

5．行政处罚，涉及犯罪的移交司法机关。

第5章 附 则

第15条 本制度由项目部负责编制、解释和修订。

第16条 本制度自××××年××月××日起生效。

编修部门/日期		审核部门/日期		执行部门/日期	

11.2 工程招标

实行招投标是提高工程项目建设相关工作公开性、公平性、公正性和透明度的重要制度安排，是防范和遏制工程领域商业贿赂的有效举措。相关人员在进行工程招标过程中，一定要严格执行企业规章制度。

11.2.1 工程项目招标、评标与中标管理制度

制度名称	工程项目招标、评标与中标管理制度	编 号	
		受控状态	
第1章 总 则			
第1条 为了规范企业的招标活动，加强企业对招标工作的管理，合理评估投标单位，选择与工程项			

目匹配的承包商，并保证开发项目的质量、工期，降低开发成本，提高企业的投资效益，根据《企业内部控制应用指引第11号——工程项目》及相关法律、法规，结合企业实际情况，特制定本制度。

第2条　本制度适用于本企业工程项目招标、评标与中标管理工作。

第2章　工程项目招标管理

第3条　企业的工程项目一般应当采用公开招标的方式，择优选择具有相应资质的承包单位和监理单位。

【解析】公开招标指采购方发布招标公告，邀请所有潜在的、非特定的供应商参加投标，采购方通过自行确定的标准，从所有投标供应商中择优评选出中标供应商，并与之签订采购合同。

第4条　企业有权自行选择招标代理机构，委托其办理招标事宜。企业具有编制招标文件和组织评标能力的，可以自行办理招标事宜。招标部门自行办理招标事宜的，应当向有关行政监督部门备案。

第5条　招标代理机构是依法设立、从事招标代理业务并提供相关服务的社会中介组织。招标代理机构应当具备下列条件。

1．有从事招标代理业务的营业场所和相应资金。

2．有能够编制招标文件和组织评标的相关专业力量。

第6条　招标准备程序如下。

1．编制招标文件。

2．对外发布招标信息。

3．在规定日期内接收投标单位提交编制的资格预审文件以及资料。

4．向资格预审合格的投标单位发售招标文件。

第7条　编制招标文件。招标文件是投标单位准备投标文件和参加投标的依据，同时也是评标和签订合同的重要依据，招标部门应当根据招标项目的特点和需要编制招标文件。招标文件至少应包括投标邀请、投标须知、合同条款、技术规格、标书编制要求、投标保证金、供货表和报价表、履约保证金和合同协议书格式等内容。招标部门设有标底的，标底必须保密。

第8条　招标部门在正式招标以前，应在公开的媒体上刊登招标公告。如果是国际性招标采购，还应在国际性的刊物上刊登招标通告，或将招标通告送到可能参加投标的企业所在国家的驻华大使馆。

第9条　资格预审相关内容如下。

1．招标部门在正式组织招标前，须对投标单位的基本资格和专业资格进行预审。基本资格指投标单位的合法地位和信誉，包括是否注册、是否破产、是否存在违法违纪行为等。专业资格指已具备基本资格的投标单位完成拟定采购项目的能力。

2．资格预审需要按照以下程序来进行。

（1）编制资格预审文件。

（2）邀请潜在的投标单位参加资格预审。

（3）发售资格预审文件和接收资格预审申请。

（4）招标部门进行投标单位资格评定。

3．招标部门不得以不合理的条件限制或者排斥潜在投标单位，不得对潜在投标单位实行区别对待。

【解析】不合理条件包括工期不合理（招标人要求的工期远远少于定额工期，同时也不支付赶工费）、资质要求不合理（招标人为达到某种目的，将不同类专业工程划分到同一标段，并要求投标人同时具有多项资质等）等。

第10条　招标部门将招标文件直接发售给通过资格预审的投标单位。在没有资格预审程序的情况下，应将招标文件发售给任何对招标通告作出反应的投标单位。

第11条　招标部门应当按照资格预审公告、招标公告或者投标邀请书规定的时间、地点发售资格预审文件或者招标文件。资格预审文件或者招标文件的发售期不得少于5日。

第12条　投标部门应当按照招标文件的要求编制投标文件。投标文件应当对招标文件提出的实质性要求和条件作出响应。招标项目属于建设施工的，投标文件的内容应当包括拟派出的项目负责人与主要技术人员的简历、业绩和拟完成招标项目的机械设备等。

第13条　投标单位应当在招标文件要求提交投标文件的截止时间前，将投标文件送达投标地点。招标部门收到投标文件后，应当签收保存，不得开启。投标单位少于三个的，招标部门应当依照相关法律规定重新招标。在招标文件要求的截止时间后送达的投标文件，招标部门应当拒收。

第14条　投标单位在招标文件要求提交投标文件的截止时间前，可以补充、修改或者撤回已提交的投标文件，并书面通知招标部门。补充、修改的内容为投标文件的组成部分。

第15条　在确定中标单位前，企业不得与投标单位就投标价格、投标方案等实质性内容进行谈判。

第16条　开标应当在招标文件确定的提交投标文件截止时间的同一时间公开进行；开标地点应当为招标文件中预先确定的地点。

第17条　宣读投标文件相关内容如下。

1．开标前，由投标单位或者其推选的代表检查投标文件的密封情况，也可以由招标部门委托的公证机构检查并公证；经确认无误后，由工作人员当众拆封，宣读投标单位名称、投标价格和投标文件的其他主要内容。开标过程应当记录，并存档备查。

2．开标时，对于投标文件中含义不明确的地方，允许投标单位做简要解释，但所做的解释不能超过投标文件记载的范围，或实质性地改变投标文件的内容。以电传、电报方式投标的，不予开标。

3．招标文件中规定使用密封投标方式的，宣读投标文件时，不得透露投标单位的价格信息。

第18条　开标时，由招标专员做开标记录，其记录的内容主要包括采购项目名称、招标号、刊登招标通告的日期、发售招标文件的日期、购买招标文件的单位名称、投标单位的名称及报价、截标后收到标书的处理情况等。

第19条　在特殊情况下，可以暂缓或推迟开标时间，特殊情况包括但不限于以下4种。

1．招标文件发售后对原招标文件做了变更或补充的。

2．开标前，发现有足以影响采购公正性的违法或不正当行为的。

3．采购单位遭到质疑或诉讼的。

4．变更或取消采购计划的。

第3章　工程项目评标管理

第20条　评标由招标部门依法组建的评标委员会负责。评标委员会由招标部门的代表和有关技术、经济等方面的专家组成，成员人数为五人以上单数，其中技术、经济等方面的专家不得少于成员总数的2/3。其他规定如下。

1．与投标单位有利害关系的人，不得进入相关项目的评标委员会，已经进入的应当更换。

2．评标委员会成员的名单在中标结果确定前应当保密。

第21条　评标委员会应当按照招标文件确定的评标标准和方法，对投标文件进行评审和比较。设有标底的，应当参考标底。其他规定如下。

【解析】标底是内部掌握的建设单位对拟发包的工程项目准备付出全部费用的额度。标底的作用是明确拟建工程的资金额度以及招标单位在财务上应承担的义务。

1．评标委员会首先对所有投标文件进行审查，对不符合招标文件基本条件的投标确定为无效。

2．对投标文件不明确的地方进行必要的澄清和提问，但不能做实质性修改。

第22条　评标委员会完成评标后，应当向招标部门提出书面评标报告，并推荐合格的中标候选单位。

第4章　工程项目中标管理

第23条　中标单位确定后，招标部门应当向中标单位发出中标通知书，并同时将中标结果通知所有未中标的投标单位。中标通知书对招标部门和中标单位具有法律效力。中标通知书发出后，招标部门改变中标结果的，或者中标单位放弃中标项目的，应当依法承担法律责任。

【解析】中标通知书一般包括中标项目的名称、中标价格、项目范围、项目工期、项目开工及竣工日期、项目质量等级等。

第24条　中标单位的投标应当符合下列条件之一。

1．能够最大限度地满足招标文件中规定的各项综合评价标准。

2．能够满足招标文件的实质性要求，并且经评审投标价格最低，但是投标价格低于成本的除外。

第25条　招标部门应当自确定中标单位之日起十五日内，向有关行政监督部门提交招标、投标情况的书面报告。具体内容如下。

1．中标单位应当按照合同约定履行义务，完成中标项目。中标单位不得向他人转让中标项目，也不得将中标项目分解后分别向他人转让。

2．中标单位按照合同约定或者经招标部门同意，可以将中标项目的部分非主体、非关键性工作分包给他人完成。接受分包的人应当具备相应的资格条件，并不得再次分包。

3．中标单位应当就分包项目向招标部门负责，接受分包的人就分包项目承担连带责任。

第26条　招标部门和中标单位应当自中标通知书发出之日起三十日内，按照招标文件和中标单位的投标文件订立书面合同。招标部门和中标单位不得再行订立背离合同实质性内容的其他协议。

第5章　附　则

第27条　本制度由项目部负责编制、解释和修订。

第28条　本制度自××××年××月××日起生效。

编修部门/日期		审核部门/日期		执行部门/日期	

11.2.2　工程项目合同管理制度

制度名称	工程项目合同管理制度	编　号	
		受控状态	

第1章　总　则

第1条　为了促进企业工程项目建设工作，规范招投标合同管理工作，预防、减少和及时解决合同纠纷，根据《中华人民共和国民法典》及相关规定，特制定本制度。

第2条　本制度适用于本企业工程项目建设的合同管理工作。

第2章　合同的订立

第3条　订立合同前资格审查相关内容如下。

1．订立合同前，必须审查相关人员的营业执照原件或者盖有工商行政管理局专用章的法人营业执照，无营业执照或者营业执照过期的，不得与之订立合同。

2．订立合同前，对非法人经济组织必须审查其营业执照是否符合法律规定。如果是分支机构或者事业单位等，需要审查其所从属的法人主体资格。

3．订立合同前，对外方当事人必须审查法定代表人的资信、所从事活动的合法性。

第4条　法定代理人资格审查相关内容如下。

1．除企业法定代表人外，其他任何人必须取得法定代理人的书面授权委托，方能对外订立书面合同。

2．授权委托事宜由企业法务人员专门管理，授权人员办理登记手续，领取、填写授权委托书，经企业法定代理人签字并加盖公章后授权生效。

第5条　合同内容要求如下。

1．对于合同标的没有国家通行标准又难以用书面确切描述的，应当封存样品，其间由合同双方共同封存，并加盖公章或合同章后，分别保管。

【解析】合同标的指的是合同当事人权利和义务共同指向的对象。一般来说，合同标的主要包括物（指合同当事人能够实现的具有一定的使用价值或经济价值的物质）、行为（在合同中一般表现为当事人的劳务、服务等行为）、智力成果（一般指商标权、专利权、著作权等）。

2．合同必须具备标的（指货物、劳务、工程项目等），数量和质量，价款或者酬金，履行的期限、地点、方式和违约责任等。

3．每一合同文本上必须注明合同对方的单位名称、地址、联系人、电话、银行账号。

4．严禁在空白文本上盖章，严禁我方签字后以传真、信函的形式交予对方签字盖章；如有其他特殊情况，须总经理特批。

5．单份合同文本达两页以上的，须加盖骑缝章。

第6条　合同文本拟定完毕，凭合同流转单据并按规定的流程流经各业务部门，各业务部门负责人和企业总经理审核通过后加盖公章或合同专用章，方能生效。

第7条　合同盖章生效后，应交由合同管理员按企业确定的规范对合同进行编号并登记。

第8条　合同承办部门应制定合同一式两份，招标单位和企业各执一份，并将合同副本及时送交财务部，作为后期收付款和预付账款的依据。

第9条　企业和中标单位不得再行订立背离合同实质性内容的其他协议。

【解析】根据《中华人民共和国招标投标法实施条例》可知，合同实质性内容指合同的标的、价款、质量、履行期限等。

第3章　合同的履行

第10条　合同承办部门及人员负责合同订立，法定代表人或指定的委托人须负责合同的履行。

第11条　财务部应根据合同编号各立合同台账，每一份合同设一个台账，分别按业务进展情况和收、付款情况一事一记。

第12条　严格按照企业验收制度对标的物进行检验，对于不合格的标的物，应及时联系中标单位并进行相应的索赔。

第13条　财务部依据合同履行收、付款工作，对具有下列情形的业务，应当拒绝付款。

1．应当订立书面合同而未订立书面合同，且未采用非书面合同代用单的。

2．收款单位与合同对方当事人名称不一致的。

第14条　在合同履行过程中，合同对方所开具的发票必须先由具体经办人员审核并签字认可，经总经理签字同意后，再转财务部审核、付款。

第15条　凡是与合同有关的电话记录、聊天记录、书信往来，应妥善管理并作为履约证据保留，防止合同出现纠纷时无法提供证据。

第4章　合同的变更和解除

第16条　合同的变更或解除必须依照合同的订立流程经招投标主管（或业务）部、财务部、法务部等相关职能部门负责人和企业总经理审核通过后，方可执行。

第17条　我方或者对方单方面解除或变更合同的，应按照合同内具体违约条款执行，对方拒不履行或者不完全履行相关责任的，须收集、保存相关证据，提交相关司法部门。

第18条　变更或解除合同的通知或协议，均应当采用书面形式，并按规定经审核后加盖公章或合同专用章。

第19条　合同纠纷处理如下。

1．发生合同纠纷时，合同承办部门及相关人员应立即向上级部门报告，收集解决纠纷的材料和证据。

2．进行诉讼时，及时提交相关证据并在规定期限内提交相关材料，如合同纠纷申请书、起诉状、答辩状等。

3．处理合同纠纷时，应当采取一切措施积极维护企业利益。在不可控的情况下以及判决不能执行或者难以执行的情况下，应及时向法院申请财产保全。

第5章　附　则

第20条　本制度由合同承办部门负责编制、解释和修订。

第21条　本制度自××××年××月××日起生效。

编修部门/日期		审核部门/日期		执行部门/日期	

11.3　工程造价

　　工程造价是指企业对构成项目在建设期预计或实际支出的建设费用的测算。企业在进行工程造价时，应当加强工程造价管理，明确初步设计概算和施工图预算的编制方法，并按照规定的权限和程序进行审核，确保概、预算科学、合理。

11.3.1　工程造价管理制度

制度名称	工程造价管理制度	编　号	
		受控状态	

第1章　总　则

第1条　为了加强工程造价管理，规范工程造价行为，合理控制建设成本，保障工程质量和安全，根据《中华人民共和国建筑法》及相关行政法规，特制定本制度。

第2条　本制度适用于工程的造价管理工作。

第2章　工程造价确定和控制

第3条　工程造价应当针对工程建设的不同阶段，根据项目的建设方案、工程规模、质量和安全等建设目标，结合建设条件等因素，按照相应的造价依据进行合理确定和有效控制。

第4条　造价管理部承担工程造价控制的主体责任，在设计、施工等过程中，履行以下职责。

1．严格履行基本建设程序，负责组织项目投资估算、设计概算、施工图预算、标底或者最高投标限价、合同价、变更费用、工程结算、竣工决算的编制。

【解析】项目投资估算指估算拟建项目所需投资资金和投产后所需生产流动资金；项目设计概算指投资估算后，在项目建设初期，根据设计图纸、预算等资料，编制的该项目从筹建到竣工交付所需的全部费用的经济文件；工程结算指承包施工方按照承包合同和已完成工程量向企业办理工程价清算的经济文件；竣工决算指由项目建设方编制的反映建设项目实际造价和投资效果的经济文件。

2．对造价进行全过程管理和控制，建立工程造价管理台账，实现设计概算控制目标。

3．负责工程造价信息的收集、分析和报送。

4．依法应当履行的其他职责。

第5条　勘察要求如下。

1．勘察设计单位应当综合分析项目建设条件，结合项目使用功能，注重设计方案的技术经济比选，充分考虑工程质量、施工安全和运营养护需要，科学确定设计方案，合理计算工程造价。

2．勘察设计单位应当对其编制的造价文件的质量负责，做好前后阶段的造价对比，重点加强对设计概算超投资估算、施工图预算超设计概算等的预控。

第6条　施工单位应当按照合同约定，编制工程计量与支付、工程结算等造价文件。

【解析】工程计量是指根据合同条款、技术规范的规定，对承包方已完成且符合要求的工程量进行测量、计算、核查以及确认。

第7条　从事工程造价活动的人员应当具备相应的专业技术技能并对其编制的造价文件的质量和真实性负责。

第8条　初步设计概算的静态投资部分，不得超过经审批或者核准的投资估算的静态投资部分的_____%。施工图预算不得超过经批准的初步设计概算。

【解析】投资估算的静态投资指项目建设所需的建筑安装工程费用、设备购置费用、基本预备费用及其他工程建设费用等。

第9条　工程建设项目实行招标的，应当在招标文件中载明工程计量、计价事项。具体内容如下。

1．设有标底或者最高投标限价的，应当根据造价依据并结合市场因素编制造价文件，并不得超出经批准的设计概算或者施工图预算对应部分。造价管理部应当进行标底或者最高投标限价与设计概算或者施工图预算的对比分析，合理控制建设项目造价。

2．投标报价由投标人根据市场及企业经营状况编制，不得低于工程成本。

第10条　国家重点工程项目和省级人民政府相关部门批准初步设计的工程项目的建设单位，应当在施工阶段将施工合同的工程量清单报政府相关部门备案。

第11条　勘察设计单位应当保证承担的工程建设项目符合国家规定的勘察设计深度要求和勘察设计质量，避免因设计变更发生费用变更。发生设计变更的，建设单位按照相关规定完成审批程序后，合理确定变更费用。

第12条　在工程建设项目建设期内，造价管理部应当根据年度工程计划及时编制该项目年度费用预算，并根据工程进度及时编制工程造价管理台账，对工程投资执行情况与经批准的设计概算或者施工图预算进行对比分析。

第13条　由于价格上涨、定额调整、征地拆迁、贷款利率调整等因素需要调整设计概算的，应当向原初步设计审批部门申请调整概算。原初步设计审批部门应当对其进行审查，未经批准擅自增加建设内容、扩大建设规模、提高建设标准、改变设计方案等造成超概算的，不予调整设计概算。

第14条　由于地质条件发生重大变化、设计方案变更等因素造成的设计概算调整，实际投资调增幅度超过静态投资估算10%的，应当报项目可行性研究报告相关部门审批或者核准部门调整投资估算后，再由原初步设计审批部门审查并调整设计概算；实际投资调增幅度不超过静态投资估算10%的，由原初步设计审批部门直接审查并调整设计概算。

第15条　工程建设项目竣工验收前，造价管理部应当编制竣工决算报告及工程建设项目造价执行情况报告。审计部门对竣工决算报告提出审计意见和调整要求的，造价管理部应当按照要求对竣工决算报告进行调整。

第3章　工程造价监督管理

第16条　企业监督部门应当按照职责权限加强对工程造价活动的监督、检查。被监督、检查的人员应当予以配合，不得妨碍和阻挠依法进行的监督、检查活动。

第17条　对工程造价监督、检查主要包括以下内容。

1．造价管理过程中，工程造价管理、法律、法规、规章、制度以及工程造价依据的执行情况。

2．各阶段造价文件编制、审查、审批、备案以及批复意见的落实情况。

3．造价管理台账和计量支付制度的建立与执行、造价全过程的管理与控制情况。

4．设计变更原因及费用变更情况。

5．项目造价信息的收集、分析及报送情况。

6．从事工程造价活动的单位和人员的信用情况。

第4章　附　则

第18条　本制度由造价管理部负责编制、解释和修订。

第19条　本制度自××××年××月××日起生效。

编修部门/日期		审核部门/日期		执行部门/日期	

11.3.2　设计管理与变更管理制度

制度名称	设计管理与变更管理制度	编　号	
		受控状态	

第1章　总　则

第1条　为了加强企业对项目设计的管理，合理控制设计变更，规范设计变更作业，减少因设计变更带来的造价增加或延误施工工期，确保项目设计目标的实现，根据《企业内部控制应用指引第11号——工程项目》及相关法律、法规，结合企业实际情况，特制定本制度。

第2条　本制度适用于企业项目设计和施工中发生的设计变更相关事项管理工作。

第2章　工程项目设计管理

第3条　设计策划如下。

1．综合管理部负责工程项目设计的招标工作，确定设计单位并对工程设计各个阶段进行跟踪，把控进度。

2．总设计师负责制订该项目的设计控制计划，明确设计控制的内容，参与人员及其责任分工，控制工作的方式、要求、阶段性交付件等。

第4条　设计输入如下。

1．企业应当向招标确定的设计单位提供详细的设计要求和基础资料（包括工程建设的功能和性能要求、相关法律法规要求、以往类似项目的适用信息等）并进行有效的技术、经济交流。

2．设计管理部根据项目的进度要求，对设计单位的设计进程提出具体的书面要求（包括设计是否分阶段进行、施工图的出图数量、报建图出图日期、基础施工图出图日期、主体建筑施工图出图日期等）。

3．企业综合管理部需要组织设计单位对这些设计输入进行评审，并及时保持和设计单位的沟通，有问题及时解决。

第5条　设计输出如下。

1．工程管理部应对设计单位的设计成品进行把控，确保成品能够满足设计输出的要求并为后续施工、运行提供适用的信息。

2. 工程管理部根据设计进度，及时监督设计单位的设计输出。工程项目的设计输出一般包括以下内容。

（1）设计图纸。

（2）说明书。

（3）计算书。

（4）技术规范书。

（5）专题报告。

（6）概算、预算书。

第6条　设计评审。由设计单位对设计组织评审，工程管理部对全过程进行记录和把控。评审过程中，主要评审设计结果是否满足法律法规、企业的要求，并对设计中出现的问题提出改进措施。

【解析】设计评审主要评审两方面内容：第一，总体评审，重点评审设计依据、设计规模、设计产品、项目组成、配套设备、项目面积、协作条件、建设期限及投资概算等；第二，专业设计评审，重点评审设计参数、设计标准、设备选型等。

第7条　设计验证。由工程管理部组织设计单位对设计进行验证，通常以校核、审核为主，还包括以下内容。

1. 变换方法演算，用以验证原计算结果及分析的正确性。

2. 进行演示或试验。

3. 将设计结果与经过证实的类似设计进行比较。

第8条　施工图会审和设计技术交底相关内容如下。

【解析】施工图会审由企业组织并主持，但具体工作可以由承包施工方或项目管理部与相关设计人员交流并实施。若有涉及成本投资变化的地方，须请示企业的意见，并将最终意见作为会审纪要记录。

1. 监理工程师及相关施工技术人员对施工图进行阅审。

2. 由项目管理部组织施工图会审及设计技术交底。审查如下几个方面。

（1）施工图设计是否符合设计输入的相关要求。

（2）施工图设计是否符合国家法律法规。

（3）施工图设计深度及交付进度是否满足施工要求，防止因设计深度不足、设计缺陷，造成施工组织、工期、工程质量、投资失控以及生产运行成本过高等问题。

（4）施工图与设备、特殊材料的技术要求是否相符。

（5）采用的新结构、新材料、新设备是否经过审核。

3. 会审过程中的所有环节，都应在会审纪要中进行记录。

第3章　设计变更的要求与条件

第9条　设计变更的要求如下。

1. 设计变更必须坚持高度负责的精神与严肃的科学态度，尊重施工图设计，保持设计文件的稳定性和完整性。

2. 对未经立项同意的设计变更，一律不得实施；对未经批准的设计变更，一律不得办理。

3. 任何设计变更申报及批复均须以书面或网络形式上报并确认无误，无书面或网络形式确认的设计变更，一律不得实施。

4. 设计变更图表原则上应由原设计单位编制，少数特殊情况经批准，也可委托其他有相应资质的设计单位进行编制。

5. 各种设计变更应从成本费用、施工质量、施工进度等方面进行论证。

第10条　设计变更条件。凡符合下列条件之一者，可进行设计变更。

1. 由于设计图纸错、漏、缺，导致发生做法变动、材料代换，以纠正施工图中的失误或其他变更事项。

2. 项目定位发生改变，对设计进行局部或大部分的修改。

3. 由于环保、地质等方面的原因或其他不可预见因素，必须进行变更设计。

4. 当施工图设计与现场情况不符时，为符合现场情况而进行变更设计。

5. 由于企业原因造成工期紧张，为加快工程进度而须采取相关措施。

6. 在不降低原设计标准质量的前提下，设计变更可降低造价。

7. 在不降低原设计标准质量的前提下，设计变更能解决特殊的技术困难或对缩短工期效果明显。

8. 采用新技术、新材料、新设备，有利于提高工程质量标准，提高成效，增进技术进步。

第4章　不同情况下的设计变更程序

第11条　设计单位提出的设计变更程序如下。

1. 设计单位出于对施工图的自我完善和补充，在不改变原使用功能和不提高原造价的前提下，由设计单位自行出设计变更图或变更通知，经企业项目经理部、监理单位、施工单位审核确认后下发。

2. 设计单位虽出于对施工图的自我完善和补充，不改变原使用功能，但如果提高了工程造价，应事先书面征求企业意见并填写设计变更申请报告，经企业批准后，方可出设计变更图或变更通知，再经企业项目经理部、监理单位、施工单位确认后下发。

第12条　本企业提出的设计变更程序，由企业项目经理部填写设计变更申请报告并通知设计单位，由设计单位制作设计变更图或变更通知，经监理单位、施工单位确认后下发。

第13条　施工单位或监理单位要求对施工图进行变更的程序如下。

1. 相关人员应先填写设计变更申请报告报企业项目经理部审批。

2. 项目经理部审批后通知设计单位作设计变更。

3. 设计单位根据变更申请报告的要求，设计变更图，进行合理变更，变更通知经企业项目经理部确认后下发。

第14条　一般设计变更是指不涉及变更设计原则，不影响质量、安全、经济运行，不影响整洁、美观的变更事项，经工程管理部组织工程施工人员、监理人员、内部审计人员进行评估，待审核批准后实施。

第15条　需进行重大设计变更的条件如下。

1. 涉及结构安全。

2. 影响使用功能。

3. 因设计变更而造成投资额大于3万元或延误工期多于5天。

4. 改变了原平面布置或外观效果。

【解析】重大设计变更是指项目建设过程中，在项目规模、设计标准、总体布局、建筑结构形式、重要设备、重大技术应用等方面，对项目的工期、安全、投资产生重大影响的设计变更。

第16条　重大设计变更申请审批。重大设计变更由企业有关职能部门提出意见，项目经理部组织进行可行性论证并形成报告，报企业总经理批准后，书面通知设计单位进行变更。

第17条　设计变更申请报告。设计变更申请报告一式四份，企业项目经理部、设计单位、施工单位、监理单位各执一份。设计变更申请报告包括以下内容。

1．设计变更申请人。

2．设计变更原因。

3．预测设计变更方案可能增加或降低工程造价的估算，包括返工重做的经济损失和工期影响等。

4．批复意见。

第5章　其　他

第18条　为加强施工图纸管理，项目部与施工单位现场代表须认真建立施工图设计变更台账。

第19条　设计变更文件应完整、清晰、格式统一，作为项目检查、结算、审计、决算和工程验收的依据。此外，设计变更文件应列为竣工资料移交。

第20条　一般设计变更、重大设计变更应提前提出申请核准后实施，未履行审批程序的，视为私自变更，并视为不合格工程不予验收，对造成实际损失的，由私自变更人员负责赔偿。

第21条　设计变更应与工程进度同步，不得事后补图。若遇特殊情况，相关部门经协调后可以先行施工，但应及时补办设计变更手续。否则，该设计变更图为无效变更图。

第6章　附　则

第22条　本制度由综合管理负责编制、解释和修订。

第23条　本制度自××××年××月××日起生效。

编修部门/日期		审核部门/日期		执行部门/日期	

11.3.3　工程项目概、预算审核制度

制度名称	工程项目概、预算审核制度	编　　号	
		受控状态	

第1章　总　则

第1条　为了加强对工程项目概、预算过程的监督，保证建设资金的合理、合法、有效使用，不断提高投资项目的管理水平，根据《企业内部控制应用指引第11号——工程项目》及相关法律、法规，结合企业实际情况，特制定本制度。

第2条　本制度适用于企业工程项目概、预算的编制和审核。

第2章　概算编制

第3条　建设项目设计概算书由以下内容组成。

1．封面、签署页及目录。

2．编制说明。

3．总概算表。

4．前期工程费概算表。

5．单项（位）工程概算表。

6．建筑工程/安装工程概算表。

7．工程建设其他费用概算表。

8．分年度投资汇总表。

9．资金供应量汇总表。

10．主要工程量表。

11．工程主要设备表。

12．工程主要材料表。

第4条　建设项目设计概算由静态和动态费用两个部分组成。具体内容如下。

1．静态费用由建设项目基期的前期工程费、建筑工程费、安装工程费、设备与工器具购置费及工程建设其他费用中的静态部分组成。

（1）前期工程费，是指建设项目设计范围内的建设场地平整、竖向布置、土石方工程及建设项目开工实施所需的场外交通、供水、排水、供电、通信等管线引接、修建的工程费。

（2）建筑工程费，是指建设项目设计范围内的各类房屋建筑及其附属的室内供水、排污、供热、卫生、电气、燃气、通风空调、弱电等设备及管线工程费；各类设备基础，如地沟、水池、冷却塔、烟囱烟道、水塔、栈桥、管架、挡土墙、围墙、厂区道路、绿化、铁路专用线、厂外道路、站场、码头等工程费。

（3）安装工程费，是指主要生产、辅助生产、公用等单项工程中需要的工艺、电气、运输、供热、制冷等设备及装置的安装工程费；各种工艺、管道安装及衬里、防腐、保温等安装工程费；供电、通信、自控等管线的安装工程费。

（4）设备与工器具购置费，是指建设项目设计范围内需要安装及不需要安装的设备、仪器、仪表等及其必要的备品备件购置费；为保证投产初期正常生产所必需的仪器、仪表、工卡具模具、器具及生产家具等购置费。

①国内设备购置费由设备原价、设备成套服务费、运杂费等费用组成。

②进口设备购置费由到岸价及关税、消费税、增值税、银行财务费、外贸手续费、海关监管手续费、进口附加税、国内运杂费等费用组成。

（5）工程建设其他费用，是指从工程筹建起到工程竣工验收及交付使用止的整个建设期间，除前期工程费、建筑工程费、安装工程费、设备与工器具购置费外，经省级以上人民政府及其授权单位批准的各类必须列入工程造价的费用。其静态部分包括土地征用及各种补偿费、补助费、建设单位管理费、土地使用费、研究试验费、勘察设计费(施工图审查费)、工程保险费、工程监理费、供电贴费、生产准备费、办公及生活家具购置费、水资源费、引进技术和进口设备费、施工机构迁移费、联合试运转费、基本预备费、铺底流动资金等。

2．动态费用由工程项目建设期内工程建设其他费中的动态部分及新开征税费组成。

（1）工程建设其他费中的动态部分包括价差调整预备费、固定资产投资方向调节税、建设期的贷款利息等。

（2）新开征税费，是指由国务院和省人民政府或其授权部门批准必须列入工程造价，在建设期内发生的新增税费。

第5条　初步设计概算应根据批准的设计（计划）任务书、可行性研究投资估算、初步设计图纸及文字说明（工程项目表、设备表、材料表、建筑结构特征一览表）和本部门或工程所在地主管部门颁发的概算定额（概算指标）及取费标准进行编制。

第6条　初步设计概算的编制要求如下。

1．主要建筑工程项目的概算，应根据初步设计平剖面图纸（附钢筋表）计算工程量，套用概算定额或综合预算定额进行编制。一般建筑工程项目的概算，可根据建筑结构特征一览表、材料表，套用概算指标或类似工程造价指标，以米、平方米、立方米、座为单位进行编制。

2．主要安装工程项目的概算，应根据初步设计平、产、剖面图纸，设备表，材料表计算工程量，套用概算定额、综合预算定额或类似工程造价指标进行编制。一般安装工程项目的概算，可根据设备表、材料表套用概算指标或类似工程造价指标进行编制。在无概算定额、概算指标、综合预算定额或造价指标的情况下，可根据设计深度的不同，酌情增加零星工程费用。所有建筑工程及安装工程概算，均须编出钢材、木材、水泥三材用量表。

3．设备购置费的概算编制。设备购置费，包括设备由交货地起运至施工现场或指定的现场堆放地为止的全部费用，由设备原价（出厂价）、设备运杂费组成。

【解析】建设工程项目之所以要做概算，是因为科学、合理的概算措施，能够直接在工程建造的材料、技术上对相关成本进行节约，并且能够最大限度地防止工程建设的实际误差过大现象出现。

第3章　工程项目概、预算审核要求

第7条　企业应当组织工程、技术、财会等部门的相关专业人员或委托具有相应资质的中介机构对编制的概、预算进行审核。

第8条　工程项目概、预算的审核要求，主要是检验工程概、预算的合规性、合法性、合理性和真实性，重点审核以下8个方面。

1．是否执行国家，地方概、预算定额。

2．是否按国家或地方政策的文件规定调整材料价格、定额等。

3．是否正确套用定额标准。

4．是否按国家或地方政府规定标准收取费用。

5．主要材料价格的真实性。

6．是否按施工图及更改资料计算工程工作量，同时审查更改资料的合规性和有效性。

7．是否按国家规定的计费程序操作，有无因违反操作程序而多计费的问题。

8．其他重要事项。

第9条　需要审核的资料包括但不限于以下内容。

1．审核项目申报书。

2．审核建议书或可行性研究报告。

3．审核立项或初步设计批复文件。

4．审核项目支出明细概、预算及编制说明。

5．审核工程量的计算方式。

6．审核材料概、预算价格。

7．审核概、预算编制人员资质。

8．审核其他相关资料及依据。

第10条　概、预算审核方法如下。

1．重点审核法。通过建立概、预算不同项目之间的内在逻辑关系，抓住共同的重点进行审核，一般选择工程量大、项目施工要求高的项目作为审核重点。这种方法能有效提高审核效率，但是精准度不高。

2．全面审核法。根据概、预算文本进行逐条审核。这种方法工作量大，但是审核内容最全面且审核结果最精准。

3．经验审核法。由审核小组成员按照以往审核经验进行审核。这种方法对审核人员要求比较高。

4．对比审核法。将概、预算报告与现有且已经执行或者通过审查的报告进行结果对比，将差异比较大的项目作为审查重点。这种方法能够简单、高效地找到问题所在，但是会因所依据的已审查通过的报告的不同，导致审查结果有所差异。

【解析】之所以对工程项目概、预算进行审核，是因为这样能够有效地降低造价概、预算出现的误差，从而使工程建设资金能够得到合理、有效的分配。

<h3 style="text-align:center">第4章　工程项目概、预算审核程序</h3>

第11条　确定概、预算审核人员及审核目标。具体内容如下。

1．成立小组，人数在6~8人，确定概、预算审核负责人，并对工程项目各部分，如安装、土建分别设置负责人。

2．审核目标是保证项目的合法性、合规性和经济性，提高建设资金的使用效率。

第12条　制定概、预算审核方案。由审核小组编制概、预算审核内容，确定具体审核时间等。

第13条　展开概、预算审核工作。对照图纸检查是否有重复报项和材料被高估等现象，严格按照概、预算审核要求进行审核。

第14条　编制概、预算审核报告。根据审核结果，对不合理的造价与施工方进行及时沟通后严格核减，并对审核内容提出建设性意见，出具概、预算审核报告。

<h3 style="text-align:center">第5章　附　则</h3>

第15条　本制度由总经办负责编制、解释和修订。

第16条　本制度自××××年××月××日起生效。

编修部门/日期		审核部门/日期		执行部门/日期	

11.4　工程建设

　　工程建设指的是工程建设实施，即施工。在工程建设阶段，有几项重要工作穿插在施工过程中，包括工程监理、工程进度管控与价款结算等。企业在工程建设期间需要对项目各个阶段严格把控，以提高工程项目质量。

11.4.1　工程监理制度

制度名称	工程监理制度	编　　号	
		受控状态	

第1章　总　则

第1条　为了做好工程监理单位的管理工作，保证工程质量，缩短建设周期，提高投资效益，根据《企业内部控制应用指引第11号——工程项目》及相关法律、法规，结合企业实际情况，特制定本制度。

第2条　本制度适用于企业工程监理工作和监理人员的管理工作。

第2章　监理单位的选择

第3条　监理单位承担监理业务，企业应当与监理单位签订书面工程建设监理合同。工程建设监理合同的主要条款有监理的范围和内容、双方的权利与义务、监理费的计取与支付、违约责任、双方约定的其他事项等。

【解析】工程监理可以保障工程实施各个环节的安全，能够让整个项目根据规定、指标推进工作，提高整个项目的工作效率，防范工程物资质次价高、工程质量低劣、工期进度延误、安全事故频发、投资失控等问题和事故发生。

第4条　监理单位应有的经验与能力如下。

1．具有同类工程的监理经验或全过程监理经验。

2．具备与该工程所包括的设计、土建、安装、装修全部工作内容相适应的实际工作能力，全面进行"三控"（进度控制、质量控制、投资控制）、"两管理"（合同管理、信息管理）、"一协调"（企业与实施方以及实施方之间）和安全文明施工。

3．具备工程建设项目现代化管理的能力。

4．具备完成该工程类似的工程项目招标、评标的经验，以及具有编制招标文件，制定或审核标底的能力。

5．具备编写符合规程、规范的竣工资料的能力。

第5条　对监理单位的要求如下。

1．监理单位应能独立完成该工程项目所委托的全部监理工作，不得转让或分包。

2．提交该项工程的监理大纲和监理规划。

【解析】监理大纲是指监理单位在监理招标、投标阶段编制的规划性文件，包括监理人员介绍、监理目标、监理合同、监理结果等。监理规划是指监理单位针对要监理的项目所编制的实施监理的规划性文件。

3．参加该项目的总监理工程师和其他监理工程师的资质要求和人才网络要求。

4．提交监理机构设置框图。

5．提供准备用于本项工程监理工作的各种监理表格，监理单位负责管理的监理记录和资料管理表格等。

6．提交监理该项工程的报价和计算依据。

7．填写监理单位情况调查表，包括邀请监理单位情况调查表、过去已完成和在建监理项目情况表、拟参加本项目监理人员名单表。

第6条　监理单位应根据所承担的监理任务，组建工程建设监理机构。监理机构一般由总监理工程师、监理工程师和其他监理人员组成。

第7条　国外贷款的工程项目建设，原则上应由中国监理单位负责建设监理。如果贷款方要求国外监理单位参加，应当与中国监理单位进行合作监理。国外赠款、捐款建设的工程项目，一般由中国监理单位承担建设监理业务。

第3章　工程监理程序

第8条　编制工程建设监理规划。由监理机构编制监理规划，由监理工程师签字后上报至项目办公室进行审批。

第9条　承担工程施工阶段的监理、监理机构应进驻施工现场。

第10条　监理机构按工程建设进度，分专业开展监理工作。具体内容如下。

1．按施工图要求在现场实施ISO 9000质量计划并配备相应的人员。

【解析】质量计划是针对特定的项目、产品，专门规定质量的实施措施、资源和活动顺序的文件。质量计划的作用有三个方面：①降低质量管理体系运行的成本；②增强顾客对项目质量的信任；③作为质量审核的依据。

2．审查施工单位提出的施工组织设计、施工技术方案和施工进度计划，提出改进意见。

3．审查施工单位提出的材料和设备清单及其所列的规格和标准。

4．督促施工单位严格执行工程承包合同和工程技术标准。

5．协调企业与施工单位之间的问题。

6．检查工程使用的材料、构件和设备的质量，检查安全防护措施。

第11条　监理机构在工程项目结束后期参与工程竣工预验收，并签署建设监理意见。

第12条　建设监理业务完成后，监理机构向项目办公室提交工程建设监理档案资料。

第4章　对监理的考核与监理效果评价

第13条　对监理单位考核的内容包括管理水平、监理素质、监理工程师的素质与上岗情况、监理组织机构的完善、监理手段。

第14条　监理效果的评价内容如下。

1．设计图纸的审查。

2．深入现场，及时发现并解决问题。

3．向项目部经理提出合理化建议。

4．帮助施工单位解决疑难问题。

5．由于监理失职造成的失误。

6．项目部经理对监理的评价。

7．施工单位对监理的评价等。

第15条　监理单位在监理过程中因过错造成重大经济损失的，应承担一定的经济责任和法律责任。

第5章　附　则

第16条　本制度由项目部负责编制、解释和修订。

第17条　本制度自××××年××月××日起生效。

编修部门/日期		审核部门/日期		执行部门/日期	

11.4.2　工程进度管控与价款结算制度

制度名称	工程进度管控与价款结算制度	编　号	
		受控状态	

第1章　总　则

第1条　为了加强对工程进度和价款结算的管理，确保工程按期完成和价款正常结算，根据《企业内部控制应用指引第11号——工程项目》及相关法律、法规，结合企业实际情况，特制定本制度。

第2条　本制度适用于工程进度管控和价款结算相关工作事项。

第2章　工程进度管控

第3条　工程进度的具体内容如下。

1．分析影响工程进度的因素。

（1）设计单位提交图纸不及时或设计图纸存在错误，相关单位或建设单位对设计方案的变动有要求。

（2）施工条件的变化。

①施工过程中的工程地质条件和水文地质条件与勘查时设计的不符，如地质断层、有地下障碍物、地基软弱等，需要进行修正。

②恶劣的天气，如暴雨、高温、台风等。

（3）技术失误：施工单位采用技术措施不当，可能导致施工中发生技术事故。

（4）施工经验不足：应用新技术、新材料、新结构缺乏经验，导致无法满足项目质量要求。

（5）施工管理不善：开展施工时，劳动力和施工机械调配不当、施工平面布置不合理等影响施工进度。

2．编制工程进度计划。

（1）建设单位、施工单位会同监理单位编制工程进度计划，工程进度计划在编制时，应综合考虑可能影响项目进度的各个要素。

【解析】对工程进度计划的编制提出细致的要求，可以有效防范工期延误的风险；规定价款结算的具体工作，有利于加强工程的会计系统控制，确保工程业务的资金支付工作得以顺利开展。

（2）编制方法。工程进度计划的编制方法包括横道图法、网络图法以及关键路径法。

【解析】横道图法按时间坐标描绘，横向坐标线条表示工程施工时间先后顺序，纵向坐标线条表示各工作内容；网络图法是一种表示整个计划中各道工序或工作的先后次序、相互逻辑关系和所需时间的网状矢线图；关键路径法是用关键路径及其时间长度来确定项目的完成日期与总工期的方法。

（3）复杂的工程应当编制总进度计划和各分项计划。

第4条　进行工程进度管控。在工程实施的全过程中，进行实际工程进度与计划工程进度的比较，一旦出现偏差，应及时采取措施调整。具体内容如下。

1．建立工程进度管控的组织系统。细分建设单位、监理单位、施工单位在施工过程中承担的进度管控的职责，明确各自的进度管控的目标。

2．明确工程进度管控措施和方法。

（1）施工单位、监理单位根据实际情况，定期向建设单位汇报工程进度情况。

（2）建设单位、监理单位和施工单位共同进行项目进度的检查，并评估实际项目进度与计划项目进度是否一致。如果出现偏差，应分析偏差发生的原因，并制定纠正偏差的措施。

第5条　工程进度管控的具体组织措施如下。

1．企业建立工程进度目标控制体系，建立完善的工程组织结构，建立工程进度管控的工作责任制并将进度目标的责任落实到每个进度管控人员。

2．企业应制定工程进度计划审核与实施检查制度，以便及时跟踪、掌握工程进度信息，判断是否出现工程进度偏差。

3．企业建立工程接口管理与协调会议制度，通过工程进度协调会议，定期组织例会以检查计划执行情况，通报工程进度存在的问题及计划安排，解决工程协调、配合问题。

4．企业须针对某些关键环节，制订专项计划，成立专项协调委员会，加强统一领导，及时解决工程相关问题。

5．企业应建立完整的变更管控系统，一旦工程发生变更，各方应遵循事先建立的变更程序，及时审核和批准变更。

6．项目部应编制进度管理大纲及相关管理程序，规范任务分工及职责，指导相关人员实施进度管理。

7．企业建立激励机制，协调和考核项目进度管控人员工作，利用激励手段督促其进行项目进度管控。

第6条　工程进度报告编制。具体内容如下。

1．每月26日下午3：00前，由项目部统计当月实际完成工程量及产值。对于正在施工的工程项目，详细说明当前完成工作量，经项目部经理签字后上报企业总经办。

2．每月27日下午3：00前，项目部通过整体施工计划和现实情况，合理安排下月施工计划，经项目部经理签字后上报企业总经办。

第3章 价款结算相关规定

第7条 企业财会部门应当加强与承包单位的沟通，准确掌握工程进度，据合同约定，按照规定的审批权限和程序办理工程价款结算。

第8条 工程预付款结算应符合下列规定。

1. 包工包料工程的预付款按合同约定拨付，原则上预付比例不低于合同金额的10%，不高于合同金额的30%，对重大工程项目，按年度工程计划逐年预付。

2. 在具备施工条件的前提下，企业应在双方签订合同后的一个月内或不迟于约定的开工日期前的7天内预付工程款，企业不按约定预付，承包单位应在预付时间到期后10天内向企业发出要求预付的通知，企业收到通知后仍不按要求预付，承包单位可在发出通知14天后停止施工。企业应从约定应付之日起向承包单位支付应付款的利息（利率按同期银行贷款利率计算），并承担违约责任。

3. 预付的工程款必须在合同中约定抵扣方式，并在工程进度款中进行抵扣。

4. 凡是没有签订合同或不具备施工条件的工程，企业不得预付工程款，不得以预付款为名转移资金。

第9条 工程进度款结算方式如下。

1. 按月结算与支付。即实行按月支付进度款，竣工后清算的办法。合同工期在两个年度以上的工程，应在年终进行工程盘点，办理年度结算。

2. 分段结算与支付。即当年开工、当年不能竣工的工程按照工程实际进度，划分不同阶段支付工程进度款。具体划分标准应在合同中明确。

第10条 工程量计算方式如下。

1. 承包单位应当按照合同约定的方法和时间，向企业提交已完工程量的报告。企业接到报告后14天内核实已完工程量，并在核实前1天通知承包单位，承包单位应提供条件并派人参加核实。承包单位收到通知后不参加核实，以企业核实的工程量作为工程价款支付的依据。企业不按约定时间通知承包单位，致使承包单位未能参加核实，核实结果无效。

2. 企业收到承包单位报告后14天内未核实已完工程量，从第15天起，承包单位报告的已完工程量即视为被确认，并作为工程价款支付的依据。双方合同另有约定的，按合同执行。

3. 对承包单位超出设计图纸（含设计变更）范围和因承包单位原因造成返工的工程量，企业不予计量。

第4章 工程进度款支付程序

第11条 根据确定的工程计量结果，承包单位向企业提出支付工程进度款申请并填写"工程进度款支付申请表"，14天内，企业应按不低于工程价款的60%，不高于工程价款的90%向承包单位支付工程进度款。按约定时间企业应扣回的预付款，与工程进度款同期结算抵扣。

第12条 项目部经办人员负责初步审核施工单位提交的"工程进度款支付申请表"以及所附的资料，并会同项目部工程技术人员核查施工进度情况，如发现资料不全即退回给施工单位并说明所缺资料和内容，要求施工单位予以补充。

第13条 项目经理复核"工程进度款支付申请表"，并提出复核意见，审核通过后签字确认，并将"工程进度款支付申请表"附上详细的"工程进度月报表""已完工程产值月报表"和"工程结算书"等，一并提交给财务部。

第14条　财务部经理按照合同条款约定的付款条件，审核每项付款的金额和合理性，审核无误后签字确认。

第15条　分管副总进一步审核财务部经理提交的"工程进度款支付申请表"和相关资料，审核无误后签字确认并将表单和资料返还给财务部。

第16条　财务部会计对项目进度款项的支付情况进行登记和审查，若发现拟支付的价款与合同协议约定的价款的支付方式及金额不符，或与工程实际完工进度不符等异常情况，应当及时报告；若审查无异议，则将"工程进度款支付申请表"和相关资料报总经理签字审批。

第17条　财务部出纳负责办理项目进度款项支付手续并进行台账登记。

<h3>第5章　附　则</h3>

第18条　本制度由项目部负责编制、解释和修订。

第19条　本制度自××××年××月××日起生效。

编修部门/日期		审核部门/日期		执行部门/日期	

11.4.3　工程变更管理制度

制度名称	工程变更管理制度	编　　号	
		受控状态	

<h3>第1章　总　则</h3>

第1条　为了规范企业对项目工程的变更管理，确保项目工程的顺利实施，将项目总投资和单位成本控制在工程预算或工程合同造价的目标范围内，保证项目工程的利润最大化，根据《企业内部控制应用指引第11号——工程项目》及相关法律、法规，结合企业实际情况，特制定本制度。

第2条　本制度适用于企业、设计单位、施工单位和监理单位在项目中提出工程变更时的管理事宜。

<h3>第2章　工程变更相关规定</h3>

第3条　项目中工程变更的内容主要包括设计变更，工程量的变更，工程施工时相关的技术标准、规范、技术文件的变更，施工进度的变更，施工工艺或施工顺序的变更，有关合同条件的变更等。

第4条　因某种原因必须进行工程变更时，应遵循以下两个原则。

1. 尽量减少的原则。与工程相关的各技术人员与管理人员应做好工程施工前期的工作，将工程变更的可能性降至最小，即使发生工程变更，也应尽量将变更的内容控制在尽量小的范围内。

2. 严格控制原则。严格控制工程的审批权限，健全各方面所需的手续，符合工程技术标准和规范，兼顾建设各方利益。

第5条　工程变更分类如下。

1. 一般工程变更：在工程项目中涉及的规模较小、造价变化以及施工进度变化不大，工程量变化小于原预算或者合同规定的5%，工程造价变动小于预算或者施工合同规定的5%的变更。一般工程变更的类型有：因季节、天气、环境等变化，且为保证施工进度及质量，从而改变施工材料的变更；为提高质量而临时替换施工材料的变更；工程结构局部调整的变更等。

2．重要工程变更：在工程项目中涉及的规模较大、造价变化以及施工进度变化较大，工程量变化大于原预算或者合同规定的5%，工程造价变动大于预算或者施工合同规定的5%的变更。重要工程变更的类型有：主要工程形式调整；工程结构调整较大的变更；为了提高工程质量，大量改换工程材料等。

第6条　工程变更申请条件如下。

1．因工程设计不当，导致工程建设中途出现问题。

【解析】工程设计不当的典型情况有设计图缺少或多出某设备，建筑设计时没有考虑梁高导致设备难以进入建筑内从而无法安装等。

2．施工过程中因技术、材料改进，选择新方案可以节省人力、物力、财力。

3．因施工条件变化，导致以往施工计划无法继续。

【解析】施工条件变化包括交通路况、周边水电情况、季节气候等变化。

4．地质条件变化。

【解析】工程的地质条件指对工程项目有影响的各类地质因素，如地形地貌、地层岩性、地质构造等天然建筑材料的地质条件，以及岩溶、滑坡、崩坍、砂土液化、地基变形等不良地质条件。

5．工程施工过程中出现重大纰漏无法补救而不得不申请工程变更。

6．其他需要申请工程变更的情况。

第3章　工程变更程序

第7条　工程变更申请。施工单位、设计单位、监理单位和企业均可提出工程变更，填写"工程变更申请表"提交至监理单位，并附上相关材料。

第8条　工程变更调查。监理单位、设计单位以及企业项目部工作人员对工程变更事项进行调查、核实，判断该项工程是否需要变更以及变更是否符合规定。

第9条　由企业项目领导小组对工程变更进行审批并签字后进行工程变更方案的确定。

第10条　工程变更方案的确定。具体内容如下。

1．由项目部、监理单位、施工单位和设计单位共同商讨工程变更方案。

2．对工程变更方案内发生变动，需要购置材料的，由企业采购部进行采购。

3．重大变更引起工程变动较大，引发额外工程的，企业需要与施工单位签订补充协议。

4．方案变更后引发设计变更的，需要设计单位进行重新设计。

第11条　造价管理部对变更后的方案进行概、预算审核，并编制变更预算。

第12条　工程变更后施工。根据确定后的工程变更方案，施工单位、设计单位、监理单位按照新的方案开展工作。

第13条　因工程变更等原因造成价款支付方式及金额发生变动的，相关人员应当提供完整的书面文件和其他相关资料，由财务部对工程变更价款的支付进行严格审核。

第14条　参与工程变更的人员在工作中应实事求是，不应弄虚作假，对于严重损害企业经济利益的，须承担相应法律责任。

第4章　附　　则

第15条　本制度由项目部负责编制、解释和修订。

第16条　本制度自××××年××月××日起生效。

编修部门/日期		审核部门/日期		执行部门/日期	

11.5　工程验收

工程验收是指由建设单位会同设计、施工、监理单位以及工程质量监督部门等，对该项目质量进行查验。在工程验收过程中，企业要建立相关制度规范，要求相关部门严格执行并落实相关责任。

11.5.1　工程竣工决算与验收管理制度

制度名称	工程竣工决算与验收管理制度	编　号	
		受控状态	

第1章　总　则

第1条　为了加强对企业工程竣工决算的管理，确保工程竣工决算工作进入受控状态，工程竣工验收达到有关要求和标准，工程能正常投入使用，根据《企业内部控制应用指引第11号——工程项目》及相关法律、法规，结合企业实际情况，特制定本制度。

第2条　本制度适用于企业各工程竣工决算和验收的管理事项。

第2章　工程竣工决算

第3条　工程竣工后，企业造价管理部的预决算人员需要编制工程竣工决算书，其编制依据如下。

1．工程项目可行性研究报告及投资估算。

2．工程初步设计预算或扩大初步设计后的预算及修正预算。

3．工程施工图及施工图预算。

4．设计交底及图纸会审纪要。

5．招投标标的，承包合同，工程结算资料。

6．施工记录或施工签证单，以及其他施工中发生的费用记录。

7．工程竣工图及各种工程竣工验收资料。

8．设备、材料调价文件和调价记录。

9．有关财务核算制度、办法和其他有关资料、文件等。

【解析】工程竣工决算是反映竣工项目从筹建起到竣工交付止的全部费用、投资效果和财务情况的总结性文件；工程竣工验收指建设工程项目竣工后，项目涉及的各单位、部门对该项目是否符合设计要求及质量进行全面检验，并取得竣工合格资料、数据和凭证的过程。

第4条　工程竣工决算书的编制程序如下。

1．在编制工程竣工决算书之前，预决算人员需要清点物资，对各种设备、材料、工具、器具等需要逐项进行盘点、核实，并填列清单，妥善保管，不得任意挪用。

2．收集、整理、分析原始资料。

3．将工程竣工资料与设计图纸进行核对，实地测量，对照、核实工程变动情况，核实造价。

4．严格划分和核定各类投资。

5．编写工程竣工决算财务说明书。

6．参照国家财政部、工程主管部门的统一格式编制、填报工程竣工决算财务报表。

7．清理、装订工程竣工图。

8．进行工程造价对比分析。

9．上报主管部门审查。

第5条　工程竣工财务决算说明书包括以下方面的内容。

1．建设项目概况。

2．会计账务处理、财产物资情况及债权债务的清偿情况。

3．资金节余、基建节余资金等的上交及分配情况。

4．主要技术经济指标的分析、计算情况。

【解析】工程竣工财务决算主要技术经济指标：①概算执行情况分析，将实际投资完成额与概算进行对比分析；②新增生产能力的效益分析，以正式移交投入生产、能独立发挥生产能力或工程效益的单项工程为对象进行效益分析。

5．项目管理及决算中存在的问题及建议。

第6条　造价管理部务求编制的工程竣工决算报告数据准确、内容全面、简明扼要，能够真实、客观地说明问题。

第7条　工程竣工决算报告编制完成后，需要报企业财务总监与总经理进行审核、审批。审批通过后，由企业内部审计人员先行内容审计，并根据项目的实际需要，决定是否送外部审计机构进行审计。

第8条　造价管理部编制完工程竣工决算报告后，并在工程竣工决算报告送审前，需要检查资料、附件是否完整，检查内容包括但不限于以下7个方面。

1．有合同的工程必须附上合同文本。

2．工程竣工图。

3．有设计变更的，必须经设计管理部经理签字认可。

4．工程竣工决算书。

5．工程竣工决算财务说明书。

6．工程竣工决算财务报表。

7．工程竣工决算审批表中的各个项目。

第3章　工程竣工验收

第9条　工程竣工验收依据包括工程竣工合同书、国家标准、行业标准和相关政策法规、国际惯例等。

第10条　工程竣工验收条件如下。

1．所有工程竣工按照合同要求全部完成，并满足使用要求。

2．各个分工程竣工全部初验合格。

3．已通过系统测试评审。

4．工程竣工成果已置于配置管理之下。

5．各种技术文档和验收资料完备，符合合同的内容。

6．涉密信息系统须提供保密主管部门出具的验收合格证书。

7．各种设备经通电试运行，状态正常。

8．经过监理相关主管部门同意。

9．合同或合同附件规定的其他验收条件。

第11条　工程竣工验收涉及资料如下。

1．基础资料，包括招标书、投标书、有关合同、有关批复文件、设计说明书、功能说明书、设计图、项目详细实施方案。

2．工程竣工资料，包括工程开工报告、实施报告、质量测试报告、检查报告、测试报告、材料清单、实施质量与安全检查记录、操作使用说明书、售后服务保证文件、培训文档、其他文件等。

3．工程开发资料，包括需求说明书、概要设计说明书、详细设计说明书、设计报告、使用说明等。

4．工程开发管理资料，包括工程计划书、质量控制计划、配置管理计划、培训计划、质量总结报告、会议记录和进度月报。

第12条　工程竣工验收实施程序如下。

1．需求分析。项目办公室组织相关人员对工程竣工进行验收需求分析，并确定验收资料、标准、样表等。

2．编写验收方案。项目办公室提交验收方案，验收部门对验收方案进行审定。

3．成立工程竣工验收小组。企业内部成立工程竣工验收小组，实施验收工作，具体负责验收事宜。

4．工程竣工验收测试。验收人员严格按照工程竣工验收方案对工程文档资料等进行全面的测试和验收。

5．评价工程竣工验收工作。工程竣工验收完毕后，验收人员对工程设计质量、实施质量、设备质量、运行情况等作出全面的评价，得出结论性意见，对不合格的工程不予验收，并对遗留问题提出具体的解决意见。

6．召开工程竣工验收评审会。项目办公室召开由验收全体成员参加的工程竣工验收评审会，全面、细致地审核验收人员所提交的验收报告，给出最终的验收意见，形成工程竣工验收评审报告。

第13条　工程竣工初步验收规定如下。

1．工程竣工后经试运行合格，施工单位根据合同、招标书、计划任务书，检查、总结工程完成情况等，向项目办公室提出初验申请。

2．项目办公室组织企业领导、质量主管等相关人员进行初验。

3．施工单位须提供初验申请书、完工报告、项目总结，以及要求的验收评审资料。

第14条　工程竣工最后验收规定如下。

1．工程竣工初步验收合格后，项目办公室根据初步验收的结果向验收小组提出进一步验收。

2．验收工作由项目办公室、企业领导和专家组成验收小组进行验收，验收小组一般由5~8人组成。验收工作分验收和评审两个步骤，由验收人员确定验收时间、评审时间及其他安排。

3．经过验收、评审后形成验收报告和评审报告，经验收小组成员签字确认。

第15条　验收评审会议管理如下。

1．验收小组须准备验收资料，包括需求分析文档、项目设计文档、使用操作说明、验收内容及指标、验收方案、验收报告、验收记录等。

2．会议内容包括项目概况及成果介绍、项目实施方案、预验收或终验的工作小结、项目运营介绍等。

第4章　工程验收结果管理

第16条　工程质量验收结果。验收结果分为验收合格、需要复议和验收不合格三种。具体内容如下。

1．符合项目建设标准、系统运行安全可靠、任务按期并保质完成、经费使用合理的，视为验收合格。

2．由于提供材料不详难以判断，或目标任务完成不足80%而又难以确定其原因等，导致验收结论争议较大的，视为需要复议。

第17条　验收不合格情况。工程凡具有下列情况之一的，按验收不合格处理。

1．未按工程考核指标或合同要求达到所预定的主要技术指标的。

2．所提供的验收材料不齐全或不真实的。

3．工程的内容、目标或技术路线等已进行了较大调整，但未曾得到相关单位认可的。

4．实施过程中出现重大问题，尚未解决，或工程实施过程及结果等存在纠纷尚未解决的。

5．没有对系统或设备进行试运行，或者试运行不合格的。

6．工程经费使用情况在审计时发现问题的。

7．违反法律、法规规定的其他行为的。

【解析】验收工程时，应对工程经费使用情况进行审计：①工程基本情况；②工程审批情况；③工程资金用途；④资金到位情况；⑤资金支出情况。

第18条　验收结果处理规定如下。

1．验收结果为验收合格的，项目办公室将全部验收材料统一装订成册并连同相应电子文档，报相关部门备案。项目部组织各个验收单位签署"工程竣工验收报告"。

2．验收结果为需要复议的，项目办公室以书面形式通知项目部在3个月内补充有关材料或者进行相关说明。

3．验收结果为验收不合格的，项目办公室以书面形式通知设计部、项目部，限期整改，整改后试运行合格的，项目部应重新申请验收。

4．未通过验收的工程，不得交付使用。

第5章　附　则

第19条　本制度由项目部负责编制、解释和修订。

第20条　本制度自××××年××月××日起生效。

编修部门/日期		审核部门/日期		执行部门/日期	

11.5.2 工程项目档案管理制度

制度名称	工程项目档案管理制度	编　　号	
		受控状态	

第1章 总 则

第1条 为了加强工程项目档案的管理和利用，确保工程项目档案的完整、准确、系统和安全，充分发挥档案资料在工程项目评估、改进和开展后续工作中的作用，根据《中华人民共和国档案法》等法律、法规，结合企业实际情况，特制定本制度。

第2条 本制度适用于对工程项目实施过程中产生的各类文字、图纸、计算、声像材料等各种形式的资料的规范管理工作。

第2章 档案管理

第3条 企业项目部指定专人（资料员）负责工程项目档案管理工作，资料员负责档案接收、整理、立卷、保管、交接等工作。

第4条 以工程项目为单位立卷，一项工程立一卷档案，资料员在工程项目立项时就开始收集资料，进行归档管理。

第5条 各工程项目的职能人员应将工程项目进行中所产生的资料、文件及时整理并移交给资料员。档案交接执行交接签收制，直至工程项目最终检查验收合格，以便中途出现问题有据可查。

第6条 资料员在收到档案之后，要检查文件的文本及附件是否完整，若有短缺，应立即追查归入，与本工程项目无关的文件或不应随档归档的文件，应立即退回经办部门。

第7条 资料员点收文件后，应依下列方式整理。

1．中文直写文件以右方装订为原则，中文横写或外文文件则以左方装订为原则。

2．右方装订文件及其附件均应对准右上角，左方装订则对准左上角、理齐钉牢。

3．文件如有褶皱、破损、参差不齐等情形，应先补整、裁切、折叠，使其整齐划一。

第8条 资料员应根据工程项目所涉工作进程进行分类，分列时力求切合、实用，以方便整理、高效阅档为原则进行分类。

【解析】工程项目所涉工作进程有工程立项、工程招标、签署施工合同、拟定项目管理计划、组建项目部、实施项目管理工作、工程验收。

第9条 档案名称。具体内容如下。

1．档案各级分类应赋予统一名称。其名称应简明扼要，以充分展示档案内容性质为原则，并且要有一定范畴，不能笼统含糊。

2．各级分类、卷次及目次的编号，均以阿拉伯数字0~9表示，其位数使用视案件多少及增长情形斟酌决定。

3．档案分类各级名称经确定后，应编制"档案分类编号表"，将所有档案分类各级名称及其代表数字编号，并按一定顺序依次排列，以便查阅。

4．档案分类各级编号内应预留若干空档，以备将来组织扩大或业务增多时随时增补之用。

5．档案分类各级名称及其代表数字一经确定，不宜随意修改，如确有修改必要，应事先审查、讨论，并拟定新、旧档案分类编号对照表，以免混淆。

第10条　档案编号。具体内容如下。

1．新档案应从"档案分类编号表"查明该档案所属类别及其卷次、目次顺序，以此来编列档案号。

2．档案如果归属前案，应查明前案的档案号并予以同号编列。

3．档案号以一案一号为原则，遇有一档案件叙述多件事或一案归入多类者，应先确定其主要类别，再编列档案号。

4．档案号应自左而右编列，右方装订的档案，应将档案号填写于案件首页的左上角；左方装订者，则填写于右上角。

第11条　档案归档管理。具体内容如下。

1．归档文件，应依目次号顺序以活页方式装订于相关类别的档案夹内，并视实际需要使用"见出纸"注明目次号码，以便翻阅。

2．档案夹的背脊应标明档案夹内所含案件的分类编号及名称，以便查档。

第12条　档案调阅管理。具体内容如下。

1．各部门经办人员因业务需要须调阅档案时，应填写"档案调阅单"，经其部门主管核准后向资料员调阅。

2．调阅档案包括文件资料，必须在档案调阅登记簿登记后方可借阅，秘密级以上的档案文件须由经理级领导批准方能借阅。

3．案卷不许借出，只供在档案室查阅，未归档的文件及资料可借出。

4．资料员接到"档案调阅单"，经核查后，取出该项档案，并于"档案调阅单"上填注借出日期，然后将档案交与调卷人员。"档案调阅单"按归还日期先后顺序整理，以备催还。

5．调阅期限不得超过两个星期，到期必须归还，如果须再借，应办理续借手续。

6．调阅档案的人员必须爱护档案，要保护档案的安全，不得擅自涂改、勾画、剪裁、抽取、拆散、摘抄、翻印、复印、摄影、转借或损坏。否则，按相关法律法规及企业制度追究当事人责任。

7．调阅的档案交还时，必须当面点交清楚，发现遗失或损坏应立即报告领导。

8．外单位调阅档案，应持有单位介绍信，并经总经理批准后方能借阅，但不能将档案带离档案室。

9．外单位摘抄卷内档案应经总经理同意，并对摘抄的材料进行审查签章。

10．档案归还时，经资料员核查无误后，档案即归入档案夹。"档案调阅单"由资料员留存备查。

11．调阅的档案应与经办业务有关，如果借阅与经办业务无关之案件，应经过文书管理部门主管同意。

第13条　档案清理。具体内容如下。

1．资料员应及时擦拭档案架，保持档案清洁，以防虫蛀腐朽。

2．定期对档案材料的数量、保管等情况进行检查，发现问题及时采取补救措施，确保档案的安全。

第3章　工程项目档案的检查与考核

第14条　项目办公室不定期组织有关人员对各工程项目资料管理情况进行抽查。

第15条　借阅档案资料超过规定时间，收到催还通知仍不归还或办理续借手续的，资料员上报档案部主管，并通知借阅者部门主管进行追责。

第16条　机密档案材料不按规定收集、整理、利用，违背程序而泄密者，重者依法追究责任人行政和刑事责任。

【解析】《中华人民共和国档案法》第四十七条规定："档案主管部门及其工作人员应当按照法定的职权和程序开展监督检查工作，做到科学、公正、严格、高效，不得利用职权牟取利益，不得泄露履职过程中知悉的国家秘密、商业秘密或者个人隐私。"

第4章　附　则

第17条　本制度由综合管理部负责编制、解释和修订。

第18条　本制度自××××年××月××日起生效。

编修部门/日期		审核部门/日期		执行部门/日期	

11.5.3　项目后评估制度

制度名称	项目后评估制度	编　号	
		受控状态	

第1章　总　则

第1条　为了规范项目后评估工作，客观、准确地掌握项目实施的完成情况，总结项目实施经验，提高项目管理能力，根据《企业内部控制应用指引第11号——工程项目》及相关法律、法规，结合企业实际情况，特制定本制度。

第2条　本制度适用于企业所有项目的后评估管理工作。

第2章　项目后评估规划与内容

第3条　根据企业相关规定，项目办公室应根据项目的具体情况合理选择项目后评估的时间。项目后评估通常安排在工程项目竣工验收后6个月或1年后。

第4条　项目实施竣工后，项目办公室相关人员主要评估以下几个方面的内容。

1．项目目标评估。

【解析】项目目标评估是指对项目目标的实现程度进行评估，根据原项目计划的主要指标，查验项目的实际情况，找出并分析发生变化的原因，并对项目决策的正确性、合理性和实践性进行分析和评价。

2．项目前期工作和实施阶段评估。

3．项目效益评估。

4．项目影响评估。

5．项目持续性评估。

第5条　项目后评估的方法。一般而言，项目后评估主要有前后对比法、有无对比法、逻辑框架法和成功度法这四种方法。具体内容如下。

1．前后对比法。将可行性评估内容、项目开始前预测效益与项目竣工后的实际结果相比较，找出二者差异，并分析原因。

2．有无对比法。将项目竣工后的实际结果与没有进行项目时可能发生的情况进行对比，分析项目的真实效益和作用。

3．逻辑框架法。由美国国际开发署在1970年开发并使用的一种项目计划、管理和评估方法。它主要用问题树、目标树和规划矩阵三种辅助工具，对项目进行评估。

4．成功度法。即打分法，是依靠评估专家的意见，综合项目各项指标的具体情况，对项目的目标达成情况进行定性分析的方法。

第6条　项目后评估的主要指标。项目后评估指标主要包括项目前期和实施阶段的后评估指标、项目运营阶段的后评估指标。具体内容如下。

1．项目前期和实施阶段的后评估指标。

（1）实际项目决策周期，指从项目提出建议书到可行性研究获得批准所经历的时间，一般以月计算。

（2）设计周期变化率，指实际设计周期与预期设计周期相比的偏离程度。计算公式：

$$设计周期变化率=\frac{实际设计周期-预期设计周期}{预期设计周期}\times100\%。$$

（3）实际建设成本变化率，反映了实际建设成本与建设成本预算的偏离程度。计算公式：

$$实际建设成本变化率=\frac{实际建设成本-建设成本预算}{建设成本预算}\times100\%。$$

（4）实际工程优良品率，指达到国家规定的实际优良品单位工程个数占验收的单位工程总数的百分比。计算公式：

$$实际工程优良品率=\frac{实际优良品单位工程个数}{单位工程总数}\times100\%。$$

（5）实际投资总额变化率，反映了实际投资总额与项目实施前预计的项目投资总额的偏差程度。计算公式：

$$实际投资总额变化率=\frac{实际投资总额-预计投资总额}{预计投资总额}\times100\%。$$

2．项目运营阶段的后评估指标。

（1）实际达产年限变化率，反映了实际达产年限与设计达产年限的偏离程度。计算公式：

$$实际达产年限变化率=\frac{实际达产年限-设计达产年限}{设计达产年限}\times100\%。$$

（2）实际销售利润变化率，反映了实际销售利润与预期销售利润的偏离程度。计算公式：

$$实际销售利润变化率=\frac{实际销售利润-预期销售利润}{预期销售利润}\times100\%。$$

（3）实际投资利润变化率，反映了实际投资利润与预期投资利润的偏离程度。计算公式：

$$实际投资利润变化率=\frac{实际投资利润-预期投资利润}{预期投资利润}\times100\%。$$

（4）实际净现值变化率，反映了实际净现值与预期净现值的偏离程度。计算公式：

$$实际净现值变化率=\frac{实际净现值-预期净现值}{预期净现值}\times100\%。$$

（5）实际投资回收期变化率，反映了实际投资回收期与预期投资回收期的偏离程度。计算公式：

$$实际投资回收期变化率=\frac{实际投资回收期-预期投资回收期}{预期投资回收期}\times100\%。$$

（6）实际借款偿还期变化率，反映了实际借款偿还期与预期借款偿还期的偏离程度。计算公式：

$$实际借款偿还期变化率=\frac{实际借款偿还期-预期借款偿还期}{预期借款偿还期}\times100\%。$$

第3章 项目后评估的程序

第7条 项目办公室根据企业相关规定，在规定时间内组织成立项目后评估小组。项目后评估小组一般应包括经济技术人员、工程技术人员、经济管理人员、市场分析人员，还应包括直接参与项目准备和实施的工作人员。

第8条 接到项目后评估任务之后，项目后评估小组组长应及时组织制订项目后评估工作计划。计划的主要内容包括参加后评估的人员、后评估开展的时间、工作成果、费用支出等。

第9条 项目后评估小组要根据项目后评估的内容和计划，积极收集相关评估资料。其主要包括以下几个方面的内容。

1．决策资料、项目建议书、可行性研究报告、原评估报告、设计任务书、批准文件等。

2．初步设计、施工图设计、工程概算与预算。

3．设计合同、施工合同以及与项目建设有关的合同、协议和文件。

4．投资方的资料、项目背景、市场资料等。

5．竣工决算。

6．对项目进行重大技术改造的相关资料。

第10条 项目后评估小组组长要根据项目后评估的相关评估流程和标准，带领小组成员，对该项目进行项目后评估工作。

第11条 评估检验、汇报相关内容如下。

1．由项目后评估小组组长将项目后评估结果进行检验，检验方式大多以实地检验为主。

2．检验完毕后，组长把后评估结果、建议汇报给工程相关部门。

第12条 项目后评估小组完成项目后评估后，应组织编写项目后评估报告，并在规定时间内上报有关领导。项目后评估报告大致内容包括报告封面、封面内页、报告摘要、报告正文、主要附件和相关资料六个部分。

【解析】项目后评估报告是将工程项目基本情况和评估结果提供给决策部门的综合性技术经济文件，具体内容一般包括：总论、项目基本情况、项目建设条件评估、技术评估、投资和财务基本数据评审、不确定性分析及不足之处的解决措施。

第4章 注意事项

第13条 凡是承担项目后可行性分析报告编制、立项决策、设计、监理、施工等业务的机构，不得从事该项目的后评估工作，以保证后评估的独立性。

第14条 参与项目后评估的所有人员应实事求是，不得弄虚作假，对于严重损害企业经济利益的，须承担相应法律责任。

第5章 附 则

第15条 本制度由项目办公室负责编制、解释和修订。

第16条 本制度自××××年××月××日起生效。

编修部门/日期		审核部门/日期		执行部门/日期	

第 12 章

担保业务

12.1　调查评估与审批

　　企业在受理担保申请后对担保申请人进行资信调查和风险评估，是办理担保业务中不可或缺的重要环节，在相当程度上影响甚至决定担保业务的未来走向。办理担保业务时，企业要建立和完善担保授权审批制度，明确授权批准的方式、权限、程序、责任和相关控制措施。

12.1.1　担保申请人资信调查与担保业务评估管理制度

制度名称	担保申请人资信调查与担保业务评估管理制度	编　号	
		受控状态	

第1章　总　则

第1条　为了明确本企业对外提供担保业务的审批权限，规范担保行为，防范和降低风险，根据《中华人民共和国公司法》及相关法律、法规，结合企业实际情况，特制定本制度。

第2条　本制度适用于企业各业务部门，管理部门，各分支机构对内、对外提供的担保申请人资信调查和担保业务评估事项。

第2章　担保申请人资信调查

第3条　企业应成立资信调查小组，对担保申请人进行资信调查和风险评估，评估结果应出具书面报告，企业也可委托中介机构对担保业务进行资信调查和风险评估工作。

【解析】资信调查和风险评估环节的风险主要是对担保申请人的资信调查不深入、不透彻，对担保项目的风险评估不全面、不科学，导致企业担保决策失误或遭受欺诈，为担保业务埋下巨大隐患。

第4条　资信调查小组应对担保申请人的资信相关信息进行收集，要求担保申请人提供资产、财务相关资料。

第5条　资信调查小组应对担保申请人的业务范围及生产、业务运作流程及结算方式、产业竞争状况及生命周期、社会地位及政策支持、企业未来市场计划及发展战略、企业产品组合、主要产品技术及市场情况等的分析，确定担保申请基本情况。

第6条　财务分析相关内容如下。

1．企业财会机构以及人数与人员素质，企业财会报表审计情况，报表核算是否规范、完整、准确。

2．企业执行何种财务会计政策，包括存货计价政策、固定资产折旧政策、税务政策等。

3．财务数据、经营状况、财务状况分析的主要内容是经济实力、资产结构及资产质量、经营效率、盈利能力、偿还能力、企业成长性、资金使用计划及还款计划。

第7条　资信调查小组应通过对担保申请人负债情况、履约情况、银行借贷信用程度的调查，确定担保申请的信用程度。

第8条　资信调查小组应调查担保申请人的行业是否是国家大力支持并且前景很高的，对国家不支持并且前景渺茫的，须慎重评估。

第9条　企业在对担保申请人进行资信调查和风险评估时，应当重点关注以下事项。

1．担保业务是否符合国家法律法规和本企业担保政策等相关要求。

2．担保申请人用于担保和第三方担保的资产状况及其权利归属。

3．企业要求担保申请人提供反担保的，还应当对与反担保有关的资产状况进行评估。

【解析】反担保是指为保障债务人之外的担保人在将来承担担保责任后，能够实现对债务人的追偿而设定的担保。反担保是相对于担保而言，在既存担保关系的基础上设立的。

第10条　反担保措施评价相关内容如下。

1．反担保措施的形式。

2．可能存在的风险。包括反担保形式是否合法、能否对抗第三人、是否足额覆盖担保额等。

3．反担保物的评估价值、可以设定的抵押比率、变现和追偿的可行性。

4．分析、评价结论。分析有无法律风险、是否足额、是否易于变现等。

第11条　风险分析相关内容如下。

1．信用风险。包括借款人信用记录、近期投资计划、偿债、筹资能力及履约能力。

2．信息不对称风险。核实企业申报资料的真实性，分析风险。

3．行业风险、市场风险以及法律风险。

4．反担保措施保障力度不足的风险。

5．担保项目操作风险。担保项目实施过程中可能存在的监管方面的风险是否可控。

6．风险分析结论。主要风险点及发生的可能性、主要风险控制措施是否可行。

第12条　企业对担保申请人出现以下情形之一的，不得提供担保。

1．担保项目不符合国家法律法规和本企业担保政策的。

2．已进入重组、托管、兼并或破产清算程序的。

3．财务状况恶化、资不抵债、管理混乱、经营风险较大的。

4．与其他企业存在较大经济纠纷，面临法律诉讼且可能承担较大赔偿责任的。

5．与本企业已经发生过担保纠纷且仍未妥善解决的，或不能及时、足额交纳担保费用的。

第3章　担保业务评估

第13条　企业应指派具备胜任能力的专业人员组成担保评估小组，开展担保风险评估工作。担保评估人员与担保业务审批人员应当分离。

第14条　担保申请人为企业关联方，或与关联方存在经济利益或近亲属关系的有关人员，不得参与评估工作。

第15条　担保评估小组应认真收集或要求担保申请人提供包括但不限于以下资料。

1．担保申请人的营业执照、企业章程复印件、法定代表人身份证明、反映与本企业关联关系的资料等。

2．担保申请书、担保业务的资金使用计划或项目资料。

3．近_____年经审计的财务报告等财务资料。

4．担保申请人的资信等级评估报告及还款能力分析报告等资料。

5．担保申请人与债权人签订的主合同复印件。

6．担保申请人提供反担保的条件和相关资料。

第16条　企业对担保业务进行评估，应重点关注以下事项。

1．担保业务是否符合国家法律法规和本企业担保政策的要求，凡与国家法律法规和本企业担保政策相抵触的业务，一律不得提供担保。

2．评估担保申请人的资信状况，评估内容一般包括申请人基本情况、资产质量、经营情况、行业前景、偿债能力、信用状况、用于担保和第三方担保的资产及其权利归属等。

3．企业要求担保申请人提供反担保的，还应对与反担保有关的资产状况进行评估。

4．企业应当综合运用各种行之有效的方式或方法，对担保申请人的资信状况进行调查、了解，务求真实、准确。

5．涉及对境外企业提供担保的，还应特别关注担保申请人所在国家和地区的政治、经济、法律等因素，并评估因外汇政策、汇率变动等可能对担保业务造成的影响。

第17条　撰写担保风险评估报告的相关内容如下。

1．担保评估结束后，担保评估小组应向企业财务总监提交担保风险评估报告，其应包括但不限于以下内容。

（1）担保申请人提出担保申请的经济背景。

（2）接受担保业务的利弊分析。

（3）拒绝担保业务的利弊分析。

（4）担保业务的评估结论及建议。

2．担保风险评估报告须按照规定经财务总监、总经理审批，为企业高层作出担保决策提供依据。

第4章　附　则

第18条　本制度由董事会负责编制、解释和修订。

第19条　本制度自××××年××月××日起生效。

编修部门/日期		审核部门/日期		执行部门/日期	

12.1.2　担保授权与审批制度

制度名称	担保授权与审批制度	编　号	
		受控状态	

第1章　总　则

第1条　为了明确本企业对外提供担保业务的审批权限，规范担保行为，防范和降低风险，根据《中华人民共和国公司法》及相关法律、法规，结合本企业实际情况，特制定本制度。

第2条　本制度适用于企业各业务部门，管理部门，各分支机构对内、对外提供的担保事项。

第2章　担保业务申请审核

第3条　企业指定专门担保经办人员负责受理担保业务申请，具体人选由财务部提名，经总经理审批后确定。

【解析】受理申请环节的风险主要是企业担保政策和相关管理制度不健全，导致难以对担保申请人提出的担保申请进行初步评价和审核，或者虽然建立了担保政策和相关管理制度，但对担保申请人提出的担保申请审查、把关不严，导致申请受理流于形式。

第4条　财务部担保经办人员负责对担保业务申请进行初审，确保担保申请人满足以下5项资信条件。

1．管理规范、运营正常、资产优良。

2．近三年连续盈利，现金流稳定，并能提供经外部审计的财务报告。

3．担保申请人资产负债率不超过_____%。

4．资信状况良好，银行评定信用等级不低于_____级。

5．近一年内无因担保业务引起的诉讼或未决诉讼。

第5条　担保申请人有下列情况之一的，财务部担保经办人员应驳回其担保业务申请。

1．担保业务申请不符合国家法律法规或企业担保政策的。

2．财务状况已经恶化、信誉不良，且资不抵债的。

3．已进入重组、托管、兼并或破产清算程序的。

4．近3年内，担保申请人财务会计文件有虚假记载或提供虚假资料的。

5．企业曾为其担保发生过银行借款逾期、拖欠利息等情况，至本次担保申请时尚未偿清的。

6．未能落实用于反担保的有效财产的。

7．与其他企业存在经济纠纷，可能承担较大赔偿责任的。

8．董事会认为不能提供担保的其他情形。

第6条　财务部担保经办人员将审核通过的担保业务申请应提交财务副总审核，并于审核通过后组织开展担保业务风险评估工作。

第3章　担保业务审批

第7条　企业各项担保业务必须经董事会或股东大会批准，或由总经理在董事会授权范围内批准后具体实施，企业其他任何部门或个人均无权代表本企业提供担保业务。

【解析】担保业务审批环节的风险主要有：授权审批制度不健全，导致对担保业务的审批不规范；审批不严格或者越权审批，导致担保决策出现重大疏漏，可能引发严重后果；审批过程存在舞弊行为，可能导致经办审批等相关人员涉案或企业利益受损。

第8条　总经理的审批权限。单笔担保金额在_____万元以下（含_____万元）的担保项目，由总经理审批；单笔担保金额_____万元以上（含_____万元）的担保项目，由董事会授权总经理进行审批。

第9条　董事会的审批权限如下。

1．审批超出总经理审批权限的担保项目。

2．董事会的审批权限不应超出企业担保政策中的相关规定。

第10条　股东大会的审批权限如下。

1．审批超出董事会审批权限的担保项目。

2．审批单笔担保额超过本企业最近一期经审计净资产10%以后提供的担保项目。

3．审批担保总额超过本企业最近一期经审计净资产50%以后提供的担保项目。

4．审批担保申请人资产负债率超过70%的担保项目。

5．审批对企业股东、实际控制人及其关联方提供的担保项目。

第11条　担保经办人员应在职责范围内按照审批人的批准意见办理担保业务。对于审批人超越权限审批的担保业务，担保经办人员应拒绝办理。

【解析】审批环节风险控制措施：①建立和完善担保授权审批制度，明确授权批准的方式、权限、程序和相关控制措施。②建立和完善重大担保业务的集体决策审批制度。企业应明确重大担保业务的判断标准、审批权限和程序。③认真审查对担保申请人的调查评估报告，充分了解情况后，权衡本企业净资产状况、担保限额与担保申请人提出的担保金额，确保担保金额控制在企业设定的担保限额内。④从严办理担保变更审批。涉及担保事项的变更，企业应重新履行调查评估程序，并重新进行审批手续。

第4章　担保合同审查

第12条　非经董事会或股东大会批准授权，任何人无权以企业名义签订担保合同、协议或其他类似法律文件。

第13条　在批准签订担保合同协议前，应将拟签订的担保合同文本及相关材料分别送审计部、法律顾问审查。

第14条　审计部、法律顾问应至少审查但不限于担保合同协议的下列内容。

1．被担保方是否具备法人资格及规定的资信状况。

2．担保合同及反担保合同内容的合法性及完整性。

3．担保合同是否与本企业已承诺的其他合同协议相冲突。

4．相关文件的真实性。

5．担保的债权范围、担保期限等是否明确。

第15条　担保合同订立时，担保经办人员必须全面、认真地审查主合同、担保合同和反担保合同的签订主体及相关内容。

第16条　法律顾问应视情况适度参与担保合同的意向、论证、谈判或签约等过程事务。

第17条　已经审查的担保合同，如须变更或未履行完毕而解除，须重新履行审查程序。

第5章　履行担保责任审核

第18条　被担保人债务到期后＿＿＿＿个工作日内未履行还款义务，或被担保人破产、清算，债权人主张本企业履行担保责任时，担保经办人员受理债权人发出的"履行担保责任通知书"。

第19条　财务部担保经办人员审核"履行担保责任通知书"的有效性及相关证据文件，并核对款项后，报财务副总或权限审批人审批。

第20条　财务副总或权限审批人审批后，财务部担保经办人员方可向债权人支付垫付款项。

第6章　附　则

第21条　本制度由总经办负责编制、解释和修订。

第22条　本制度自××××年××月××日起生效。

编修部门/日期		审核部门/日期		执行部门/日期	

12.1.3　子公司、关联方、境外公司担保制度

制度名称	子公司、关联方、境外公司担保制度	编　号	
		受控状态	

第1章　总　则

第1条　为了明确本公司对外提供担保业务的审批权限，规范担保行为，防范和降低风险，根据《中华人民共和国公司法》《跨境担保外汇管理规定》及相关法律、法规，结合本公司实际情况，特制定本制度。

第2条　本制度适用于公司各业务部门，管理部门，各分支机构对内、对外提供的担保事项。

第2章　子公司担保

第3条　未经母公司批准，子公司不得提供对外担保，也不得进行互相担保。

第4条　母公司为子公司提供担保的，该子公司应按母公司对外担保相关规定的程序申办，并履行债务人职责，不得给母公司造成损失。

第5条　上市公司为非全资子公司提供担保的，原则上应当要求子公司的其他股东按出资比例提供同等担保，或以其持有的资产向上市公司提供反担保，如果子公司不能提供同等担保或者反担保的，上市公司董事会应在进行充分的资信调查的基础上，再通过会议决议是否提供担保业务。

第6条　子公司有如下情况的，母公司一律不得提供担保业务。

1．子公司已发生因提供担保造成重大损失的。

2．子公司存在持续债务违约事实的。

3．子公司负债率超过70%的。

【解析】负债率过高意味着公司正面临财务风险：①持续增长的负债最终会导致财务危机成本，债务越多，公司承担的利息支付就越多，成本压力就越大；②公司为负债所要支付的利息越多，公司创造的现金收入就会越多地被消耗掉，现金流量就会大量减少，从而影响公司的运营；③若公司经营状况和财务状况进一步恶化，很有可能丧失偿付债务的能力，导致公司资金紧张。

4．子公司近期内违反法律及对母公司造成损失和审计报告被否定的。

第3章　关联方担保

第7条　上市公司为关联人提供担保，应强化关联担保风险的控制，采取切实、有效的反担保措施，并要求被担保人或第三方以其资产或以其他有效方式提供价值对等的反担保。

【解析】关联担保是指发生在有关联或有间接关联的公司之间的担保。

第8条　公司为关联方提供担保的，与关联方存在经济利益或近亲属关系的有关人员，在评估与审批环节应当回避。

【解析】关联方是指一方控制、共同控制另一方或对另一方施加重大影响，以及两方或两方以上同受一方控制、共同控制或重大影响的个人或组织。

第9条　《中华人民共和国公司法》第一百二十四条规定："上市公司董事与董事会会议决议事项所涉及的企业有关联关系的，不得对该项决议行使表决权，也不得代理其他董事行使表决权。该董事会会议由过半数的无关联关系董事出席即可举行，董事会会议所作决议须经无关联关系董事过半数通过，出席董事会的无关联关系董事人数不足三人的，应将该事项提交上市公司股东大会审议。"

第10条 商业银行对关联方提供担保业务的规定如下。

1．商业银行不得向关联方发放无担保贷款。

2．商业银行不得为关联方的融资行为提供担保，关联方以银行存单、国债提供足额反担保的除外。

第4章 境外公司担保

第11条 内保外贷，指担保人注册地在境内、债务人和债权人注册地均在境外的跨境担保。此种担保方式，常见于境内母公司为境外子公司在境外的融资活动提供担保。相关内容如下。

1．担保人为银行的，由担保人通过数据接口程序或其他方式向外汇局报送内保外贷业务相关数据。

2．担保人为非银行金融机构或公司（以下简称非银行机构）的，根据《跨境担保外汇管理操作指引》，应在签订（变更）担保合同后15个工作日内到所在地外汇局办理内保外贷签约（变更）登记手续。非银行机构到外汇局办理内保外贷签约登记时，应提供以下材料。

（1）关于办理内保外贷签约登记的书面申请报告。

（2）担保合同和担保项下主债务合同。

（3）外汇局根据本制度认为需要补充的相关证明材料。

第12条 外保内贷，指担保人注册地在境外，债务人和债权人注册地均在境内的跨境担保。外保内贷常用于外国公司为其在中国境内投资的子公司向中国境内的金融机构借款提供担保。外保内贷可由当事人自行签订合同后再向外汇局办理备案。办理备案时，由发放贷款或提供授信额度的债权人（境内金融机构）向外汇局集中报送。具体内容如下。

1．外保内贷交易中，债权人必须是境内金融机构，债务人必须是非金融机构，被担保的债务只能是本外币普通贷款（不包括委托贷款）或信用额度。

2．外保内贷业务发生境外担保履约的，境内债务人应在担保履约后15个工作日到所在地外汇局办理短期外债签约登记及相关信息备案，外汇局在外债签约登记环节对债务人外保内贷业务的合规性进行事后核查。

第13条 担保人重点审核内容。债务人主体资格、担保项下资金用途、预计的还款资金来源、担保履约的可能性及相关交易背景。

第14条 担保人应以适当方式监督债务人按照其申明的用途使用担保项下资金。

第15条 参与担保业务的人员应实事求是，不得弄虚作假，如果因担保业务人员的工作失职致使公司经济利益严重受损的，相关人员须承担相应的法律责任。

第5章 附 则

第16条 本制度由总经办负责编制、解释和修订。

第17条 本制度自××××年××月××日起生效。

编修部门/日期		审核部门/日期		执行部门/日期	

12.2　执行与监控

《企业内部控制应用指引第12号——担保业务》第十条指出："企业应当根据审核批准的担保业务订立担保合同。担保合同应明确被担保人的权利、义务、违约责任等相关内容，并要求被担保人定期提供财务报告与有关资料，及时通报担保事项的实施情况。"

12.2.1　担保合同订立与履行管理制度

制度名称	担保合同订立与履行管理制度	编　　号	
		受控状态	

第1章　总　则

第1条　为了明确企业担保合同订立过程中的各级权限，规范担保合同订立的行为，同时加强对担保合同订立及履行过程的监督，规避和降低担保合同订立及履行期间给企业带来的各种风险，根据《企业内部控制应用指引第12号——担保业务》及相关法律、法规，结合企业实际情况，特制定本制度。

第2条　本制度适用于企业担保合同的订立与履行工作的管理。

第2章　担保合同的订立

第3条　企业担保合同条款应由经办人在职责范围内，严格按照审批人员的批准意见拟定。

【解析】订立担保合同的风险主要是未经授权对外订立担保合同，或者担保合同内容存在重大疏漏和欺诈，可能导致企业诉讼失败，权利追索被动，经济利益和形象、信誉受损。

第4条　担保合同中应明确被担保人的权利、义务、违约责任等相关内容，并要求被担保人定期提供财务报告和有关资料，随时通报担保事项的实施情况。

第5条　如担保申请人同时向多方申请担保，应在担保合同中明确约定本企业的担保份额和相应责任。

第6条　对担保合同条款的审核必须认真、谨慎，确保合同条款内容完整，表述严谨、准确，相关手续齐备。法律部门在审查担保合同条款时，应包括但不限于以下几个方面。

1．被担保方是否具备法人资格及规定的资信状况。

2．担保合同内容的合法性及完整性。

3．担保合同是否与本企业已承诺的其他合同协议相冲突。

4．相关文件的真实性。

5．担保的债权范围、担保期限等是否明确。

第7条　担保合同的订立实行会审联签，除经办部门外，法律部门、财务部门、内审部门等都要参与会审联签。

第8条 加强对企业法定代表人的身份证明、个人印章、担保合同专用章的管理，相关证件、印章的保管人员对用印范围和用印手续严格审查，并登记用印情况。

第9条 对担保合同的记录、传递和保管要规范，严格按照企业的合同管理制度对担保合同进行管理，确保担保合同运转轨迹清晰、完整，有据可查。

第3章 担保合同的履行

第10条 担保经办人员负责定期监测被担保人的经营情况和财务状况，促进担保合同有效履行。具体监督、检查项目有以下几个方面。

【解析】担保合同履行环节的风险主要是重合同签订，轻后续管理，对担保合同履行情况疏于监控或监控不当，导致企业不能及时发现和妥善应对被担保人的异常情况，从而可能延误处置时机，加剧担保风险，加重经济损失。

1．担保项目执行情况与进度。

2．被担保人的经营状况、财务运行及风险情况。

3．被担保人的资金是否按照担保合同约定的条款使用，有无挪用现象等。

4．被担保人的资金周转、贷款的归还是否正常等。

第11条 担保项目监测时限如下。

1．担保期限在_____年以内的，担保风险在_____级以上的担保项目，担保经办人员须每月进行一次跟踪检查。

2．担保期限在_____年以上的担保项目，担保经办人员至少每季度进行一次监督、检查。

第12条 财务部门每月收集并分析被担保人在担保期内的财务报告等资料，持续关注被担保人的财务状况、经营成果、现金流量等情况。

第13条 担保业务经办人员在日常监测过程中发现被担保人存在经营困难、债务加重或其他异常情况时，要按照企业内部信息传递流程，第一时间向负责人汇报，及时采取有效的、有针对性的应对措施。

第4章 履行担保责任审核

第14条 被担保人债务到期后_____个工作日内未履行还款义务，或被担保人破产、清算，债权人主张本企业履行担保责任时，担保经办人员受理债权人发出的"履行担保责任通知书"。

第15条 财务部担保经办人员审核"履行担保责任通知书"的有效性及相关证据文件，在核对款项后，报财务副总或权限审批人审批。

第16条 财务副总或权限审批人审批后，财务部担保经办人员方可向债权人支付垫付款项。

第5章 附 则

第17条 本制度由总经办负责编制、解释和修订。

第18条 本制度自××××年××月××日起生效。

编修部门/日期		审核部门/日期		执行部门/日期	

12.2.2　担保业务会计系统控制制度

制度名称	担保业务会计系统控制制度	编　　号	
		受控状态	

第1章　总　则

第1条　为了规范担保企业的会计核算，真实、完整地提供会计信息，及时化解担保风险，如实反映担保业务会计成果，根据《企业内部控制应用指引第12号——担保业务》及相关法律、法规，结合企业实际情况，特制定本制度。

第2条　本制度适用于按照规定程序，经批准在中华人民共和国境内设立的担保企业（以下简称企业）。其他类型的担保机构，比照本制度执行。

【解析】会计系统控制环节的风险主要有会计系统控制不力，可能导致担保业务记录残缺不全，日常监控难以奏效，或者担保会计处理和信息披露不符合有关监管要求，可能引发行政处罚。

第2章　担保业务会计准备

第3条　指定专人定期监测被担保人的经营状况和财务状况，对被担保人进行有效跟踪和监督。

第4条　及时报告被担保人的异常情况和重要信息。

第5条　督促被担保人认真履行偿债义务。

第6条　认真履行合同义务，切实维护企业权益。

第3章　担保业务会计系统控制

第7条　按照国家统一的会计准则进行担保会计处理，发现被担保人出现财务状况恶化、资不抵债、破产清算等情形的，应当合理确认预计负债和损失；属于上市企业的，还应当区别不同情况并依法予以公告。

第8条　健全担保业务经办部门与财会部门的信息沟通机制，促进担保信息及时、有效沟通；建立担保事项台账，详细记录担保对象、金额、期限、用于抵押和质押的物品或权利以及其他有关事项。同时，及时足额收取担保费用，维护企业担保权益。

【解析】推进业财融合的管理，要求财务人员与业务人员加强沟通，业务人员向财务人员反映业务问题，财务人员运用财务知识帮助业务人员解决问题，促进部门间的沟通协调，提高运营效率。

第9条　建立健全反担保财产登记台账，妥善保管被担保人用于反担保的权利凭证，定期核实财产的存续状况和价值，发现问题及时处理，确保反担保财产安全、完整。

第10条　夯实担保合同基础管理，妥善保管担保合同、与担保合同相关的主合同、反担保函或反担保合同，以及抵押、质押的权利凭证和有关原始资料，做到担保业务档案完整无缺。当担保合同到期时，要全面清查用于担保的财产、权利凭证，并按照合同约定及时终止担保关系。

第4章　担保业务会计核算

第11条　担保业务的会计科目按照企业会计科目明细表进行设置。

第12条　担保收入的会计核算如下。

1. 担保业务的收入主要包括按合同规定应向被担保人收取的担保费、评审费、手续费等费用。

2．担保收入应在下列三个条件均能满足时予以确认。

（1）担保合同成立并承担相应担保责任。

（2）与担保合同相关的经济利益能够流入企业。

（3）与担保合同相关的收入能够可靠地计量。

第13条　担保准备金的会计核算如下。

1．担保代偿准备金。为保证补偿可能出现的代偿损失，按每年担保余额的1%差额提取担保代偿准备金，计入企业经营成本。

2．短期责任准备金。对于一年期以内（含一年）的担保业务，在会计期末，按规定从本期保费收入中未到期责任部分提存短期责任准备金，同时转回上年同期提存数，计入当期损益。短期责任准备金应作为流动负债在"资产负债表"中单独列示。

3．长期责任准备金。对长期担保业务，在未到结算损益年度之前，在会计期末按业务年度营业收支差额提存长期责任准备金，同时转回上年同期提存数，计入当期损益。长期责任准备金应作为非流动负债在"资产负债表"中单独列示。

4．风险准备基金。企业每年按税后利润10%计提风险准备基金，用于弥补担保代偿损失。

第14条　企业在收到被担保人按担保合同及相关规定交纳的保证金时，应记入"其他应收款——保证金"科目进行专户管理。保证金用于被保证人不能按照合同或约定履行义务时的支付，一般按照企业活期存款计息进行核算。

第15条　按担保合同及相关规定代收被担保人交纳的抵押（质押）物的保管费，记入"其他应付款"，保管抵押（质押）物可用于保管费支出。若有余额，由企业退还给被担保人。

第5章　附　则

第16条　本制度由董事会负责编制、解释和修订。

第17条　本制度自××××年××月××日起生效。

编修部门/日期		审核部门/日期		执行部门/日期	

12.2.3　担保业务责任追究制度

制度名称	担保业务责任追究制度	编　　号	
		受控状态	

第1章　总　则

第1条　为了进一步加强担保管理，识别担保业务风险点，防范风险，提高担保质量，根据《企业内部控制应用指引第12号——担保业务》及相关法律、法规，结合企业实际情况，特制定本制度。

第2条　本制度适用于对符合企业章程及相关规定所界定的责任追究范围内的、导致企业损失或对企业造成不良影响的担保业务活动，并追究有关人员的责任。

【解析】责任追究环节的主要风险有：违背担保合同约定，不履行代为清偿义务，可能被银行等债权人诉诸法律成为连带被告，影响企业形象和声誉的；承担代为清偿义务后向被担保人追索权利不力，可能造成较大经济损失的。

第2章 担保业务责任追究的职责划分

第3条 企业财务副总、战略管理部、财务部及担保业务经办人员对本担保业务责任追究制度的建立健全和有效实施负责。

第4条 经办担保事项有调查和审核，担保合同的审查、签署和订立，印鉴管理以及信息披露等。有关责任的单位、部门或人员为担保事项的具体负责人。具体内容如下。

1．企业总经理为对外担保的第一责任人。

2．财务总监为对外担保的第二责任人。

3．企业财务部为对外担保的职能部门。

第3章 责任追究的事项

第5条 因下述原因造成的不良担保，应对相关责任人追究责任。

1．在对外担保中出现重大决策失误。

2．未履行企业规定的审批程序和未执行企业规定的审批权限。

3．未按照企业相关规定、有关制度执行业务操作。

4．未按照职责规定履行应尽的工作职责或者在履行其职责过程中出现重大问题。

5．违反国家法律法规或者其他对企业造成经济、名誉损失的行为。

第6条 企业董事、经理及其他管理人员未按本制度规定程序而擅自越权签订担保合同，对企业造成损害的，应当追究当事人责任。

第7条 责任人违反法律规定或本制度规定，无视风险，擅自保证，造成损失的，应承担赔偿责任。

【解析】企业应启动担保业务后评估工作，严格落实担保业务责任追究制度，对在担保中出现重大决策失误、未履行集体审批程序或不按规定管理担保业务的部门及人员，严格追究其行政责任和经济责任，并深入开展总结分析，不断完善担保业务内控制度，严控担保风险，促进企业健康、稳健发展。

第8条 责任人怠于行使其职责，给企业造成损失的，可视情节轻重给予包括经济处罚在内的处分并承担赔偿责任。法律规定责任人无须承担的责任，责任人未经企业董事会同意擅自承担的，给予行政处分并承担赔偿责任，处分轻重按相关规定执行。

第9条 企业承担责任后，可以向相关责任人进行追偿，具体可以向法院起诉，委托律师处理。

第10条 企业董事会有权视企业损失、风险的大小，情节的轻重，决定给予相关责任人相应的处分。

第4章 责任追究的处罚形式

第11条 强制履行。当事人一方不履行非金钱债务或者履行非金钱债务不符合约定的，对方可以要求履行。如果对方还不履行，守约方可以经仲裁或经诉讼确认后，申请法院强制对方履行。

第12条 经济处罚。依据责任人责任大小、担保损失大小确定处罚措施和经济处罚的轻重，处罚标准参照管理与监督机构的规定及企业的相关规定。

第13条　行政处分如下。

1．对造成担保损失的完全责任人、主要责任人、次要责任人，视情节轻重和损失大小，进行相应的行政处分。

2．对担保经办人员，将给予警告、严重警告、记过、记大过、开除留用、开除的处分。

3．对相关管理人员，将给予警告、严重警告、记过、记大过、降职、免职、撤职的处分。

第14条　刑事处罚。对在担保项目实施中涉及刑事违法犯罪活动的有关责任人，移交司法部门，追究其刑事责任。

第15条　在不违背法律原则及相关规定的前提下，合同当事人可以约定其他追责形式。

第5章　附　则

第16条　本制度由董事会负责编制、解释和修订。

第17条　本制度自××××年××月××日起生效。

编修部门/日期		审核部门/日期		执行部门/日期	

第 13 章

业务外包

13.1 承包方选择

在业务外包的过程中，企业应根据年度生产经营计划和业务外包管理制度，明确业务外包范围。拟定实施方案，按照规定的权限和程序审核批准，并结合业务外包实施方案选择承包方。

13.1.1 业务外包管理制度

制度名称	业务外包管理制度	编　号	
		受控状态	

第1章　总　则

第1条　为了规范业务外包行为，防范业务外包过程中存在的风险，确保业务外包过程中企业的资产安全，维护企业利益，使得业务外包顺利进行，实现业务外包的预期目标，根据《企业内部控制应用指引第13号——业务外包》及相关法律、法规，结合企业实际情况，特制定本制度。

第2条　本制度适用于本企业所有业务外包的管理，包括采购、设计、加工、销售、营销、物流、资产管理、人力资源、客户服务等。

第2章　业务外包流程管理

第3条　在决定是否将业务项目外包时，应从以下三个方面考虑，并制定业务外包方案。

1．本企业是否具备开展该项业务的设备、生产系统、专业人员及专门技术。

2．该项业务通过外包是否可以降低成本。

3．该项业务通过外包是否能够产生比自己运作更多的利益等。

第4条　业务外包方案制定时，要准确把握企业核心竞争力与盈利环节，避免将企业核心业务外包。

第5条　在确定业务外包内容后，指定与该项业务相关的职能部门编制计划书。计划书主要包括以下内容。

1．业务外包的背景，如企业外部环境要求及企业中、长期发展战略。

2．业务外包范围，明确将部分业务还是全部业务交由承包商。

3．业务外包的具体实施程序。

4．业务外包的主要风险和预期收益。

5．其他相关内容。

第6条　在对业务外包方案及计划书进行审查和评价时，要着重对比分析该业务项目在自营与外包情况下的风险和收益，确定外包的合理性和可行性。

第7条　在对业务外包方案和计划书进行审核批准的环节，各层级人员应在授权范围内进行审批，不得越权审批。

【解析】审批不严格或超越权限审批，可能导致业务外包决策出现重大疏漏，从而引发严重后果，造成企业的损失。

第8条　在对重大业务外包进行决策时，应有总会计师或企业分管会计工作的负责人参与，对业务外包的经济效益作出合理评价，并提交董事会或同级权力机构审批。

第9条　业务外包方案及计划书通过审核后，成立业务外包归口管理部门，由业务部门负责人、有关咨询专家、外包项目协调管理人员、合同协商管理人员等组成，必要时还应加入法律及财会专业人员。

第10条　业务外包归口管理部门负责业务外包项目的具体实施工作，确保业务外包流程的顺利执行，并负责培训涉及业务外包流程的员工，确保员工正确理解和掌握业务外包项目相关政策和制度。

第11条　严格按照审核批准的业务外包方案选择承包方，承包方的选择流程如下。

1．业务外包归口管理部门发布投标公告，并与候选承包商建立联系，发放"外包项目竞标邀请书"及相关材料。参与竞标的候选承包商在指定期限之内提交"投标书"及相关材料，主要内容包括项目解决方案、实施计划、资源配置、报价等。

2．业务外包归口管理部门对候选承包方进行资质预审，评估候选承包方的综合能力。

3．确定标底并进行公开招标。

4．组织企业其他职能部门进行开标、评标、定标。业务外包归口管理部门给出候选承包方的综合竞争力排名，会同相关管理层及其他职能部门负责人分析与候选承包方建立外包合同的风险，并根据实际情况挑选出一家或几家企业作为业务承包方。

【解析】在对承包方进行资质审核时，如果流于形式，或是接受商业贿赂，选择了不恰当的承包方，如承包方不是合法设立的法人主体，缺乏应有的专业资质，从业人员也不具备应有的专业技术资格，缺乏从事相关项目的经验等，都可能会导致企业遭受损失甚至陷入法律纠纷。

第12条　业务外包归口管理部门和承包方就《外包项目合同》的主要条款进行谈判，达成共识，由合同双方代表签署《外包项目合同》。

第13条　业务外包过程监控如下。

1．业务外包归口管理部门根据合同约定，为承包方提供必要协作条件，并指定专人定期检查和评估项目进展情况。

2．关注重大业务外包承包方的履约能力，采取承包方动态管理方式，对承包方开展日常绩效评价和定期考核。

3．对承包方的履约能力进行持续评估，包括承包方对该项目的投入是否能够支持其产品或服务质量达到企业预期目标，承包方自身的财务状况、生产能力、技术创新能力等综合能力是否满足该项目的要求。

4．建立即时监控机制，一旦发现偏离合同目标等情况，应及时要求承包方调整和改进。

5．对重大业务外包的各种意外情况作出充分预计，建立相应的应急机制，制定临时替代方案，避免因业务外包失败而造成企业生产经营活动中断。

6．加强对业务外包过程中形成的商业信息资料的管理，防止商业秘密被泄露。

第14条　业务外包验收如下。

1．项目结束或合同到期时，业务外包归口管理部门负责对业务外包产品（服务）进行验收。如出现承包方最终提供的产品（服务）与合同约定不一致时，及时告知承包方进行调整。

2．与承包方就最终产品（服务）达成一致后，由承包方提交费用支付申请，业务外包归口管理部门就申请书合理性进行审核。审核通过后，开具付款证书，按照企业规定程序审批，并支付承包方费用。

【解析】在对业务外包合同进行验收时，可以制定不同的验收方式，如对最终产品（服务）进行一次性验收，或在整个外包过程中分阶段验收，避免因验收标准不明确，验收程序不规范，使得验收工作流于形式，或未及时发现业务外包质量低劣等情况，从而给企业带来损失。

第15条　其他事项如下。

1．有确凿证据表明承包方存在重大违约行为，并导致业务外包合同无法履行的，应当及时终止合同，并指定有关部门按照法律程序向承包方索赔。

2．根据履约能力评估报告，业务外包归口管理部门负责及时替换不具备持续履约能力的承包方，避免因业务外包失败而导致企业经营活动中断。

第3章　业务外包承包方的考核

第16条　考核维度主要包括进度和质量两个方面。

第17条　考核分值达到90分及以上的，属于"服务达标"，按照外包合同约定时间全额支付外包费用。

第18条　考核分值达到89～80分的，属于"服务尚可接受"，待承包方根据企业提出的建议作出调整和改进后，全额支付外包费用。

第19条　考核分值在80分以下的，属于"服务不可接受"，按照外包合同约定费用的_____%予以支付。

第4章　附　则

第20条　本制度由总经办负责编制、解释和修订。

第21条　本制度自××××年××月××日起生效。

编修部门/日期		审核部门/日期		执行部门/日期	

13.1.2　承包方选择与成本控制制度

制度名称	承包方选择与成本控制制度	编　号	
		受控状态	

第1章　总　则

第1条　为了规范业务外包过程中承包方的选择与成本控制工作，规避该过程存在的风险，使承包方的选择更加规范化、制度化，从而控制外包成本，提高业务外包工作的效益，根据《企业内部控制应用指引第13号——业务外包》及相关法律、法规，结合企业实际情况，特制定本制度。

第2条　本制度适用于指导企业所有业务外包中的承包方选择与成本控制工作。

第2章　承包方的选择管理

第3条　各部门要出于能力和成本效益的考虑，充分调查，多方论证，合理判断是否应将业务外给其他单位，若确须将业务外包给其他单位的，应编制业务外包分析报告，在报告中载明充分的原因，并提出将业务外包的初步建议。

第4条　部门负责人在自己的权限范围内审核是否将业务外包，超出权限的事项，则应上报总经理、董事长进行决策。

第5条　若最终确认将业务外包，部门负责人应组织相关人员编制业务外包方案，方案中须明确业务的各项基本特征、外包程序和对承包方的要求等，部门负责人审核方案通过后报总经理审批。

【解析】在制定业务外包方案时，要权衡利弊，避免将企业的核心业务外包。重大业务外包的决策要有总会计师或分管会计工作的负责人参与，并对外包的经济效益作出合理的评价。

第6条　企业应充分调查候选承包方的合法性，其必须是依法成立和合法经营的专业服务机构或其他经济组织，并且具有相应的经营范围和固定的办公场所。

第7条　候选承包方应当具备相应的专业资质，其从业人员符合岗位要求和任职条件，并具有相应的专业技术资格。

第8条　候选承包方的技术及经验水平应符合本企业业务外包的要求。

第9条　企业应考查候选承包方从事类似项目的成功案例、业界评价和口碑。

第10条　建立严格的回避制度和监督处罚制度，避免暗箱操作、串通舞弊等行为

第11条　对承包方的选择，要引入竞争机制，遵循公平、公正、公开的原则，择优选择业务外包的承包方。

第12条　采用招标方式选择承包方的，应当符合招投标法的相关规定，基本流程如下。

1. 业务外包归口管理部门发布投标公告，并与候选承包商建立联系，发放"外包项目竞标邀请书"及相关材料。参与竞标的候选承包商在指定期限之内提交"投标书"及相关材料，主要内容包括项目解决方案、实施计划、资源配置、报价等。

2. 业务外包归口管理部门对候选承包方进行资质预审，评估候选承包方的综合能力。评估因素主要包括以下5个方面。

（1）候选承包方类似项目的经验、服务能力、资格认证和信誉。

（2）候选承包方是否与本企业存在直接或间接的竞争关系。

（3）候选承包方在知识产权保护方面的力度和效果。

（4）候选承包方的性能、价格比是否合适。

（5）其他因素。

3. 确定标底并进行公开招标。

4. 组织企业其他职能部门进行开标、评标、定标。业务外包归口管理部门对候选承包方的综合竞争力从高到低依次进行排名，会同相关管理层及其他职能部门负责人分析与候选承包方建立外包合同的风险。

5. 按照回避制度、监督处罚制度，从候选承包方中作出选择，避免相关人员在选择承包方的过程中出现受贿和舞弊行为。

第3章　承包方的成本控制

第13条　综合考虑内外部因素，对业务外包的人工成本、营销成本、业务收入、人力资源等指标进行准确测算和分析。

第14条　业务对外承包的部门召开承包方成本控制会议，对承包方的各方面进行深入剖析，科学测算，并根据以往经验，找出完善成本控制的措施。

第15条 各业务部负责人和财务部负责人应积极提升企业业财融合管理水平，鼓励业务人员与财务人员充分沟通，鼓励财务人员为承包方的各项成本控制提出专业意见，鼓励并引导业务人员学习基础财会知识，从而构建承包方成本控制知识体系。

第16条 财会部门根据国家统一的会计准则制度，对业务外包过程中交由承包方使用的资产、设计资产负债变动的事项以及外包合同诉讼等加强核算与监督。

第17条 根据企业会计准则制度的规定，结合业务外包的特点，建立完善的外包成本的会计核算办法，进行有关会计处理，并在财务报告中进行必要、充分的披露。

第18条 向承包方结算费用时，依据验收证明，严格按照合同约定的结算条件、方式和标准办理支付。

【解析】如果缺乏有效的承包方成本控制措施，就不能全面、真实地记录和反映业务外包各环节的资金流和实物流的情况。如果出现结算审核不严格、支付方式不恰当、金额控制不严等情况，会造成外包成本的增加，导致企业资金损失。

第4章 附 则

第19条 本制度由总经办负责编制、解释和修订。

第20条 本制度自××××年××月××日起生效。

编修部门/日期		审核部门/日期		执行部门/日期	

13.1.3 外包合同管理制度

制度名称	外包合同管理制度	编 号	
		受控状态	

第1章 总 则

第1条 为了加强对企业外包合同等档案的管理，提高档案管理水平，逐步实现企业外包合同管理工作的规范化、制度化、科学化，根据《企业内部控制应用指引第13号——业务外包》及相关法律、法规，结合企业实际情况，特制定本制度。

第2条 本制度的适用范围如下。

1．本制度适用于企业外包合同等档案的接收、保管、使用流程。

2．本制度所指的合同等档案，是企业在业务外包过程中形成的以外包合同为中心的资料总和。

第2章 外包合同管理工作的职责划分

第3条 外包合同归口管理部门职责划分如下。

1．外包合同归口管理部门负责标准外包合同文本的发布与执行，并参与拟定特殊外包合同文本，再根据企业各项规定，对外包合同的主要条款进行审核，包括外包的内容和范围、双方的权利和义务、服务和质量标准、保密事项、费用结算标准和违约责任等，同时对所有非标准合同文本组织评审。

2．对已签订的外包合同进行接收，并统一编号，详细登记各项信息后进行保管。

第4条 法务部职责划分如下。

1．草拟标准外包合同模板后组织评审，并对其中涉及的法律条款进行审核。

2．对外包合同履行过程中出现的法律问题提供法律支持。

第3章　外包合同的编制

第5条　外包合同的内容可分为首部、正文、尾部三个部分，具体内容如下。

1．首部。外包合同首部主要包含了合同名称、合同编号以及合同双方的名称、地址等内容，清晰反映了外包合同的基本信息，便于合同的管理。

2．正文。外包合同正文包括业务外包的内容和范围、双方的权利和义务、服务质量和标准、保密事项、费用结算标准、违约责任等具体内容，并明确了合同双方须履行的事项。

3．尾部。外包合同尾部主要包括合同份数、生效日期和终止日期、签订时间、附件及双方签字盖章等内容，重点明确了双方履行合同的起止时间。

第6条　外包合同在编制前，要充分考虑外包方案中识别出的重要风险点，并通过合同条款予以有效的规避或降低。

第7条　外包合同在编制内容和范围时，应明确承包方提供的服务类型、数量、成本，以及服务的环节、作业方式、作业时间、服务费用等细节。

第8条　在外包合同的权利和义务方面，要明确企业督促承包方改进服务流程和方法的各项权利，承包方有义务按照外包合同规定的相关内容，将外包实施的进度和现状告知企业，并对存在的问题进行及时、有效的沟通。

第9条　在外包合同的服务质量和标准方面，应明确承包方最低的服务标准以及若未能满足其他标准时该实施的补救措施。

第10条　在外包合同的保密事项方面，应具体约定涉及企业机密的业务和事项，承包方对此负有保密义务。

第11条　在外包合同的费用结算标准方面，应综合考虑外部因素，合理确定外包价格，约定付款方式，严格控制好业务外包成本。

第12条　在外包合同的违约责任方面，外包合同条款的设置要既有原则性，又要体现一定的灵活性，以适应环境、技术和企业自身的业务变化，同时根据业务外包存在的风险点，在合同条款中明确承包方违约责任的界定标准，降低企业陷入合同纠纷和诉讼的风险。

第4章　外包合同的审批与签订

第13条　签订外包合同前，需要填写"业务外包审批表"，按企业的相关规定填写外包合同、办理审批表并盖章，各级人员必须在授权范围内进行审批，不得越权审批。

第14条　凡须签订的外包合同，必须将外包合同的全部内容呈交法律顾问审核。法律顾问着重对外包合同条款，内容的合法性、合规性、严密性、可行性等进行审查，确保外包合同条款无法律漏洞。

第15条　合同金额在_____万元以内的外包合同，由总经理审批并签字。

第16条　合同金额在_____万元以上的外包合同，由董事长审批并签字，且须加盖企业公章。

第17条　对于重大业务的外包合同，应由总会计师参与决策，并提交董事会审批。

第18条　外包业务人员代表本企业与承包方签订外包合同时，必须有总经理的合法授权。

第19条　企业与承包方签订的合同必须采用书面形式，其他任何形式的合同视为无效合同。

【解析】外包合同的审批与签订，应建立分级审批签订制度，并确保各级部门人员签署与审批各自权限范围内的合同，使外包合同管理的作用得到发挥，促进外包合同管理工作的开展。

第5章　外包合同的归档管理

第20条　企业所有外包合同均要由外包合同归口管理部门统一编号，便于对外包合同的管理。

第21条　外包合同归口管理部门指定专门的合同管理员对外包合同及与外包合同协议有关的资料统一进行登记管理。

第22条　外包合同作为业务外包活动的重要法律依据和凭证，合同管理员必须严格保密，对于泄露合同、私自更改合同内容、丢失合同的，企业将视情节轻重进行相应的处分，严重损害企业利益的，企业有权移交相关司法部门，追究其法律责任。

第6章　附　则

第23条　本制度由总经办负责编制、解释和修订。

第24条　本制度自××××年××月××日起生效。

编修部门/日期		审核部门/日期		执行部门/日期	

13.2　业务外包实施

企业应当加强对业务外包实施的管理，严格按照业务外包制度、工作流程和相关要求，组织开展业务外包，确保承包方严格履行外包合同，并做好与承包方的对接工作，加强与承包方的沟通与协调，及时收集相关信息，发现和解决业务外包日常管理中存在的问题。

13.2.1　承包方履约与违约管理制度

制度名称	承包方履约与违约管理制度	编　号	
		受控状态	

第1章　总　则

第1条　为了解承包方在业务外包过程中是否具备持续履约能力，降低该过程可能存在的违约风险，确保业务外包顺利进行，根据《企业内部控制应用指引第13号——业务外包》及相关法律、法规，结合企业实际情况，特制定本制度。

第2条　本制度适用于指导企业所有业务外包中承包方履约能力的评估工作及违约事件的处理。

第2章　承包方履约能力的评估内容

第3条　对承包方的履约能力进行持续评估，评估内容主要包括承包方对该项目的投入是否能够支持其产品或服务质量达到企业的预期目标，承包方自身的财务状况、生产能力、技术创新能力等综合能力是否满足该项目的要求。

【解析】由于承包方交付成果的方式不同，业务外包过程也不同。其具体情况如下。

①采取在特定时间点向企业一次性交付产品的方式交付外包成果，其业务外包过程是指承包方对产品的设计、制造过程。

②采取在一定期间内持续提供服务的方式交付外包成果，其业务外包过程是指承包方持续提供服务的整个过程。在该过程中，企业应与承包方做好对接工作，加强与承包方的沟通与协调，及时收集相关信息，对履约过程中发现的业务外包日常管理中的问题及时解决。

第4条　承包方的履约能力评估指标主要包括财务能力和经营能力两个方面，具体指标如下。

1．财务能力方面，主要包括偿债能力（如流动比率、现金比率、经营现金短期偿债比率、资产负债率等）、盈利能力（如销售净利率、总资产收益率等）、资产运营能力（如库存周转率、应收账款周转率、平均账款占用额、流动资产周转率、总资产利用率等）及筹资能力（包括资金来源、可筹资、筹资结构）。

2．经营能力方面，主要包括以下三个指标。

（1）过去3年所签合同的履约率，对仓储设施、运输工具的评估等。

（2）对人员素质的评估，包括人员学历结构、人员绩效考核结果、人员流动率。

（3）管理水平评估和信息管理水平评估。

第3章　承包方履约能力的评估程序

第5条　业务外包归口管理部门安排相关人员收集完整资料，包括生产部提供的"承包商生产进度报告"、质检部提供的"产品检验报告"、财务部提供的"成本费用报告"等，以作为评估材料。

第6条　业务外包归口管理部门拟定"承包方履约能力评估标准"，交由归口管理部门负责人审核，并提出修改意见，交总经理审批。

第7条　根据评估标准，对承包方的履约能力定期进行评估，对于重大业务外包承包方的履约能力，采取承包方动态管理方式，同时对承包方开展日常绩效评价和定期考核。

第8条　评估完成后，评估人员对评估指标的数值进行计算，并对数值进行分析，得出合理的结论，从而对其是否具有持续履约能力作出判断。

第9条　根据分析结果，编制"履约能力评估报告"，及时反馈到业务外包归口管理部门负责人处，决定是否继续与其进行外包合作。

【解析】密切关注承包方的履约能力，定期对履约能力进行持续评估，掌握外包过程中承包方的各种信息资料，才能建立起相应的应急机制，避免发生承包方在合同期内因市场变化等原因不能保持履约能力，无法继续按照合同约定履行义务而导致的业务外包失败和企业本身的生产经营活动中断等问题。

第4章　承包方的违约管理

第10条　履约过程中，有确凿证据表明承包方存在重大违约行为，并导致业务外包合同无法履行的，应当及时终止合同，并由法务部按照法律程序向承包方索赔。

第11条　对于承包方主动违约不愿继续履行合同的，企业有权要求对方继续履行原合同条款约定的义务，这是违约那一方必须承担的法律义务，也是我方享有的法定权利。

第12条　由于承包方原因导致的违约，企业应按照合同条款的约定要求对方支付违约金。

第13条　对于承包方违约的情况，企业可按照合同条款约定及相关法律法规，向对方收取定金作为债权的担保。违约那一方履行债务后，可将定金抵作价款或者收回，违约那一方不履行约定债务的，无权要求返还定金。

第14条　承包方因不履行合同义务或者履行合同义务不符合约定，给本企业造成损失的，本企业有权提出索赔，具体赔偿金额可由业务外包归口管理部门会同法律顾问与承包方协商确定。

第15条　因企业自身原因导致违约的，业务外包归口管理部门相关项目人员应与承包方协商解决办法后，以书面形式上报总经理，经批准后承担相应责任、履行有关义务。

<h3 style="text-align:center">第5章　附　则</h3>

第16条　本制度由总经办负责编制、解释和修订。

第17条　本制度自××××年××月××日起生效。

编修部门/日期		审核部门/日期		执行部门/日期	

13.2.2　业务外包验收管理制度

制度名称	业务外包验收管理制度	编　　号	
		受控状态	

<h3 style="text-align:center">第1章　总　则</h3>

第1条　为了加强对业务外包产品（服务）的验收管理，确保业务外包产品（服务）的质量，实现业务外包的目标，根据《企业内部控制应用指引第13号——业务外包》及相关法律、法规，结合企业实际情况，特制定本制度。

第2条　本制度适用于指导企业所有业务外包的验收工作。

<h3 style="text-align:center">第2章　业务外包验收准备</h3>

第3条　在实施验收之前，有关职能部门、财会部门、质量控制部门等相关人员组成验收小组进行验收工作。

第4条　质检部门负责编制《检验指导书》，以此作为验收专员进行验收时的判定依据，并对业务外包产品（服务）进行验收。

第5条　验收专员在进行业务外包产品（服务）验收前，须先确定使用何种方式来检验，如某些检验项目须委托第三方机构代为检验，亦应注明。

第6条　根据承包方业务外包产品（服务）交付方式的特点，选用不同的验收方式，既可以对最终的业务外包产品（服务）进行一次性验收，也可以在外包过程中分阶段验收。

【解析】选择与外包成果交付方式相匹配的验收方式是做好验收工作的前提，这需要了解清楚业务外包产品（服务）各种交付方式的特点。在特定时间点向企业一次性交付业务外包产品（服务）的，就对最终业务外包产品（服务）进行一次性验收；在一定期间内持续提供业务外包产品（服务）的，就在此过程中分阶段进行验收。

第3章　业务外包验收实施

第7条　质检部门根据外包合同的约定，在日常绩效评价基础上对业务外包质量是否达到预期目标进行基本评价，确定评价标准，并编制检验指导书。

第8条　由职能部门、财会部门、质量控制部门等相关人员组成验收小组，负责按照检验指导书中的验收标准对业务外包产品（服务）进行审查和全面测试，确保业务外包产品（服务）符合需求。

第9条　验收人员通过查看承包商生产过程中的重要特性值、控制图和过程能力测定报告，确定产品质量是否合格。

第10条　根据事先在外包合同中规定的条款，对承包商所提供产品的质保书或自检报告进行核实，进一步确认产品的质量是否合格。

第11条　验收人员应按检验指导书或验收标准规定填写各项检验、验收记录或报告并定期整理，连同相关原始凭证一起存档保管，并且检验和验收报告等证明文件要有质检部门盖章、签字方可有效。

第12条　验收人员应如实填写"检验记录表"，并确保"检验记录表"的数据真实、正确、完整。"检验记录表"应包括以下内容。

1. 交货时间、承包方名称、产品批号。

2. 检验项目，抽样数。

3. 检验产品名称、产品编码号、数量。

4. 几何尺寸、材质、功能、可靠性检验实测值、判定结果。

5. 检验日期、验收人员签名。

第13条　验收过程中发现异常情况的，应当立即报告主管领导，查明原因，根据问题的严重性与承包方协商后采取恰当的补救措施，并依法索赔。

第14条　经检验合格的产品，验收人员在产品或包装规定的位置贴上合格标签。经检验不合格的产品，应及时送交承包商进行处理。

第15条　根据验收结果，对业务外包是否达到预期目标作出总体评价，并对业务外包管理制度和流程进行改进和优化。

【解析】验收过程中，要坚决避免验收标准不明确、验收程序不规范、验收工作流于形式等情况的发生，因为这些情况会导致企业不能及时发现外包产品出现质量低劣、不符合验收条件等问题，给企业带来重大损失。

第4章　附　则

第16条　本制度由总经办负责编制、解释和修订。

第17条　本制度自××××年××月××日起生效。

编修部门/日期		审核部门/日期		执行部门/日期	

---------------- 第 14 章 ----------------

财务报告

14.1　财务报告的编制

　　财务报告是企业投资者、债权人进行科学投资、信贷决策的重要依据。加强财务报告的内部控制，确保财务报告信息真实、可靠，对于防范和化解企业法律责任，提升企业治理和经营管理水平，促进资本市场和市场经济健康可持续发展，具有十分重要的意义。

14.1.1　财务报告编制管理制度

制度名称	财务报告编制管理制度	编　号	
		受控状态	

第1章　总　则

第1条　为了防范和化解企业法律责任，确保财务报告信息真实、可靠，提升企业治理和经营管理水平，根据《企业内部控制应用指引第14号——财务报告》及相关法律、法规，结合企业实际情况，特制定本制度。

第2条　本制度适用于企业财务报告的编制管理工作。

第2章　财务报告编制管理职责

第3条　财务总监和财务部经理负责组织财务部开展财务报告的编制工作，并对整个财务报告的编制工作过程负责。

第4条　总经理和财务总监负责审核财务报告的真实性与完整性，董事长或总经理对财务报告真实性与完整性负责。

第5条　总经理和董事长主要负责组织开展财务报告的对外披露工作，并确保财务报告的编制、披露和审核做到与不相容岗位分离。

第6条　全体董事、监事和其他高级管理人员对企业财务报告的内部控制承担责任。

第3章　财务报告编制准备

第7条　财务部经理组织制定年度财务报告编制方案，方案中应明确年度财务报告的编制方法、编制程序、职责分工、编制时间、调整政策和披露政策等内容。

【解析】企业编制财务报告一旦违反会计法律法规和国家统一的会计准则制度，并对会计政策使用不当、对重大事项的会计处理不合理等，都可能导致企业承担法律责任或是声誉受损。

第8条　财务部在编制财务报告前，应当进行全面资产清查、减值测试和核实债权债务，并将清查、测试、核实的结果及处理方法向董事会及其审计委员会报告。

【解析】该环节的风险：资产、负债账实不符，虚增或虚减资产，负债；资产计价方法随意变更；提前、推迟甚至不确认资产、负债等。

第9条 财务部在编制财务报告前，应当确认对当期有重大影响的主要事项，并确定主要事项的会计处理方法。

第10条 财务部应该在期末进行结账，不得提前结账，结账后才能开始编制财务报告，不得预先编制财务报告。

第4章 财务报告编制实施

第11条 财务部应每期在结账后，根据企业各总分类账、明细账等，编制财务报表，具体包括资产负债表、利润表、现金流量表、所有者权益（股东权益）变动表和附表。

第12条 财务部应当根据国家相关法律法规编制财务情况说明书，真实、完整地在财务情况说明书中说明需要说明的事项，具体事项包括生产的基本经营情况、利润实现和分配情况、资金的周转、资产的增减变动以及对企业经营产生重大影响的事项。

第13条 财务部应当按照国家统一的会计准则制度规定，根据登记完整、核对无误的会计账簿记录和其他有关资料编制财务报告，做到内容完整、数据真实、计算准确，不得漏报或者随意进行取舍。

第14条 财务报告列示的资产、负债、所有者权益金额应当真实、可靠。

第15条 各项资产计价方法不得随意变更，如有减值，应当合理计提减值准备，严禁虚增或虚减资产。

第16条 各项负债应当反映企业的现时义务，不得提前、推迟或不确认负债，严禁虚增或虚减负债。

第17条 所有者权益应当反映企业资产扣除负债后由所有者享有的剩余权益，由实收资本、资本公积、留存收益等构成。

第18条 财务部结合计算机信息系统检查和人工检查，检查财务报表中本期与上期有关数字的衔接关系是否正确，财务报表与附表之间的平衡及勾稽关系是否正确等。

第19条 财务部应及时将会计处理方法及其对财务报表的影响提交董事会及其审计委员会审议，以免耽误财务报告编制工作的进度。

第5章 附 则

第20条 本制度由财务部负责编制、解释和修订。

第21条 本制度自××××年××月××日起生效。

编修部门/日期		审核部门/日期		执行部门/日期	

14.1.2 合并财务报表编制管理制度

制度名称	合并财务报表编制管理制度	编 号	
		受控状态	

第1章 总 则

第1条 为了规范、约束和指导合并财务报表的合并工作，明确合并财务报表的合并范围和合并方法，加强财务报告的内部控制，防范财务报告的相关风险，根据《企业内部控制应用指引第14号——财务报告》及相关法律、法规，结合公司实际情况，特制定本制度。

第2条 本制度适用于母公司合并财务报表编制管理工作。

第2章　合并财务报表编制准备

第3条　母公司财务部门制定合并财务报表编制方案和工作日程表，由母公司财务部负责人审核后，母公司总经理签字确认。

第4条　编制方案中应明确纳入合并财务报表的合并范围、合并抵销事项及抵销分录、报表的上报时间、编报质量要求及重要的注意事项，此外，工作日程表应列明关键的时间控制点。

【解析】对于子公司分布在国外或其他地区的情形，由于所在国家或地区的会计法律法规差异及执行的会计准则不同，在编制合并财务报表前，应当将在其他会计准则与制度下编制的个别财务报表调整为按照中国会计准则编制的财务报表，然后才能进行合并财务报表的编制工作。

第3章　合并财务报表的合并范围

第5条　财务报表合并的内容是资产负债表、利润表、现金流量表和所有者权益（股东权益）变动表。

第6条　母公司应分级合并范围内分公司及内部核算单位的财务报告并审核，再合并全资及控股子公司财务报告。

第7条　合并财务报表的合并范围应当以"控制"为基础予以确定。

第8条　母公司应当将全部受其控制的子公司纳入合并财务报表的合并范围。

第9条　母公司应合并自身直接或通过子公司间接拥有半数以上的表决权的被投资单位的财务报表，但是，有证据表明母公司不能控制被投资单位的除外。

第10条　母公司拥有被投资单位半数或以下的表决权，且满足下列条件之一的，视为母公司能够控制被投资单位。但是，有证据表明母公司不能控制被投资单位的除外。

1．母公司通过协议，获得其他投资者的表决权，最终拥有被投资单位半数以上的表决权。

2．根据公司章程或协议的设立，有权决定被投资单位的财务和经营政策。

3．有权任免被投资单位的董事会的多数成员。

4．在被投资单位的董事会占据多数表决权。

第11条　下列被投资单位不应纳入母公司的合并财务报表的合并范围。

1．已准备关停并转的子公司。

2．按照破产程序，已宣告被清理、整顿的子公司。

3．已宣告破产的子公司。

4．准备近期售出而短期持有其半数以上的权益性资本的子公司。

5．非持续经营的所有者权益为负数的子公司。

6．受所在国外汇管制及其他管制，资金调度受到限制的境外子公司。

第12条　在确定能否控制被投资单位时，还应考虑母公司和其他公司持有的被投资单位的当期可转换的公司债券、当期可执行的认股权证等潜在表决权因素。

第4章　合并财务报表的合并方法

第13条　合并财务报表的步骤如下。

1．开展基础工作。

（1）确定合并财务报表的合并范围(控制原则)，根据子公司形成原因对子公司进行分类。

（2）对子公司个别财务报表进行调整，并检查其中可能存在的误差和遗漏。

2．财务人员开设合并财务报表工作底稿。

3．将个别财务报表数据录入工作底稿。

4．加计合计数。

5．编制调整分录、抵销分录。

6．计算合并数。

7．将合并数抄入各合并财务报表。

第14条　合并财务报表的编制应做到数字真实、内容完整、计算准确、报送及时、手续完备。

第15条　最终完成的合并财务报表，须经母公司财务部负责人、财务总监审核，并由董事会审议批准。

第5章　附　则

第16条　本制度由财务部负责编制、解释和修订。

第17条　本制度自××××年××月××日起生效。

编修部门/日期		审核部门/日期		执行部门/日期	

14.2　财务报告的对外提供

　　财务报告对外提供前须按规定程序进行审核，主要包括财会部门负责人审核财务报告的准确性并签名盖章，财务总监审核财务报告的真实性、完整性、合法性、合规性并签名盖章。

14.2.1　财务报告审核管理制度

制度名称	财务报告审核管理制度	编　号	
		受控状态	

第1章　总　则

第1条　为了规范、约束和指导财务报告的审核工作，加强财务报告的内部控制，防范相关风险，保证财务报告的质量，根据《企业内部控制应用指引第14号——财务报告》及相关法律、法规，结合企业实际情况，特制定本制度。

第2条　本制度适用于企业财务部财务报告审核管理工作。

第2章　个别财务报告审核管理

第3条　财务部经理审核财务人员编制的个别财务报告，对个别财务报告的准确性负责。

【解析】财务报告的审核是财务报告内部控制的一个重要方面。财务报告内部控制，是指企业为了合理保证财务报告及相关信息真实、完整而设计和运行的内部控制，以及用于保护资产安全的内部控制中与财务报告可靠性目标相关的控制。主要包括下列方面的政策和程序。

①保存充分、完整的记录，准确、公允地反映企业的交易和事项。

②保证按照企业会计准则的规定编制财务报告。

③保证收入和支出的发生以及资产的取得、使用或处置经过适当授权。

④保证及时防止或发现并纠正未经授权的、对财务报告有重大影响的交易和事项。

第4条　财务部经理审核财务人员是否按照国家统一的会计准则制度规定的财务报告格式编制个别财务报告。

第5条　财务部经理审核财务人员的会计账簿记录是否登记完整、核对无误，以及其他资料的准确性。

第6条　财务部经理审核财务人员是否按照内容完整、数字真实、计算准确的要求编制个别财务报告，严禁漏报或任意取舍个别财务报告的内容。

第7条　若个别财务报告审核不通过，财务人员则需要重新编制个别财务报告；若多次审核不通过，财务部经理将追究相关人员的责任。

第3章　合并财务报告审核管理

第8条　财务报告和合并财务报告编制完成后，均应当装订成册，加盖公章。

第9条　严格按照权限指引的要求，层层审核、审批，严禁越级审批。

第10条　财务部经理审核财务人员提交的合并财务报告，重点审核合并财务报告的合并范围和编制方式，并对合并财务报告的准确性负责。

第11条　若合并财务报告符合要求，财务部经理签名盖章，呈报财务总监审核。

第12条　财务总监审核合并财务报告的真实性、完整性、合法合规性，审核通过后签名盖章，呈报总经理审批。

第13条　总经理审核合并财务报告整体的合法合规性，审核通过后签名盖章，并呈报董事长审批。

第14条　董事长审批通过后，由法务部门、审计部门或会计师事务所对合并财务报告的合法合规性进行审核、审计。

【解析】对于内部临时性的财务报告，出于成本效益的考量，可由企业内部法务部门或审计部门进行审核；对于周期性的财务报告，应按照相关法律法规，严格聘请专业会计师事务所进行审计。

第4章　附　则

第15条　本制度由财务部负责编制、解释和修订。

第16条　本制度自××××年××月××日起生效。

编修部门/日期		审核部门/日期		执行部门/日期	

14.2.2　财务报告审计管理制度

制度名称	财务报告审计管理制度	编　号	
		受控状态	

第1章　总　则

第1条　为了规范、约束和指导财务报告的审计工作，加强财务报告的内部控制，防范相关风险，保证财务报告的质量，根据《企业内部控制应用指引第14号——财务报告》及相关法律、法规，结合企业实际情况，特制定本制度。

第2条　本制度适用于企业财务部财务报告审计管理工作。

第2章　财务报告内部审计管理

第3条　对于临时性的或短期的财务报告，一般由企业审计部进行审计。

第4条　审计部经理任内部审计小组组长，抽调较为擅长财务报告审计的审计人员组成内部审计小组。

第5条　内部审计小组根据董事长和总经理的指示，按照要求编制财务报告审计计划书，计划书中应包含审计时间、程序、原则、目标等重要内容。

第6条　内部审计小组必须保持独立性，严禁任何人干扰内部审计人员的工作。

【解析】《企业内部控制基本规范》第十五条明确指出："企业应当加强内部审计工作，保证内部审计机构设置、人员配备和工作的独立性。内部审计机构应当结合内部审计监督，对内部控制的有效性进行监督检查。内部审计机构对监督检查中发现的内部控制缺陷，应当按照企业内部审计工作程序进行报告；对监督检查中发现的内部控制重大缺陷，内部审计机构有权直接向董事会及其审计委员会、监事会报告。"

第7条　审计工作完成后，内部审计小组应出具审计报告，若财务报告符合审计要求，则可随审计报告一起向企业内部报告。

第8条　若财务报告不具备真实性与完整性，内部审计小组应开展责任追究调查工作，财务部应按照审计部的要求重新编制财务报告。

第3章　财务报告外部审计管理

第9条　对于半年度、年度且需要对外公布的重要的财务报告，应委托外部审计机构对其进行审计。

第10条　审计部负责选择外部审计机构，与外部审计机构接洽、谈判，审计部经理与外部审计机构签订合同后，将合同呈报财务总监审核、总经理审批。

第11条　审计部将财务部编制的财务报告和其他相关资料提供给外部审计机构审核。

第12条　外部审计机构对财务报告进行风险评估，将制订的审计计划提交给财务总监和总经理审核、审批。

第13条　审计计划通过后，外部审计机构开展现场审计工作，各相关部门应积极配合外部审计机构的工作。

第14条　财务总监和总经理对审计报告的草稿进行审核、审批，审批通过后，外部审计机构出具与财务报告相关的审计报告。

第4章　其他事项管理制度

第15条　企业年度财务报告被会计师事务所出具非标准意见审计报告的，企业应当就所涉及事项作出说明。

第16条　企业作出会计政策、会计估计变更或重大会计差错更正的，应当披露变更、更正的原因及影响，涉及追溯调整或重述的，应当披露对以往各年度经营成果和财务状况的影响金额。

第17条　企业应当披露年度财务报告审计聘任、解聘会计师事务所的情况，报告期内支付给聘任会计师事务所的报酬情况，及目前的审计机构和签字会计师已为企业提供审计服务的连续年限，年限从审计机构与企业首次签订审计业务约定书之日起开始计算。

第18条　如遇年度财务报告披露后面临暂停上市的情形，董事会应当披露导致暂停上市的原因以及企业拟采取的应对措施。

第19条　企业应当披露报告期内发生的破产重整相关事项，包括向法院申请重整、和解或破产清算，法院受理重整、和解或破产清算，以及企业重整期间发生的法院裁定结果及其他重大事项。

第5章　附　　则

第20条　本制度由财务部负责编制、解释和修订。

第21条　本制度自××××年××月××日起生效。

编修部门/日期		审核部门/日期		执行部门/日期	

14.3　财务报告的分析与利用

　　《企业内部控制应用指引第14号——财务报告》第十六条指出："企业应当重视财务报告分析工作，定期召开财务分析会议，充分利用财务报告反映的综合信息，全面分析企业的经营管理状况和存在的问题，不断提高经营管理水平。"

14.3.1　财务报告分析管理制度

制度名称	财务报告分析管理制度	编　　号	
		受控状态	
第1章　总　则			
第1条　为了规范、约束和指导财务报告分析工作，加强对生产经营活动的管理、监督和控制，准确评价企业的经营业绩，促进企业财务状况进一步优化和经营业绩稳步提高，根据《企业内部控制应用指引第14号——财务报告》及相关法律、法规，结合企业实际情况，特制定本制度。			

第2条 本制度适用于财务部的财务报告分析工作。

第2章 财务报告分析要求

第3条 财务部相关人员的管理职责如下。

1. 财务部经理负责财务报告的分析与执行监督工作。

2. 财务分析主管具体负责财务报告的实施及财务报告的编制工作。

3. 财务分析专员负责财务报告资料的收集与整理工作。

4. 各部门业务人员应积极配合财务人员的财务报告分析工作，与财务人员沟通、交流。

第4条 总经理应当重视财务报告的编制工作，定期召开财务报告分析会议，充分利用财务报告反映的综合信息，全面分析企业的经营管理状况和存在的问题，不断提高经营管理水平。

第5条 企业财务报告分析会议应组织有关部门负责人参加。财务总监应当在财务报告分析和利用工作中发挥主导作用。

第6条 财务报告的重要内容如下。

1. 各项收入、费用的构成及其增减变动情况。

2. 分析企业的盈利能力和发展能力。

3. 当期利润增减变化的原因和未来发展趋势。

4. 经营活动、投资活动、筹资活动现金流量的运转情况。

5. 分析现金流量能否保证生产经营的正常运行，防止出现现金短缺或被闲置的情况。

第7条 对财务报告的具体要求如下。

1. 以准确的会计数据、统计数据为基础，运用一定的方法进行分析、对比，从众多因素中找到主要矛盾，抓住关键问题，从而提出措施和建议，促进企业各项工作的开展。

2. 每个季度末进行全面的财务情况分析和预算执行情况分析。每月编写财务情况说明书，列举当月各项收支及收支结余的同比增减率，提出需要说明的重大事项，必要时重点分析、提示。

3. 对财务报告的撰写要求中心内容突出、语言精练、表达准确、层次分明。

第8条 企业对财务报告的分析主要包括财务报表分析和财务指标分析，并根据工作安排，可进行定期（月、季、年）分析，或根据工作需要，进行综合或专题分析。

【解析】该环节的主要风险有财务报告分析制度不符合企业实际情况，财务报告分析方法不正确，分析流于形式，不能有效利用财务报告等，这些风险可能导致企业难以及时发现经营管理中存在的问题，导致企业财务及经营风险的发生。

第3章 财务报告分析程序

第9条 财务分析主管在年初制订本年度财务报告分析工作计划，经财务部经理审批后，严格按照工作计划的具体部署组织财务报告分析工作。

第10条 财务报告分析工作计划的内容包括财务分析专员的组成及分工、时间进度安排、财务报告分析内容等。

第11条 每月月末，企业财务分析专员要根据各职能部门和生产车间的预算完成情况，分析企业的总体预算完成情况，特别是收入、成本费用、利润、现金流量等指标的预算完成情况，研究引起差异的主要原因，并提出改进措施，上报相关领导。

第12条 每年年末，企业财务分析专员要根据企业的报表，分析以下内容。

1．企业的总体盈利能力，如收入净利率、净资产收益率等。

2．总体变现能力，如流动比率、速动比率等。

3．总体资产营运能力，如应收账款周转率、总资产周转率等；偿债能力，如资产负债率、已获利息倍数等。

第13条　财务分析专员应不断积累资料，以开展趋势分析。

第14条　企业财务分析专员要定期或不定期地开展企业内外环境分析，收集资料，研究行业发展动态、竞争对手情况、国家相关产业政策等与企业的经营密切相关的因素。

第15条　企业财务分析专员要经常和企业审计部沟通，了解审计中发现的问题，分析这些问题产生的深层次原因，并提出对相关部门和相关问题的处理建议。

第4章　财务报告的编制

第16条　财务报告由财务分析主管负责组织起草。财务分析专员先拟定报告的编写提纲，然后在提纲框架的基础上，依据所收集、整理的资料，选择恰当的分析方法，起草财务报告。

第17条　财务分析主管对财务报告草案进行修订并完善后，交财务部经理审核，由经理提出修改意见，再经财务分析主管完善后，交主管领导审批。

第18条　财务报告审批通过后，由财务部负责送达相关部门，并由财务分析专员负责存档保存。

【解析】财务报告分析管理制度的制定应重点关注：财务报告的时间、组织形式、参加的部门和人员；财务报告的内容、分析的步骤、分析方法和指标体系；财务报告的编写要求等。

财务报告制度草案经由财会部门负责人，总会计师或分管会计工作的负责人，企业负责人检查、修改、审批之后，根据制度设计的要求进行试行，发现问题及时总结并上报。

财会部门根据试行情况进行修正，确定最终的财务报告制度文稿，并经财会部门负责人、总会计师或分管会计工作的负责人、企业负责人进行最终的审批。

企业财务
分析报告

第5章　附　则

第19条　本制度由财务部负责编制、解释和修订。

第20条　本制度自××××年××月××日起生效。

编修部门/日期		审核部门/日期		执行部门/日期	

14.3.2　财务分析会议管理制度

制度名称	财务分析会议管理制度	编　号	
		受控状态	

第1章　总　则

第1条　为了规范、约束和指导财务分析会议的管理工作，充分利用财务报告反映的综合信息，全面分析企业的经营管理状况和存在的问题，不断提高经营管理水平，根据《企业内部控制应用指引第14号——财务报告》及相关法律、法规，结合企业实际情况，特制定本制度。

第2条　本制度适用于企业财务分析会议管理。

第2章　会议准备及要求

第3条　财务分析会议目的如下。

1．通过财务数据，掌握企业生产经营的规律。

2．了解企业的经营管理现状和存在的问题，就存在的问题给出解决措施。

3．分析企业的优势和缺点，并就如何发挥优势和弥补缺点提出建议。

第4条　财务分析会议基本要求如下。

1．财务分析会议必须以准确、充分的财务数据、统计数据和其他资料为基础和依据。

2．根据财务分析会议的目的，针对实际情况，灵活选取各种有效的分析方法和分析指标。

3．财务分析会议形成的会议报告应及时报送董事会。

第5条　财务分析会议应于月度、季度、半年度、年度的财务报告编制时由总经理组织召开。

第6条　财务总监和财务部经理应负责主导财务分析会议和财务分析的利用工作。

第7条　专题财务分析会议应不受时间限制，由部门负责人及以上级别管理人员提出。

第8条　财务分析会议严禁分析未经内部审计或外部审计的财务报告。

第9条　分管会计的主管列席会议，对财务报告的准确性负责，判断是否需要对特殊事项进行补充说明，对生产经营活动中的重要资料、重大事项以及与上年同期数据相比有较大差异的情况做重点说明。

第10条　会议列席人员由总经理、财务总监、各部门负责人和重要岗位的业务人员组成。

第11条　与会人员应就财务分析反映的问题积极发言，参与财务报告编制的各部门应当及时向财会部门提供编制财务报告所需的信息，而参与财务分析会议的部门应当积极提出意见和建议，以促进财务报告的有效利用。

第12条　总经办负责派专人专门、详细记录财务分析会议的各项内容。

第13条　财务分析会议应针对财务分析报告反映的问题给出结论，严禁模棱两可的结论。

第14条　修订后的财务报告应及时报送企业负责人，企业负责人负责审批财务报告，对于财务报告中所反映的问题，各部门应当及时整改。

第3章　财务分析的内容

第15条　通过资产负债率、流动比率、资产周转率等指标分析、评价企业的偿债能力和营运能力，分析企业净资产的增减变化，了解和掌握企业规模和净资产的不断变化过程和分布情况，测算企业未来的资金需求量。

第16条　分析各项收入、费用的构成及其增减变动情况，通过净资产收益率、每股收益等指标分析、评价企业的盈利能力和发展能力，预测企业盈利前景。

第17条　分析经营活动、投资活动、筹资活动现金流量的相互联系和协调情况，从总体上评价企业的资金实力，揭示企业财务活动方面的优势和薄弱环节，找出财务管理工作中的主要矛盾，重点关注现金流量能否保证生产经营过程的正常运行，防止现金短缺或闲置。

【解析】该环节的主要风险：财务报告的目的不正确或者不明确，分析方法不正确；财务报告的内容不完整，未对本期生产经营活动中发生的重大事项做专门分析；财务报告局限于财会部门，未充分利用相关部门的资源，影响质量和可用性；财务报告未经审核等。

第4章　附　则					
第18条　本制度由总经办负责编制、解释和修订。 第19条　本制度自××××年××月××日起生效。					
编修部门/日期		审核部门/日期		执行部门/日期	

第 15 章

全面预算

15.1　预算编制

全面预算可以为企业的生产经营确立明确的目标和任务，同时也是评价企业生产经营各个方面工作成果的尺度。编制科学的预算，对企业的生产经营活动具有计划和控制的作用。因此，企业应建立一系列用以规范和指导预算编制的制度。

15.1.1　全面预算管理组织制度

制度名称	全面预算管理组织制度	编　号	
		受控状态	

第1章　总　则

第1条　为了建立健全全面预算管理的组织体系，明确各责任单位在全面预算管理中的职责和权限，根据《企业内部控制应用指引第15号——全面预算》及相关法律、法规，结合企业实际情况，特制定本制度。

第2条　本制度适用于企业的全面预算管理。

第2章　全面预算管理

第3条　全面预算管理目标如下。

1．确定企业的经营目标，组织实施全面预算计划。

2．明确企业内部各个层级人员的管理责任和权限。

3．对企业的经营活动进行预测、控制、监督、调整和分析。

4．对全面预算执行的情况进行考核和评价。

【解析】企业要想使全面预算管理达到预期的效果，必须要特别关注和防范全面预算管理中的风险，该环节的主要风险：不编制全面预算或全面预算不健全，可能导致企业经营缺乏约束或盲目发展；全面预算目标不合理、编制不科学，可能导致企业资源浪费或发展目标难以实现；全面预算缺乏刚性、执行不力、考核不严，可能导致全面预算管理流于形式。

第4条　全面预算管理基本原则如下。

1．量入为出，综合平衡。

2．权责明确，严格管理。

3．注重效益，防范风险。

4．依据合理，程序适当。

5．方法科学，指标正常。

第5条　全面预算编制主要依据如下。

1．国家有关的政策法规和企业有关规章制度。

2．企业近期经营发展战略和目标。

3．企业确定的年度全面预算编制原则和要求。

4．企业以前年度全面预算执行情况。

5．预算期内经济政策、市场环境、行业发展趋势等因素。

第6条　全企业全面预算编制工作按照"自上而下、自下而上、上下结合、分级编制、逐级汇总"的程序开展。

第7条　各部门针对不同的预算项目可以分别采用或综合采用固定预算、弹性预算、增量预算、定期预算、滚动预算、零基预算、概率预算等方法进行编制。

第3章　全面预算管理组织建设

第8条　董事长负责牵头建设全面预算管理组织体系。

【解析】全面预算组织领导与运行体制健全，是防止全面预算管理松散、随意，全面预算编制、执行、考核等各环节流于形式，全面预算管理的作用得不到有效发挥的关键。为此，全面预算指引提出了明确的控制要求，即企业应当加强全面预算工作的组织领导，明确全面预算管理体制以及各全面预算执行单位的职责权限、授权批准程序和工作协调机制。

第9条　全面预算管理组织体系由企业董事会、全面预算管理委员会、全面预算管理工作小组、全面预算责任部门构成。

第10条　企业董事会是全面预算管理的最高决策机构，主要负责以下工作。

1．根据企业整体经营战略，确定企业全面预算目标及下属企业全面预算目标。

2．审核、批准企业全面预算管理基本制度。

3．审核、批准企业全面预算执行委员会上报的年度全面预算方案。

4．负责重大全面预算项目的调整以及全面预算执行中重大事项的裁决。

5．审核、批准企业年度全面预算考核方案及考核结果。

第11条　全面预算管理委员会的成员由企业董事长、总经理、财务总监、分管销售部和生产部的副总经理、各职能部门负责人组成，董事长任主任，总经理任副主任。

【解析】对于有分（子）企业的企业集团，全面预算管理委员会的成员还应包括分（子）企业负责人。

第12条　全面预算管理委员会的工作机构即全面预算管理工作小组，设在财务部，由财务总监任组长。

第13条　全面预算管理委员会职责如下。

1．制定并颁布企业全面预算管理制度，包括全面预算管理的政策、措施、办法、要求等。

2．根据企业战略规划和年度经营目标，拟定全面预算目标，并确定全面预算目标分解方案、编制方法和程序。

3．组织编制、综合平衡全面预算草案。

4．下达经批准的正式年度全面预算。

5．协调解决全面预算编制和执行中的重大问题。

6．审议全面预算调整方案，依据授权进行审批。

7．审议全面预算考核和奖惩方案。

8．对企业全面预算总的执行情况进行考核。

9．其他全面预算管理事宜。

第14条　全面预算管理工作小组职责如下。

1．拟订企业各项全面预算管理制度，并负责检查、落实全面预算管理制度的执行。

2．拟定年度全面预算总目标分解方案及有关全面预算编制程序、方法的草案，报全面预算管理委员会审定。

3．组织和指导各级全面预算单位开展全面预算编制工作。

4．预审各全面预算单位的预算初稿，进行综合平衡，并提出修改意见和建议。

5．汇总、编制企业全面预算草案，提交全面预算管理委员会审查。

6．跟踪、监控企业全面预算执行情况。

7．定期汇总、分析各全面预算单位全面预算执行情况，并向全面预算管理委员会提交全面预算执行分析报告，为委员会进一步采取行动拟定建议方案。

8．接受各全面预算单位的全面预算调整申请，根据企业全面预算管理制度进行审查，集中制定年度全面预算调整方案，报全面预算管理委员会审议。

9．协调解决企业全面预算编制和执行中的有关问题。

10．提出全面预算考核和奖惩方案，报全面预算管理委员会审议。

11．组织开展对企业二级全面预算执行单位［企业内部各职能部门、所属分（子）企业等，下同］全面预算执行情况的考核，提出考核结果和奖惩建议，报全面预算管理委员会审议。

12．全面预算管理委员会授权的其他工作。

第15条　企业各部门为全面预算责任单位，即预算执行单位，主要职责如下。

1．提供编制全面预算的各项基础资料。

2．负责本单位全面预算的编制和上报工作。

3．将本单位全面预算指标层层分解，落实到各部门、各环节和各岗位。

4．严格执行经批准的全面预算，监督、检查本单位全面预算执行情况。

5．及时分析、报告本单位的全面预算执行情况，解决全面预算执行中的问题。

6．根据内、外部环境变化及企业全面预算管理制度，提出全面预算调整申请。

7．组织实施本单位内部的全面预算考核和奖惩工作。

8．配合全面预算管理部门做好企业总预算的综合平衡、执行监控、考核奖惩等工作。

9．执行全面预算管理部门下达的其他全面预算管理任务。

第16条　企业所有涉及价值形式的经营管理活动都应纳入专门决策预算管理。

第17条　全面预算包括业务预算、专门决策预算和财务预算。企业全面预算应当围绕企业的战略要求和发展规划，以业务预算、财务预算为基础，以提升经营利润为目标，以现金流为核心进行编制，并主要以财务报表形式予以充分反映。

第18条　全面预算的编制应当依次按照经营预算、投资预算、财务预算的流程进行。

第19条　全面预算一经批复下达，各全面预算责任部门应签订全面预算责任书，认真组织实施，并将全面预算指标层层分解，从横向和纵向落实到内部各部门、各单位、各环节和各岗位，形成全方位的全面预算执行责任体系。

年度全面
预算方案

第4章　附　则

第20条　本制度由董事会负责编制、解释和修订。

第21条　本制度自××××年××月××日起生效。

编修部门/日期		审核部门/日期		执行部门/日期	

15.1.2　预算编制工作制度

制度名称	预算编制工作制度	编　号	
		受控状态	

第1章　总　则

第1条　为了规范、约束和指导企业预算编制工作，加强预算相关的内部控制，促进经营管理活动健康运行，根据《企业内部控制应用指引第15号——全面预算》及相关法律、法规，结合企业实际情况，特制定本制度。

第2条　本制度适用于企业各部门的预算编制工作。

第2章　预算编制程序

第3条　本企业预算编制应遵循"全员参与、上下结合、分级编制、逐级汇总、综合平衡"的原则进行。

第4条　预算管理委员会可以根据自身规模大小、组织结构和产品结构的复杂性、预算编制工具和熟练程度、预算开展的深度和广度等因素，确定合适的预算编制时间，并应当在预算年度开始前完成预算草案的编制工作

第5条　董事会应根据企业短期发展战略，对预算期内经济形势进行初步预测，提出下一个预算年度的经营目标，包括营业收入的目标、利润的目标、现金流的目标和成本费用的目标等，最后确定预算编制的政策。

第6条　预算管理委员会在财务部的协助下，根据企业预算年度的经营目标制定企业预算编制纲要，一般在每年11月30日前下达至各预算责任部门。

第7条　各预算责任部门按照预算管理委员会下达的预算目标和政策，结合自身的实际情况，按照规定的格式编制本部门预算方案，经部门负责人审核通过后报送预算管理委员会。

第8条　预算管理委员会对各预算责任部门上报的预算方案进行审查、汇总，提出综合、平衡的建议。在审查、平衡过程中，预算管理委员会应当进行充分协调，对发现的问题提出初步整改意见，并反馈给各预算责任部门予以修正。

第9条　财务部在各预算责任部门修正、调整预算方案的基础上，编制企业全面预算草案，报预算管理委员会讨论。

第10条　若出现不符合企业发展战略或者预算目标的事项，预算管理委员会应当责成各预算责任部门进一步修订、调整。

第11条　财务部在进一步讨论、调整的基础上编制年度预算方案，提交董事会审议批准。

【解析】该环节的主要风险：预算未经适当审批或超越授权审批，可能导致预算权威性不够、执行不力，或可能因重大差错、舞弊而导致企业遭受损失。

主要控制措施：企业预算应当按照《中华人民共和国公司法》等相关法律法规及企业章程的规定报经相关人员审议批准。

第12条　12月30日前，预算管理委员会将董事会审议批准的年度预算方案以文件形式逐级下达各预算责任部门执行。

【解析】该环节的主要风险：预算下达不力，可能导致预算执行或考核无据可查。

主要控制措施：企业预算经审议批准后，应及时以文件形式下达执行。

第3章　预算编制方式

第13条　各部门应选择或综合运用固定预算、弹性预算、滚动预算等方法编制预算。

第14条　固定预算适用于固定费用或数额较稳定的预算项目，固定预算以预算期内正常的、可实现的某一业务量（如生产量、销售量等）水平作为唯一基础，以上期实际业绩为依据，以单一会计年度为预算期，确定各项预算指标数据。

第15条　弹性预算适用于固定预算不全的情况。弹性预算对于任何一个预算期或预算项目，都不以现有的预算数为基数，而是从零开始，完全按照有关部门的职责范围和经营需要来安排有关项目预算数额。

第16条　滚动预算适用于固定成本、费用预算。滚动预算以预算随着时间推移而自动递补，使其始终保持一定期限（通常为1年）。

第4章　附　则

第17条　本制度由预算管理委员会负责编制、解释和修订。

第18条　本制度自××××年××月××日起生效。

编修部门/日期		审核部门/日期		执行部门/日期	

15.2　预算执行

　　预算执行是把预算由计划变为现实的具体实施步骤，是实现预算收支任务的关键步骤，也是整个预算管理工作的中心环节。因此，企业应建立一系列用以指导、约束和规范预算执行的制度，确保预算执行工作的高效开展。

15.2.1　预算分解与执行控制制度

制度名称	预算分解与执行控制制度	编　号	
		受控状态	

第1章　总　则

第1条　为了规范、约束和指导预算执行部门做好预算分解与执行的控制工作，防范预算相关风险，根据《企业内部控制应用指引第15号——全面预算》及相关法律、法规，结合企业实际情况，特制定本制度。

第2条　本制度适用于企业预算管理委员会与各预算部门。

第2章　预算分解控制

第3条　预算管理委员会应当提前召开会议，根据年度预算，广泛征求意见，充分讨论，编制科学且责任恰当的预算责任书。

第4条　预算经审批通过下达后，各执行部门的管理层应将各项预算指标层层分解。横向将各项预算指标分解为若干相互关联的因素，寻找影响预算目标的关键因素并加以控制；纵向将各项预算指标层层分解并落实到最终的岗位和个人，明确责任部门和最终责任人。

第5条　各预算责任部门必须签订预算责任书，认真组织、实施各部门预算工作；预算管理委员会对照预算责任书已确定的责任指标，定期或不定期地对相关部门及人员的责任指标完成情况进行检查，并实施考评。

【解析】预算指标的分解要明确、具体，便于执行和考核；各项预算指标的分解要有利于企业经营总目标的实现；赋予责任部门和责任人的各项预算指标应当是通过该责任部门或责任人的努力可以达到的，责任部门或责任人以其责权范围为限，对各项预算指标负责。

第6条　各预算责任部门应会同财务部将年度预算细分为季度和月度预算，以便分期控制预算，确保年度财务预算目标的实现。

【解析】该环节的主要风险：各项预算指标分解不够详细、具体，可能导致企业的某些岗位和环节缺乏预算执行和控制依据；各项预算指标分解与业绩考核体系不匹配，可能导致预算执行不力；预算责任体系缺失或不健全，可能导致预算责任无法落实，预算缺乏强制性与严肃性；预算责任与执行单位或个人的控制能力不匹配，可能导致预算目标难以实现。

第3章　预算执行控制

第7条　财务部应当强化现金流量的预算管理，按时收取预算资金，严格控制预算资金的支付，保证资金收付平衡，控制支付风险。

第8条　预算内资金拨付基本条件如下。

1．须提供预算管理委员会下达的计划或签署的审查意见。

2．须提供业务合同正本或其他具有法律效力的文件。

3．须提供并准确填写相关"付款申请单""借款单""报销单"等单据。

4．须提供企业财务管理制度规定的其他有关凭证。

第9条　预算内资金拨付程序如下。

1．资金使用单位填写"付款申请单""借款单""报销单"等单据，并附相关文件、合同、资料、票据，报送财务部审核。

2. 财务部严格按照企业财务开支的相关制度，依照授权审批权限审批后，办理资金拨付手续。

第10条　对于预算内非常规或金额重大事项，应经过较高的授权批准层（如总经理）审批。

第11条　财务部应根据资金的周转情况和项目进度情况拨付资金，并按照合同或法律文件规定相应的支付时间。

第12条　为加强预算控制，对同一预算项目的资金支出应遵循统一支付的原则。

第13条　各部门办理采购与付款、销售与收款、成本费用、工程项目、对外投资与融资、研究与开发、信息系统、人力资源、安全环保、资产购置与维护等业务和事项，均应符合预算要求。涉及生产过程和成本费用的，还应执行相关计划和定额、定率标准。

第14条　对于工程项目、对外投资与融资等重大预算项目，相关部门应当密切跟踪其实施进度和完成情况，并实行严格监控。

第15条　预算管理委员会应当加强与各预算执行单位的沟通，推动业财融合的管理，运用财务信息和其他相关资料监控预算执行情况。

第16条　预算管理委员会应当及时向董事会和各预算执行单位报告、反馈预算执行进度、执行差异及其对预算目标的影响。

【解析】该环节的主要风险：缺乏严格的预算执行授权审批制度，可能导致预算执行随意；预算审批权限及程序混乱，可能导致越权审批、重复审批，降低预算执行效率和严肃性；预算执行过程中缺乏有效监控，可能导致预算执行不力，预算目标难以实现；缺乏健全、有效的预算反馈和报告体系，可能导致预算执行情况不能及时被反馈和沟通，预算差异得不到及时分析，预算监控难以发挥作用。

第4章　附　则

第17条　本制度由财务部负责编制、解释和修订。

第18条　本制度自××××年××月××日起生效。

编修部门/日期		审核部门/日期		执行部门/日期	

15.2.2　超预算与预算外资金审批制度

制度名称	超预算与预算外资金审批制度	编　号	
		受控状态	

第1章　总　则

第1条　为了规范、约束和指导超预算与预算外资金审批工作，加强资金收付业务的预算控制，防范支付风险，根据《企业内部控制应用指引第15号——全面预算》及相关法律、法规，结合企业实际情况，特制定本制度。

第2条　本制度适用于超预算与预算外资金的审批。

第2章　审批准备与要求

第3条　总经理和财务总监就超预算事项、预算外事项建立规范的授权批准制度和程序，避免越权审批、违规审批、重复审批现象的发生。

第4条　预算执行单位提出超预算与预算外的资金支付申请，应提供有关发生超预算与预算外支付的原因、依据、金额测算等资料。

第5条　企业应以不相容岗位分离控制为原则，组建超预算与预算外资金申请审查小组，就相关部门的申请进行审查，发现异常应及时向总经理报告。

第6条　超预算与预算外资金支付应当按照企业财务开支相关制度并依照授权审批程序执行。

第7条　对于无预算、无合同、无凭证、无手续的支出，财务部应不予支付。

第8条　对于超预算与预算外事项，应实行严格、特殊的层层审批程序，最后报经总经办审批。

【解析】预算外与超预算的支出的审批工作应当适时且及时，不能明显地超前或滞后。

第9条　对于金额重大的超预算与预算外事项，还应报预算管理委员会和董事会审批。

【解析】预算管理委员会的职责之一是协调解决预算编制和执行中的重大问题。董事会是企业最高决策机构，对于金额重大的超预算与预算外事项，董事会可决策审批。

第10条　预算外与超预算资金运行一段时间后，财务部应开展针对超预算与预算外资金的财务分析工作，为预算外与超预算资金的使用及时提供调整建议。

第3章　具体审批程序

第11条　超预算与预算外资金使用部门的业务经办人员填写"资金申请单"并签名，报部门经理审核。

第12条　部门经理应就超预算与预算外的事项进行充分的调查和研究，并对"资金申请单"内容的规范性、真实性审核，审核通过后报财务部经理审核。

第13条　财务部经理按照财务管理制度和预算管理制度，重点对超预算与预算外资金申请的财会处理规范性和数据真实性进行审核，审核通过后呈报总经理审批。

第14条　总经理就自己权限内的事项进行审批，若超出自身权限，则须呈报预算管理委员会、董事会和股东会审批。

第15条　超预算与预算外资金申请通过后，由财会部门编制相关记账凭证，最后出纳按照规定程序付款。

第4章　附　则

第16条　本制度由财务部负责编制、解释和修订。

第17条　本制度自××××年××月××日起生效。

编修部门/日期		审核部门/日期		执行部门/日期	

15.2.3　预算执行情况分析制度

制度名称	预算执行情况分析制度	编　号	
		受控状态	
第1章　总　则			
第1条　为了规范、约束和指导预算执行情况的分析工作，及时解决预算执行过程中存在的问题，不断提高经营管理水平，根据《企业内部控制应用指引第15号——全面预算》及相关法律、法规，结合企业实际情况，特制定本制度。			

第2条　本制度适用于预算考评阶段的预算执行情况分析工作。

第2章　部门预算执行情况分析会议

第3条　各预算执行部门负责人应每月、每季、每年度召开部门会议，对部门预算执行情况进行分析。

【解析】预算分析环节的主要风险：预算分析不正确、不科学、不及时，可能削弱预算执行控制的效果，或可能导致预算考评不客观、不公平；对预算差异原因的解决措施不得力，可能导致预算分析形同虚设。

第4条　预算执行情况分析流程如下。

1．确定预算分析对象。

2．确定预算差异重要性标准。

3．收集数据、计算差异并对差异进行分解，找出引起差异的相关因素。

4．撰写详细的分析报告。

第5条　对于预算执行偏差较大的项目，应该从财务状况、政策变化、市场环境、技术变化、项目决策与评价、责任人履职和管理是否到位、不相容岗位设置是否合理等多方面进行分析和研究。

【解析】预算管理工作各环节的不相容岗位一般包括预算编制与预算审批、预算审批与预算执行、预算执行与预算考核。

第6条　根据不同情况分别采用比率分析、比较分析、因素分析等方法，从定量与定性两个层面充分反映预算执行的现状、发展趋势及其存在的潜力。

第7条　会上，部门负责人应该提出相应的解决预算编制和执行中出现偏差的办法，并初步编制预算情况及分析报告。

第8条　会后，部门负责人审核预算情况及分析报告后签字，报送财务部分析、研究、审核、汇总，最后由财务部呈报总经理。

第9条　总经理将季度和年度的预算情况及分析报告提交预算管理委员会。

第3章　预算执行情况分析管理

第10条　预算管理委员会将预算情况及分析报告作为企业进行预算分析和考核的基本依据。

第11条　财务部应当在预算管理委员会的指导下，以及各预算责任部门报送的预算执行情况分析报告的基础上，全面分析企业每季度预算执行情况。

第12条　对于预算执行过程中发现的新情况、新问题及出现偏差较大的事项，财务部以及预算管理委员会应当提出改进经营管理的措施和建议。

第13条　预算管理委员会应将预算情况及分析报告作为企业进行预算分析和考核的基本依据，加大考核力度。

第14条　预算管理委员会通过预算执行情况，对企业业绩进行评价，并为企业下一阶段的经营预测提供依据。

第15条　对于发生超收、少收、超支、少支等事项，预算管理委员会应就其深层次原因进行挖掘和研究，尤其针对预算执行的重大差异，应进一步寻找各种内、外部因素，追踪造成差异的外部经营环境、企业运营、预算执行、各项基础管理等方面的深层次原因，并落实预算责任。

第4章　预算执行情况分析方式

第16条　比较分析。比较分析包括实际数与预算数比较分析、本期实际数与去年同期实际数比较分析、本期实际数与上期实际数比较分析、本期实际数与下期预测数比较分析、上期预测数与本期预测数比较分析、本期预测数与预算数比较分析等。

第17条　对标分析。和行业内优秀的企业的经济指标预算完成情况进行对比，找出自身差距，促使企业朝着标杆企业不断改进和发展。

第18条　进度分析。进度分析包括月进度分析、季进度分析、年进度分析。

第19条　结构分析。通过某一子项目占总项目的百分比进行分析。

第20条　趋势分析。根据企业连续几个时期的分析资料，确定分析期各有关项目的变动情况和趋势。

第21条　价值树分析。按照企业价值形成的过程，对企业各价值形成环节进行分析。

第5章　附　则

第22条　本制度由财务部负责编制、解释和修订。

第23条　本制度自××××年××月××日起生效。

编修部门/日期		审核部门/日期		执行部门/日期	

15.2.4　预算调整审批制度

制度名称	预算调整审批制度	编　　号	
		受控状态	

第1章　总　则

第1条　为了规范、约束和指导预算调整审批的工作，加强预算调整控制，明确预算调整审批程序，防范预算调整审批不当的风险，根据《企业内部控制应用指引第15号——全面预算》及相关法律、法规，结合企业实际情况，特制定本制度。

第2条　本制度适用于预算调整审批的全流程的管理。

第2章　预算调整要求

第3条　企业正式下达的预算，在预算期内一般不予调整。在预算执行过程中由于市场环境、国家政策或不可抗力等客观因素，致使预算编制基础不成立，或者将导致执行结果产生重大偏差的，可以调整预算。

【解析】该环节的主要风险：预算调整依据不充分、方案不合理、审批程序不严格，可能导致预算调整随意、频繁，预算失去严肃性和"硬约束"。

第4条　预算调整应遵循实事求是的原则，严禁不经调查、论证而提出预算调整。

第5条　预算调整应建立在预算执行情况分析的基础上，预算调整方案由财务部给出。

第6条　预算调整分为自上而下的调整和自下而上的调整，两类调整都应当履行严格的审批程序。

第7条　预算调整的决策事项不能偏离企业发展战略和年度预算目标。

第8条　预算调整的决策方案应当在经济上能够实现最优化。

第9条　预算调整的决策重点应当放在预算执行中出现的重要的、非正常的、不符合常规的关键性差异方面。

第10条　对常规事项产生的预算执行差异，应当责成预算相关执行部门采取措施加以解决。

第11条　预算调整实施的过程中，当市场环境再次发生改变时，相关部门应以市场为导向，一切从实际出发，在充分调查和分析的基础上，确定新的预算调整指标及具体实施方案。

第3章　预算调整审批程序

第12条　自上而下的预算调整审批程序如下。

1．董事会和经理层在日常管理中发现预算相关问题，向财务部提出预算调整意向。

2．财务部编制"预算调整申请表"、预算执行情况分析报告，报告中应载明调整内容和原因。

3．预算管理委员会审议批准财务部上报的"预算调整申请表"和预算执行情况分析报告，重大预算调整（调整金额超过预算10%的）应提交董事会批准。

4．由财务部负责人下发预算调整通知书。

第13条　自下而上的预算调整审批程序如下。

1．由申请预算调整的相关业务工作人员提交"预算调整申请表"和预算执行情况分析报告，详细说明预算调整理由、调整建议方案、调整前后预算指标的比较、调整后预算指标可能对企业预算总目标的影响等内容。

2．预算调整申请部门负责人审核"预算调整申请表"和预算执行情况分析报告。

3．预算调整申请部门将"预算调整申请表"和预算执行情况分析报告报财务部审核、分析。

4．财务部审核、分析后，提出预算调整建议。

5．财务部将预算调整申请上报预算管理委员会审议批准，重大预算调整（调整金额超过预算10%的）应提交董事会批准。

6．董事会或预算管理委员会批准预算调整申请。

7．由财务部负责人下发预算调整通知书。

第14条　企业预算管理委员会或董事会审批预算调整方案时，应当依据预算调整条件，并考虑预算调整原则，严格把关，对于不符合预算调整条件的，坚决予以否决；对于预算调整方案欠妥的，应当协调有关部门和单位研究改进方案，并责成预算管理工作机构予以修改后再履行审批程序。

第15条　预算调整申请审批通过后，各相关部门应迅速执行新的预算工作。

第16条　预算调整的审批工作应做好保密措施，对于泄密行为，应由监事会开展责任追究工作。

【解析】预算调整审批是指由于企业内、外部环境或战略重点等发生变化，原有预算出现重大偏差时，对原有预算指标调增或调减等修改行为的审批。预算调整的审批工作是预算监控体系的重要组成部分。

第4章　附　则

第17条　本制度由预算管理委员会负责编制、解释和修订。

第18条　本制度自××××年××月××日起生效。

编修部门/日期		审核部门/日期		执行部门/日期	

15.3　预算考核

预算考核包括对企业预算管理活动实施效果的全面考评、对预算执行部门和预算责任人的考核与业绩评价。因此，企业必须建立一系列权威的预算考核相关制度，用以规范、约束和指导预算考核工作。

15.3.1　预算执行考核制度

制度名称	预算执行考核制度	编　号	
		受控状态	

第1章　总　则

第1条　为了规范、约束和指导预算执行考核小组预算执行的考核工作，发挥考核的鉴定、促进、激励和选拔等作用，保护预算执行的积极性，根据《企业内部控制应用指引第15号——全面预算》及相关法律、法规，结合企业实际情况，特制定本制度。

第2条　本制度适用于预算执行考核管理。

第2章　预算执行考核准备

第3条　预算执行考核主体分为两个层次：预算管理委员会和内部各级预算责任单位。

【解析】该环节的主要风险：预算执行考核不严格、不合理、不到位，可能导致预算目标难以实现、预算管理流于形式。

第4条　预算执行考核对象为企业内部各级预算责任单位和相关个人。

第5条　预算执行考核原则如下。

1．上级考核下级原则，即由上级预算责任单位对下级预算责任单位实施考核。

2．逐级考核原则，即由预算执行单位的直接上级对其进行考核，间接上级不能隔级考核间接下级。

3．预算执行与预算考核相互分离控制原则，即预算执行单位的预算考核应由其直接上级部门来进行。

第6条　预算责任书、预算执行情况和预算执行情况分析报告、预算执行考核方案等文件是预算执行考核的重要依据。

第7条　定期组织实施预算执行考核，预算执行考核的周期一般应当与年度预算细分周期相一致，即一般按照月度、季度实施考评，预算年度结束后再进行年度总考核。

第8条　预算管理委员会应科学设计预算执行考核指标体系，主要把握以下原则。

1．预算执行考核指标要以各责任部门或岗位承担的预算指标为主，同时本着相关性原则，增加一些全局性的预算指标和与其关系密切的相关部门或岗位的预算指标。

2．考核指标应以定量指标为主，根据实际情况辅之以适当的定性指标。

3．考核指标应当具有可控性、可达到性和明晰性。

第3章　预算执行考核实施

第9条　预算执行考核小组总体上按照公开、公平、公正原则实施预算考核工作。

第10条　预算执行考核小组应当将全面预算考核程序、考核标准、奖惩办法、考核结果等及时公开。

第11条　预算执行考核应当以客观事实作为依据。预算执行单位上报的预算执行报告应当经本单位负责人签字确认。

【解析】预算执行考核合理与否受到考核主体和对象的界定是否合理、考核指标是否科学、考核过程是否公开透明、考核结果是否客观公正、奖惩措施是否公平合理且能够落实等因素的影响。

第12条　预算执行考核小组组织预算执行情况考核时，应当将各预算执行单位负责人签字上报的预算执行报告和已掌握的动态监控信息进行核对，确认各执行单位预算完成情况。

第13条　预算执行考核的结果应当与各执行单位以及员工的薪酬、职位等进行挂钩，并实施预算奖惩。

第14条　预算管理委员会设计预算奖惩方案时，应当以实现预算目标为首要原则，同时还应遵循公平合理、奖惩并举的原则，防止奖惩实施过程中添加人情因素。

第15条　制定预算奖惩方案要注意各部门利益分配的合理性，量化工作难易程度和技术含量，根据各部门承担的工作难易程度和技术含量合理确定奖惩差距。

第16条　预算执行考核还应作为绩效评价的主要内容，与预算责任部门及其负责人的奖惩挂钩，并作为企业内部人力资源管理的参考依据。

【解析】通过设计公平合理的预算奖惩方案，一方面能够使预算执行考核得到落实，真正体现出权利、责任和利益的结合；另一方面能够有效引导人的行为，使预算的目标和行为能够协调一致。

第4章　附　则

第17条　本制度由预算管理委员会负责编制、解释和修订。

第18条　本制度自××××年××月××日起生效。

编修部门/日期		审核部门/日期		执行部门/日期	

15.3.2　预算执行情况内部审计制度

制度名称	预算执行情况内部审计制度	编　号	
		受控状态	

第1章　总　则

第1条　为了规范、约束和指导预算执行情况内部审计小组（以下简称审计小组）的审计工作，确保预算执行情况的真实性与完整性，防范错报和舞弊风险，根据《企业内部控制应用指引第15号——全面预算》及相关法律、法规，结合企业实际情况，特制定本制度。

第2条　本制度适用于预算执行情况内部审计工作。

第2章　审计要求

第3条　预算执行情况内部审计的主体是审计小组。

第4条　预算管理委员会应统筹全局，协调各方，以不相容岗位分离控制为原则，组建一支专业性强的审计小组，审计部是主力，财务部负责辅助。

【解析】预算执行审计工作由审计部负责组织、实施和总结、汇报，财务部、相关执行部门须予以全力配合。

第5条　审计客体是被怀疑有重大舞弊行为的预算执行部门、单位和个人。

第6条　审计内容是预算执行部门的业务往来资料、预算执行情况和预算执行情况分析报告等资料，审计小组应重点审计容易发生错报和舞弊的环节。

第7条　审计范围如下。

1．检查被审计单位的预算批复情况。

2．检查被审计单位按照批准的年度预算和用款计划，拨付本单位预算支出资金的情况。

3．检查被审计预算执行单位预算执行的调整情况和预算收支变化情况。

4．检查被审计预算执行单位在预算管理制度规定中的其他事项。

第8条　审计小组采取全面审计与抽样审计相结合的方式对被审计对象进行审计。

【解析】全面审计是指对被审计单位的所有经营业务或者所有财务资料进行全面、彻底的审计，缺点是范围广、任务重、耗时长；抽样审计是指从被审计单位的总体中选取一定量的样本进行审计，由样本结果推断总体结果，缺点是有误差。

第9条　审计小组的审计时间不确定，一般是预算管理委员会或预算考核小组认为确须审计时，审计小组才会迅速开展审计工作。

第10条　审计小组定的目标是通过实施审计监督，及时发现和纠正预算执行中存在的问题，维护预算的严肃性。

第3章　审计程序

第11条　审计对象经批准确定后，由预算管理委员会正式下达"审计通知书"，审计小组收到通知书后，开始收集有关资料。其间，审计对象必须自觉接受审计，积极配合，并提供必要资料。

第12条　审计小组进入被审计单位后，分组进行检查，深入调查研究，认真检查，做好审计记录和取证工作，编写好审计工作底稿。

第13条　审计小组要坚持"实事求是、客观公正、一分为二、用数据说话"的审计原则，根据审计工作底稿进行综合分析和评价，编写出审计报告，并征求审计对象的意见。

第14条　审计小组将审计报告和审计建议一同报送预算管理委员会。

第15条　审计对象对审计报告如有异议，可向上级提出复审要求。

第16条　经审计组长及审计对象签字的审计报告，由预算管理委员会和审计部分别存档。

第4章　附　则

第17条　本制度由预算管理委员会负责编制、解释和修订。

第18条　本制度自××××年××月××日起生效。

编修部门/日期		审核部门/日期		执行部门/日期	

第 16 章

合同管理

16.1 合同的订立

企业对外发生经济行为，应当订立合同，并对合同文本进行严格审核，同时按照规定的权限和程序与对方当事人签署合同。合同订立前，应当充分了解合同对方的主体资格、信用状况等有关内容，确保对方当事人具备履约能力。

16.1.1 合同订立与授权审批制度

制度名称	合同订立与授权审批制度	编　号	
		受控状态	

第1章　总　则

第1条　为了明确企业合同订立过程中的各级权限，规范合同订立的行为，同时加强对合同订立过程的监督，规避和降低因合同订立不当给企业带来的各种风险，根据《企业内部控制应用指引第16号——合同管理》及相关法律、法规，结合企业实际情况，特制定本制度。

第2条　本制度适用于企业所有的合同订立与授权审批工作，包括合同、合约、协议、契约、意向书等规范性文件的订立和审批。

第2章　合同的订立与审核

第3条　订立合同必须以维护企业权益为宗旨，贯彻平等互利、协商一致、择优签约的原则，严禁任何假公济私和损公肥私的行为。

【解析】企业对外发生经济行为，应当订立合同。对于影响重大、涉及较高专业技术或法律关系复杂的合同，应当组织法律、技术、财会等专业人员参与谈判，必要时可聘请外部专业人员参与相关工作。对谈判过程中的重要事项和参与谈判人员的主要意见，应当予以记录并妥善保存。

第4条　合同经办人在订立合同之前，应认真调查、了解合同对方的主体资格、信用状况等有关情况，确保对方当事人具备履约能力。

第5条　审查被调查对象的身份证件、法人登记证书、资质证明、授权委托书等证明原件，必要时，可通过发证机关查询证书的真实性和合法性，关注授权代理人的行为是否在其被授权范围内，在充分收集相关证据的基础上评价主体资格是否恰当。

第6条　获取被调查对象经审计的财务报告、以往交易记录等财务和非财务信息，分析其获利能力、偿债能力和营运能力，评估其财务风险和信用状况，并在合同履行过程中持续关注其资信变化，建立及时更新合同对方的商业信用档案。

第7条　对被调查对象进行现场调查，实地了解和全面评估其生产能力、技术水平、产品类别和质量等生产经营情况，分析其合同履约能力。

第8条　与被调查对象的主要供应商、客户、开户银行、主管税务机关和工商管理部门等沟通，了解其生产经营、商业信誉、履约能力等情况。

第9条　合同应写明合同各方的名称、简称、注册地址、法定代表人、签约日期和签约地点。

第10条　合同对当事人各方权利与义务的规定应明确、具体，文字表达力求准确、清楚，要准确反映当事人的主观意图，避免产生歧义或误解。

第11条　合同含有违约责任条款的，可明确规定各方当事人对特定或非特定违约行为应承担违约责任的方式、金额或其计算公式。

第12条　合同应尽可能规定合同纠纷的解决方式，约定仲裁机构时应尽可能规定由我方所在地仲裁机构仲裁，并明确所选仲裁机构名称。

【解析】合同发生纠纷的，应当在规定时效内与对方协商、谈判并向单位有关负责人报告。经双方协商达成一致意见的纠纷解决方法，应当签订合同协议。纠纷经协商无法解决的，经办人员应向单位有关负责人报告，并依经济合同约定选择仲裁或诉讼方式解决。

第13条　合同结尾应明确规定当事人双方指定的联络人或经办人姓名、联系电话或传真号码，有关信函往来或通知的方式，合同生效条件、合同解除条件或终止条件、合同有效期、合同正本份数、当事人双方名称、其法定代表人姓名和岗位、授权签署人姓名和岗位等。

第14条　合同协议文本拟定完成后，交由法务部审核，审核人员应当对合同协议文本的合法性、经济性、可行性和严密性进行重点审核，关注合同的主体、内容和形式是否合法，合同内容是否符合企业的经济利益，对方当事人是否具有履约能力，合同权利和义务、违约责任和争议解决条款是否明确等。

第15条　建立会审制度，对影响重大或法律关系复杂的合同协议文本，组织财会部门、内部审计部、法律部、业务关联的相关部门进行审核，内部相关部门应当认真履行职责。

第16条　对审核意见准确、无误地加以记录，必要时对合同条款作出修改并再次提交审核。

第17条　合同订立后，合同正本由合同管理部门负责保管，合同副本及相关审核资料应交由法务部归档。

【解析】单位应当定期对合同进行统计、分类和归档，详细登记合同的订立、履行和变更情况，实行合同的全过程封闭管理。

第3章　合同授权审批的职责划分

第18条　企业对外签订的合同协议均由董事长授权总经理代表企业行使职权。

第19条　总经理的授权审批职责如下。

1. 负责企业对外重大合同协议的签章，并审批超出各部门负责人审核权限的合同协议。

2. 负责审批企业所有格式合同和各部门的合同协议文本。

3. 负责授权业务经办人员代表企业签订合同协议。

第20条　各部门负责人的授权审批职责如下。

1. 负责草拟与本部门业务相关的合同协议文本。

2. 协助法律顾问拟定与企业主营业务相关的合同协议格式。

3. 初步审核业务经办人员与对方商定的具体合同条款。

【解析】该环节的主要风险：超越权限签订合同。主要管控措施为按照规定的权限和程序与对方当事人签署合同。正式对外订立的合同应当由企业法定代表人或由其授权的代理人签名或加盖有关印章。授权签署合同的，应当签署授权委托书。

第21条　法务部经理负责审核企业编制的合同协议格式和各部门合同协议文本。

第4章　授权审批程序

第22条　在业务谈判、双方达成一致意见后，草拟合同文本时，各部门应优先使用企业编制的合同协议格式或各部门合同协议文本。

第23条　法律顾问草拟的合同协议文本应经法务部经理、总经理审核批准后形成正式合同协议，变更程序亦同。

第24条　其他各部门草拟的合同协议文本应经法律顾问审查、法务部经理审核、总经理审批后形成正式合同协议，变更程序亦同。

第25条　业务经办人员与合同协议方草拟的一般性合同协议文本，须经所属部门负责人初审、法律顾问审查后再订立正式合同协议，变更程序亦同。

第26条　重大合同协议文本或法律关系复杂的特殊合同协议文本，由法律部门草拟，经法务部经理审核、总经理审批后形成正式合同协议，变更程序亦同。

第5章　附　则

第27条　本制度由总经办负责编制、解释和修订。

第28条　本制度自××××年××月××日起生效。

编修部门/日期		审核部门/日期		执行部门/日期	

16.1.2　合同专用章与信息保密管理制度

制度名称	合同专用章与信息保密管理制度	编　号	
		受控状态	

第1章　总　则

第1条　为了规范本企业合同专用章和信息保密工作的管理，根据《中华人民共和国民法典》《企业内部控制应用指引第16号——合同管理》及相关法律、法规，结合企业实际情况，特制定本制度。

第2条　本制度适用于本企业合同专用章的使用、保管、停用、变更及合同信息保密管理等工作。

第2章　合同专用章的使用

第3条　行政部统一刻制合同专用章，并指定专人保管，任何部门及个人不得擅自刻制。

第4条　合同专用章专门用来签订经济合同，加盖合同专用章表明甲、乙双方对各自权利与义务的最终确认，并对双方产生法律效力。双方应基于合同行使权利、履行义务。

第5条　合同经编号、审批及企业法定代表人或由其授权的代理人签署后，方可加盖合同专用章。

【解析】该环节的主要风险：签署后的合同被篡改，因手续不全导致合同无效等。主要管控措施：采取恰当措施，防止已签署的合同被篡改，如在合同各页码之间加盖骑缝章、使用防伪印记、使用不可编辑的电子文档格式等。按照国家有关法律、行政法规规定，须办理批准、登记等手续之后方可生效的合同，企业应当及时按规定办理相关手续。

第6条　合同业务经办人的权利与义务如下。

1．合同业务经办人代表企业与他人签订合同前，须申请合同专用章用印审批，经相关部门及负责人审批后方可用印。

2．原则上，不得携带合同专用章外出签订合同，若必须携带，应由行政部负责人批准，并制定相应的保管措施后才能借出。外借期间，经办人与借出人对合同专用章承担全部责任。

3．已盖章的合同和文件，如不能使用或不能执行，必须交回行政部进行销毁。

第7条　合同专用章管理员的权利与义务如下。

1．合同专用章管理员应当对用印范围和用印手续严格审查，并登记用印情况。

2．合同专用章管理员不在岗时，可指定一名临时管理员代理使用印章。

第8条　行政部负责对合同专用章的使用情况进行监督，定期或不定期检查合同专用章使用情况。各部门应积极配合，并提供相关记录和材料。

第9条　不得使用合同专用章的情形如下。

1．空白及未经编号的合同。

2．缺少相关部门审批及签字文件的合同。

3．属于代签但缺少授权委托书的合同。

第3章　合同专用章的保管

第10条　合同用印后，合同专用章管理员应及时收回印章。

第11条　合同专用章在使用期间，合同专用章管理员必须保证印章在自己的控制范围之内，以避免遗失。合同专用章在非使用期间，合同专用章管理员须将印章保存在带锁的文件柜或保险柜中。

第12条　合同专用章丢失、损坏、被盗时，合同专用章管理员应及时向行政部负责人汇报，由行政部负责人向公司负责人取得反馈后，再予以处理，并登记挂失，声明作废。

第13条　总经办负责对合同专用章的管理情况进行监督，定期或不定期检查合同专用章使用与管理情况。各部门应积极配合，并提供相关记录和材料。

第4章　合同专用章的停用及变更

第14条　合同专用章的停用情形如下。

1．公司名称变更。

2．合同专用章图样改变。

3．合同专用章损坏、遗失、被盗。

第15条　合同专用章的停用由各部门提出处理办法，达成一致后，报企业负责人批准，并及时将已停用的合同专用章交回行政部封存或销毁，同时建立合同专用章上交、停用、存档、销毁的登记档案。

第16条　各部门变更合同专用章的程序如下。

1．申请部门事先进行书面申请，注明合同专用章用途，指定本部印章管理员，由部门负责人签字报请企业负责人审核、审批，再报行政部备案。

2．变更合同专用章由企业行政部统一办理，合同专用章必须按照企业统一规格、样式进行刻制。

3．刻制后的合同专用章须送行政部印模备案。

第5章　合同信息保密管理

第17条　企业合同协议秘密的密级分为"绝密""机密"和"秘密"三级，属于企业秘密合同协议及相关文件、资料的，应当在其右上角标明密级。

1．"绝密"合同协议：指此类合同协议文件资料的泄密会使企业的利益受到特别严重的损害，直接影响企业权益的重要决策文件及资料，包括但不限于总经理与有关人员商议的战略、经营、人事等重要的合同协议文档信息，此项密级由总经理确定。

2．"机密"合同协议：指此类合同协议文件资料的泄密会使企业受到严重的损害，包括但不限于企业履行规划、投资论证报告、财务报表、统计资料、审计报告、重要会议记录、企业经营时签订合同协议的相关文件资料。

3．"秘密"合同协议：指此类合同协议文件资料的泄密会使企业的利益受到损害，包括但不限于企业正式文件、文书档案、经济往来文书、人事档案、合同协议、协议职员工资性收入、尚未进入市场或未公开的各类信息。

第18条　各类密级合同协议保存期限如下。

1．保密等级的划分由拟定文件或报告的部门负责人或分管领导确定，经总经理批准后，由部门负责人组织实施。

2．对企业所产生的合同协议事项应当及时确定密级，最迟不得超过10个工作日。

3．"绝密"合同协议的保密期限为永久；"机密"合同协议的保密期限为10年；"秘密"合同协议的保密期限为3年。

第19条　合同解除和密级降低的具体情况如下。

1．解密和降低密级由合同协议文档管理员提出清单，报总经理批准后执行。

2．解密和降低密级操作应由部门经理监管，合同协议文档管理员具体实施。

3．合同协议解密后，一律当场销毁。

4．销毁程序：合同协议文档管理员按清单一一核对正确无误后，用碎纸机将须销毁的合同协议进行销毁处理。

第20条　责任与处罚如下。

1．给予当事人辞退并追究其法律责任或酌情赔偿经济损失的处分。

（1）利用职权强制他人违反保密规定的。

（2）故意或因过失泄露企业秘密，给企业造成严重后果或重大经济损失的。

（3）违反本保密制度规定，为他人窃取、刺探，被他人收买或违章提供企业秘密的。

2．给予当事人警告的处分。

（1）已泄露企业秘密但已采取补救措施的。

（2）违反保密措施项中规定的内容，泄露企业秘密，尚未给企业造成严重后果或经济损失的。

3．其他情况的处理。

（1）不遵守保密制度，泄露企业秘密，尚未造成不良影响或损失的，给予通报批评及以上处罚。

（2）不遵守保密制度，泄露企业秘密，造成不良影响或损失的，或泄露企业"机密"级别以上信息资料，即使未造成不良影响或损失的，给予降职、降薪及以上处罚。

（3）不遵守保密制度，泄露企业秘密，造成严重影响和损失的，或泄露企业"绝密"级别信息资料，即使未造成不良影响或损失的，应给予解除劳动合同及以上处罚。

（4）出卖企业秘密或利用企业秘密为己谋利的，除赔偿企业经济损失外，还要交司法部门处理。

【解析】企业应当制定严格的内部报告保密制度，明确保密内容、保密措施、密级程度和传递范围，防止泄露商业秘密。该环节的主要风险：企业管理层在决策时并没有使用内部报告提供的信息，内部报告未能用于风险识别和控制，商业秘密通过企业内部报告被泄露。

主要管控措施：第一，企业在预算控制、生产经营管理决策和业绩考核时充分使用内部报告提供的信息；第二，企业管理层应通过内部报告提供的信息对企业生产经营管理中存在的风险进行评估，准确识别和系统分析企业生产经营活动中的内、外部风险，涉及突出问题和重大风险的，应当启动应急预案；第三，企业应从内部信息传递的时间、空间、节点、流程等方面建立控制，通过职责分离、授权接触、监督和检查等手段，防止商业秘密被泄露。

第6章　附　则

第21条　本制度由总经办负责编制、解释和修订。

第22条　本制度自××××年××月××日起生效。

编修部门/日期		审核部门/日期		执行部门/日期	

16.2　合同的履行

企业应当遵循诚实信用原则严格履行合同，对合同履行实施有效监控，强化对合同履行情况及效果的检查、分析和验收，确保合同被全面、有效履行。在合同履行过程中若有不当之处，应按规定程序及时报告，并经双方协商一致，依据规定权限和程序办理合同变更或解除事宜。

16.2.1　合同履行过程管理制度

制度名称	合同履行过程管理制度	编　　号	
		受控状态	
第1章　总　则			
第1条　为了规避合同履行风险，对合同履行过程进行监控管理，以确保合同条款如约履行，保障企业合法权益，根据《中华人民共和国民法典》《企业内部控制应用指引第16号——合同管理》及相关法律、法规，结合企业实际情况，特制定本制度。			

第2条　本制度适用于企业所有合同在履行过程中的监控管理工作。

第2章　合同履行的监控管理

第3条　合同签订后，企业应遵循诚实信用原则，认真履行有关合同义务，同时督促对方当事人严格履行其有关合同义务，并对履行过程实施有效监控。

【解析】存在合同纠正情形的，应依据国家相关法律法规，在规定时效内与对方当事人协商并按照规定权限和程序及时报告；协商无法解决的，根据合同约定选择仲裁或诉讼方式解决。

第4条　合同经办人应密切跟踪、了解合同履行的全部过程及其细节，并作好记录，完整保存与合同当事人之间的一切往来信息，建立专项合同履行档案。

【解析】企业应当建立合同履行情况评估制度，至少于每年年末对合同履行的总体情况和重大合同履行的具体情况进行分析、评估，对分析、评估中发现的不足或问题应及时加以改进。

第5条　重大合同的履行情况由法务部进行跟踪管理，并协助经办人员及时处理有关问题。

第6条　如遇我方当事人没有或不愿或无力履行或无力继续履行合同义务的，合同经办人应在与对方当事人协商之前，将有关情况和初步解决方案及时向主管领导、合同审核部门报告。

第7条　如发现对方当事人没有或不愿或无力履行或无力继续履行合同义务的，合同经办人应立即查明原因，及时与对方当事人进行磋商，并向对方当事人发出书面通知，要求其继续严格履行合同义务。同时将有关情况及初步解决方案及时报告主管领导、合同审核部门，必要时应及时通知合同其他当事人。

第8条　对于我方拥有债权的合同，如对方当事人未能按时履行义务，合同经办人应在诉讼时效内积极追讨，并确保诉讼时效不会过期。

【解析】《中华人民共和国民法典》第一百八十八条第一款规定："向人民法院请求保护民事权利的诉讼时效期间为三年。法律另有规定的，依照其规定。"《中华人民共和国民法典》第一百八十九条规定："当事人约定同一债务分期履行的，诉讼时效期间自最后一期履行期限届满之日起计算。"

第9条　财务部依据合同履行收、付款工作，对具有下列情形的业务，应当拒绝付款。

1．应当订立书面合同而未订立书面合同，且未采用非书面合同代用单的。

2．收款单位与合同对方当事人名称不一致的。

第10条　付款单位与合同对方当事人名称不一致的，财务部应当督促付款单位出具代付款证明。

第11条　在合同履行过程中，合同对方所开具的发票必须先由具体经办人员审核签字认可，经总经理签字同意后，再转财务部审核付款。

第3章　合同的补充、变更与解除

第12条　合同生效后，企业就质量、价格、履行地点等内容与合同对方没有约定或者约定不明确的，通过双方协商一致，可以对原有合同进行协议补充。

【解析】《中华人民共和国民法典》第五百一十一条规定："当事人就有关合同内容约定不明确，依据前条规定仍不能确定的，适用下列规定：

（一）质量要求不明确的，按照强制性国家标准履行；没有强制性国家标准的，按照推荐性国家标准履行；没有推荐性国家标准的，按照行业标准履行；没有国家标准、行业标准的，按照通常标准或者符合合同目的的特定标准履行。

（二）价款或者报酬不明确的，按照订立合同时履行地的市场价格履行；依法应当执行政府定价或者政府指导价的，依照规定履行。

（三）履行地点不明确，给付货币的，在接受货币一方所在地履行；交付不动产的，在不动产所在地履行；其他标的，在履行义务一方所在地履行。

（四）履行期限不明确的，债务人可以随时履行，债权人也可以随时请求履行，但是应当给对方必要的准备时间。

（五）履行方式不明确的，按照有利于实现合同目的的方式履行。

（六）履行费用的负担不明确的，由履行义务一方负担；因债权人原因增加的履行费用，由债权人负担。"

第13条　不能达成补充协议的，按照国家相关法律法规、合同有关条款或者交易习惯确定。

第14条　在合同履行过程中，发现有显失公平、条款有误或对方有欺诈行为等情形，或因政策调整、市场变化等客观因素，可能导致或已经导致企业利益受损的，应当按照程序及时报告主管领导，并在双方协商一致的情况下，办理变更或解除事宜。

第15条　对方当事人要求变更或解除合同的，应在收到对方文件、信函、邮件后及时请示领导处理，在法律规定有效期限内答复。逾期答复或未作答复造成严重后果的，承办人应承担相应的责任。

第16条　变更、解除合同必须采用书面形式（包括双方往来信息、邮件等），其授权委托范围权限与原签订合同授权委托范围权限相同。

第17条　变更、解除合同的协议在尚未达成以前，原合同继续有效，仍应履行。

第4章　合同违约与纠纷处理

第18条　如遇合同违约情况，应做如下处理。

1．对方违约的情形，应当按合同条款约定收取违约金；违约金不足以弥补企业损失时，应当要求对方赔偿损失，必要时应采取相应的保全措施。

2．企业自身违约的情形，应当由合同承办部门以书面形式报告主管领导，经批准后履行相应的赔偿责任。

第19条　如遇合同纠纷情况，应做如下处理。

1．业务经办人员应在规定时效内与合同对方协商谈判，并按规定权限和程序及时报告主管领导。

2．合同纠纷经协商一致的，双方签订书面协议，双方法定代表人或授权人签字并加盖公章后生效。

3．合同纠纷经协商无法解决的，应当根据合同约定选择仲裁或诉讼方式解决。

4．企业法律顾问会同相关部门研究仲裁或诉讼方案，报总裁批准后实施。

5．企业内部授权处理合同纠纷的，应签署授权委托书；未经授权审批的，相关经办人员不得随意向对方当事人作出实质性答复或承诺。

第5章　附　则

第20条　本制度由总经办拟定并负责编制、解释和修订。

第21条　本制度自××××年××月××日起生效。

编修部门/日期		审核部门/日期		执行部门/日期	

16.2.2　合同纠纷管理制度

制度名称	合同纠纷管理制度	编　号	
		受控状态	

第1章　总　则

第1条　为了提高企业合同纠纷的处理效率，保障企业合法权益，避免或减少因合同纠纷给企业带来的损失，根据《中华人民共和国民法典》《企业内部控制应用指引第16号——合同管理》及相关法律、法规，结合企业实际情况，制定本制度。

第2条　本制度适用于处理企业所有合同纠纷事件。

第2章　合同纠纷的处理原则

第3条　合同纠纷的处理要以客观事实为依据，以相关法律法规为参照，以国家政策及合同约定的条款为指导进行。

【解析】《中华人民共和国民法典》第五百七十七条规定："当事人一方不履行合同义务或者履行合同义务不符合约定的，应当承担继续履行、采取补救措施或者赔偿损失等违约责任。"

第4条　纠纷发生后，以双方协商解决为首要选择，及时与对方当事人进行友好协商，尊重双方的合法权益，相互体谅、相互让步，争取达成和解协议。

第5条　由对方责任引起的纠纷，应坚持底线，保障我方合法权益不受侵犯；由我方责任引起的纠纷，应尊重对方的合法权益，并尽量采取补救措施，减少双方损失；由双方责任共同引起的纠纷，应实事求是，分清主次，合情合理解决。

【解析】《中华人民共和国民法典》第五百九十条规定："当事人一方因不可抗力不能履行合同的，根据不可抗力的影响，部分或者全部免除责任，但是法律另有规定的除外。因不可抗力不能履行合同的，应当及时通知对方，以减轻可能给对方造成的损失，并应当在合理期限内提供证明。

当事人迟延履行后发生不可抗力的，不免除其违约责任。"

第6条　各部门在处理纠纷时，应保持沟通，及时交流讨论，不推诿、指责、埋怨，统一意见，统一行动，尽力维护企业合法权益。

第3章　合同纠纷的处理方式

第7条　协商，是指合同纠纷的当事人，在自愿互谅的基础上，按照国家有关法律、政策和合同的约定，通过摆事实、讲道理，以达成和解协议，自行解决合同纠纷。

第8条　调解，是指双方当事人自愿在调解员的主持下，以查明事实、分清是非为基础，由调解员对纠纷双方当事人进行说明、劝导，促使纠纷双方互谅互让，达成和解协议，从而解决纠纷。

第9条　仲裁，即由第三者依据双方当事人在合同中订立的仲裁条款或自愿达成的仲裁协议，按照法律规定对合同争议事项进行居中裁断，以解决合同纠纷。

第10条　诉讼，人民法院根据合同当事人的请求，在所有诉讼参与人的参加下，审理和解决合同争议。

第4章　合同纠纷的处理程序

第11条　合同履行过程中发生纠纷的，业务经办人员应在规定时效内与合同对方协商谈判，并按规定权限和程序及时报告主管领导。

第12条　合同纠纷经协商一致的，双方签订书面协议，双方法定代表人或授权人签字并加盖公章后生效。

第13条　合同纠纷经协商无法解决的，应当根据合同约定选择仲裁或诉讼方式解决。

【解析】《中华人民共和国仲裁法》第二十一条规定："当事人申请仲裁应当符合下列条件：

（一）有仲裁协议；

（二）有具体的仲裁请求和事实、理由；

（三）属于仲裁委员会的受理范围。"

《中华人民共和国仲裁法》第二十二条规定："当事人申请仲裁，应当向仲裁委员会递交仲裁协议、仲裁申请书及副本。"

第14条　企业法律顾问会同相关部门研究仲裁或诉讼方案，报总裁批准后实施。

第15条　企业内部授权处理合同纠纷，应签署授权委托书，在纠纷处理过程中，未经授权审批，相关经办人员不得随意向对方当事人作出实质性答复或承诺。

第16条　合同纠纷处理完毕，应将有关资料汇总、归档，以备查考。

第5章　附　则

第17条　本制度由总经办负责编制、解释和修订。

第18条　本制度自××××年××月××日起生效。

编修部门/日期		审核部门/日期		执行部门/日期	

16.2.3　合同履行情况评估与责任追究制度

制度名称	合同履行情况评估与责任追究制度	编　号	
		受控状态	

第1章　总　则

第1条　为了加强企业对合同履行情况的监督管理，建立和完善合同履行情况评估和责任追究机制，避免、降低违约或纠纷给企业带来的损失，根据《中华人民共和国民法典》《企业内部控制应用指引第16号——合同管理》及相关法律、法规，结合企业实际情况，特制定本制度。

第2条　本制度适用于本企业所有合同的履行情况评估工作及对合同编制、审批、订立、履行过程中的负责人以及相关人员的责任追究。

第2章　合同履行情况评估

第3条　合同履行情况评估原则如下。

1．合同履行情况评估要遵循客观的原则，在进行实地调查的基础上，进行书面、客观的评估。

2．合同履行情况评估工作的开展，要按照国家有关法律、法规、政策和企业规章制度的相关规定执行。

3．按照正确的评估方法和程序进行合同履行情况的评估工作，保证合同履行情况评估工作的公正性、准确性、完整性。

4．若参与评估人员与被评估对象存在利益关系的，应当回避。

第4条　对合同履行情况的评估应包括以下几个方面的主要内容。

1．进度评估，合同的履行情况是否按照合同条款中约定的进度要求按时完成。

2．质量评估，已完成的工作成果质量是否达到合同的要求。

3．成本评估，合同付款是否满足付款条件，付款金额是否已扣除应扣款项。

4．综合评估，对双方合作情况进行跟踪、监控，并对管理水平、技术力量、财务状况等进行综合评估。

第5条　合同履行情况评估主体如下。

1．合同履行情况的评估一般由合同经办部门或合同执行部门负责组织，或按照内部控制规定成立独立的合同审查部门或合同评估履行部门进行评估。

2．评估意见以合同签订经办部门的上一级业务主管部门为主，相关部门人员参加评估。

第6条　评估对象及评估周期。

1．合同金额大于_____万元，且双方权利与义务不能即时结清的合同，均须进行评估。

2．合同金额在_____万元以下的合同，若有相关部门提出需求，也应进行评估。

3．涉及保修的合同，待合同保修期满后，相关部门要重点针对保修条款的履行进行评估。

4．对于重大合同，须每年末对合同履行的总体情况和具体情况进行分析评估。

第7条　合同履行情况的评估由合同审查部门或合同评估履行部门组织，其他相关部门配合进行。评估程序如下。

1．对于工程类合同，评估人员应到施工现场进行实地考察，除考察工程项目外，还要对施工技术资料的齐全性和规范程度进行检查。

【解析】建设单位应当建立合同履行执行情况台账，记录合同的实际履约情况，并随时督促对方当事人及时履行其义务，建设单位的履约情况也应及时做好记录并经对方确认。

2．对于设计类合同，评估人员应到设计企业进行实地检查，重点检查被评估对象是否按照合同的规定按时完成阶段性成果，已完成的成果质量是否满足合同的要求。

3．对于造价咨询类合同，评估人员应到作业现场进行实地检查，重点检查造价成果完成程度，以及是否按照合同的要求划分类别，并抽查工程量以计算底稿的正确性与清晰程度。

4．对于产品采购类合同，评估人员应重点检查供货商送到的产品质量是否符合标准，产品的型号、单位、数量等各种参数是否符合合同的规定，供货时间是否及时，付款的时间和金额是否正确、合理。

【解析】企业建立严格的采购合同跟踪制度，科学评价供应商的供货情况，并根据合理选择的运输工具和运输方式，办理运输、投保等事宜，实时掌握物资采购供应过程的情况。该环节的主要风险：缺乏对采购合同履行情况的有效跟踪，运输方式选择不合理，忽视运输过程保险风险，可能导致采购物资损失或无法保证供应。

主要管控措施：第一，依据采购合同中确定的主要条款跟踪合同履行情况，对有可能影响生产或工程进度的异常情况，应出具书面报告并及时提出解决方案，同时采取必要措施，保证需求物资的及时供应。第二，对重要物资建立合同履约过程中的巡视、点检和监造制度并执行。对需要监造的物资，择优确定监造单位，签订监造合同，落实监造责任人，审核确认监造大纲，审定监造报告，并及时向技术等部门通报。第三，根据生产建设进度和采购物资特性等因素，选择合理的运输工具和运输方式，办理运输、投保等事宜。第四，实行全过程的采购登记制度或信息化管理，确保采购过程的可追溯性。

第8条　合同履行情况评估工作结束后，参与评估的各部门应填写"合同履行情况评估表"，并交由行政部负责将评估记录进行存档保管。

第9条　合同履行情况评估的后续责任如下。

1.《中华人民共和国民法典》第五百五十七条规定："应当先履行债务的当事人，有确切证据证明对方有下列情形之一的，可以中止履行：

（1）经营状况严重恶化；

（2）转移财产、抽逃资金，以逃避债务；

（3）丧失商业信誉；

（4）有丧失或者可能丧失履行债务能力的其他情形。

当事人没有确切证据中止履行的，应当承担违约责任。"

2. 对合同履行情况评估工作中发现的问题，各部门负责人应及时邀约合同对方进行商议，尽快达成补充协议。

3. 由于我方的疏忽，导致合同履行期内业务开展效率低下，浪费资源、破坏环境等情况，合同负责人应立即进行自查并整改，由总经理实施监督和奖惩工作。

第3章　合同责任追究准备

第10条　合同责任追究原则如下。

1. 合同责任追究的过程，应经过充分调查，处理结果应与其行为的性质、程度、后果相当。

2. 在实施合同责任追究的调查过程中，被调查对象享有陈述、申辩的权力。

3. 合同责任追究工作遵循不相容岗位分离控制原则。

第11条　对于不涉及重大经济事项的合同责任，主要由部门内部进行追究；对于涉及重大经济事项的合同责任，应由企业的责任追究小组进行追究。

第12条　职责分工如下。

1. 总经办、法务部和审计部组成责任追究小组，负责领导、组织合同违约责任的追究工作。

2. 财务部和其他部门负责协助追究工作的实施。

3. 合同违约责任直接涉及的部门和人员负责接受调查，提供相关材料、信息、线索。

第13条　根据责任大小，按直接、实际发生的经济损失一定比例处罚。合同责任追究幅度比例如下。

1. 首要责任，在合同实施过程中起组织、策划、指挥作用的，占30%～40%。

2. 领导责任，在合同实施过程中，根据其管理责任，应发现违规行为而没有发现，或发现而未报告，并未采取措施予以制止的，占25%～35%。

3. 主要责任，在合同实施过程中积极、主动参加违规行为的，占10%（含）～15%。

4. 次要责任，在合同实施过程中参与违规行为的，占5%～10%。

第4章　合同责任追究实施

第14条　企业对合同订立、履行过程中出现的违法违规行为，应当追究有关单位或人员的责任。有下列情况之一的，对负有责任的领导、签约人、合同管理员、合同经办人视情节轻重，分别给予批评教育、经济处罚、行政处分。

1. 对外签订合同前，不了解对方资信、资质情况，不做可行性调研，便盲目签约，造成经济损失的。

2．不签订合同而以企业名义对外发出要约的。

3．不按照企业规定权限程序签订合同的。

4．不按照企业合同规定严格履行并行使权力的。

5．擅自对外发放有效空白合同，或串用、错用合同文件的。

6．以口头合同代替书面合同，事后未补签书面合同的。

7．对外履行企业内部审批程序尚未完结的合同，事后未补办有效合同的。

8．与第三方串通以假合同骗取企业业务项目的。

第15条　印章管理调查、追究事项如下。

1．印章管理人员单独或与第三方串通出具虚假的各类法律证明、担保文件的。

2．在虚假合同、协议上加盖企业印章的。

3．在加盖企业印章时严重不负责任，不认真审查有关材料而出现严重过失的。

第16条　对于需要追究责任的，一般先由部门内部进行处理，部门不能进行调查处理的，可由责任追究小组进行调查处理；对于本部门应当处理而包庇、袒护不处理或者避重就轻的，由责任追究小组介入调查并从重处理。

第17条　责任追究小组应充分听取被调查对象的陈述和申辩，予以记录。

第18条　调查完毕后，应出具调查报告，报告中应对责任进行界定，并提出处理意见和建议。

第19条　责任追究的处理如下。

1．本部门对责任追究的处理，轻微或者损失额不超过_____元的，调查报告报本部门负责人批准。

2．责任事件对本部门较为重大或者损失额超过_____元的，调查报告应上报企业总经理批准。

3．事件特别重大或者后果特别严重且损失额超过_____元的，应提交企业总经办讨论确定。

第20条　调查报告生效后送达当事人，并交人力资源部或相关部门执行。

第21条　不服企业内部处理决定的，可在处理决定公布之日起_____天内，通过书面向总经理或总经办申诉，并作出最后裁决。申诉过程中，原调查人员应予回避。

第22条　合同责任追究的处理措施如下。

合同责任追究的处理措施分为经济处罚、行政处分、经济补偿三种。

1．经济处罚。经济处罚可现金缴纳，也可扣发工资，罚款金额最低_____元，最高_____元。

2．行政处分。行政处分包括警告、记过、记大过、降薪、降级、撤职、留用察看、开除。除开除外，其他行政处分措施的期限为_____个月。责任人在接受行政处分期间，除警告外，不得加薪、升职，不得授予荣誉称号。对于开除的人员，终身不予录用。

3．经济补偿。对被追究责任人有违法所得的予以追缴，造成经济损失的，可要求其进行经济补偿。

（说明：合同责任追究处理措施可以单独使用，也可以合并使用。）

第23条　企业职员在签订、履行合同过程中触犯刑法，构成犯罪的，将依法移交司法机关处理。

第5章　附　则

第24条　本制度由总经办负责编制、解释和修订。

第25条　本制度自××××年××月××日起生效。

编修部门/日期		审核部门/日期		执行部门/日期	

第 17 章

内部信息传递

>>>

17.1　内部报告的形成

　　企业内部报告的有无，直接影响企业经营决策的制定，甚至影响企业的发展。企业内部报告反映的信息是否完整和有效，取决于企业自身的发展战略、风险控制和业绩考核体系是否全面，报告的各种指标体系是否合理。

17.1.1　内部信息传递管理制度

制度名称	内部信息传递管理制度	编　号	
		受控状态	

第1章　总　则

第1条　为了及时、准确的收集、传递和反馈企业内部有关信息，做好内部信息的管理，根据《企业内部控制应用指引第17号——内部信息传递》及相关法律、法规，结合企业实际情况，特制定本制度。

第2条　本制度适用于企业内部信息的收集、处理、传递和反馈的管理工作。

第2章　内部信息管理岗位职责控制

第3条　企业每个人、每个部门都有义务和责任及时并准确地传送、接收、处理工作信息。其都可以是发布方，也可以是接受方。信息在传递前，签发部门负责人负责审核信息的质量。

第4条　质量部负责企业内部质量信息的收集、传递与处理。

第5条　营销部负责营销、市场、媒体等相关信息的收集、处理、保存和管理。

第6条　人力资源部负责以绩效考核为中心的内部信息的收集、传递与处理。

第7条　采购部、生产部、行政部负责相关方信息的收集、整理及传递。

第3章　内部信息传递原则

第8条　尽管有关信息的来源、内容、提供者、传递方式和渠道等各不相同，但收集和传递相关信息一般应遵循以下原则。

1．真实准确性。虚假或不准确的信息将严重误导信息使用者，甚至导致决策失误，造成巨大的经济损失。内部报告的信息应当与所要表达的现象和状况保持一致，若不能真实反映所计量的经济事项，就不具有可靠性。

2．及时有效性。如果信息未能及时提供，或者及时提供的信息不具有相关性，或者提供的相关信息未被有效利用，都可能导致企业决策延误，经营风险增加，甚至可能使企业较高层次的管理工作陷入困境，不利于对实际情况进行及时、有效的控制和矫正，同时也将大大降低内部报告的决策相关性。只有那些切合具体任务和实际工作，并且能够符合信息使用单位需求的信息才是具有使用价值的。

3．保密原则。企业内部的运营情况、技术水平、财务状况以及有关重大事项等通常涉及商业秘密，内幕信息知情者（包括董事会成员、监事、高级管理人员及其他涉及信息披露有关部门的涉密人员）都负有保密义务。这些内部信息一旦泄露，极有可能导致企业的商业秘密被竞争对手获知，使企业处于被动境地，甚至造成重大损失。

第4章 内部信息传递流程控制

第9条 企业应当加强内部报告管理，全面梳理内部信息传递过程中的薄弱环节，建立科学的内部信息传递机制，明确内部信息传递的具体要求，关注内部报告的有效性、及时性和安全性，促进内部报告的有效利用，充分发挥内部报告的作用。

第10条 企业在实际操作中，应当充分结合自身业务特点和管理要求，构建和优化内部信息传递流程，做好内部信息接收、审核、利用和评估工作。

【解析】内部信息审核要求对信息进行审核和鉴别，对已经筛选的资料作进一步的检查，确定其真实性和合理性。企业应当检查信息在事实与时间上有无差错，是否合乎逻辑，其来源单位、资料份数、指标等是否完整。

第11条 畅通信息传递途径。明确信息传递的要求、方式和方法，把加工后的信息提供给领导和他人使用，做好信息的传递和利用工作。

第12条 执行反馈信息的工作内容，组成反馈与再反馈链条，实现反馈信息良性循环。对反馈后的信息执行情况进行科学评估，及时调整和提升信息使用的效果。

第13条 企业应认真研究企业的发展战略、风险控制要求和业绩考核标准，根据各管理层级对信息的需求和详略程度，建立一套级次分明的内部报告指标体系。

【解析】内部报告指标体系是否科学直接关系到内部报告反映的信息是否完整和有用，这就要求企业根据自身的发展战略、风险控制和业绩考核特点，系统、科学地规范不同级次内部报告的指标体系，合理设置关键信息指标和辅助信息指标，并与全面预算管理等相结合，同时应随着环境和业务的变化不断进行修订和完善。

第5章 内部信息传递安全及监督

第14条 为了保证信息数据的完整性、可追溯性，信息系统所有用户对信息数据没有删除权，只有作废权限。

第15条 信息传递流程严密，保证不同节点的操作人员不同。不得由一个人具有一个流程的全部操作权限。

第16条 信息管理部门要加强信息监督管理，发现违规信息及时进行清理并上报。

第17条 各个部门的岗位设置须符合业务需求，职责分工明确，不相容岗位分离。

第18条 操作人员的权限分配须合理，杜绝超越权限范围。

第19条 信息的使用权限及范围符合企业的相关规定。

第20条 信息管理运行日志须要每日进行详细记录。记录要保证完整、连续。

第21条 信息管理员要定期审核企业内部信息及相关文件，确保信息传递过程中，文件没有病毒、内部信息没有安全隐患。

第6章 附 则

第22条 本制度由信息管理部负责编制、解释和修订。

第23条 本制度自××××年××月××日起生效。

编修部门/日期		审核部门/日期		执行部门/日期	

17.1.2　内部报告审核制度

制度名称	内部报告审核制度	编　　号	
		受控状态	

第1章　总　则

第1条　为了规范内部报告审核工作，明确审核人员的职责与权限，提高内部报告的质量，根据《企业内部控制应用指引第17号——内部信息传递》及相关法律、法规，结合企业实际情况，特制定本制度。

第2条　本制度适用于企业内部报告的审核工作。

第2章　内部报告审核程序

第3条　起草内部报告阶段。各部门根据项目需求，由内部报告编写人员进行内部报告起草。各部门起草内部报告文件后，应首先提交部门经理进行审核，并根据部门经理提出的审核意见修改内部报告。

第4条　进行内部报告审核时，设定审核权限，确保内部报告信息质量。企业必须对岗位与职责分工进行控制，

第5条　根据部门经理的意见修改内部报告阶段。信息管理部经理对各部门提交的、修改后的内部报告进一步审核。

第6条　提交修改后的内部报告阶段。内部报告修改完毕后，应提交运营总监进行审核，对于重要信息，还应当委派专门人员对其传递过程进行复核，确保信息正确传递给使用者。

第7条　提交最终的内部报告。最终审核通过，可提交最终的内部报告。

第8条　内部报告的起草与审核岗位分离，内部报告在传递前必须经签发部门负责人审核。对于重要信息，企业应当委派专门人员对其传递过程进行复核，确保信息正确传递给使用者。

【解析】编制及审核内部报告的主要风险：内部报告未能根据各内部使用单位的需求进行编制，内容不完整，编制不及时，未经审核即向有关部门传递。

第3章　内部报告审核标准

第9条　审核内部报告内容是否真实、全面、完整。

【解析】内部报告编写时，应以事实为依据，报告编写人员不得将自己的臆想或猜测写入内部报告，以避免出现内部报告误导内部报告使用人员。

第10条　审核内部报告控制目标是否科学，以满足其经营决策、业绩考核、企业价值与风险评估的需要。

第11条　审核内部报告编写格式是否规范，如报告名、文件号、执行范围、内容、起草或编制部门、报送和抄送部门及时效要求等内容是否符合编制要求。

第12条　内部报告指标体系是否科学。内部报告指标体系应当根据内部各部门的需求进行选择，以满足其经营决策、业绩考核、企业价值与风险评估的需要。

第13条　内部报告编写格式是否符合企业要求。企业内部报告编写格式主要分为以下4种。

1. 文本格式，就是以文字叙述的方式来传递信息，常用于说明一些不可量化的信息的特点及相互间关系。

2. 图表格式，就是以图表的方式，通过书面、多媒体显示等方式传递信息，它具有强烈的视觉效果，但制作难度大，且每张图表反映的信息较少。

3．数字格式，就是以数字的形式来描述一些量化的信息，它反映的信息较多，生成简便，且易被接受。

4．综合格式，即以上3种格式的综合运用。

第4章　内部报告审核的注意事项

第14条　对于重要信息，内部报告编制部门可委托相关部门专业人员对其进行复核，确保信息正确传递给使用者，如生产部编制的生产成本台账，可委托财务人员进行复核确认。

第15条　重大突发事件应以速度优先，内部报告编制人员应尽快编制内部报告并向上级报送。

第16条　编制部门经理，如发现内部报告存在问题，应提出意见并安排相关人员处理。

第17条　内部报告调整后，应将其提交编制部门经理进行再次审核，审核通过后，方可报送。

第18条　编制部门经理对内部报告提出的问题，在职责范围内的，应及时进行处理。

第5章　附　则

第19条　本制度由信息管理部负责编制、解释和修订。

第20条　本制度自××××年××月××日起生效。

编修部门/日期		审核部门/日期		执行部门/日期	

17.1.3　合理化建议奖励制度

制度名称	合理化建议奖励制度	编　号	
		受控状态	

第1章　总　则

第1条　为了激励企业内部员工积极创造，形成良性竞争，提高企业产品和服务的质量，为企业创造更多的效益，提升本企业的竞争力，根据《企业内部控制应用指引第17号——内部信息传递》及相关法律、法规，结合企业实际情况，特制定本制度。

第2条　本制度适用于企业合理化建议奖励管理相关工作。

【解析】在合理化建议管理过程中，企业需要根据自身的经营管理特征，对合理化建议的概念和应用范围作出合理界定，并规定全体员工可对应用范围内的任何事项提出合理化建议。成功的合理化建议管理，不仅可以不断提高员工的工作积极性和技能水平，增加员工收入，强化员工忠诚度，还能帮助企业有效发现和解决各种工作问题，不断提高企业的管理效能和经营效益。

第2章　合理化建议奖励措施

第3条　表扬、赞美。利用公开场合给予表扬、赞美，或将事迹公布、刊登在企业发行的内部刊物上。

第4条　表彰、记功。表彰、记功主要以精神奖励为主，一般不进行物质奖励，表彰和记功应根据奖励事实和程序给予，这些奖励可作为绩效加分或者增加奖金的依据或者晋升参考。表彰三次相当于记功一次，记功三次相当于记大功一次。

第5条　物质奖励。采取发放奖金、奖品等方法对员工进行物质奖励。

第6条　奖状、奖牌、奖章。这种奖励方式可以使受奖者长期显示荣耀，另外，奖状、奖牌、奖章的设计样式，本身的价值及授奖人的身份地位，都可以影响奖励的价值。

第7条　晋级加薪。根据员工的表现或者绩效考核情况，提升员工的薪级，从而提高薪酬水平。

第8条　晋升岗位。提升员工的职位，其通常也伴随着薪资的提升，如从技术员提升到技术工程师进行培训、考察、深造。对有潜力和表现良好的员工，优先选送受奖者进行深造，或送其出国考察。

第3章　合理化建议奖励的情形及标准

第9条　问题类合理化建议。主要针对经营管理中的实际问题而提出的建议或意见。

第10条　问题类合理化建议奖励如下。

1．提出问题并给出解决办法，被采纳并取得成绩者，每项发放奖金500元。

2．提出问题，但未给出解决办法，或经相关部门研究问题或解决办法不可行时，给予100元奖励。

第11条　非问题类合理化建议。主要是指生产技术类、成本类及管理类合理化建议。通常是系统性的或长期性的，这三类合理化建议的奖励办法包括四种情况，即合理化建议奖、合理化建议成果奖、合理化建议特殊奖和合理化建议专利奖。

第12条　合理化建议奖的奖励如下。

1．合理化建议经评审委员会评定后被保留，后仍积极提出合理化建议并"被保留"合理化建议达两项者，奖励合理化建议者200元。

2．合理化建议经评审委员会评定后不被采纳，但仍积极提出合理化建议在三项以上者，企业给予100元奖励。

【解析】评审委员会应由总经理任组长，各职能部门负责人组成委员会。其主要职责为组织发动员工提出合理化建议；审批建议项目的方案；审核奖励类别以及实施奖励等。

第13条　合理化建议成果奖。合理化建议被正式采纳并取得一定成效者，且对于经济价值可以衡量的合理化建议成果奖，按其单项节省金额或创造价值的一定比例，予以一次性奖励。对于经济价值不便衡量的合理化建议成果奖，可根据评委会核定的合理化建议等级进行奖励。

第14条　合理化建议特殊奖。合理化建议被采纳并实施后，应定期进行效益追踪。对于短期成效的合理化建议特殊奖，应自合理化建议实施之日起三个月内，按其所节省或创造的金额进行折算，予以一次性奖励。对于长期成效的合理化建议特殊奖，如技术革新，工艺改进等，应自合理化建议实施之日起一年内，能计算出节省或创造的价值的，按季度奖励，不能计算出节省或创造的价值的，进行折算后一年内予以一次性奖励。

第15条　合理化建议专利奖。获得国家专利认定的合理化建议项目成果，按照国家专利管理相关规定予以奖励。

第16条　按合理化建议效益提成进行奖励时，合理化建议的奖励力度主要根据合理化建议价值进行确定。具体规定如下。

1．合理化建议为企业节省或创造价值在10万元以下的，奖励合理化建议的30%。

2．合理化建议为企业节省或创造价值在10万元至100万元的，奖励合理化建议的15%～25%。

3．合理化建议为企业节省或创造价值在100万元以上的，奖励合理化建议的10%。

第4章　附　则

第17条　本制度由信息管理部负责编制、解释和修订。

第18条　本制度自××××年××月××日起生效。

编修部门/日期		审核部门/日期		执行部门/日期	

17.1.4　反舞弊管理制度

制度名称	反舞弊管理制度	编　号	
		受控状态	

第1章　总　则

第1条　为了加强企业治理与内部控制，防治舞弊，降低企业风险，规范企业经营行为，维护企业与股东的合法利益，根据《企业内部控制应用指引第17号——内部信息传递》及相关法律、法规，结合企业实际情况，特制定本制度。

第2条　本制度适用于企业内部反舞弊管理相关工作。

第2章　舞弊界定及表现形式

第3条　舞弊行为界定。舞弊是指企业内、外人员采用欺骗等违法违规手段，谋取个人不正当利益，损害企业利益，或为企业谋取不正当利益的行为。

【解析】舞弊的"三角理论"认为产生舞弊的三大因素为压力、机会和借口，缺少任意一个因素都不可能形成真正意义上的企业舞弊。反舞弊管理只要能够对其中任意一个因素进行了良好的防范，舞弊就不会成功。

第4条　损害企业正当利益的舞弊主要有收受贿赂或回扣；非法使用或占有企业财产；贪污、挪用、盗窃企业财产；伪造、编造会计记录或凭证；泄露企业的商业或技术秘密；未经授权以企业名义进行各项活动；财务报告或信息披露存在重大错漏及其他损害企业利益的舞弊行为。

第5条　为企业谋取不正当利益的舞弊形式主要有支付贿赂或回扣；出售不存在或不真实的资产；财务报告或信息披露存在虚假信息或误导性陈述及其他为企业谋取不正当利益的舞弊行为。

第3章　反舞弊职责控制

第6条　企业董事会应督促总经办建立反舞弊文化环境，建立健全企业内部控制体系，预防舞弊行为发生。

第7条　总经办应建立良好的内部控制体系，建立举报、投诉渠道进行防范和发现舞弊，实施控制措施以降低舞弊发生的概率，并对舞弊行为采取适当、有效的补救措施。

第8条　总经办应对企业发生的舞弊行为承担责任，并负责企业内部跨部门反舞弊工作的协调和指导。

第9条　审计办公室是反舞弊工作常设机构，协助总经办建立健全反舞弊机制，确定反舞弊的重点领域、关键环节和主要内容，并在内部审计过程中合理关注和检查可能存在的舞弊行为，负责管理反舞弊案件的举报电话、举报信件、电子邮件，接收员工或外部相关人员实名或匿名举报，开展案件内部评估、实施案件调查，形成书面记录并及时向企业董事会、监事会报告。

第10条　审计办公室应将举报渠道（举报电话、电子邮箱）对外公布，保证举报渠道畅通，并对举报和调查处理后的反舞弊案件材料及时归档。

第11条　企业部门经理负责本部门的反舞弊工作，并定期将部门内的反舞弊工作情况上报审计办公室。

第12条　企业员工应遵守企业内部各项行为管理规定以及国家、行业所涉及的法律法规要求，如发现舞弊情况，应通过正当渠道进行举报。

第13条　人力资源部负责对准备聘用或晋升到重要岗位的人员进行背景调查，例如，教育背景、工作经历、犯罪记录等，背景调查过程应形成正式文件记录，并保留在档案中。

第4章　反舞弊工作管理

第14条　反舞弊工作主要包括倡导诚信正直的企业文化，营造反舞弊的企业文化环境，建立健全反舞弊机制，规范反舞弊案件举报、调查、处理和补救程序，建立举报人保护制度。

第15条　倡导诚信正直的企业文化，营造反舞弊的企业文化环境，可以采取以下5种措施。

1．企业高层管理者以身作则，带头遵守企业内部各项行为管理规定。

2．企业对全体员工进行行为管理规范培训，倡导员工在工作中遵守企业制度规范，诚信做人。

3．企业内部以多种形式（如发放员工手册、发布规章制度等）宣传反舞弊政策以及相关规定。

4．企业对不道德、不诚信的行为进行及时教育和处罚，以实际行动鼓励员工积极举报，形成良好的反舞弊风气。

5．重视和加强反舞弊机制建设，对员工进行道德准则培训，通过设立员工信箱、投诉热线等方式，鼓励员工及企业利益相关方举报和投诉企业内部的违法违规、舞弊和其他有损企业形象的行为。

第16条　国内企业内部员工和外部相关人员可通过举报电话、电子邮箱等途径举报企业内部舞弊行为。

第17条　对涉及非高层管理者人员的实名举报，审计办公室自接到举报后，在1个工作日内上报总经办，并按照指示开展调查并作出相应处理；对涉及非高层管理者人员的匿名举报，审计办公室自接到举报后，在两个工作日内进行内部评估，并上报总经办，根据指示再决定是否开展调查并作出相应处理。

第18条　对涉及高层管理人员的举报，审计办公室自接到举报后，在两个工作日内上报董事会和监事会，由董事会、监事会决定是否展开进一步调查。在必要时，可成立特别调查小组或聘请外部专业人员开展调查。审计办公室应及时将反舞弊案件的调查结果向举报人进行通报。

【解析】重大缺陷是指一个或多个控制缺陷的组合，可能导致企业严重偏离控制目标。具体到财务报告内部控制上，就是内部控制中存在的、可能导致不能及时防止或发现并纠正财务报表重大错报的一个或多个控制缺陷的组合。当注册会计师发现董事、监事和高级管理人员舞弊，则表明企业的内部控制存在重大缺陷。

第19条　对于涉及高层管理人员舞弊的调查结果，审计办公室将上报董事会、监事会。

第20条　企业总经办对非高层管理者的舞弊行为作处罚、董事会及监事会对高层管理者的舞弊行为作处罚、审计办公室负责反舞弊案件相关处罚决议的实施。

第21条　舞弊举报人应受到保护，企业禁止对舞弊举报人进行非法歧视或报复行为。对违规泄露舞弊举报人信息并采取打击报复的人员，将按照企业奖惩制度予以处罚。触犯法律的，将移送司法机关依法处理。

第22条　企业应坚持惩防并举，重在预防的原则，建立健全内部控制体系，健全内部审计监督。企业审计办公室应以对外投资、购买和出售资产、财务报告和信息披露等作为审计重点，合理关注和检查企业内部可能存在的舞弊行为，并将反舞弊工作列入年度审计工作报告。

第23条　发生反舞弊案件后，企业应及时采取补救措施，对发生反舞弊案件的环节进行评估并改进，必要时由责任部门向企业高管层提交改进的书面报告。

第24条　定期召开反舞弊情况通报会，由审计部门通报反舞弊工作情况，分析反舞弊形势，评价现有的反舞弊控制措施和程序，以预防舞弊行为再次发生。

第5章　附　则

第25条　本制度由信息管理部负责编制、解释和修订。

第26条　本制度自××××年××月××日起生效。

编修部门/日期		审核部门/日期		执行部门/日期	

17.2　内部报告的使用

　　企业内部报告是企业经营中的第一手资料，企业内部信息能否传递到不同部门间，影响着企业内部决策的制定。因此，内部报告的使用是否合理、风险评估是否全面，决定着企业能否正常运行。一旦内部报告使用不当，可能会导致企业产生重大经济损失等情况。

17.2.1　内部报告使用管理制度

制度名称	内部报告使用管理制度	编　号	
		受控状态	

第1章　总　则

第1条　为了确保企业内部报告使用程序的规范、高效，提高企业风险解决的效率，根据《企业内部控制应用指引第17号——内部信息传递》及相关法律、法规，结合企业实际情况，特制定本制度。

第2条　本制度适用于企业内部报告使用相关工作的管理。

【解析】该环节的主要风险：企业管理层在决策时并没有使用内部报告提供的信息，内部报告未能用于风险识别和控制等。

第2章　内部报告使用流程控制

第3条　企业根据业务现状及需求，确定企业当前所存在的风险。

第4条　对当前现状进行分析，进行风险评估，给出应对策略。

第5条　指定专人负责，及时更新企业信息系统，进行企业内部报告的利用及查阅。

第6条　将内部报告纳入企业信息平台，进行内部报告复核。

第7条　解决内部报告反映的问题，及时更新信息状态。

第3章　内部报告使用管理

第8条　在董事会的指导下，企业人力资源部门联合风险控制部门严控绩效考核和责任追究，确保企业实现发展目标。

第9条　企业各级管理人员应当充分利用内部报告管理以指导企业的生产经营活动。

第10条　相关业务部门须及时反映全面预算执行情况，风险控制部门协调企业内部相关部门和各单位的运营进度，了解企业生产经营进度。

第11条　企业应当有效利用内部报告进行风险评估，准确识别和系统分析企业生产经营活动中的内、外部风险，确定风险应对策略，实现对风险的有效控制。信息管理部对内部报告内容进行评估，主要从以下3个方面展开。

1．内部报告内容是否真实、全面、完整。

2．内部报告内容侧重点是否突出。

3．内部报告内容是否符合企业要求。

【解析】风险评估主要目的是识别评估对象所面临的各类风险，评估风险可能会带来的负面影响；确定风险管理的优先等级，提出相关措施以达到控制风险的目的。

第12条　企业对于内部报告反映出的问题应当及时解决。涉及突出问题和重大风险的，应当启动应急预案。

第13条　内部报告更新后，应及时将各部门形成的内部报告上传到企业信息平台。

第14条　检查负责内部报告管理的人员是否符合企业相关规定，是否及时将重要信息传递给董事会、监事会和经理层。

第15条　企业各管理层是否对内部报告的流程复核做好记录，管理层须及时发现内部报告中隐藏的风险，及时启动应急预案。

第16条　在内部报告使用中，应及时进行信息更新，检查是否充分利用内部报告进行有效决策。判断应对策略是否有效，是否及时解决内部报告反映的问题。

第17条　内部报告使用效果评估。评估小组对内部报告使用效果的评估主要通过对各部门进行调查，以此发现内部报告在使用过程中的优点和不足。

第4章　附　则

第18条　本制度由信息管理部负责编制、解释和修订。

第19条　本制度自××××年××月××日起生效。

编修部门/日期		审核部门/日期		执行部门/日期	

17.2.2　内部报告保密制度

制度名称	内部报告保密制度	编　　号	
		受控状态	

第1章　总　则

第1条　为了保护企业内部报告，维护企业利益，防止企业内部报告被泄露，确保信息的完整和安全，科学保管，高效且有序地利用内部报告，根据《企业内部控制应用指引第17号——内部信息传递》及相关法律、法规，结合企业实际情况，特制定本制度。

第2条　本制度适用于企业内部报告保密相关工作的管理。

第2章　内部报告的保管及保密

第3条　在原材料采购和商品销售过程中，对市场价格的调查资料、供应商和销售商作出选择的依据、对方企业的资金信用状况等数据资料，须进行长期保留。

【解析】该环节的主要风险：企业缺少内部报告的保管制度，内部报告的保管和保存没有专人负责，导致出现无序、杂乱等现象；对重要资料的保管期限过短，保密措施不严；商业秘密通过企业内部报告被泄露等。

第4条　内部报告的保管、存放须有序，对重要资料的保管期限须按照业务需要及特殊规定进行延长。

第5条　按类别保管内部报告，对影响较大、金额较高的，一般要严格保管，如企业重大重组方案、债券发行方案等。

第6条　企业对不同类别的报告应按影响程度规定其保管年限，只有超过保管年限的内部报告方可予以销毁。对影响重大的内部报告，应当永久保管，如对企业章程相应的修改、企业股东登记表等。

第7条　建立电子内部报告保管库，按照类别、时间、保管年限、影响程序及保密要求等分门别类地储存电子内部报告。

第8条　有关企业商业秘密的重要文件要由企业较高级别的管理人员负责，具体至少由两人共同管理，并将其放置在专用保险箱内。

第9条　查阅保密文件必须经该高层管理人员同意，由两人分别开启相应的锁具方可打开。

第10条　企业可在信息获取、处理、存储、消除等各环节保护内部报告的完整性、保密性、可用性。

第11条　存储内部报告时应具备相应的安全要求，包括存储位置、存储方式等，对重要的内部报告，应根据系统实际情况提供必要的加密手段。

第12条　企业应完善权限管理，支持权限最小化原则、合理授权，加强人员管理，保证对内部报告的访问不超过职位本身工作范围。

第13条　操作员通过操作界面进行信息查询时，系统自动将操作员工号、查询时间、查询内容等信息记录到操作日志中。

第14条　在传输内部报告时，经过不安全网络时，需要对传输的内部报告进行加密和完整性校验。

第15条　系统管理员须定期对相关系统的对外接口（网络、第三方系统、合作运营系统等）实施定期检查，避免出现不可控访问路径。

第16条　企业相关合作运营系统不允许直接与核心网络连接，直接存储内部报告。

第3章　内部报告密级管理

第17条　内部报告管理人员根据企业文件保密规定，界定内部报告的密级。

第18条　内部报告的密级分为"绝密""机密""秘密"三级。

1．在企业经营发展中，直接影响企业权益的重要内部报告为"绝密"级。

2．企业重要的业务往来内部报告为"机密"级。

3．企业一般业务往来的内部报告为"秘密"级。

第19条　凡属企业"机密""绝密"的内部报告，管理人员登记编目时，必须在检索工具备注栏写上"机密""绝密"字样，且必须单独存放、专人管理，其他人员未经许可，不得接触。

第20条　凡属企业"秘密"的内部报告，须确定保密期限，保密期限届满，自行解密。

第4章　内部报告使用人员管理

第21条　企业须与维护或适用各相关系统的人员签订内部报告保密协议，加强相关人员对内部报告的保密意识，明确保密要求和管理规定，保证不向任何单位和个人泄露企业内部报告。

【解析】对新入职员工，企业应与其签署保密合同，以此互相监督，共同保障企业商业秘密的安全和企业利益。保密协议需要包括保密内容、保密人员范围、保密协议双方的权利和义务、保密协议的期限、保密津贴和违约责任等主要条款，确保保密协议条款完善、齐全。

第22条　因经营服务和生产维护的需要，经领导授权或许可，相关人员可以按照规定对内部报告进行查询，查询内容不得向无关人员泄露。

第23条　严格执行企业内部报告查询权限，非工作直接需要，一律不授予员工查询权，具体授权岗位由部门经理提报，企业总经理最终确定。

第24条　有权限员工应严格保管好系统密码，严禁借给他人使用。

第25条　员工由授权查询岗位调离时，其所在部门经理应及时通知有关管理部门终止授权。

第5章　附　则

第26条　本制度由信息管理部负责编制、解释和修订。

第27条　本制度自××××年××月××日起生效。

编修部门/日期		审核部门/日期		执行部门/日期	

17.2.3　内部报告评估制度

制度名称	内部报告评估制度	编　号	
		受控状态	

第1章　总　则

第1条　为了确保企业内部报告的全面、完整，内部信息传递的及时、有效，规范企业内部报告的评估工作，根据《企业内部控制应用指引第17号——内部信息传递》及相关法律、法规，结合企业实际情况，特制定本制度。

第2条　本制度适用于企业内部报告评估相关工作的管理。

第2章　内部报告评估流程控制

第3条　选择评估方法，制定评估方案。

第4条　组织开展评估工作，收集各种评估信息。

【解析】该环节的主要风险：企业缺乏完善的内部报告评估体系，对各信息传递环节和传递方式控制不严。针对传递不及时、信息不准确的内部报告，缺乏相应的惩戒机制。

第5条　编写与内部报告评估工作相关的报告。

第6条　汇总内部报告评估结果，提出工作改进意见。

第3章　内部报告评估指标

第7条　信息人力状况如下。

1．管理层的信息和风险意识、信息思维能力、信息创新能力、重视程度。

2．信息技术培训率、信息管理人员及使用人员的数量与素质。

第8条　信息系统与信息设备情况如下。

1．信息设备的数量与先进程度，信息化投入总额占固定资产投资的比重。

2．信息设备利用率，网络的覆盖率，信息传递的程序化，信息系统开发效率，信息系统中断率，用户满意度。

第9条　信息使用能力如下。

1．人均装备率，信息化培训覆盖率，数据处理与挖掘深度。

2．信息采集、信息加工、信息传递的信息化手段覆盖率。

第10条　信息源来源如下。

1．信息录入差错率，信息来源种类。

2．信息安全经费投入率，信息采集人员培训费用率，信息安全事故率。

第4章　内部报告评估项目

第11条　编制过程如下。

1．资料收集的全面性、完整性。

2．内部报告编制的及时性。

3．编制人员信息技术培训率。

4．编制过程中资料收集是否全面、完整。

5．编制人员是否按照编写规范进行编写。

6．编制过程中有无弄虚作假行为。

第12条　审核过程如下。

1．审核和审批人权限符合规定。

2．审核过程中出现问题时处理和记录的及时性。

3．调整后的内部报告符合要求。

第13条　内部报告要求如下。

1．内部报告与企业要求和需求的符合性。

2．内部报告的全面性、准确性。

第14条　内部报告内容评估如下。

1．内部报告内容是否真实、全面、完整。

2．内部报告内容侧重点是否突出。

3．内部报告内容是否符合企业要求。

第15条　评估小组对内部报告使用效果的评估主要通过对各部门进行调查，以此发现内部报告在使用过程中的优点和不足。

【解析】内部报告评估可以推行奖惩机制，保证信息传递准确、及时。如果多次出现不能及时传递信息的情况，应对相关人员进行批评和教育，并与绩效考核体系挂钩。

第16条　评估小组须将汇总后的评估结果反馈给内部报告编写部门，并提出相应的改进意见。

第17条　企业对内部报告的评估应当定期进行，具体由企业根据自身管理要求作出规定，至少每年度对内部报告进行一次评估。企业应当重点关注内部报告的及时性、内部信息传递的有效性和安全性。

第5章　附　则

第18条　本制度由信息管理部负责编制、解释和修订。

第19条　本制度自××××年××月××日起生效。

编修部门/日期		审核部门/日期		执行部门/日期	

第 18 章

信息系统

18.1　信息系统的开发

企业信息系统是企业内部交流、企业内部与外部交流的重要工具。信息系统的缺失及规划不合理，可能导致企业重要决策失误、影响企业正常经营、企业间沟通受阻等风险。因此，企业要加大对内部信息系统开发与建设力度，保障企业信息沟通的顺利进行。

18.1.1　信息系统开发管理制度

制度名称	信息系统开发管理制度	编　号	
		受控状态	

第1章　总　则

第1条　为了保护企业内部信息开发安全，维护企业利益，防止企业内部信息被泄露，确保信息的完整和安全，提高企业的工作效率，根据《企业内部控制应用指引第18号——信息系统》及相关法律、法规，结合企业实际情况，特制定本制度。

【解析】《企业内部控制应用指引第18号——信息系统》中所指信息系统，是指企业利用计算机和通信技术，对内部控制进行集成、转化和提升所形成的信息化管理平台。

第2条　本制度适用于企业信息系统开发管理相关工作。

第2章　信息系统规划与开发控制

第3条　信息系统规划存在的风险及控制措施如下。

1．市场竞争风险，竞争优势有可能被仿效。对此，企业应增加自身特色，提高信息系统的技术含量和竞争优势。

2．政治、经济环境和法律、法规风险。应对策略是做详尽的可行性分析，采用先进工具进行风险控制。

3．缺乏高层领导支持。应对策略是培训、沟通、聘请权威专家讲座等。

第4条　信息系统开发须根据行业特点、企业规模、管理理念、组织结构、核算方法等因素设计适合本单位的计算机信息系统。

第5条　计算机信息系统的开发应当能起到降低成本、纠正偏差的作用，根据成本效益原则，企业可以选择对重要领域中关键因素进行信息系统改造。

第6条　信息系统开发应当将信息系统技术与信息系统管理理念整合，倡导全体员工积极参与信息系统建设，正确理解和使用信息系统，提高信息系统运作效率。

第7条　信息系统开发应事先设定信息系统的操作权限。信息总监、信息管理部经理在信息系统开发之前，要将相应的操作权限设定好，以便信息人员在开发时嵌入到系统程序中，从而使系统达到自动检查、纠正错误和舞弊行为的目的。

第8条　编写信息系统开发任务书。信息系统开发任务书包含的内容应包括信息系统名称，信息系统应该达到的技术性能，信息系统的操作环境，开发信息系统的具体工作计划，开发信息系统的人员与协作单位及开发信息系统的费用预算等。

第3章　信息系统上线测试

第9条　信息系统的测试。测试专员须将信息系统测试中所出现的问题记录成册，定期交予信息管理部经理审批。

第10条　新、旧信息系统切换方式如下。

1．在新信息系统安装调试前，要制定紧急预案，以确保新信息系统发生故障时能切回到旧信息系统。

2．必须完成整体测试和用户验收测试后才可安装调试。

3．新、旧信息系统切换时，必须建立数据迁移计划，并对迁移结果进行测试。

4．安装后的信息系统功能变更时，重新按照信息系统开发的有关程序进行。

第11条　信息系统的日常检测与维护。

1．对于企业自主开发的信息系统，根据其大小、性能定期检测，定期维护。

2．数据库管理专员将数据库中的数据定期备份，以防止信息系统出现问题时数据丢失。

3．信息系统出现问题时，信息管理部员工按编制的应急预案进行处理。

第4章　信息系统开发注意事项

第12条　企业应当根据信息系统开发整体规划提出项目建设方案，明确建设目标、人员配备、职责分工、经费保障和进度安排等相关内容，按照规定的权限和程序审批后实施。

第13条　企业信息系统归口管理部门应当组织内部各单位提出开发需求和关键控制点，规范开发流程，明确系统设计、编程、安装调试、验收、上线等全过程的管理要求，严格按照建设方案、开发流程和相关要求组织开发工作。

第14条　企业开发信息系统，可以采取自行开发、外购调试、业务外包等方式。对于选定外购调试或业务外包方式的，应当采用公开招标等形式择优确定供应商或开发单位。

第15条　企业开发信息系统，应当将生产经营管理业务流程、关键控制点和处理规则嵌入系统程序，实现手工环境下难以实现的控制功能。

第16条　企业在信息系统开发过程中，应当按照不同业务的控制要求，通过信息系统中的权限管理功能控制用户的操作权限，避免将不相容职责的处理权限授予同一用户。

第17条　企业应当针对不同数据的输入方式，考虑对进入信息系统数据的检查和校验功能。对于必要的后台操作，应当加强管理，建立规范的流程制度，并对操作情况进行监控或者审计。

第18条　企业应当在信息系统中设置操作日志功能，确保操作的可审计性。对异常的或者违背内部控制要求的交易和数据，应当设计信息系统自动报告并设置跟踪处理机制。

第19条　企业信息系统归口管理部门应当加强信息系统开发全过程的跟踪管理，组织开发单位与内部各单位的日常沟通和协调，督促开发单位按照建设方案、计划进度和质量要求完成编程工作，对配备的硬件设备和系统软件进行检查、验收，组织信息系统上线运行等。

【解析】信息系统内部控制的目标是促进企业有效实施内部控制，提高企业现代化管理水平，减少人为操纵因素，同时，增强信息系统的安全性、可靠性、合理性以及相关信息的保密性、完整性和可用性，为建立有效的信息与沟通机制提供支持与保障。信息系统内部控制的主要对象是信息系统，由计算机硬件、软件、人员、信息流和运行规程等要素组成。

第5章　附　则					
第20条　本制度由信息管理部负责编制、解释和修订。					
第21条　本制度自××××年××月××日起生效。					
编修部门/日期		审核部门/日期		执行部门/日期	

18.1.2　信息系统验收管理制度

制度名称	信息系统验收管理制度	编　号	
		受控状态	

第1章　总　则

第1条　为了保障企业信息系统的开发质量和投资效益，规范和加强项目管理，确保企业信息系统有序运行，根据《企业内部控制应用指引第18号——信息系统》及相关法律、法规，结合企业实际情况，特制定本制度。

第2条　本制度适用于企业进行信息系统验收管理相关工作。

第2章　信息系统初验

第3条　企业应当组织独立于开发单位的专业机构对开发完成的信息系统进行验收测试，确保在功能、性能、控制要求和安全性等方面符合开发需求。

第4条　企业应制定验收方案，验收方案应包括验收目的、验收内容和范围、验收时间和地点、验收标准以及验收方法和程序等方面的内容。

第5条　检查信息系统的文档和代码是否符合规范和标准，包括信息系统的设计文档、代码注释、测试报告等。

第6条　对信息系统进行功能测试，包括输入数据、输出结果、错误处理等方面的测试，以验证信息系统是否符合需求。

第7条　对信息系统进行性能测试，包括响应时间、并发性能、负载测试等方面的测试，以验证信息系统是否能够满足企业的业务需求。

第8条　检查信息系统的安全性，包括数据的保密性、完整性、可用性等方面的测试，以确保信息系统的安全性。

【解析】该环节的主要风险：第一，编程结果与设计不符。第二，各程序员编程风格差异大，程序可读性差，导致后期维护困难，维护成本高。第三，缺乏有效的程序版本控制，导致重复修改或修改不一致等问题。第四，测试不充分。单个模块正常运行但多个模块集成运行时出错，开发环境下测试正常而生产环境下运行出错，开发人员自测正常而业务部门用户使用时出错，导致信息系统上线后可能出现严重问题。

第9条　编制验收报告，对信息系统的测试结果、验收标准的实现情况、存在的问题、建议和改进措施等方面进行总结和分析，以便于企业决策者进行决策。

第10条　在进行信息系统初步检查或验收时，需要注意以下要求。

1. 验收应该遵循相关的标准和规范，如ISO、CMMI等。

2．验收人员应该具备相关的技能和知识，包括软件测试、数据库管理、信息安全等方面的技能。

3．验收过程应有详细的记录，包括测试用例、测试结果、问题列表等。

4．验收工作应按照制定的验收方案进行，确保所有的测试和检查都能够被覆盖到。

5．在验收过程中，如发现任何问题，应及时反馈给开发人员，并确保问题能够得到及时解决。

第11条　项目开发人员按信息系统使用人员的测试意见对信息系统进行调整，并再次开展信息系统使用测试。对于有重大调整的项目，项目开发人员或部门还应当再次提出软件测试和信息安全测评申请，并按要求进行测试。

第12条　在项目通过信息系统使用测试、经费使用符合财务规定后，信息管理部经理应当组织主管领导、信息系统使用者代表、安全管理员、项目开发人员以及信息化专家召开项目初验评审会，相关各方共同签字确认形成"项目初步验收意见书"。通过初验后，对于初验中遗留的问题，开发人员要做好遗留问题记录并在试运行前完成信息系统调整。

【解析】测试主要有以下目的：一是发现软件开发过程中的错误，分析错误的性质，确定错误的位置并予以纠正；二是通过某些信息系统测试，了解信息系统的响应时间、事务处理吞吐量、载荷能力、失效恢复能力以及信息系统实用性等指标，以便对整个信息系统做出综合评价。

第3章　信息系统试运行

第13条　项目通过初步验收后进入信息系统试运行环节，项目开发人员和信息管理部经理应当确定试运行范围、设定试运行目标，制订各方协调机制和试运行计划，并组织相关的业务人员开展试运行。项目开发人员应当制定信息系统维护方案、培训计划和培训教材。

第14条　项目开发人员应当进行信息系统试运行环境准备，部署信息系统，开展业务人员信息系统使用培训，在试运行期间提供技术支持并跟踪信息系统试运行情况。

第15条　信息管理部经理协助信息系统试运行业务人员重点验证在真实的业务环境中，信息系统的稳定性和可用性，是否符合业务需求、业务流程要求、数据处理和存储要求，对于试运行期间出现的各项问题予以记录并提出信息系统改进意见，形成业务人员试运行反馈意见并签字确认。

第16条　项目开发人员应当按照业务人员试运行反馈意见修改信息系统、完善信息系统功能、优化信息系统性能。

第17条　项目达到试运行目标后，信息管理部经理组织召开信息系统试运行总结会，信息系统使用人员、项目开发人员以及信息化专家应当共同签字确认形成项目试运行评价意见。

第4章　竣工验收

第18条　信息系统通过试运行后，信息管理部经理应当组织项目各方准备竣工验收相关材料。

第19条　具体的验收材料主要包括以下几项。

1．项目负责人整理编写的验收材料，包括立项批复、招投标文件、项目合同、信息系统使用测试意见、项目初步验收意见、业务人员试运行反馈意见、项目试运行评价意见、其他与项目建设单位有关的材料。

2．项目开发人员整理编写的验收材料，包括需求规格说明书、项目验收技术规范、项目建设总结报告、软件测试报告、信息安全测评报告、项目建设技术方案、其他与项目开发单位有关的材料。

3．共同编写的验收材料，包括项目总结报告和初步决算报告、修改后的至少两年的信息系统保修方案。

第5章 附 则			
第20条　本制度由信息管理部负责编制、解释和修订。			
第21条　本制度自××××年××月××日起生效。			
编修部门/日期		审核部门/日期		执行部门/日期	

18.2　信息系统的运行与维护

　　信息系统的日常运行与维护直接影响信息系统的安全，甚至影响企业内部决策的制定。因此，企业需要建立完善的信息系统运行程序与维护措施、完善信息系统保密要求，并对用户信息进行全面管理，以保障企业的信息系统安全。

18.2.1　信息系统日常运行与维护制度

制度名称	信息系统日常运行与维护制度	编　　号	
		受控状态	

第1章　总 则

第1条　为了规范信息系统运行与维护的管理工作，确保信息系统稳定运行，保障企业相关业务的顺利进行，根据《企业内部控制应用指引第18号——信息系统》及相关法律、法规，结合企业实际情况，特制定本制度。

第2条　本制度适用于企业进行信息系统日常运行与维护相关工作。

第2章　信息系统使用维护

第3条　信息系统的使用人员须及时录入信息，更新相关基础信息。

第4条　基础信息进入信息系统后，经过信息系统自动加工、整理，成为支持企业业务运作的各种采购数据信息。

第5条　信息系统主管应根据信息系统的各级数据信息制订计划。

第6条　信息系统管理员应每天对数据的存储进行维护、检查。

第3章　信息系统日常维护

第7条　信息系统管理员应每天对信息系统的网络、软件、硬件、数据进行检测，以保证整个信息系统处于正常运行状态。

第8条　信息系统采用指纹识别身份技术，即每位登录信息系统的人员均须进行指纹识别方可进入信息系统。

第9条　信息系统管理员须在每周五对信息系统网络进行检测，及时发现网络安全隐患并进行处理。

第10条　信息系统使用人员一旦在使用过程中发现故障，应统一上报信息系统管理员进行处理。任何人不得擅自采取措施进行处理。

第11条　信息系统使用人员每天应对杀毒软件进行升级，发生病毒感染时应及时切断网络，并通知信息系统管理员进行处理。

第12条　资料存储控制流程如下。

1．信息系统管理员应每天对数据信息进程备份处理。

2．信息系统的资料打印必须经过经理同意并由信息管理部统一操作。

【解析】该环节的主要风险：第一，没有建立规范的信息系统日常运行管理规范，计算机软、硬件的内在隐患易于爆发，可能导致企业信息系统出错；第二，没有执行例行检查，导致一些人为恶意攻击长期隐藏在信息系统中，可能造成严重损失；第三，企业信息系统数据未能定期备份，可能导致损坏后无法恢复，从而造成重大损失。

第4章　信息系统软、硬件维护

第13条　软件维护由信息管理部门组织专人负责，具体内容包括以下几个方面。

1．正确性维护。在信息系统开发阶段已发生的而信息系统测试阶段尚未发现的错误，一般在信息系统试运行期间进行修改。

2．适应性维护。为使软件适应外界环境的变化而进行的修改，一般在物流信息管理部综合分析后进行。

3．完善性维护。为扩充信息系统的功能和改善信息系统性能而进行的修改，一般在信息系统升级后进行。

第14条　信息系统使用人员应严格按照信息系统的使用规定，做好信息系统设备的电源及工作环境的管理工作。

第15条　信息系统管理员应定期对信息系统硬件进行检修。

【解析】在硬件方面，日常维护主要包括对各种设备的保养与安全管理、故障的诊断与排除、易耗品的更换与安装等，这些工作企业都应安排专人负责。

第16条　信息管理部制定各模块子信息系统的具体操作规范，及时跟踪、发现和解决信息系统运行中存在的问题，确保信息系统按照规定的程序、制度和操作规范，持续、稳定运行。

第17条　信息系统维护人员切实做好信息系统运行记录，尤其对于信息系统运行不正常或无法运行的情况，应将异常现象、发生时间和可能的原因作出详细记录。

第18条　信息管理部配备专业人员负责处理信息系统运行中的突发事件，必要时应会同信息系统开发人员或软、硬件供应商共同解决。

第5章　附　则

第19条　本制度由信息管理部负责编制、解释和修订。

第20条　本制度自××××年××月××日起生效。

编修部门/日期		审核部门/日期		执行部门/日期	

18.2.2　信息安全保密与泄密责任追究制度

制度名称	信息安全保密与泄密责任追究制度	编　号	
		受控状态	

第1章　总　则

第1条　为了指导信息管理部保密工作开展，规范信息管理部人员行为，保护本企业内部信息安全，维护企业利益，根据《企业内部控制应用指引第18号——信息系统》及相关法律、法规，结合企业实际情况，特制定本制度。

第2条　本制度适用于规范信息管理部全体人员及其他可能涉密的人员在相关保密工作方面的管理。

【解析】该环节的主要风险：第一，业务部门信息安全意识薄弱，对系统和信息安全缺乏有效的监管手段；第二，少数员工可能恶意或非恶意滥用系统资源，造成系统运行效率降低；第三，对系统程序的缺陷或漏洞所作出的安全防护不够，导致遭受黑客攻击，造成信息泄露；第四，对各种计算机病毒防范清理不力，导致系统运行不稳定甚至瘫痪；第五，缺乏对信息系统操作人员的严密监控，可能导致舞弊和利用计算机犯罪。

第2章　信息安全保密管理一般规定

第3条　信息系统安全管理机构，由企业主要领导负总责，对企业的信息安全作出总体规划和全方位严格管理，具体实施工作可由企业的信息主管部门负责。

第4条　强化全体员工的安全保密意识，特别要对重要岗位员工进行信息系统安全保密培训，并签署安全保密协议。

第5条　有效利用IT手段，对硬件配置调整、软件参数修改严加控制，包括利用操作系统、数据库系统、应用系统提供的安全机制，设置安全参数，保证系统访问安全。对于重要的计算机设备，企业应当利用技术手段防止员工擅自安装、卸载软件或者改变软件系统配置。

第6条　企业委托专业机构进行信息系统运行与维护管理的，应当严格审查其资质条件、市场声誉和信用状况等，并与其签订正式的服务合同和保密协议。

第7条　对于存在网络应用的企业，应当综合利用防火墙、路由器等网络设备，采用内容过滤、漏洞扫描、入侵检测等软件技术加强网络安全，严密防范来自互联网的黑客攻击和非法侵入。

第8条　总经办定期抽查信息管理部安全工作，并随时进行突击检查。查出有人为安全隐患或泄密情况的，将追究当事人及部门经理责任。

第9条　企业信息管理部负责硬、软件的统一管理和安全运行，以及服务器上数据资料、信息资料的保密。

第10条　信息管理部计算机操作人员负责本人使用的计算机的开机口令、网络口令及用户口令的保密。

第11条　信息管理部计算机操作人员负责对本机硬盘中的重要数据、资料、文件等及时做好备份工作。

第12条　信息管理部员工不得超越自己的权限范围，修改他人或服务器内的公用数据。

第13条　所有直接或间接接入企业网络的信息终端，包括电脑、手机、PDA及实验设备等，一律纳入企业信息管理部管理的范畴。

第14条　任何员工不得危害企业安全、泄露企业秘密，更不得从事违法犯罪活动。

第15条　企业所有员工必须保管好自己的系统账号信息，只准本人使用，不得借与他人使用，不得以任何理由将自己的网络账号泄露给企业外部的人员。

第16条　有机会直接或间接地接触本涉密信息的人员（包括员工、外聘的管理顾问等）均为涉密人员。涉密人员必须签"商业秘密保密及竞业限制协议"。

第17条　涉密场所必须严格控制人员的进出，所有涉密介质（软盘、光盘、硬盘等）必须实行使用登记，使用完后必须作脱密处理。

第18条　对外传播有关企业的信息，必须经过有关部门审核、批准后方可执行。

第19条　对于调岗的员工，必须实行脱密期管理。

第20条　信息管理部完善用户权限，加强对重要业务系统的访问权限管理，定期审阅系统账号，避免存在授权不当或非授权账号，禁止不相容岗位账号的交叉操作。

【解析】企业应尽可能实现以下职能的分离：①系统分析：系统分析员分析用户的信息需求，并据此制定设计或修改程序的方案；②编程：程序员编写程序来执行系统分析员的设计和修改方案；③计算机操作：操作员负责运行并监控应用程序；④数据库管理：数据库管理员综合分析和设计过程中的数据需求，维护数据资源；⑤信息系统库管理：信息系统库管理员在单独的信息系统库中存储暂时不用的程序和文件，并保留所有版本的数据和程序；⑥数据控制：数据控制小组负责维护计算机路径代码的注册、确保原始数据经过正确授权、监控信息系统工作流程、与系统维护人员并行安全控制、协调输入和输出、将输入的错误数据反馈到输入部门并跟踪监控其纠正过程、将输出信息分发给经过授权的用户；⑦终端：终端用户记录交易内容，授权处理数据，并使用系统输出的结果。

第3章　信息保密与泄密责任追究明细

第21条　责任追究的幅度比例，根据责任大小按直接、实际发生的经济损失一定比例处罚。具体规定如下。

1．首要责任，在泄密实施过程中起组织、策划、指挥作用的，占30%~40%。

2．领导责任，在泄密实施过程中，根据其管理责任应发现违规行为而没有发现，或发现而未报告，并未采取措施予以制止的，占25%~35%。

3．主要责任，在泄密实施过程中积极、主动参加违规行为的，占10%（含）~15%。

4．次要责任，在泄密实施过程中参与违规行为的，占5%~10%。

第22条　责任追究的处理措施。

1．经济处罚可现金缴纳，也可扣发工资，罚款金额最低＿＿＿＿元，最高＿＿＿＿元。

2．行政处分包括警告、记过、记大过、降薪、降级、撤职、留用察看、开除。除开除外，其他行政处分措施的期限为＿＿＿＿月。责任人在接受行政处分的期间，除警告外，不得加薪、升职，不得授予荣誉称号。对于开除的人员，终身不予录用。

3．对被追究责任人有违法所得的予以追缴，造成经济损失的，可要求其进行经济补偿。

第4章　信息泄密管理责任追究程序

第23条　对于需要追究责任的，一般先由部门内部进行处理。部门不能进行调查处理的，可由审计委员会进行调查处理或者企业总经办的人员进行处理。对于本部门应当处理而包庇、袒护不处理或者避重就轻的，由审计委员会介入调查并从重处理。

第24条 对泄密管理责任的追究调查应由2~3人共同进行，充分听取被调查对象的陈述和申辩，予以记录。

第25条 调查人员在调查完毕后，应出具调查报告，报告中应对责任进行界定，并提出处理意见和建议。

第26条 对泄密事件责任追究的处理，轻微或者损失额不超过1000元的，调查报告报本部门负责人批准。责任事件较为重大或者损失额超过1000元的，调查报告应上报企业总经理批准。事件特别重大或者后果特别严重且损失额超过10 000元的，应提交企业总经办讨论确定。

第27条 调查报告生效后送达当事人，并交人力资源部或相关部门执行。

第28条 不服企业内部处理决定的，可在处理决定公布之日起15天内，通过书面向总经理或总经办申诉，并作出最后裁决。申诉过程中，原调查人员应予回避。

第5章 附 则

第29条 本制度由信息管理部负责编制、解释和修订。

第30条 本制度自××××年××月××日起生效。

编修部门/日期		审核部门/日期		执行部门/日期	

18.2.3 用户权限管理制度

制度名称	用户权限管理制度	编　号	
		受控状态	

第1章 总 则

第1条 为了规范企业用户权限的管理工作，保障企业信息安全，根据《企业内部控制应用指引第18号——信息系统》及相关法律、法规，结合企业实际情况，特制定本制度

第2条 本制度适用于企业信息管理部进行用户权限相关工作的管理。

第2章 用户权限管理风险规避

第3条 建立企业网络用户信息系统，制定网络用户信息收集方案，规范用户信息收集工作，不断补充网络用户相关信息，建立完善的网络用户管理体系。

第4条 明确用户及角色界定标准及工作要求，为用户权限的设置提供可靠依据。

第5条 规范用户权限分配工作程序，严格用户权限分配要求，保证用户权限分配合理、科学，确保无交叉、嵌套等情况。

【解析】用户权限管理的基本原则一般有4个。①不相容岗位分离原则，即任何一个用户不能同时具有两种及两种以上的不相容权限。②需求导向原则，对于用户的权限，应当以其实际工作需要为依据进行授予。③最小授权原则，即应当授予能够完成其工作任务的最小权限。④未明确允许即禁止原则，除非相关领导的明确批准，否则不应当授予用户任何上述原则之外的权限。

第6条 规范用户权限认证管理，及时对分配的用户权限进行认证，保证各项用户权限得到有效使用。

第7条 建立陷阱账号，保证网络管理员账户的安全。

第8条 完善用户权限管理体系，明确用户权限管理分工，规范用户权限管理程序。

第3章 用户权限日常管理

第9条 信息管理部应根据企业的组织结构及各项工作的功能模块，确定企业网络系统的用户。

第10条 信息管理部应根据用户职能，分配用户权限。

第11条 用户权限分配完成后，各用户须登录网络系统，判断、认证并使用用户权限。

第12条 各职能部门应负责使用模块的用户权限管理工作及模块的数据安全。

第13条 指定专人负责权限的新增、变更、注销等工作审批。

第14条 信息管理部对网络用户权限的设置、用户密码安全等进行不定期抽查，根据企业网络管理相关规定设置系统用户权限，负责对企业的用户权限清单进行维护。

第15条 总经办负责对各职能部门间的用户权限申请进行审批。

第16条 信息管理部制定网络用户权限管理制度，明确网络用户权限管理工作标准，定期组织用户权限管理工作抽查，及时发现日常工作中存在的问题，并积极采取措施进行解决，确保网络用户权限管理工作目标的实现。

第4章 权限变更管理

第17条 网络系统使用人员如因工作的需要，长久使用"权限分配表"外的权限时，应向部门主管提交"权限变更申请"。待部门主管批准后，使用人员将"权限变更申请"报信息管理部审批。

第18条 信息主管应根据企业的相关规定及员工的工作情况对"权限变更申请"进行审批。

第19条 审批通过后，信息主管应对"权限分配表"进行调整，并通知信息专员修改系统的权限设置。

第5章 特殊权限使用管理

第20条 系统使用人员如因工作需要，临时使用"权限分配表"外的权限时，应向部门主管提交"×××权限临时使用申请"，并说明申请的功能、数据权限及使用期限和使用理由。

第21条 在部门主管审批通过后，使用人员将相关临时使用申请交信息主管审批。信息主管审批通过后，通知信息专员设置临时权限，并在申请终止时间撤销临时权限。

第22条 信息主管通过评估判断不能采取临时授权的方式满足员工申请时，可安排信息专员代替申请人员进行操作。信息专员须根据员工的相关临时使用申请的内容进行操作，并及时将操作结果反馈至申请人员。

第23条 各部门使用特批流程权限时，须向信息管理部提交书面申请，注明使用原因、使用起止时间及涉及的业务范围。

第24条 信息主管应根据企业的相关规定及申请人的实际工作需要，对相关申请表进行审批。

第6章 附 则

第25条 本制度由信息管理部负责编制、解释和修订。

第26条 本制度自××××年××月××日起生效。

编修部门/日期		审核部门/日期		执行部门/日期	

18.2.4 信息系统安全管理制度

制度名称	信息系统安全管理制度	编　号	
		受控状态	

第1章 总　则

第1条　为了满足信息系统的安全运营需要，确保数据的完整性和安全性，规范信息系统管理，合理利用系统资源，有效提高企业业务运营的效率，根据《企业内部控制应用指引第18号——信息系统》及相关法律、法规，结合企业实际情况，特制定本制度。

第2条　本制度适用于企业信息系统安全工作的管理。

【解析】信息系统安全是指信息系统包含的所有硬件、软件和数据受到保护，不因偶然和恶意的原因而遭到破坏、更改和泄露，信息系统能够连续正常运行。

该环节的主要风险：①硬件设备分布物理范围广，设备种类繁多，安全管理难度大，可能导致设备生命周期短。②业务部门信息安全意识薄弱，对系统和信息安全缺乏有效的监管手段。少数员工可能恶意或非恶意滥用系统资源，造成系统运行效率降低。③对系统程序的缺陷或漏洞安全防护不够，导致遭受黑客攻击，造成信息泄露。④对各种计算机病毒防范、清理不力，导致系统运行不稳定甚至瘫痪。⑤缺乏对信息系统操作人员的严密监控，可能导致舞弊和利用计算机犯罪等问题。

第2章 信息系统安全管理一般规定

第3条　硬件系统的管理主要包括计算机、必要的通信设施和安全设施等，例如，计算机主机、外存、打印机、服务器、通信电缆和通信设施。

第4条　软件系统的管理主要包括对操作系统、通信协议和业务处理系统等的管理。

第5条　信息资源的管理主要包括对物流信息、相关数据和知识、模型等的管理。

第6条　人员的管理主要包括对专业人员、终端使用人员等的管理。企业须确立专职工作人员负责物流信息系统所用计算机的硬件维护及管理工作。

第7条　企业计算机硬件均须贴上封条，任何人不得私自撕毁封条并更换信息系统所用计算机的硬件。

第8条　信息系统终端计算机设备的日常维护由各部门负责。计算机设备发生故障或异常情况时，由企业计算机专员统一进行处理，任何人不得私自拆除维修。

第9条　为避免和预防造成硬盘故障及其他应用软件故障，各计算机负责人必须至少每15天对硬盘进行一次查错，至少每30天对硬盘进行一次重组。

第3章 信息系统安全管理注意事项

第10条　整个企业信息系统的网络安全统一由信息管理部负责，其管理人员每周对系统网络进行一次检测，发现网络安全隐患方可及时清除。

第11条　各部门在运行过程中发现系统故障，应统一上报信息管理部处理，任何人不得私自处理。

第12条　信息系统的使用人员每天对杀毒软件进行升级，发生病毒感染应及时切断网络，并通知信息管理部后，由企业电脑专员进行处理。

第13条 信息系统的使用人员操作终端计算机时不得使用一些危险性的命令,严禁使用分区及格式化硬盘等操作。

第14条 信息系统终端计算机使用人员不得随意在各终端及局域网上安装任何与工作无关的软件程序。

第4章 信息资源安全管理

第15条 信息管理专员每天对信息系统的数据进行检测与更新,保证整个信息系统中信息资源的全面性与时效性。

第16条 信息系统使用人员每天使用自己的登录密码进入系统,任何人不得将自己密码告知他人。

第17条 信息管理专员对进入系统的用户进行身份审核,定义操作权限,并负责监督用户的各项操作。

第18条 为防止资料及数据丢失,企业应建立双备份制度,即物流信息除在电脑贮存外,还应拷贝到软盘或光盘上,以防因病毒破坏或意外而遗失。

第19条 信息系统资料打印必须经所在部门主管同意后,由信息管理部统一打印。

第5章 附 则

第20条 本制度由信息管理部负责编制、解释和修订。

第21条 本制度自××××年××月××日起生效。

编修部门/日期		审核部门/日期		执行部门/日期	

18.2.5 数据信息定期备份制度

制度名称	数据信息定期备份制度	编　　号	
		受控状态	

第1章 总 则

第1条 为了提高企业数据信息的可靠性和安全性,根据《企业内部控制应用指引第18号——信息系统》及相关法律、法规,结合企业实际情况,特制定本制度。

第2条 本制度适用于企业信息管理部进行数据信息定期备份相关工作的管理。

第2章 数据信息的日常管理

第3条 由信息管理部的数据信息主管负责建立数据信息备份系统,防止系统、数据的丢失。由信息管理部数据专员负责数据信息备份工作,并认真填写备份日志。

第4条 一旦发生数据信息丢失或数据信息被破坏等情况,必须由数据主管进行备份数据信息的恢复,以免造成不必要的麻烦或更大的损失。

第5条 服务器遭受攻击或因网络病毒造成数据信息丢失或系统崩溃,需要进行数据信息恢复的,须由信息管理部数据主管执行恢复程序,同时将具体情况做记录。

第3章 数据信息的备份

第6条 信息管理部应制定备份计划,备份计划应包括备份的频率、备份的存储位置、备份的数据类型、备份的时段等信息,根据企业的实际情况制订相应的备份计划。

【解析】本环节的风险点：企业数据信息未能定期备份，可能导致损坏后无法恢复，从而造成重大损失。

第7条　备份方法有多种，包括全备份、增量备份、差异备份等，信息管理部应根据备份的数据量和频率选择相应的备份方法。

第8条　信息管理部应根据备份数据量、备份频率和存储要求选择合适的备份介质。

第9条　信息管理部应按照备份计划进行备份，保证备份的信息数据完整和准确，确保备份的信息数据和系统数据保持一致。

第10条　备份数据信息应该存储在安全、可靠的地方，并严格管理备份数据信息的访问权限，保证备份数据信息的机密性和安全性。

第11条　定期进行数据信息恢复测试，确保备份数据信息的可用性和准确性。

第12条　信息管理部应安排专员监控备份工作的执行情况，确保及时发现备份数据信息异常和错误，保证备份工作的稳定性和可靠性。

第13条　备份时需要注意以下要求。

1．备份工作要及时进行，确保数据的安全性和完整性。

2．采用分层备份策略，将重要数据信息备份多次，避免数据信息丢失或损坏。

3．备份数据信息存储介质应可靠，如存储在硬盘或磁带等介质上，并保存在安全可靠的地方，避免数据信息泄露或丢失。

4．定期进行数据信息恢复测试，验证备份数据信息的可用性和准确性，确保数据信息丢失时能够及时恢复。

5．严格管理备份数据信息的访问权限，确保备份数据信息的机密性和安全性。

第4章　备份数据信息保存及数据信息恢复

第14条　备份数据信息保存方式。

1．备份数据信息及相关的数据档案统一保存在信息管理部资料中心，未经领导批准不得外借。

2．数据信息备份和数据信息存储用的磁介质要严格管理、妥善保存。

第15条　数据信息恢复。当服务器遭受攻击或因网络病毒造成数据丢失或系统崩溃，需要进行数据恢复的，须由信息管理部主管执行恢复程序，同时将具体情况做记录。

第16条　根据数据信息使用者的权限，合理分配数据信息存取及授权，保障数据信息使用者合法存取。

第17条　设置数据库用户口令并监督用户定期更改数据库，用户在操作数据过程中不得使用他人口令或者把自己的口令提供给他人使用。

第18条　未经领导允许不得将存储介质（含磁带、光盘、软盘、技术资料等）带出机房，不得随意通报数据内容，不得泄露数据给内部或外部无关人员。

第19条　严禁直接对数据库进行操作并修改数据。如遇特殊情况须进行此操作时，必须由申请人提出申请并填写"数据变更申请表"，经申请人所属部门领导确认后，提交至信息管理部。信息管理部的相关领导确认后，方可由数据库管理人员进行修改并对操作内容作好记录，长期保存。修改前还应做好数据备份工作。

第20条 应按照分工负责、互相制约的原则，制定各类系统操作人员的数据读写权限，不允许交叉覆盖。

【解析】制衡性原则是指内部控制应当在治理结构、机构设置及权责分配、业务流程等方面相互制约，相互监督，同时兼顾运营效率。因此，要求权力不是集中于企业的某一部门或某一部分人手中，更不是个人独揽，而是要将权力分割成若干部分，为不同机构、部门或者个人所分掌，从而在不同的权力主体之间形成相互牵制、互为监督的制衡关系。

第5章 附 则

第21条 本制度由信息管理部负责编制、解释和修订。

第22条 本制度自××××年××月××日起生效。

编修部门/日期		审核部门/日期		执行部门/日期	

01 企业内部控制制度设计与解析

- 依据《企业内部控制应用指引》编写，致力于构建全方位的内部控制制度管理体系。

- 提供了142个制度，用精细化的制度营造完善的内部控制环境，提供极具针对性的控制手段，"人人参控，人人受控"。

企业内部控制风险点识别与管控规范 02

- 以"风险识别、评级"为基础，以"合规管理"为重点，以"精确管控"为目的，梳理企业内部控制管理中的各项风险。

- 通过大量的制度、方案、流程、标准、规范，提供拿来即用的风险控制规范。

- 包含58个风险点、75个控制制度、64个控制流程及14个方案。

03 企业内部控制流程设计与运营

- 立足工作流程，聚焦企业风险控制点，面向业务，提供解决措施。

- 包含118个流程和内部控制矩阵，涵盖18大类内部控制工作模块。

- 以流程为基础分解企业内部控制的痛点，通过流程设计阐述企业经营管理全过程中的风险。

供应链精细化运营管理全案 04

- 一本供应链运营管理的"12化"手册。

- 用制度管人，按流程做事；看方案执行，照办法去做；依细则实施，用规范约束。

05 部门化：基于组织发展的架构设计逻辑

- 市场第一本以部门化为主题的管理类图书。
- 创新设计"苹果树组织结构评价模型"，系统性识别六种基本部门化模式特点。
- 帮助管理者更好选择、应用部门化模式，设计最适合自己的部门化策略。

人人账本：量化员工个人价值的绩效与薪酬设计方案 06

- 从人力资源管理到人力资源经营，一本可以落地执行的"人人账本"薪酬绩效管理体系。
- 实现企业对个体价值的评价和分配，激活人才自驱力，使人人皆成经营者。

07 华为军团作战

- 系统阐述华为军团组建的背景、服务与运作模式，帮助读者全面了解华为军团来龙去脉。
- 通过组织变革构建的灵活作战能力，破解当下的发展问题。

永远没有舒适区：华为HR奋斗生涯手记 08

- 华为一线HR骨干多年经验分享，如何将普通员工转变为奋斗者，揭秘华为企业管理真实细节，透析华为员工公司生存法则。
- 纯理论研究无法呈现的立体面貌，管理专家无法提供的极具颗粒度细节，局外人无法触及的生存法则与心路历程。
- 管理者+员工双重视角，适合企业管理者和想进入华为的求职者阅读。